ララチッタ

Paris

パリ

ララチッタとはイタリア語の「街=La Citta」と
軽快に旅を楽しむイメージをかさねた言葉です。
フレンチ雑貨、おいしいビストロ、
アート鑑賞、蚤の市で宝物探し…など
パリの旅が楽しくなるテーマが詰まっています。

ララチッタ パリ

CONTENTS

パリで叶えたい♥♥ とっておきシーン7…P10

Highlight

ハイライト

Shopping

おかいもの

Townguide

おさんぽ

Gourmet
おいしいもの

More
もっと

Stay
ステイ

トラベルinfo

別冊①MAP

別冊②パリからおでかけ

マークの見かた

- Ⓙ 日本語スタッフがいる
- J 日本語メニューがある
- Ⓔ 英語スタッフがいる
- E 英語メニューがある
- R レストランがある
- P プールがある
- F フィットネス施設がある
- ㊇ 交通
- Ⓜ 地下鉄
- ㊟ 住所
- ☎ 電話番号
- ㊐ 開館時間、営業時間
- ㊡ 休み
- ㊊ 料金
- URL Webサイトアドレス

PASS OK パリ・ミュージアムパス利用可

その他の注意事項

●この本に掲載した記事やデータは、2023年1月の取材、調査に基づいたものです。発行後に、料金、営業時間、定休日、メニュー等の営業内容が変更になることや、臨時休業等で利用できない場合があります。また、各種データを含めた掲載内容の正確性には万全を期しておりますが、おでかけの際には電話等で事前に確認・予約されることをお勧めいたします。なお、本書に掲載された内容による損害等は、弊社では補償いたしかねますので、予めご了承くださいますようお願いいたします。
●地名・物件名は政府観光局などの情報を参考に、なるべく現地語に近い発音で表示しています。
●休みは基本的に定休日のみを表示し、年末年始や旧正月などの祝祭日については省略しています。
●料金は基本的に大人料金を掲載しています。

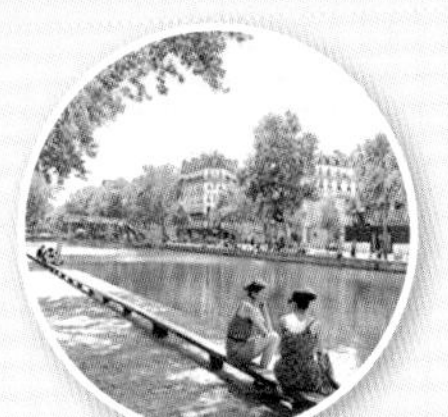

事前にチェックしよう！

パリ早わかり

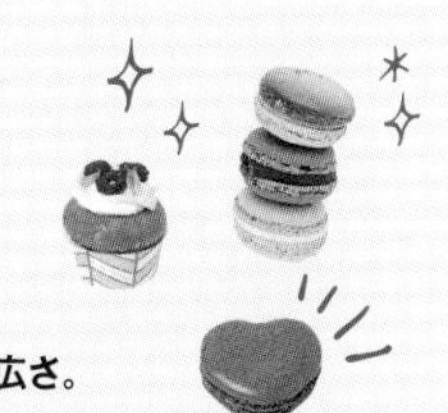

南北8km、東西11kmのパリの街は東京の山手線内とほぼ同じ広さ。セーヌ河を挟んで北側を右岸、南側を左岸といい、右岸は経済の中心地、左岸は芸術・文化の育まれる場所として発展してきた。

基本情報

正式国名：フランス共和国　**首都**：パリ　**人口**：約214万人(2022年)　**面積**：約105㎢　**言語**：フランス語　**通貨とレート**：€1≒141(2023年2月現在)　**時差**：−8時間(日本より8時間遅れ。3月最終日曜〜10月最終日曜まではサマータイムで、日本との時差は−7時間になる。)　**ベストシーズン**：5月中旬〜10月。平均気温と降水量、祝祭日については→P149

モン・サン・ミッシェル
パリ
ヴェルサイユ
France

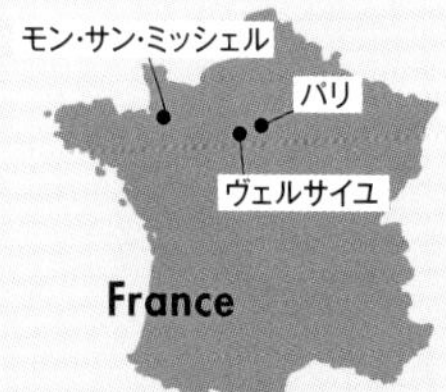

緑豊かなブルジョワ地域

❶ エッフェル塔周辺

La Tour Eiffel ➡P19

エッフェル塔を中心にシャン・ド・マルス公園とシャイヨー宮の美しい景観が広がる。西側の16区はパッシーとよばれるパリ有数の高級住宅地。

最寄り駅 Ⓜ6号線BIR-HAKEIM駅、6・9号線TROCADÉRO 駅、8号線ÉCOLE MILITAIRE駅

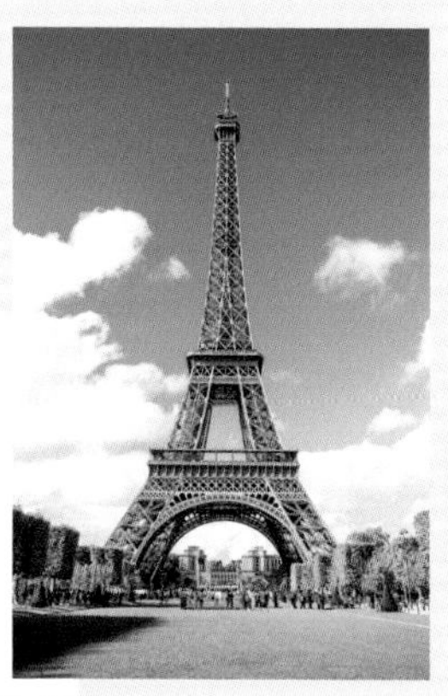

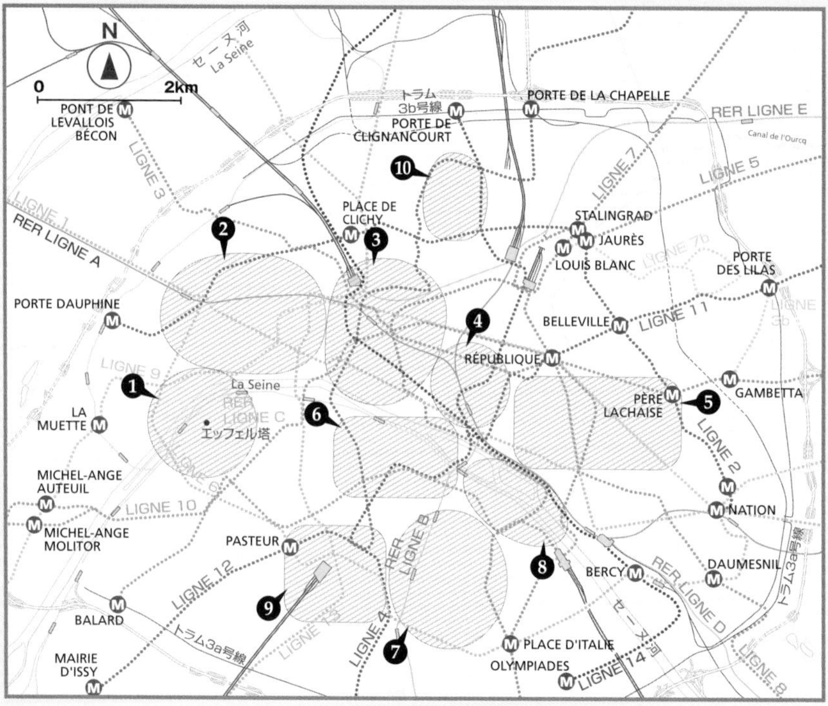

N
0
2km
セーヌ河
La Seine
トラム3b号線
PORTE DE LA CHAPELLE
RER LIGNE E
Canal de l'Ourcq
PONT DE LEVALLOIS BÉCON
PORTE DE CLIGNANCOURT
LIGNE 3
LIGNE 7
LIGNE 5
LIGNE 1
RER LIGNE A
PLACE DE CLICHY
STALINGRAD
JAURÈS
LOUIS BLANC
LIGNE 7b
PORTE DES LILAS
PORTE DAUPHINE
BELLEVILLE
LIGNE 11
LIGNE 3b
RÉPUBLIQUE
LIGNE 9
La Seine
RER LIGNE C
GAMBETTA
PÈRE LACHAISE
LA MUETTE
エッフェル塔
LIGNE 6
LIGNE 2
MICHEL-ANGE AUTEUIL
LIGNE 10
NATION
MICHEL-ANGE MOLITOR
PASTEUR
RER LIGNE B
DAUMESNIL
LIGNE 12
BERCY
RER LIGNE D
トラム3a号線
BALARD
LIGNE 13
LIGNE 4
セーヌ河
PLACE D'ITALIE
MAIRIE D'ISSY
OLYMPIADES
LIGNE 14
LIGNE 8
1
2
3
4
5
6
7
8
9
10

パリで一番華やかな通り

2 シャンゼリゼ大通り
Av.des Champs-Élysées ➡P68

凱旋門からコンコルド広場へ抜ける約2kmの目抜き通り。 世界中の観光客がショッピングを楽しんでいる。ライトアップされた夜も美しい。

最寄り駅交Ⓜ1号線GEORGE V駅、1·2·6号線CHARLES DE GAULLE-ÉTOILE駅

美術館やデパートが集合

3 オペラ～ルーヴル
Opéra～Louvre ➡P70

オペラ・ガルニエ周辺にはデパートや高級食材店、ホテルなどが集まる。オペラ・ガルニエからルーヴル美術館は散策におすすめ。最寄り駅交Ⓜ3·7·8号線OPÉRA駅

日常にアートが溶け込む

4 シャトレ・レ・アル
Châtelet～Les Halles ➡P74

大型アート施設、ポンピドゥー・センターがランドマーク。

最寄り駅交Ⓜ4号線LES HALLES駅、1·4·7·11·14号線 CHÂTELET駅

パリらしい街並みを堪能

5 マレ～バスティーユ
Marais～Bastille ➡P76

マレの一部は歴史的保存地区に指定され、中世の建物が残る。

最寄り駅交Ⓜ1号線ST-PAUL駅、1·5·8号線BASTILLE駅

歴史と文化にふれる

6 サン・ジェルマン・デ・プレ
St-Germain-des-Prés ➡P80

セーヌ河左岸を代表するエリアで、パリ最古の教会、サン・ジェルマン・デ・プレ教会を中心に、文学者、哲学者、芸術家を魅了してきた。最寄り駅交Ⓜ4号線ST-GERMAIN-DES-PRÉS駅

活気あふれる学生街

7 カルチェ・ラタン
Quartier Latin ➡P82

ソルボンヌ(パリ大学)を中心としたエネルギッシュな学生街タウン。

最寄り駅交Ⓜ4号線ST-MICHEL駅、10号線CLUNY LA SORBONNE駅

歴史の面影残るパリ発祥の地

8 シテ島～サン・ルイ島
Île de la Cité、Île St-Louis ➡P88

セーヌ河に浮かぶシテ島はパリ発祥の地で、歴史ある建造物が多い。最寄り駅交Ⓜ4号線CITÉ駅、7号線PONT MARIE駅

ビジネスと商業の拠点

9 モンパルナス
Montparnasse ➡P84

モンパルナス・タワーを中心にパリのビジネスと商業の中心になっている。

最寄り駅交Ⓜ4·6·12·13号線 MONTPARNASSE-BIENVENÜE駅

芸術家が愛した丘地

10 モンマルトル
Montmartre ➡P86

サクレ・クール寺院が立つ高台の街。古き良きのどかな風景が残る。

最寄り駅交Ⓜ2号線ANVERS駅

郊外スポット

モン・サン・ミッシェル
Mont St-Michel ➡別冊②P2

周囲を海に囲まれた小島。モン・サン・ミッシェル修道院を中心に栄える。

ヴェルサイユ
Versailles ➡別冊②P8

欧州最大規模を誇ったヴェルサイユ宮殿と、庭園を見学できる。

パリを楽しみつくす!

5泊7日王道モデルプラン

5泊7日でも足りないくらい、あらゆるジャンルのスポットが満載のパリ。
ここでは女子旅にはずせない、オススメのモデルプランを紹介。

ADVICE!
日本からフランスへの直行便は、早朝6時台か、夕方16～17時台に到着する。到着時間を考慮して、どのエリアに滞在するかプランを立てよう。

DAY1
夕方着だから…
初日は近場でパリを満喫

16:25
シャルル・ド・ゴール国際空港着
↓ ロワシーバスで約60分

18:00
オペラ地区のホテルにチェックイン
↓ 徒歩で移動

19:00
ホテル近くのブラッスリーで夜ごはん
オススメ▶ ル・グラン・カフェ・カプシヌ(→P106)
↓ 徒歩で移動

21:00
オペラ・ガルニエの夜景を眺めながらホテルへ

⬅観光に便利なオペラ地区にはホテルがたくさん ⬇絢爛豪華なオペラ・ガルニエ(→P21)は夜の姿も美しい

「ル・グラン・カフェ」のオニオン・グラタン・スープ

DAY2
絶対見たい!
必見スポットをコンプリート

09:30
エッフェル塔展望台へ(→P19)
↓ 徒歩15分

11:00
シャイヨー宮(→P19)でエッフェル塔撮影
↓ Ⓜ TROCADÉRO駅から Ⓜ CHARLES DE GAULLE- ÉTOILE駅まで7分

11:30
凱旋門へ(→P20)
↓ 徒歩すぐ

1：シャンゼリゼ大通りのシンボル凱旋門 2：凱旋門の展望台からシャンゼリゼ大通りを一望

12:00
シャンゼリゼ大通り散策(→P68) & カフェでひと休み オススメ▶ フーケッツ(→P68)
↓ 徒歩20分

13:30
アレクサンドル3世橋からバトビュスに乗船。セーヌ河クルーズ(→P66)
↓ 船で42分

14:15
サント・シャペルへ(→P88)

P7へつづく

⬆トロカデロ庭園越しのエッフェル塔 ➡エッフェル塔でおみやげ探しも

キッシュとカフェオレでひと休み

⬇ゴシック建築の傑作。巨大なステンドグラスはため息が出るほどの美しさ

アレンジプラン
サン・ジェルマン・デ・プレで下船して、ポン・デ・ザールまたはポン・ヌフを渡ってサマリテーヌ(→P59)へ。徒歩8～11分。

アイスは
コーンで
テイクアウトもOK!

本場の
フレンチ
カンカン!

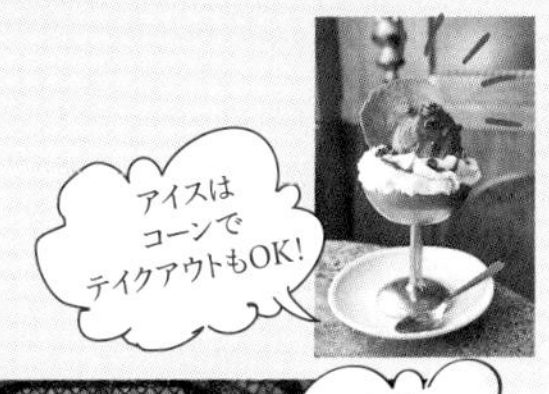

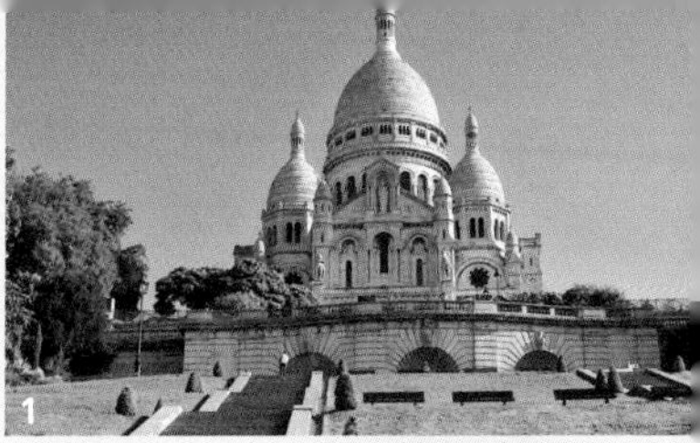

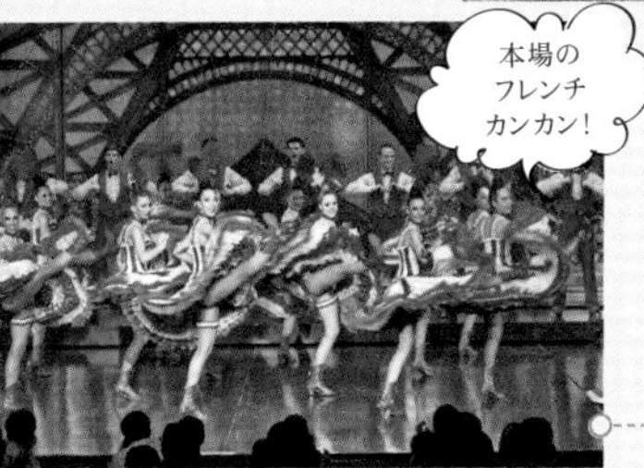

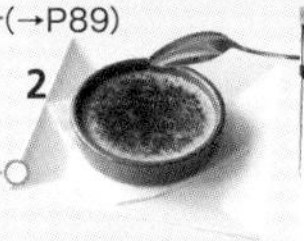

「ムーラン・ルージュ」の華麗なショー
©Moulin RougeⓇS.Franzese

↓ 徒歩13分

15:15

サン・ルイ島の名物アイスでひと休み

オススメ▶ ベルティオン・サロン・ド・テ(→P89)

↓ ⓂPONT MARIE駅から ⓂANVERS駅まで25分

16:00

モンマルトル散策(→P86)

↓ 徒歩20分

19:00

ムーラン・ルージュでディナーショー(→P126)

アメリに
なった
つもりで!

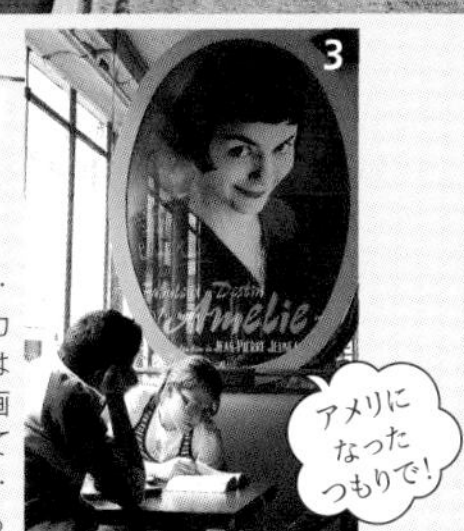

1:青空に映えるサクレ・クール寺院(→P22) 3:カラメルを割れば、気分は映画のヒロイン♪ 3:映画『アメリ』のロケ地として有名な「カフェ・デ・ドゥ・ムーラン」(→P128)もある

DAY3

3大美術館を制覇!

本物のアートにふれる1日

アレンジプラン

ルーヴル美術館での鑑賞時間を長くしたい人は、午後に行く美術館を1つにしよう。オルセー美術館に行く人は、ランチを美術館内にある「ル・レストラン」(→P120)でとるのもよい。

09:00

開館時間に合わせてルーヴル美術館へ(→P116)

↓ 見学3時間

12:00

ルーヴル美術館内のカフェでランチ(→P119)

↓ 徒歩15分

13:00

オルセー美術館(→P120)

↓ 徒歩15分

15:15

オランジュリー美術館

↓ 徒歩10分

16:30

サロン・ド・テでひと休み

オススメ▶ アンジェリーナ(→P93)

↓ 徒歩3分

17:30

サントノレを歩く

オススメ▶ エルベ・シャプリエ(→P39)

↓ ホテルからタクシーで8分

19:30

世界のベストレストランでディナー

オススメ▶ ル・クラランス(→P108)

ADVICE!

事前にチケットを購入していれば、ピラミッド中央入口の列に並ばず、スムーズに入場できる。特にカルーゼル・デュ・ルーヴル入口は空いているのでおすすめ。

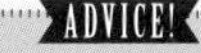

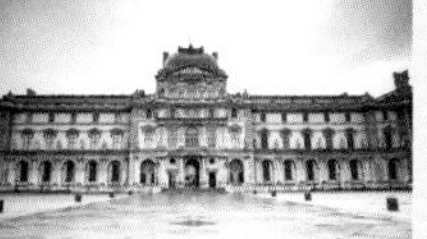

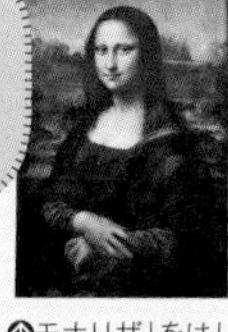

⬆「モナリザ」をはじめ、一生に一度は見たい名画・名作が揃う ⬅約3万6000点を展示する

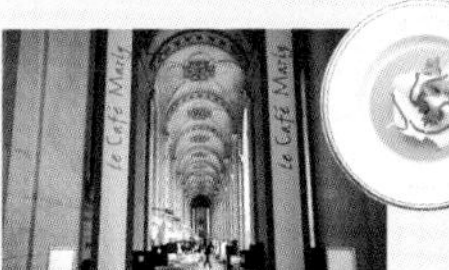

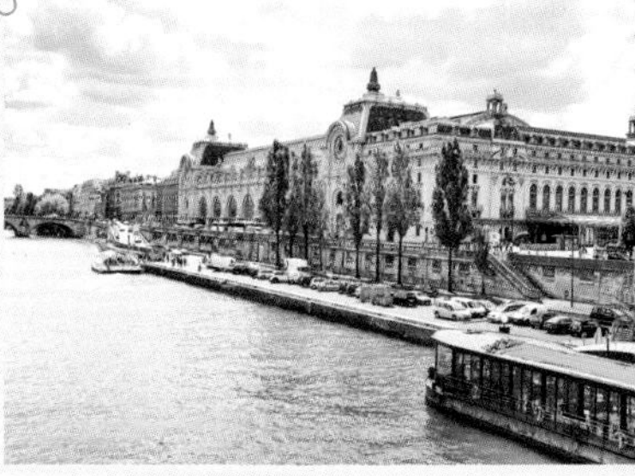

オルセー美術館の見学は2時間をみておこう

回廊にテラス席を設けたルーヴル美術館の「カフェ・マルリー」

アートな
おみやげ

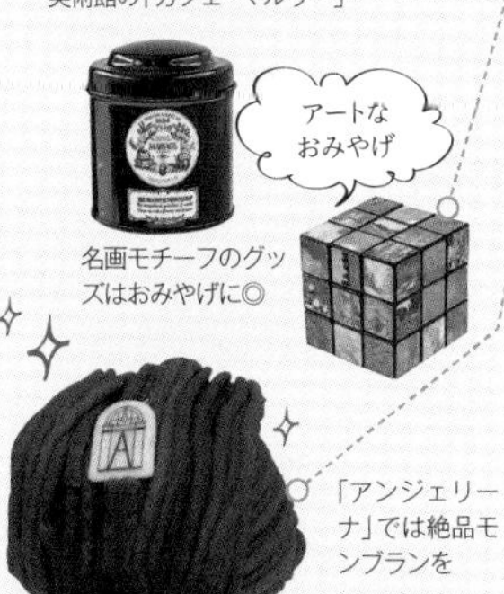

名画モチーフのグッズはおみやげに◎

サイズも色も豊富

「アンジェリーナ」では絶品モンブランを

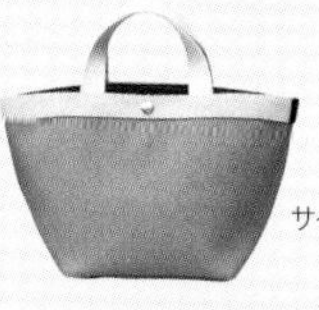

©Richard Haughton

➡盛り付けも芸術的な世界トップ50のレストランの料理 ⬇「ル・クラランス」のゴージャスな空間

©Richard Haughton

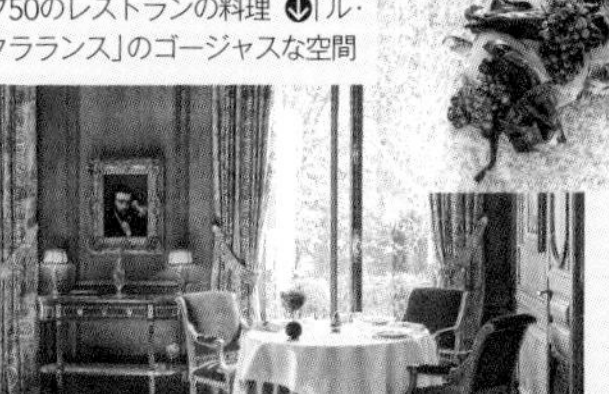

DAY4

世界遺産の宮殿
日帰りでヴェルサイユへ

アレンジプラン

ヴェルサイユ宮殿には 行かずにモン・サン・ミッシェル別冊②P2に行く人は、オプショナルツアー(→P144)の利用がオススメ。モン・サン・ミッシェルまで自力で行く場合、日帰りは難しい。

ヴェルサイユ宮殿内の移動にはプティ・トランが便利

庭園の館がレストランになった「ラ・フロッティーユ」(→別冊②P12)

1：アントワネット妃がモチーフのチョコ
2：パリとは異なる雰囲気の街並みを楽しもう

09:00
RER 最寄り駅へ

↓ RERで40分

09:45
VERSAILLES CHÂTEAU RIVE GAUCHE 駅着

↓ 徒歩15分

10:00
ヴェルサイユ宮殿見学
(→別冊②P8)

ヴェルサイユ宮殿のハイライト「鏡の間」

↓ 徒歩40分

13:00
グラン・トリアノン見学
(→別冊②P9)

↓ 徒歩5分

14:00
マリー・アントワネットの離宮見学(→別冊②P9)

ゴージャス！

1：バラ色の大理石が美しい離宮　2：マリー・アントワネットはここで素朴な田園生活を楽しんだ

↓ 徒歩5分

15:00
庭園内のレストランで遅めのランチ(→別冊②P12)

↓ 徒歩すぐ

15:30
庭園散策

アンドレ・ル・ノートルが設計した庭園は約40年かけて完成

↓ 徒歩30分

16:00
ヴェルサイユ宮殿付近でおみやげ探し(→別冊②P13)

↓ 徒歩15分

17:00
VERSAILLES CHÂTEAU RIVE GAUCHE駅へ

↓ RERで45分

19:00
オペラ周辺の美食ワインバーでディナー

ワインとともに軽い食事の取れるフレンチ・バー・ア・ヴァン(→P110)

アレンジプラン

カジュアルにフレンチを味わうなら、飲食スペースの充実しているマルシェ「マルシェ・デ・ザンファン・ルージュ」へ。モロッコ、レバノンなど各国の料理が手ごろな値段で味わえる(→P27)

DAY5

欲しいものたくさん！
ショッピングをとことん堪能

09:00
朝イチで奇跡のメダイ教会へ(→P81)

幸運を呼ぶメダルはお守りに

↓ 徒歩10分

09:30
カフェ・ドゥ・フロールで朝食（→P36）

↓ 徒歩2分

10:30
サンジェルマン・デ・プレで小物&ショコラ探し
オススメ▶ マラン・モンタギュ(→P23)、ドゥボーヴ・エ・ガレ(→P96)

1：アトリエ・ブティック（ラ・スリーズ・シュー・ル・シャポー）（→P46）の帽子　2：「ドゥボーヴ・エ・ガレ」のショコラはパッケージもかわいい 3：サン・ジェルマン・デ・プレ教会（→P80）にも立ち寄ろう

アレンジプラン
買物にあまり興味がない人は、ローカルな雰囲気が漂うパッサージュ(→P56) に行ってみよう。週末の滞在なら、のみの市(→P60) もオススメ。

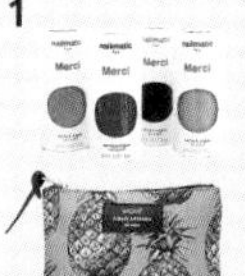

1：世界中のバイヤーも注目する「メルシー」(→P42) 2：デザイン雑貨の「フルックス」(→P43) 3：パッケージもかわいい「オフィシーヌ・ユニヴェルセル・ビュリー 1803」(→P43)

↓ 徒歩15分

12:30
カルチェ・ラタン散策とカフェでランチ
オススメ▶ タバ・ドゥ・ラ・ソルボンヌ(→P83)

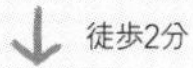
老舗カフェ「タバ・ドゥ・ラ・ソルボンヌ」

↓ Ⓜ JUSSIEU駅から Ⓜ BASTILLE駅へ10分

14:30
マレ地区&バスティーユのショップめぐり

名門大学のソルボンヌ(パリ大学)

↓ Ⓜ BASTILLE駅から Ⓜ GONCOURT駅へ15分

19:30
人気ビストロでディナー

DAY6

時間ギリギリまで遊びたい！
ホテル周辺でおみやげ探し♪

09:00
ココ・パレ・ガルニエで朝食(→P21)

1：「ラ・メゾン・ドゥ・ラ・トリュフ」(→P70) のトリュフ塩　2：「ラ・メゾン・デュ・ミエル」(→P70) のラベンダーハチミツ

↓ 徒歩20分

11:00
オペラ地区でショッピング&観光

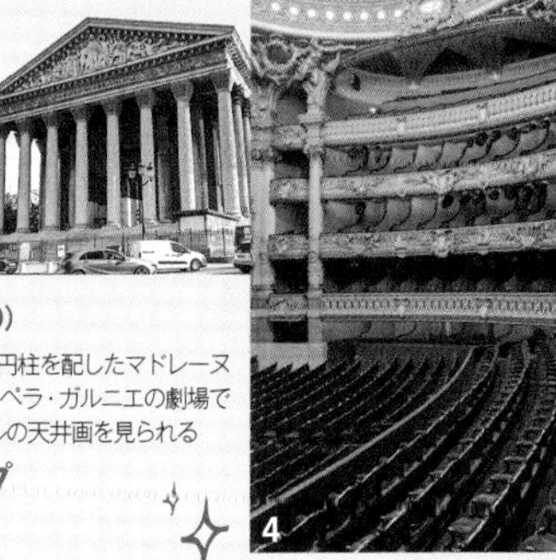
3：52本もの円柱を配したマドレーヌ寺院　4：オペラ・ガルニエの劇場ではシャガールの天井画を見られる

↓ 徒歩20分

13:00
カフェ・ドゥ・ラ・ペで昼食(→P100)

オペラ・ガルニエを眺めながらランチタイム

↓ 徒歩10分

15:00
ホテルに戻って荷物ピックアップ

↓ ロワシーバスで約60分

17:00
シャルル・ド・ゴール 国際空港着 チェックイン

ADVICE!
空港は混雑することが多いので、早めに行動を。空港内にはラデュレ(→P92) など、スイーツの店舗も。日持ちしないマカロンは空港で購入も◎

DAY7
日本に帰国

17:00
羽田空港着

➊老舗デパートのひとつ「ギャラリー・ラファイエット・パリ・オスマン」(→P58)

SPECIAL SCENE7

パリで叶えたい♥

とっておきシーン7

パリで絶対に体験したい7つのシーン！
憧れのエッフェル塔やカラフルでかわいいスイーツなど、
女子の“ステキ”が詰まったパリの魅力を紹介します。

Spot 1 愛の言葉に埋もれてシアワセ気分に

ジュテームの壁 ➡P87

612枚ものブルータイルに世界各国の言葉で「ジュテーム(愛してる)」と書かれたウォールアート。日本語もあるので探してみよう！

いいね♥がつくのはココ!

最旬インスタスポットでセルフィーしたい♥

パリの街並みはどこも素敵で、写真散歩がとにかく楽しい！有名ランドマークやカフェなど絵になる1枚を撮影しよう。何気なく通る路地や公園、広場にも注目して。

Spot 2

メリーゴーラウンドと一緒に♪

エッフェル塔 ➡P19

TROCADÉRO駅からトロカデロ庭園へ向かうと、メリーゴーランドがあり、エッフェル塔と一緒に撮影できる人気スポット。

©Tour Eiffel-Illumination-Pierre Bideau

Spot 3

ピンクの外観にトキメキ

ラ・メゾン・ローズ ➡別冊①MAP●P24B2

ピンク×グリーンの建物がかわいいと人気急上昇の撮影スポット。ロマンチックなモンマルトルの街並みにマッチして、とっても素敵。

Spot 4

SNSで話題の行列スポット

オルセー美術館

➡P120

オルセー美術館の印象派ギャラリーに隣接する大きな時計台は、きれいなシルエット写真が撮れる。人気スポットなので行列覚悟で。

Spot 5

タイムスリップしたいみたい

モン・サン・ミッシェル ➡別冊②P2

パリから約3時間。海に浮かぶ奇跡の修道院は、その幻想的な姿に魅せられて、世界中から人が訪れる国内の屈指の人気スポット。

イスパハン

ローズマカロンにライチとバニラクリームを挟んだスイーツ／ラデュレ(ロワイヤル本店→P92)／写真はラデュレ(シャンゼリゼ店)
(別冊①MAP●P4B3)

SCENE 2

あま～い誘惑がいっぱい

スペシャルなスイーツを食べたい!

マカロン、モンブラン、エクレア…。パリの街なかにはパティスリーやショコラトリーがたくさん。人気ショップの定番スイーツをチェックして、食べ歩きを満喫しよう。

BOXもカワイイ♥

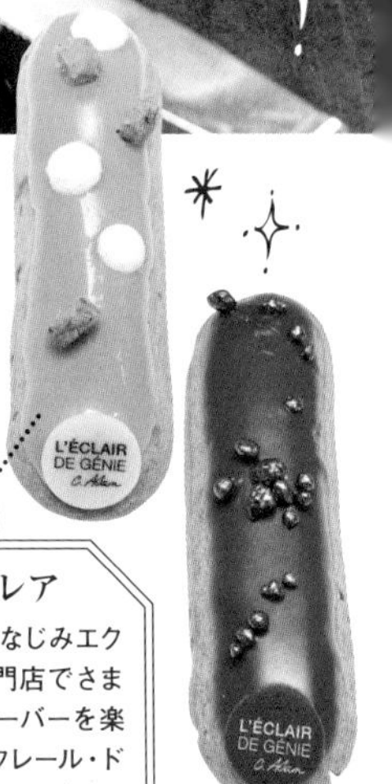

エクレア

日本でもおなじみエクレアは、専門店でさまざまなフレーバーを楽しもう／レクレール・ドゥ・ジェニ(→P33)

ショコラ

世界中から良質なカカオを集めて作り出す、パリのショコラは極上そのもの／パトリック・ロジェ(→P95)

マカロン

焼いたアーモンド生地にクリームを挟んだパリ式マカロン／ラデュレ(ロワイヤル本店→P92)、ピエール・エルメ(→P92)

モンブラン

マロンクリームとメレンゲ、ホイップした生クリームは最高の組み合わせ／アンジェリーナ(リヴォリ店)(→P93)

ショップめぐりが楽しい！
パリジェンヌに愛される フレンチ雑貨を探したい

フランスならではのデザイン性に優れた雑貨を探しに出かけよう。特にトレンド発信地のマレは、コンセプトショップに手芸品店、文具店までさまざま。お気に入りを見つけて。

フランス製のキュートなボタンたち／アントレ・デ・フルニスール（→P51）

ユニークな置物は見ているだけで楽しい／アー・イックス・エス（→P79）

この缶はチョコを食べ終わっても使える！／パリ・ランデブー（→P23）

エッフェル塔グッズはおみやげにマスト♪／マラン・モンタギュ（→P23）

パリの道路看板とハートを絵付したミニボウル／マラン・モンタギュ（→P23）

ほっこり系のレトロかわいいカフェオレボウル／フルックス（→P43）

不思議なかわいさを放つ花瓶／ラ・スフルリ（→P31）

ポストカードはいろいろな店で見かける／ギャルリー・ヴィヴィエンヌ（→P56）

手作りのおしゃれ長傘／アレクサンドラ・ソジュフェール（→P47）

SCENE 4

パリっ子の
日常を体験

歴史あるカフェで優雅にお茶したい！

朝から晩まで賑わうパリのカフェは、地元人の憩いの場。19～20世紀にかけて有名画家や文化人も訪れては熱い談義を交わしたという、歴史ある老舗カフェでゆったり過ごしたい。

緑があふれる、人気のテラス席

カフェ・ドゥ・フロール
Café de Flore

1887年創業のサン・ジェルマン・デ・プレを象徴するカフェ。(→P36)

有名作家が集った文学カフェ

レ・ドゥ・マゴ
Les deux Magots

サン・ジェルマン・デ・プレ教会の向かいに面した広いテラスが目印。(→P100)

シャンゼリゼ大通りの老舗

フーケッツ
Fouquet's

歴史的建造物にも指定されている、映画人御用達のカフェ。赤いテントが目印。(→P68)

赤い日差しと屋根がレトロ♪

ラ・ロトンド
La Rotonde

モンパルナスを代表するカフェ。かつては、ピカソをはじめとする画家が集まった。(→P101)

☑…a
サモトラケのニケ
ギリシャ神話に登場する勝利の女神。ヘレニズム彫刻の傑作

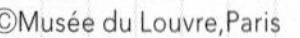
©Musée du Louvre,Paris

©Musée du Louvre,Paris

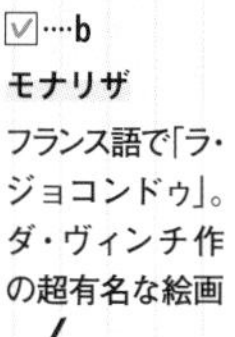

☑…b
モナリザ
フランス語で「ラ・ジョコンドゥ」。ダ・ヴィンチ作の超有名な絵画

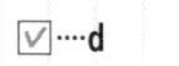

☑…d
踊るジャンヌ・アヴリル
ロートレック作。ムーラン・ルージュの踊り子がモデル

SCENE 5

一生に一度は行きたい 3大美術館で名画だけを一気に見たい!

ルーヴル、オルセー、オランジュリー。パリを代表する3大美術館の必見名画・名作を半日で鑑賞できるプランを紹介。

☑…c **落穂拾い**
収穫後の畑で穂を拾い集める農作業風景を描いたミレーの代表作

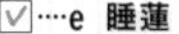

☑…e **睡蓮**
モネの連作『睡蓮』のひとつ、全長約13mの大作『雲』

Start
ルーヴル美術館 ➡P116
Musée du Louvre

所要2時間

☑ミロのヴィーナス
☑サモトラケのニケ…a
☑モナリザ…b
☑レースを編む女

part 1
ガラスピラミッド中央口は常に混雑。比較的空いているカルーゼル・デュ・ルーヴル、ポルト・デ・リオンの入口から入ろう。

徒歩約15分

オルセー美術館 ➡P120
Musée d'Orsay

所要3時間

☑落穂拾い…c
☑自画像
☑踊るジャンヌ・アヴリル…d
☑ムーラン・ドゥ・ラ・ギャレット

part 2
パリ・ミュージアム・パス(→P153)があれば、切符売り場に並ぶことなく、優先入場が可能。3大美術館すべてで利用可能。

徒歩約9分

Goal
オランジュリー美術館 ➡P120
Musée de l'Orangerie

所要1時間

☑睡蓮…e

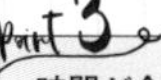

part 3
時間が全然ない人はオランジュリー美術館だけ行こう。建物はコンパクトで、ほかに比べて並ぶ時間も少ない。

SCENE 6

掘り出し物を
見つけよう

蚤の市で宝物ハント

パリではさまざまな場所で蚤の市(古物市)が開かれている。リネン用品にキッチン雑貨、ファッションアイテムなど、ありとあらゆるものを販売。自分だけの逸品を探しに行こう。

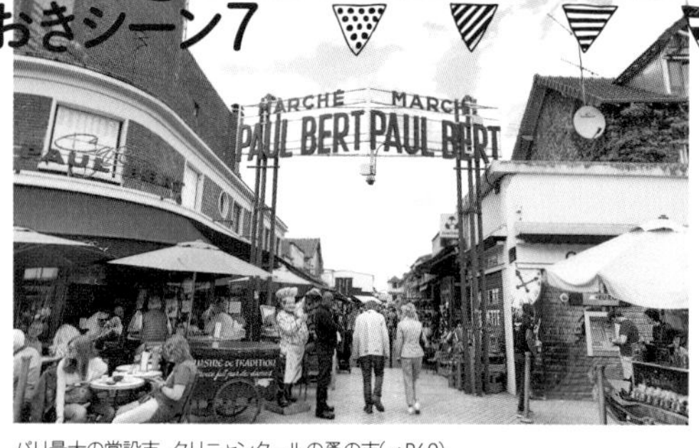

パリ最大の常設市、クリニャンクールの蚤の市(→P60)

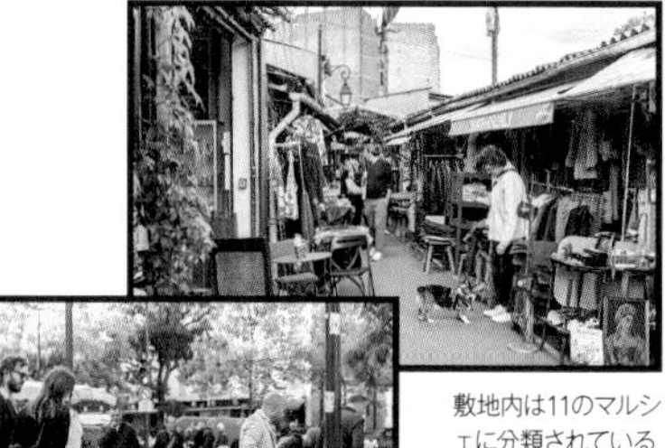

敷地内は11のマルシェに分類されている

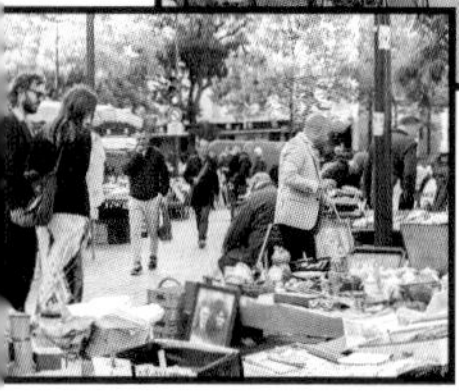

パリ南部で開催する露天市のヴァンヴの蚤の市(→P61)

こんな宝物みつけた

ヴィンテージピアス€45

ピンバッジ€1～

ボタン€5

サルグミンヌのお皿€10～

SCENE 7

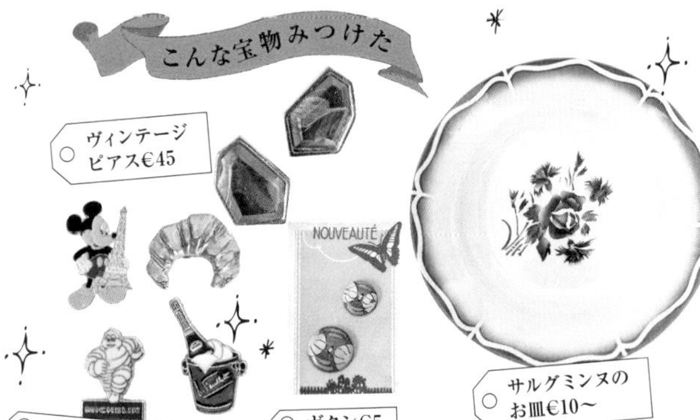

壮麗な美の殿堂

世界遺産 ヴェルサイユ宮殿へ

約50年の歳月をかけて完成した、王政時代を象徴する絢爛豪華なヴェルサイユ宮殿(別冊②P8)。
マリー・アントワネットを含む歴代の王や王妃が暮らし、宮廷文化の中心となった地でタイムトリップ。

噴水が点在する幾何学模様の広大な庭園も必見

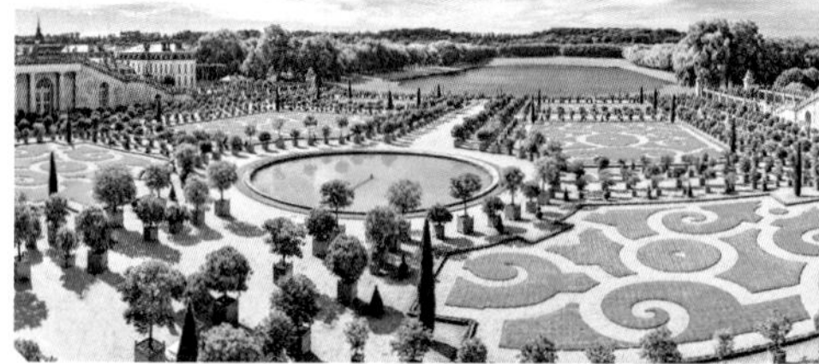

宮殿見学のハイライト、357枚の鏡を配した鏡の間

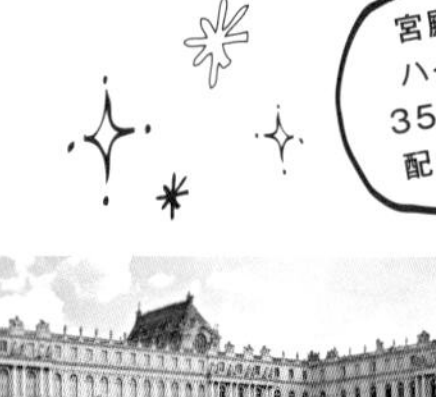

パリ市内から電車で約40分。日帰りで行ける

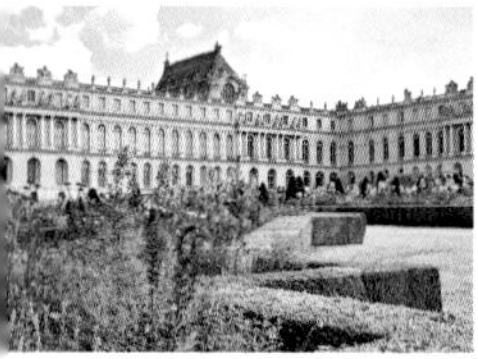

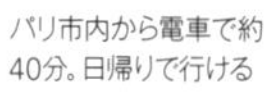

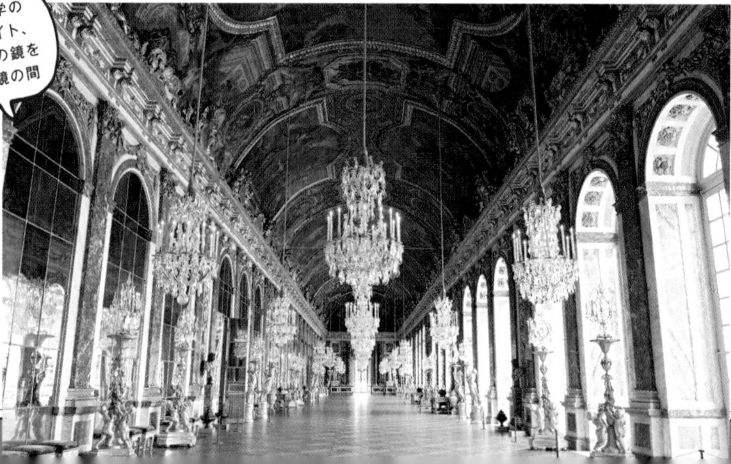

Lala Citta Paris

Story1

ハイライト
Highlight

エッフェル塔、美術館、ビストロ…
いろいろあって楽しい街、パリ。
初めてなら外せない、何度でもまた行きたい
そんなとっておきのテーマをセレクト。

フォトグラファー気分でパリの街並みをパチリ！

フォトジェニックな パリの風景を探して

撮影スポットに事欠かないパリの街並み。街歩きを楽しみながら、自分が感じるパリを気分のままに写してみよう。フォトジェニックなパリの街並みと5大シンボルを撮影するコツを教えます。

撮影のコツ
アレクサンドル3世橋（→P66）から逆光を利用。エッフェル塔はシルエットだけでも◎

撮影のコツ
シャッタースピードを遅くして、カルーセルの動きを表現してもOK。連写機能を活用しよう

1.エッフェル塔とセーヌ河を一緒に撮るにはアレクサンドル3世橋が最適　2.グラン・パレ（→P69）近くの散歩道の花壇　3.凱旋門（→P20）の上から　4.人々の日常が見られる15区の街並み。自転車に乗ったパリジェンヌをフレームに入れ、飾らない光景に　5.6.犬の散歩もパリでよく目にする光景。飼い主に「OK?」と断って撮影を　7.メトロ9号線IÉNA駅（別冊①MAP●P8A1）の看板。看板部分にフォーカスして　8.シャンゼリゼにあるラデュレのショーウインドー　9.サクレ・クール寺院（→P22）下のノスタルジーあふれるカルーセル（回転木馬）

プチ情報　メトロ内や人の多い所ではバッグにカメラを入れておくのが賢明。必要に応じて取り出せるよう、出し入れに工夫を。可能なら撮影日を決めて、撮影日は軽装で出かけたい。

\ 第3展望台 / 地上276m

北側には凱旋門が見える

\ 第2展望台 / 地上115m

南東の景色。下りは階段を

\ 第1展望台 / 地上57m

北西方面にセーヌ河を望む

シャン・ド・マルス公園側から撮影。青空と芝生を入れて定番の1枚に

撮影のコツ
シャン・ド・マルス公園からは、時間帯を気にせず順光でエッフェル塔を撮影できる

\ シャイヨー宮から /

1937年のパリ万博のために立てられた宮殿（別冊①MAP●P8A1）。トロカデロ庭園越しに撮影を

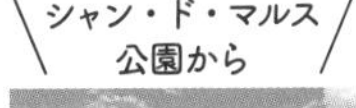

\ シャン・ド・マルス公園から /

エッフェル塔の南側に広がる公園(別冊①MAP●P8B3)。「平和の壁」越しに撮影を

\ 夜はライトアップ /

日没後、毎正時から5分間ライトが点滅するシャンパンフラッシュは必見

エッフェル　別冊①MAP P8A2

エッフェル塔
La Tour Eiffel

パリを象徴するランドマーク

1889年、フランス革命100周年を記念して第4回のパリ万国博が開催。その記念に建てられたのがエッフェル塔。建設当時、斬新な鉄の固まりに対する批判は激しかったが、現在ではパリの景色に欠かせない存在となっている。刺繍のようなディテールから「鉄の貴婦人」という愛称も。

DATA　㊋Ⓜ6号線BIR-HAKEIM駅から徒歩10分　㊟Champs de Mars 7e　☎なし　㊡9時30分～23時（夏期は延長あり）　㊡なし　㊔第2展望台まで€18.10、第3展望台まで€28.30、階段は第2展望台までで€11.30　☐日本語スタッフ　☑英語スタッフ

ギュスターヴ・エッフェル

エッフェル塔の建設を受託した企業の代表であり、技師。世界で一番古いデパートのル・ボン・マルシェ・リヴ・ゴーシュ（→P59）やニューヨークにある自由の女神の骨組み、リヨン駅の建設にも貢献した。

北柱のたもと(別冊①MAP●P8A2) にあるエッフェルの胸像

Point 1 展望台は3つ

3つの中で最も広いのが4586㎡ある第1展望台。第2展望台までは階段でもアクセス可。第3展望台へは第2展望台でエレベーターを乗り換える。

リニューアルした第1展望台。ガラス張りの床から眼下の光景が楽しめる

Point 2 飲食施設は4つ

第1展望台にはスターシェフ、ティエリー・マルクス氏が監修する「マダム・ブラッセリー」が2022年6月にオープン。第2展望台にはブローニュの森にある星付きレストラン「プレ・カトラン」のシェフ、フレデリック・アントン氏が監修するレストラン「ル・ジュール・ヴェルヌ」、第3展望台には「シャンパン・バー」がある。ほか、第1・2展望台に軽食店も。

Point 3 オリジナル・グッズ

エッフェル塔の地上の各出入口、第1・2展望台にはエッフェル塔グッズが揃う「エッフェル塔公式ブティック」がある。

DATA　㊡9時30分～23時（夏期は9時～23時30分）　㊡なし

1. キーホルダー€9
2. マグネット€5.50

\ 展望台 南 /

エッフェル塔の雄大な姿

\ 展望台 東 /

サクレ・クール寺院を望む

グランド・アルメ大通り

シャンゼリゼ大通りから。逆光になる夕暮れ時を避けて撮影を。順光の朝～日中が理想

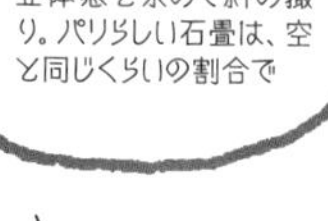

\ アーチ内の彫刻 /

革命家や将軍の名前558名分が彫られている

街路樹が両脇を彩るシャンゼリゼ大通りから撮影

\ カルーゼル凱旋門 /

シャンゼリゼ　別冊① MAP P4A2

凱旋門
Arc de Triomphe

「勝戦のアーチ」はフランスの栄光の象徴

コンコルド広場から北西に2km続くシャンゼリゼ大通り。その真正面に立つ壮大な凱旋門は、1805年に皇帝ナポレオン率いるフランス軍が、大逆転勝利を収めた記念に作られたもの。完成はナポレオンの死後15年経った1836年。

DATA　交Ⓜ1・2・6号線CHARLES DE GAULLE-ÉTOILE駅から徒歩1分　住Pl. Charles de Gaulle Étoile 8e　☎なし　時展望台10～23時（10～3月は～22時30分）※チケット販売は閉館の45分前まで　休なし　料€13　※パリ・ミュージアム・パスPMP（→P153）
□日本語スタッフ　☑英語スタッフ

戦勝勝利記念碑である凱旋門。パリ市内にはナポレオンが最初に建てたカルーゼル凱旋門（別冊①MAPP10B1）、1672年建造のサン・ドニ凱旋門（別冊①MAPP7D3）をなどいくつも点在している。

Point 1

屋上部の展望台

狭い螺旋階段を含め計284段を上ると、360度視界の広がる展望台に到着。最大級のロータリー「エトワール広場」から放射線状に延びる12本の大通りを一望できる。

1.地下通路から入場する

Point 2

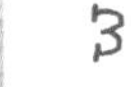

威厳あるレリーフ

門の前後にあるレリーフはナポレオンの功績「出発、勝利、抵抗、平和」を表す。四方上部の6つのレリーフはナポレオンの勇姿を物語る。

1.リュード作『出発』
2.コルト作『勝利』

Point 3

凱旋門公式ブティック

屋上に上る途中にあるアッティカの間に併設された公式ショップ。文房具から大きなオブジェまで、凱旋門オリジナルグッズが多数集まる。DATA☎01 55 37 73 75　時10～22時　休なし

1.通りが描かれたお皿€7.50
2.金メダル€3は自動販売機で

プチ情報　第一次世界大戦で戦死した無数の無名兵士を代表し、「無名兵士の墓」としてひとりの兵士をここに埋葬。毎日18時30分から30分間セレモニーが行われ、追悼の火が灯される。

撮影のコツ
全体を撮るにはメトロの南側の出入口から。根気よく赤信号を待てば車を避けられる

建物正面の撮影はメトロOPÉRA駅の南側の出入口がベスト

屋根のレリーフ

屋根のレリーフをズームで。彫刻の細部に注目

建物の内部

古典様式の中央ロビー。天井画とシャンデリアを入れて撮影

劇場

1950席ある劇場の天井にはシャガール作の『夢の花束』が描かれている

夜はライトアップ

ライトアップされ黄金色に輝く建物。車の往来に注意して撮影を

オペラ　別冊① MAP P19C1

オペラ・ガルニエ
Opéra Garnier

世界の観客を魅了する豪華絢爛な大劇場

ナポレオン3世が建築を命じ、1875年に完成した舞台芸術の殿堂。ターコイズ色のドーム、天井にアポロン像やミューズ像が配されているバロック様式と古典様式の建物が特徴。ドームの天井画や大理石の大階段など、豪華な装飾の内装もみどころ。

DATA　㊋M3・7・8号線OPÉRA駅から徒歩1分
㊟Pl. de l' Opéra 9e　☎08 92 89 90 90
㊐自由見学は10～17時（最終入場は16時15分）
㊡不定休（イベントのある日）　㊕€14（ガイドツアーは€18.50）
□日本語スタッフ　☑英語スタッフ

シャルル・ガルニエ
ボザールに学びローマ大賞（芸術学生に対してフランス国家が授ける留学制度）を受賞。留学後の36歳の時にオペラ・ガルニエを建設。フランス学士院に名を連ねる。

オペラ座の西側にあるカルボー作ガルニエ像

Point 1

オペラ図書館・博物館
5つの小部屋からなるオペラの舞台装飾の模型や衣装を展示する。DATA㊐10～17時（最終入場は16時30分）
㊡不定休　㊕劇場見学に含む

1. オペラ歌手の肖像画も

Point 2

ココ・パレ・ガルニエ
モダンでゴージャスなフレンチのカフェレストラン。
DATA☎01 42 68 86 80　㊐朝食7時30分～12時、ランチ12時～14時30分、アフタヌーンティー12時30分～18時、ディナー19時～翌2時(LO23時)　㊕メイン€34～、デザート€12～　㊡不定休
Ⓡ RomainRicard

Point 3

ラ・ギャルリー・ドゥ・ロペラ
オペラ座の東側にあるブティックは、オペラやバレエ関連のグッズが充実。
DATA☎01 53 43 03 97
㊐10時～18時30分
㊡なし

1. キーホルダー€9.95

寺院へはフニキュレール(→P87)でもアクセス可

撮影のコツ
階段の下から撮影。人で賑わう階段を入れて活気あふれる1枚に

騎馬像

入口両脇の騎馬像向かって左にルイ9世像、右はジャンヌ・ダルク

モンマルトル　別冊① MAP P25C2

サクレ・クール寺院
Basilique du Sacré-Coeur

丘の上からパリを見守る白亜の寺院

1870年に勃発した普仏戦争とパリ・コミューンで犠牲となった市民を慰霊するため、1875年に建設されたロマネスク・ビザンチン様式の寺院。1919年に完成した寺院は、「サクレ(聖なる)・クール(心)」と名付けられた。

DATA　交Ⓜ2号線ANVERS 駅から徒歩9分
住35 Rue du Chevalier de la Barre 18e　☎01 53 41 89 00
時6時30分～22時30分(ドーム：10時30分～20時30分※季節により異なる)　休なし　料無料(ドームは€7)
□日本語スタッフ　☑英語スタッフ

街並みと一緒に！

シュヴァリエ・ド・ラ・バール通りから

Point 1 寺院内部のモザイク

内陣を覆う475㎡のドームには、キリストと聖母マリアを題材にしたモザイク画が描かれている。寺院内の一部は撮影禁止なので注意を。

ジャンヌ・ダルクや市民がキリストを取り囲む

Point 2 ドーム頂上の展望台

寺院西側の階段を下ると展望台への入口がある。階段を上り詰めた先に高さ55mの展望台があり、天気が良ければ50km先の景色まで楽しめる。

エッフェル塔も豆粒サイズ！

Check ノートルダム大聖堂の今

2019年4月15日、突然の大火災で尖塔や屋根が崩落したシテ島に立つノートルダム大聖堂。再建に向けて修復工事が進んでいて、これまでに天井や壁、床のクリーニング作業が完了している。封鎖されていたドゥブル橋や大聖堂前の広場が再開放されているのでより近くで復興中の大聖堂が見られる。別冊①MAP●P11D3

パリオリンピック開催の2024年に修復作業を終わらせる予定

プチ情報　サクレ・クール寺院は裏からの姿も素敵。正面に比べて人の少ない石畳の道や階段がよりノスタルジックに写る。Rue de Chevalier (別冊①MAP●P25C2)、Rue de la Bonne (別冊①MAP●P25C2) あたりからがおすすめ。

パリなスーベニール

旅の途中で見つけたエスプリを感じるおみやげ。とくに名所をモチーフにした品は旅の記念にぴったり。

1.手拭きガラスコップ。Moi=私、Toi=あなた各€39Ⓒ 2.香水と手鏡が入ったコスメセット€26Ⓑ 3.エッフェル塔の缶に入ったチョコレート€12Ⓐ 4.パリをモチーフにしたクッション。裏面はベロア€110Ⓒ 5.道の名前がハンドペイントされた小皿€38Ⓒ 6.特許製法の香り付きバラのプリザードフラワー€45Ⓐ 7.パリの道がアルファベットになったキーホルダー各€14.90Ⓐ 8.パリ市内の工房で作られた手製の蝶ネクタイ€49～Ⓐ

●シャトレ・レ・アル

Ⓐ パリ・ランデブー

Paris Rendez-Vous

別冊①MAP●P22A3

パリ市庁舎の公式ショップ

パリ市が運営するオフィシャルギフトショップ。パリのランドマークが描かれたセンスのよいグッズが多数揃う。入口右手は観光案内所(10～18時) がある。

DATA ㊋Ⓜ1・11号線HOTEL DE VILLE駅から徒歩1分 ㊟29 Rue de Rivoli 4e ☎01 42 76 43 43 ㊕10～19時(最終入館は18時45分) ㊡日曜 (E)

●ルーヴル

Ⓑ フラゴナール

Fragonard

別冊①MAP●P10B2

雑貨も充実の香水ブランド

香水の町、南仏グラース発の香水ブランド。カジュアルな香水からフレグランス、雑貨、衣類など生活を彩る商品が揃う。パリ名所グッズも充実。

DATA ㊋Ⓜ1・7号線PALAIS ROYAL-MUSÉE DU LOUVRE駅から徒歩1分 ㊟カルーゼル・デュ・ルーヴル内 ☎01 42 96 96 96 ㊕10～20時(火曜は～19時) ㊡なし (E)

●サン・ジェルマン・デ・プレ

Ⓒ マラン・モンタギュ

Marin Montagut

別冊①MAP●P14B1

圧倒的センスのブティック

イラストレーター＆デコレーターとして活躍するマラン・モンタギュ氏が開いたコンセプトショップ。グリーンを基調にした店内装飾やディスプレイも必見。

DATA ㊋Ⓜ4号線SAINT-SULPICE駅から徒歩5分 ㊟48 Rue Madame 6e ☎09 81 22 53 44 ㊕11～19時(月曜は13時～) ㊡日曜 (E)

芸術の都で名作鑑賞

これだけは見逃せない！美術館の必見作品

アートの本場、パリには世界最大級のミュージアム、ルーヴルをはじめ見ごたえのある美術館がいっぱい。教科書にも載っていたあの名画、名作の数々を鑑賞しに出かけよう。

©Musée du Louvre, Paris

フィレンツェの富豪ジョコンドゥの妻がモデルです

『モナリザ』レオナルド・ダ・ヴィンチ A
神秘的な微笑を浮かべた女性の表情は完璧(→P118)

『エトワール、または舞台の踊り子』
エドガー・ドガ B
舞台を見おろす斬新な構図は浮世絵の影響

©Musée du Louvre, Paris

『レースを編む女』
ヨハネス・フェルメール A
緻密な世界観と色彩の演出が見事な傑作(→P119)

失われた両腕のポーズは今も議論の的

『ミロのヴィーナス』
作者不詳 A
1820年に発見、女神アフロディテ像とされる(→P117)

©Musée du Louvre, Paris

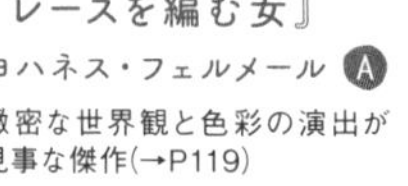

©Musée du Louvre, Paris

『サモトラケのニケ』
作者不詳 A
2014年に、10カ月の修復を終えた(→P118)

プチ情報 パリの国立美術館は第1日曜が無料となるところもある。この日を上手に利用するのがおすすめだが混雑覚悟で。また、通常日でも人気の美術館・博物館は行列ができ、入場するまでにかなり時間がかかることも念頭に予定を立てよう。

Check 建物自体もみどころの美術館

パリ西部 別冊① MAP P2A2

フォンダシオン・ルイ・ヴィトン
Fondation Louis Vuitton

ルイ・ヴィトン財団所蔵のアート作品と、LVMHグループCEOベルナール・アルノー氏の個人コレクションを展示する美術館。パリ西部、ブローニュの森の敷地内にあり、独創的な建物も話題で、設計は現代アメリカを代表する建築家・フランク・ゲーリー氏によるもの。

Iwan Baan for Fondation Louis Vuitton ©Iwan Baan 2014 ©Gehry partners LLP

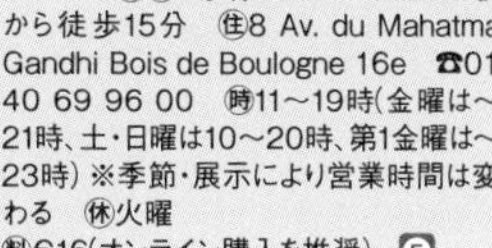

Iwan Baan for Fondation Louis Vuitton ©Iwan Baan 2014 ©Gehry partners LLP

DATA 交Ⓜ1号線LES SABLONS駅から徒歩15分 住8 Av. du Mahatma Gandhi Bois de Boulogne 16e ☎01 40 69 96 00 時11～19時(金曜は～21時、土・日曜は10～20時、第1金曜は～23時) ※季節・展示により営業時間は変わる 休火曜 料€16(オンライン購入を推奨) Ⓔ

収穫後の落ち穂を拾い命をつなぐ人間の力強さと尊厳を表現

『落ち穂拾い』
ジャン=・フランソワ・ミレー Ⓑ
1857年にフォンテーヌブローの森のはずれの農場で製作。貧しい農婦を美しい色彩で描いた秀作(→P121)

『ムーラン・ドゥ・ラ・ギャレット』
ピエール=オーギュスト・ルノワール Ⓑ
モンマルトルのダンスホールで画家の友人を描いた1枚(→P121)

夜明けの暗さや朝の清々しさなど光の表現が見事

『睡連』 クロード・モネ Ⓒ
池に浮かぶ睡連を描いた合計8枚の大作(→P121)

『接吻』
オーギュスト・ロダン Ⓓ
ダンテ『神曲』の主人公がモチーフの大理石像。1898年の作品

彫刻のモデルはロダン本人という説もあります

『考える人』
オーギュスト・ロダン Ⓓ
『地獄の門』頂上の小像を後年に拡大した1904年のブロンズ作品

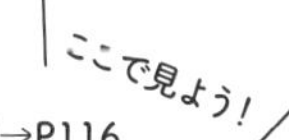

Ⓐ ルーヴル美術館→P116
Ⓑ オルセー美術館→P120
Ⓒ オランジュリー美術館→P120
Ⓓ ロダン美術館→P123

普段使いの野菜や食品、その場で食べられるカジュアルフードも

パリジェンヌ気分で歩く 人気のマルシェでおかいもの

市内各所にあるマルシェ(市場)は、朝早くから活気に満ちている。パリジェンヌが真剣に食材を選んでいる様子はまさにパリの台所。地元の人に混ざって、市場の雰囲気を満喫しよう♪

1.店先で気軽に会話を楽しむ常連客 2.バゲットと相性抜群のフルーツジャム 3.デザイナー、ソニア・リキエルの名を冠した通りが

4.青カビで熟成されたブルーチーズ 5.「AB」は有機農法の認定マーク 6.収穫したてのニンジン1kg／€4.2～
※乳製品は日本への持込み制限あり(→P141)

サン・ジェルマン・デ・プレ　別冊① MAP P20A4

マルシェ・ビオ・ラスパイユ

Marché Biologique Raspail

日曜はオーガニック専門のビオマルシェへ

1989年から続く、日曜限定のオーガニック専門のマルシェ。地下鉄RENNES駅からSÈVRES-BABYLONE駅の間の通りにBIO(ビオ)と認定された有機食材、製品の店が約50軒並ぶ。野菜やフルーツだけでなく、肉・魚・乳製品、石けん・化粧品など幅広く揃う。多くの店が閉まる日曜はマルシェで楽しもう。

DATA 交Ⓜ12号線RENNES駅から徒歩すぐ 住Bd. Raspail 6e 時8～14時 休月～土曜 ※クレジットカード使用不可

おみやげ探しなら…

養蜂家が自ら売るフランス中部、ソローニュ地方産のハチミツのお店。

ソローニュハチミツ
250g／各€7.50
ソローニュ地方のハチミツは香り高く、味わい深い

ハチミツキャンディ
左180g／€4、
右500g／€5.50
生のハチミツが閉じ込められた濃厚なキャンディ。ビンとサッシェを用意

プチ情報 マルシェでは現金精算のみで、クレジットカードが使えない店が多いので注意を。また、スリが多いので高額紙幣は持ち歩かず、小銭や少額の紙幣を準備しておこう。

and more…

マルシェ・デ・ザンファン・ルージュ

Marché des Enfants Rouges

マレ／別冊①MAP●P23C1

月曜以外は毎日開催されるパリ最古のマルシェ。飲食スペースが充実し、モロッコ、レバノンなど各国の料理が味わえる。

DATA 交Ⓜ8号線ST SÉBASTIEN FROISSART駅から徒歩5分 住39 Rue de Bretagne 3e 時8時30分～20時30分（木曜は～21時30分、日曜は～17時）※季節により異なる 休月曜 ※クレジットカード使用不可

マルシェ・バスティーユ

Marché Bastille

バスティーユ／別冊①MAP●P12B3

パリ最大級の活気あふれるマルシェ。比較的リーズナブルで、その場で味わえる飲食店も多い。木・日曜開催。

DATA 交Ⓜ1・5・8号線BASTILLE駅から徒歩1分 住Bd. Richard Lenoir 11e 時7時～13時30分（日曜は～14時30分） 休月～水、金・土曜 ※クレジットカード使用不可

遅めの朝ごはんなら…

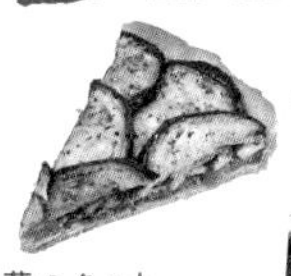

野菜のタルト
1カット €3.80
ナスとトマトがたっぷり入ったタルト

6種類のタルトのほかパンなど惣菜がたくさん

行列が絶えないジャガイモのおやきの人気店

ジャガイモのおやき
€2.80
玉ねぎ、チーズを混ぜて焼いた一品。アツアツをどうぞ

ブルターニュの素朴なガレットを売る店

玉子とチーズのクレープ €6
栄養価の高い玉子とチーズ入りは不動の一番人気♪

グレープフルーツジュース €4
搾りたての果汁は酸味と甘味のバランスが格別！

生搾りジュースは超フレッシュ！

オーガニックレストランの食材店

スーパートッピング
170g／€8.90
スピルリナやカボチャとヒマワリの種などをミックス。スープやサラダに

カカオニブ
250g／€9.90
カカオ豆を発酵させたもの。そのまま食べたりサラダに入れたり

イチジク
1kg／€23.50
甘みが凝縮しているので濃厚な味

ハート型石けん €0.90
カラフルな石けんも植物成分だから肌にやさしく安心

マルセイユ生まれのオリーブ石けんを売る店

エッフェル塔マークの石けん
100g／各€2.80
ベージュはアーモンド、茶はバニラ。全8色

パパイヤ
1kg／€29
色鮮やかなパパイヤは人気の品

季節のフルーツから南国フルーツまで揃うドライフルーツの店

マルシェを楽しむ3つのポイント

Point 1 早起きして出かけよう

10時から正午にかけて賑わい、人気商品は昼前には売り切れになることもあるので、早めに出かけよう。特に週末は混み合う。

Point 2 バッグを持参しよう

野菜やフルーツは薄めのビニール袋や紙袋に入れられることが多く、破れてしまうことも。大きめの布バックを持参すると便利。

地元の人たちはこんなカートを持参

Point 3 交渉しよう

品物は1つから購入できるが、量り売りが多いので必要な量を伝えよう。スリも多いので、お金の出し入れには充分気をつけて。

バッグは身体の前に持とう

お部屋に飾ればフランス気分

乙女心をくすぐる ラブリーなフレンチ雑貨

遊び心や可愛さいっぱいのパリの雑貨たち。人気デザイナーがオープンしたコンセプト店、昔ながらの製法で手作りする陶器やキャンドル、文具…。胸がときめく一品を探して。

1.ノート 各€29.90
トリコロールの色使いが可愛いハードカバー

2.キーリング €65
ゴールドの子鹿型のキーリング。幅広の側面はピンク色

元鋳物工場を改築した店内の棚はその頃のもの。約200㎡の店内のあちこちにグッズをディスプレイしている

3.Tシャツ 各€75～
ブランドロゴ、子鹿プリントの2種類

4.サングラス 各€129～
オリジナルサングラスは11モデルあり

ショップディレクターのエレーヌ・ルフュールさん

賑やかで陽気なイネスの世界観を楽しんで

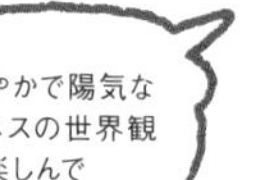

サン・ジェルマン・デ・プレ　別冊① MAP P20B2

イネス・ドゥ・ラ・フレサンジュ

Inès de la Fressange

人気デザイナーがライフスタイルを提案

元トップモデルで、今はデザイナーとしても活躍するイネスが2015年5月にコンセプトショップを開店。センスのよいオリジナルの洋服、小物、文具のほか、彼女が選ぶインテリア小物や家具がいっぱい。

DATA　㊋Ⓜ4号線ST-SULPICE駅から徒歩4分
㊓24 Rue de Grenelle 7e　☎01 45 48 19 06
㊐11～19時　㊡日曜　Ⓔ

5.バンビの置物 各€21(参考商品)
ブランドキャラクターの子鹿「レオン」の置物

6.バッグ 各€450(参考商品)
レザーとキャンバス地のコンビトート

プチ情報　毎年1月と9月にパリ郊外で開催される「メゾン・エ・オブジェ」は、欧州最大級のインテリア・デザイン見本市。およそ3200社が家具やテーブルウェア、雑貨の新商品を展示。世界中からバイヤーや関係者が集まる。

ホーム・オートゥール・デュ・モンド
Home Autour du Monde

人気コンセプトショップがオペラ地区に登場

カジュアルウエア「ベンシモン」のコンセプト店。2014年9月、オペラ地区にオープンしたこの店は、100㎡の店内にキッチン&インテリア雑貨、ファッション小物やホームウエアをセレクトする。

DATA ㊋Ⓜ7・14号線PYRAMIDES駅から徒歩2分 ㊟20 Rue des Pyramides 1er ☎01 40 20 09 62 ㊕11～19時 ㊡日曜(不定休) Ⓔ

2面がガラス張りで、日の光がさんさんと差し込む明るいショップ

オリジナル商品がたくさんあります!

ショップディレクターのエレーヌ・エトレさん

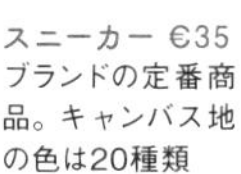

スニーカー €35
ブランドの定番商品。キャンバス地の色は20種類

クッション
各€65(参考商品)
さまざま素材を使ったオリジナルクッション

収納ケース
小€25、中€40、大€60
重ねてもかわいいカラフルな収納ボックスは3サイズ

小物のほかにアーティストのオブジェなども飾られている

オペラ 別冊① MAP P19C4

ツェツェ・アソシエ
Tsé & Tsé associées

パリジェンヌのユニットが作るデザイン雑貨

アイディアいっぱいの花瓶や照明、カラフルなグッズを生み出す女性ユニットのお店。ここはマレに出した2号店。パリジェンヌのアパートのようなディスプレイはインテリアの参考になる。

DATA ㊋Ⓜ1号線TUILERIES駅から徒歩2分 ㊟7 Rue Saint-Roch 1er ☎01 42 61 90 26 ㊕11～14時、14時30分～19時 ㊡日曜(夏期2～3週間) Ⓔ

グラス
左€62、右€70
ひとつひとつ形が異なる、個性的なグラス

お皿 €29
ウズベキスタンの伝統柄に発想を受けている

壁掛け時計
€79(参考商品)
赤と水色の配色がカラフルな掛け時計

プチスカーフ €39
ツェツェのコレクションが描かれたプチスカーフ

面白いものが沢山あります。ぜひ見に来てね

デザイナーシゴレーヌ・プレボワさん

マレ 別冊① MAP P22A1

レクリトワール
L'Ecritoire

手作り文具を求めて世界からファンが

1975年に創業、フランス製の文具にこだわるショップ。封筒やペン軸の一部はオーナー姉妹のお手製。手紙のほか、ラッピングの仕上げに大活躍の封蝋用ワックスは20色が揃う。

DATA ㊋Ⓜ11号線RAMBUTEAU駅から徒歩1分 ㊟157 Rue St-Martin 4e ☎01 42 78 01 18 ㊕11～19時（日曜は15時30分～18時30分） ㊡なし Ⓔ

レターセット €9
封筒、便せん、シールが8組入ったセット

蝋印やオリジナルレターセットがいっぱい（移転前の店内）

ワックス €3
スタンプ €21
錫製スタンプはレトロで素敵

万年筆 €9
（参考商品）
ラメ入りインク
各€3.80
羽根つきの万年筆でラメ入り文字を書こう

マレ 別冊① MAP P22B4

メロディ・グラフィック
Mélodies Graphiques

ヨーロッパの歴史を感じる文具店

西洋カリグラフィの専門家が営む店。欧州各地で探したハンドメイドのレターセットやカード、ノート、万年筆のペン先、インクなど伝統的なアイテムが揃う。昔懐かしい雰囲気も◎。

DATA ㊋Ⓜ7号線PONT MARIEから徒歩3分 ㊟10 Rue du Pont Louis-Philippe 4e ☎01 42 74 57 68 ㊕11～19時（月曜は14～18時） ㊡日曜 Ⓔ

店主が描いたポスターやカードも販売

ポストカード€1.50～
パリのモニュメントが美しいオリジナルのポストカード

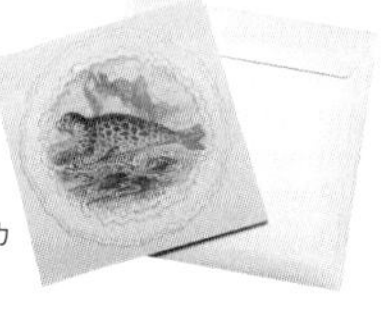
カード €1～15
店内には大小さまざまなカードがある

サン・ジェルマン・デ・プレ 別冊① MAP P21C1

ラ・メゾン・キャラヴァーヌ
La Maison Caravane

フレンチ×エスニックのインテリア雑貨

エスニックを取り入れたインテリア雑貨の人気メゾンが2022年5月に旗艦店をオープン。広大な邸宅にセンス抜群のデコレーションが広がる夢のような空間は必見！

DATA ㊋Ⓜ4号線SATIN-GERMAN-DES-PRÉS駅から徒歩3分 ㊟27 Rue Jacob 6e ☎01 53 10 08 86 ㊕11～19時 ㊡日曜 Ⓔ

小皿とスプーン 各€12
水牛のツノの小皿とスプーンがセットに

オリジナルアイテムが多数並ぶ店内

ナプキンリング各€7～、テーブルナプキン各€18
テーブルコーディネートのポイントに

プチ情報 アンティーク雑貨の掘り出し物を探すなら、週末に不定期開催のブロカント（プロによる古物市）や、ヴィッド・グルニエ（住民のフリーマーケット）がおすすめ。日程はURL vide-greniers.org/（仏語）でチェックを。

ラ・マニュファクチュール・パリジェンヌ
La Manufacture Parisienne

パリらしいコンセプトショップ

オーナーがプロデュースするオリジナルブランド「little choses by」をはじめ、クリエイター商品、ヴィンテージのグラス、陶器、ホームウエアなど、センスよいアイテムを集めるセレクトショップ。

DATA ㊋Ⓜ12号線JULES JOFFRIN駅から徒歩4分 ㊟93 Rue Marcadet 18e ☎01 42 64 76 29 ㊍11～19時（水曜は～16時） ㊡日・月曜

外からも見えるディスプレイに誘われて思わず入店してしまう

ルームシューズ
€45～55（参考商品）
カシミアとシルクで作られた手縫い製

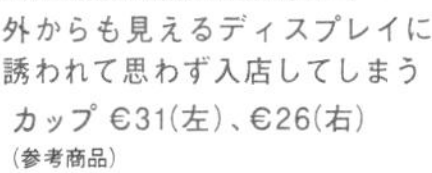

カップ €31（左）、€26（右）
（参考商品）
ドットがアクセントのカップは使い方いろいろ

ラ・スフルリ
La Soufflerie

手拭きグラスメゾンのショップ兼工房

アーティスト夫妻が2007年に立ち上げた、ガラス工芸団体の直営店。昔ながらの吹きガラスは、職人による100%ハンドメイド。懐かしい風合いの花瓶や器が揃う。

DATA ㊋Ⓜ4・10号線ODÉON駅から徒歩2分
㊟7 Rue de l'Odéon 6e
☎01 83 92 99 49
㊍10～19時（月曜は9～17時）
㊡日曜 Ⓔ

手拭きならではの温かみのあるデザインが揃う

キャンドルスタンド
€26.30
取手付きのキャンドルスタンドは一輪挿しにも使える

花瓶
€41
創業者の顔をかたどった「Tête」シリーズ。花瓶のほか、グラスもある

シール・トゥルドン
Cire Trudon

フランス最古のキャンドル専門店

1643年創業、かつてはヴェルサイユ宮殿へ納入した名店。伝統的な製法で、職人が作る商品は、100%植物由来。専属の調香師がつくる、ロマンティックな香りのアロマキャンドルが人気商品。

DATA ㊋Ⓜ4・10号線ODÉON駅から徒歩4分 ㊟78 Rue de Seine 6e ☎01 43 26 46 50 ㊍10時30分～19時30分（月曜は11～19時） ㊡日曜 Ⓔ

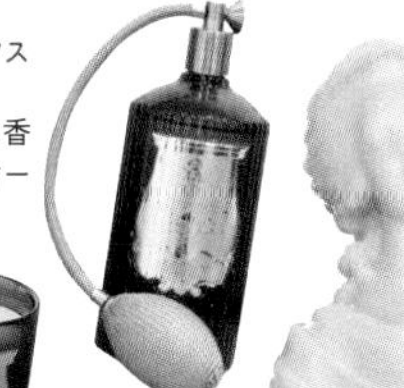
ルーム・フレグランス
€190
スプレーで部屋に香りづけ。ミントティーなど9種類がある

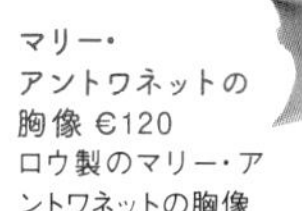
アロマキャンドル
小€36、大€85
歴史をイメージしたキャンドルは25種類の香り

マリー・アントワネットの胸像 €120
ロウ製のマリー・アントワネットの胸像

黒を基調とし現代的なイメージの店内

パリでは1日4食が基本です！

スイーツからビストロまでチェックしたい女子グルメ

美食の都、パリには行っておきたいグルメな名店が目白押し。パティスリーにカフェ、本格ビストロ…女子心を刺激する、目にも舌にもおいしい逸品をまとめてご紹介！

伝統からモダンまで、必食スイーツ

中央に円型のショーケースを置く「キャトルヴァン・シス・シャン」の店内。卵のような照明がスタイリッシュ

ピスタッシュ
Pistache €2.50
アーモンドとピスタチオのマカロン生地にピスタチオ風味のバタークリームをサンド。定番のフレーバー。Ⓑ

マカロン Macaron
各€2.50
右はエルメを代表するバラとライチ、フランボワーズクリームのイスパハン、左はマダガスカル産のバニラを使ったアンフィニマン・ヴァニーユⒶ

ペタル・ドゥ・ローズ
Petale de rose €2.50
バラの花びら（ペタル・ドゥ・ローズ）のミニマカロン。小ぶりながら、上品なバラの風味が広がるⒷ

Ⓐ キャトルヴァン・シス・シャン

●シャンゼリゼ
86 Champs
別冊① MAP ● P4B3

スイーツのピエール・エルメとコスメのロクシタン、フランスを代表するメゾンがコラボ。ショップ、カフェレストランがひとつのフロアに集まる。

DATA 交Ⓜ1号線GEOEGE V駅から徒歩2分 住6 Av.des Champs- Élysées 8e ☎01 70 38 77 38 時10時30分～22時（金・土曜は10～23時、日曜は10～22時） 休なし Ⓔ Ⓔ

Ⓑ ラデュレ・カスティリオーネ

●サントノレ
Ladurée Castiglione
別冊① MAP ● P18B3

ラデュレ（→P92）が新たに出店した、マカロン専門店。季節限定のフレーバーを含め、多いときは36種類ものマカロンが揃う。

DATA 交Ⓜ1号線TUILERIES駅から徒歩3分 住14 Rue de Castiglione 1er ☎01 42 60 86 92 時10～19時 休なし Ⓔ

Ⓒ セバスチャン・ゴダール

●オペラ
Sébastien Gaudard
別冊① MAP ● P7C1

フォションなど一流店で華麗な経歴を重ねた気鋭のパティシエの店。昔ながらの伝統菓子にこだわり、繊細な味わいで幅広い層に人気。

DATA 交Ⓜ12号線NOTRE-DAME-DE LORETTE駅から徒歩5分 住22 Rue des Martyrs 9e ☎01 71 18 24 70 時10～20時（土曜は9時～、日曜は9～19時） 休なし

まめちしき フランスには「サントノレ」や「プロフィットロール」などシュー生地を使った伝統菓子が多く存在する。中でも人気の「パリ・ブレスト」は同名の自転車レースを記念して作られ、リング型は自転車の車輪を模している。

パリ・ブレスト
Paris Brest €8.30
(テイクアウト€6.10)
シュー生地にアーモンドのプラリネを挟んで。軽やかな生地に甘さをおさえたクリームが絶品Ⓒ

エキノクス
Equinoxe €6.50
シナモン風味のビスキュイを土台に、バニラクリームとキャラメルソースが入った逸品Ⓓ

ババ・オ・ラム
Baba au Rhum €6.50
ラム酒入りシロップに浸したブリオッシュと生クリーム。柑橘の風味を加え軽やかに演出Ⓓ

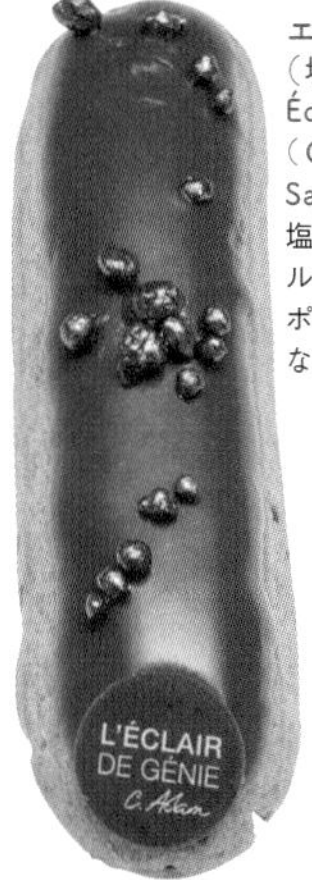
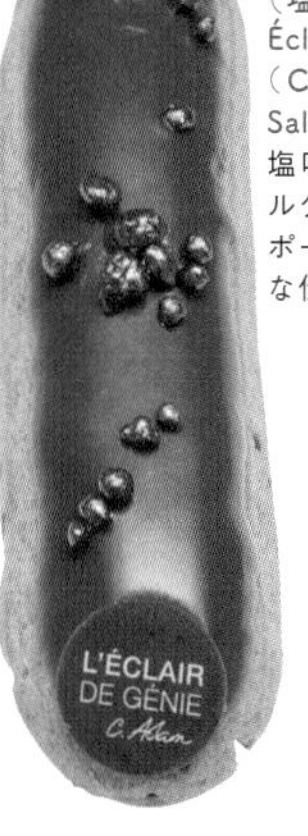

エクレア
(塩バターキャラメル)
Éclair
(Caramel Beurre Salé) €6.50
塩味の効いたキャラメルクリームは、マスカルポーネベースで軽やかな仕上がりⒺ

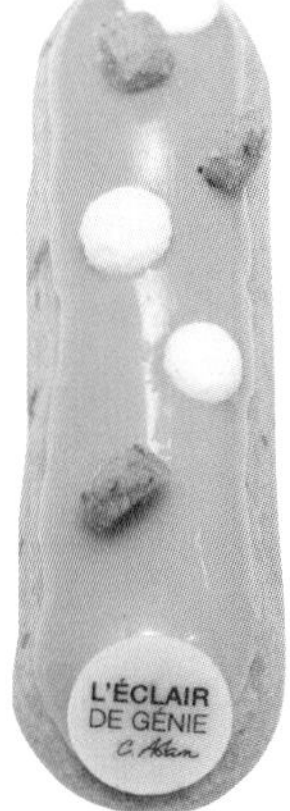

エクレア(レモン柚子)
Éclair (Citron Yuzu)
€6.50
レモン果汁を絞り込んだ爽やかなクリームを詰め、柚子クリームとメレンゲをトッピングⒺ

パリ・ブレスト €5.50
ガナッシュクリームのなかにヘーゼルナッツがゴロゴロⒻ

タルトシトロン €5.50
バジルペーストとレモンクリームの酸味がベストマッチ!Ⓕ

タルトピスタチオ
€5.90
ピスタチオクリームがたっぷり!ピスタチオ好きにはたまらないⒻ

Ⓓ ●シャンゼリゼ

ラ・パティスリー・シリル・リニャック

La Patisserie Cyril Lignac
別冊① MAP ● P4B4

人気の星付きシェフ、シリル・リニャックがプロデュース。デザインも味も洗練されたスイーツが並ぶ。

DATA ㊋Ⓜ9号線IÉNA駅から徒歩5分 ㊟2 Rue de Chaillot 16e ☎01 47 20 64 51
㊐7~20時(月曜は~19時)
㊡なし

Ⓔ ●マレ

レクレール・ドゥ・ジェニ

L'Éclair de Génie
別冊① MAP ● P23C3

元フォションのシェフ、クリストフ・アダムがオープンしたエクレア専門店。季節ごとに変わるフレーバーは、甘さ控えめの繊細な味わいも嬉しい。

DATA ㊋Ⓜ1号線ST-PAUL駅から徒歩2分 ㊟14 Rue Pavée 4e ☎01 42 77 86 37
㊐11~14時、15~19時(金~日曜は11~19時)
㊡なし

Ⓕ ●モンマルトル

ボリス・リュメ・カフェ・パティスリー

Boris Lumé café pâtisserie
別冊① MAP ● P24A3

フランス人パティシエと日本人パン職人夫婦の店。スペシャリテはエクレアのような形をしたタルトで抹茶や旬のフルーツなど8種類。

DATA ㊋Ⓜ2号線BLANCHE駅から徒歩4分、12号線ABBESSE駅から徒歩5分
㊟28 Rue Lepic 18e ☎なし
㊐10~18時
㊡月・火曜

編集部おすすめ！お値打ちビストロ

1.❶メインのクロップス（ミートローフ）、❷前菜の大定番ウフ・ミモザ（ゆでタマゴ）、❸オレンジ風味のスムール・プディング　2.マルシェ・サン・ジェルマン横の小道に立つ。レトロな床のタイルや木の椅子がかわいらしい

ル・プティ・ヴァテル
Le Petit Vatel

隠れ家のようなかわいいビストロ

サン・ジェルマン大通りの裏手、市場の前に19世紀末から続くビストロを、2人の女性シェフがリニューアル。新鮮な季節の食材を使った素朴な家庭料理を供するとあって評判をよんでいる。こぢんまりとした店内は居心地もいい。

DATA　㊇Ⓜ10号線MABILLON駅から徒歩2分
㊟5 Rue Lobineau6e
☎01 43 54 28 49
㊕12～15時、18時30分～23時
㊡日・月曜

1.❶豚バラ肉とキャベツ ジャガイモピューレ、❷鯖のリエット ビネグレットソース、❸チーズの盛り合わせ ブラックチェリージャム添え　2.モダンでアットホームな雰囲気の店内

ア・レア
A.lea

女性シェフが作るモンマルトルの注目店

女性シェフのレア・レスラジェさんは星付きレストランやモンマルトルの名店で経験を積んだ人物。季節の新鮮素材をシンプルに調理する料理はボリューミーで盛り付けも美しい。メニューは週ごとに少しずつ変わる。夜はアラカルトのみ。

DATA　㊇Ⓜ12号線LAMARCK-CAULAINCOURT駅から徒歩3分
㊟39 Rue Lamarck 18e
☎01 81 69 96 93　㊕12時～14時30分、19時30分～22時(日曜は12時30分～14時30分)
㊡月・火曜 Ⓔ

ヨーロッパでは「Rのつかない月（5～8月）にカキは食べるな」と言われ、9月上旬から魚介専門店やブラッスリーの店頭にカキのスタンドが登場。注文後に殻を開けてサービスされるフレッシュなカキは最高！

and more…

ココット料理の専門店

前菜からデザートまで、ストウブ社のココット鍋で料理をサービス。昼夜ノンストップ営業で便利。月～金曜(12～15時)のランチ2皿€28、3皿€32。

シーザーサラダ€15。シェフが修業したリッツホテルのレシピを再現

エッフェル塔周辺 別冊① MAP P8B2 **レ・ココット** Les Cocottes

DATA 交Ⓜ8号線ÉCOLE MILITAIRE駅から徒歩8分 住135 Rue St-Dominique 7e ☎01 45 50 10 28 時12時～22時30分 休なし Ⓔ Ⓔ ※予約不可

MENU
① Tartare de boeuf charolais, tomates et citronsconfits, grenailles
② Petitesplanche de charcuteriesibérique et italienne
③ Mi-cuit chocolat corsé
合計 €20(前菜とメインまたは、メインとデザート)、料理は季節によって変更

1.❶メインのシャロレー産牛のタルタル トマトとレモンのコンフィ、小ジャガイモ、❷前菜のイベリコとイタリアの生ハム盛り合わせ、❸デザートの濃厚フォンダンショコラ 2.螺旋階段が特徴的な明るい店内

サン・マルタン運河 別冊① MAP P17A2

レ・ヴィネグリエ
Les Vinaigriers

運河エリアにある人気アドレス

オーナーで現役フォトグラファーのティボー氏が、気鋭の若手料理人と共にシンプルでモダンな最新ビストロ料理を提案する店。木を基調にした明るい店内は居心地満点。女性1人でも利用しやすい雰囲気がうれしい。

DATA 交Ⓜ5号線JACQUES BONSERGENT駅から徒歩4分 住42 Rue des Vinaigriers 10e ☎01 46 0797 12 時12～14時、19時30分～22時(土曜は12時30分～14時30分、19時30分～22時) 休日曜

MENU
① Gigot d'Agneau, Pommes Grenailles
② Œuf Mollet, Coulis de Cresson
③ Tarte citron Meringuée
合計 €23.50(平日ランチ3皿合計)
※2皿は€22

1.❶メインディッシュのひとつ、仔羊のモモ肉、小イモを添えて、❷前菜の半熟卵とクレソンのクーリ(裏ごししたソース)❸タルト・シトロン・メレンゲ 2.地下フロアもある広々とした店内。コストパフォーマンスも抜群とパリっ子も絶賛

マレ 別冊① MAP P23D3

カフェ・デ・ミュゼ
Café des Musées

マレを代表するビストロの人気店

マレの中心にあり、観光地からも至近の好立地。2017年から日本人シェフの菊池大輔氏が腕を振るう。就任後にフィガロ紙で牛肉の赤ワイン煮がNo.1に選ばれる。日本人女性パティシエが作るデザートも絶品揃い。夜はアラカルトのみ。

DATA 交Ⓜ8号線CHEMIN VERT駅から徒歩4分 住49 Rue de Turenne 3e ☎01 42 72 96 17 時12時～14時30分、19時～22時30分(金～日曜は12～16時、19～23時) 休なし Ⓔ ※要予約

アートの香り漂う老舗カフェ

芸術イストワール

エコール・ド・パリの画家フジタのアトリエはこのカフェの裏にあり、創業当初からの常連だった。モデルのユキを奪い合ったのもここ。

壁にはピカソやマン・レイなど、かつての常連たちのポートレートが飾られている

モンパルナス 別冊① MAP P14A2

ラ・クーポール

La Coupole

パリの黄金時代を生き抜いたカフェ

1927年創業時のアール・デコ装飾を残し、華やかだったベル・エポック（黄金時代）のパリを彷彿とさせる由緒あるカフェ&ブラッスリー。バーカウンターで往時の華やぎに想いを馳せるのもいい。

1.ここまで広くて天井の高いカフェも珍しい。柱の装飾画や写真、絵画が歴史を語っている　2.ヴァローナ社のチョコを使ったショコラ・ショー€5.50

創業当時からの人気メニュー

仔羊のカレー€27.50。ミッテラン元大統領も好物だったという

DATA
交Ⓜ4号線VAVIN駅から徒歩1分
住102 Bd. de Montparnasse 14e
☎01 43 20 14 20
時8〜24時　休なし
□日本語スタッフ　□日本語メニュー
☑英語スタッフ　☑英語メニュー　□要予約

2階はゆったり落ち着いた雰囲気

文学イストワール

ドイツ軍がフランスを占領した戦時中、唯一ここだけに自由があったと語ったサルトル。彼は1日9時間もここで過ごしたという。

サン・ジェルマン・デ・プレ 別冊① MAP P20B2

カフェ・ドゥ・フロール

Café de Flore

哲学者たちに愛された老舗カフェ

創業129年の老舗。20世紀の芸術運動、シュールレアリスムの誕生に伴い、サルトルやボーヴォワールが議論の場として使い歴史の舞台となったカフェ。現在もファッションデザイナーであるソニア・リキエルのための席が毎日確保されている。

1.サン・ジェルマン・デ・プレの雰囲気が楽しめる。入って右奥のコーナー席がサルトルの定席だった　2.ギャルソンのエリックさん。物腰がやわらかく笑顔で接客してくれる

1930年からの人気メニュー

パンの上にビールで溶かしたチェダーチーズをのせオーブンで焼いた香ばしいウェルシュ・ラルビット€20

DATA
交Ⓜ4号線ST-GERMAIN-DES-PRÉS駅から徒歩1分
住172 Bd. St-Germain 6e　☎01 45 48 55 26
時7時30分〜翌1時30分　休なし
□日本語スタッフ　□日本語メニュー
☑英語スタッフ　☑英語メニュー　□要予約

まめちしき　ギャルソンとはプロのサービススタッフのこと。1人が12〜15テーブル程度を受け持ち、担当テーブル以外はサーブしない。自分のテーブル担当のギャルソンが来るまで待とう。

Lala Citta Paris

Story 2

おかいもの

Shopping

お店の商品をぜーんぶ買い占めたくなるくらい、
女子の♥に響くアイテムがパリにはいっぱい。
自分のための宝物探しがひと段落したら、
幸せのおすそ分け、スーベニール探しも忘れずに。

おしゃれ度UPのアイテムを見つけたい

パリジェンヌに愛されるファッションブランド

おしゃれ好きなら気になるのがフランス発のファッションブランド。日本未上陸メゾンにフレンチカジュアルの象徴まで、パリジェンヌのリアルクローズをのぞいてみましょ♪

1

白を基調とした新作エリア。その奥にフィッティングルーム、さらにコスメや小物を置く部屋もある

4

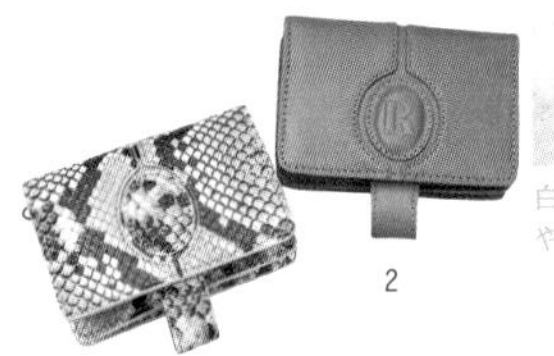

2

1.レトロなナイロン製スニーカー€240　2.カードケース各€130　3.フェミニンな花柄ソックス各€25　4.コスメラインもデビュー。写真はリップパレット各€45　5.猫にリンゴと思わずキュンとなるプリントセーター€160　6.カチッと決まる黒のハンドバッグ€295

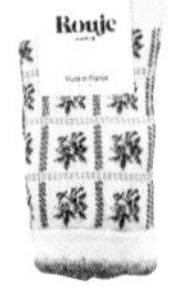

3

6

5

オペラ　別冊① MAP P7C4

ルージュ
Rouje

人気パリジェンヌの路面店

新世代パリジェンヌのアイコンとして絶大な人気を誇るジャンヌ・ダマスが手がける店。オンラインショップとしてスタートして、2019年には実店舗がオープンした。シンプルでフェミニンなデザインが特徴。

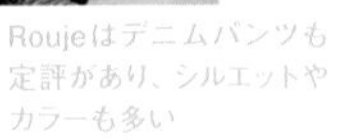

Roujeはデニムパンツも定評があり、シルエットやカラーも多い

(手前) フラワープリントのスカート€120、ショート丈のボリュームニット€185

DATA　交M3号線SENTIER駅から徒歩5分
住11 bis Rue Bachaumont 2e
☎01 88 33 60 33
時11時～19時30分　休日曜

プチ情報　パリジェンヌはヴィンテージが大好き。その理由はプチプラなうえに、一点ものとして、自分らしい着こなしに役立つから。ヴィンテージ・ショップはマレやモンマルトルに多い。

別冊①MAP P20B4

メゾン・キツネ
Maison Kitsuné Paris

タイムレスなスタイルが魅力

フランス人のジルダ・ロアエック氏と日本人の黒木理也氏がパリで設立。ニュークラシックをテーマにTシャツやキャップなどベーシックなアイテムをデザイン。音楽レーベルやカフェも手がける。

DATA ㊋Ⓜ4号線SAINT-SULPICE駅から徒歩4分
㊟38 Rue Madame 6e
☎01 53 71 76 62 ㊍11～13時、14～19時 ㊡日・月曜 Ⓔ

こぢんまりとした隠れ家的ショップ。ロワイヤルやマレにも店舗あり

ドレスドフォックスプリントのTシャツ€110とキャップ€95

ビッグフォックスのトートバッグ€55

パリ限定の"パリジャン"ロゴ入りトレーナーは€105

フォックスヘッドのクラシックカーディガン€240

オペラ 別冊①MAP P18B1

セント・ジェームス
Saint James

不朽の定番ボーダーシャツをゲット！

1889年にノルマンディー地方で誕生し、地元の漁師や船乗りたちの大切な仕事着であるマリンセーターを生み出した老舗。ピカソも愛用したボーダーシャツをはじめ、フレンチカジュアルの名品をチェック！

DATA ㊋Ⓜ8・12・14号線MADELEINE駅から徒歩1分
㊟5Rue Tronchet 8e ☎01 42 66 19 40 ㊍10～19時
㊡日曜 Ⓔ

フレンチカジュアルなコーディネートができる

赤のラインがアクセントになったボーダーシャツ€112

鮮やかな黄色が印象的なパーカー「Sainte Marie」€139

別冊①MAP P18B3

エルベ・シャプリエ
Hervé Chapelier

アイコニックなナイロントート

1976年、エルベ・シャプリエ氏が創立したメイド・イン・フランスのバッグブランド。1985年に誕生したカラフルな舟型ナイロントートバッグはサイズも色も豊富で、世界中のファンに愛されている。

DATA ㊋Ⓜ1・8・12号線CONCORDE駅から徒歩3分
㊟390 Rue St-Honoré 1er ☎01 42 96 38 04
㊍10時15分～19時（土曜は～19時15分） ㊡日曜 Ⓔ

定番から新作まで色、形、サイズが豊富

色違いで集めたくなるポーチ(右)€65とポシェット(左)€119

コットンキャンバスを加工した新素材スクエアショルダー€125も人気爆発

フレンチ・トロッターズ French Trotters

マレ 別冊② MAP P23D1

パリジェンヌのリアルなクローゼット

バスティーユに本店を置くセレクトショップ。パリらしいシンプルで仕立てのいい日常着やハイセンスなブランドが見つかる。自社ブランドやコラボ商品を作るなど、常に話題満載。

DATA 交Ⓜ8号線ST-SEBASTIEN-FROISSART駅から徒歩4分 住128 Rue Vieille du Temples 3e ☎01 44 61 00 14 時11時30分～20時(日曜は14～19時) 休月曜 E

白壁と木製の調度品で統一された温かみのある店内

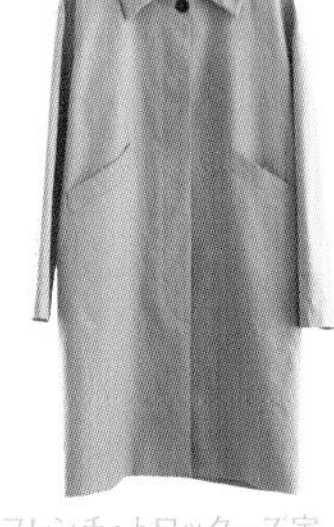
フレンチ・トロッターズ定番のスプリングコート€480(参考商品)

食器、リネンなどライフスタイルグッズもある

ジェローム・ドレフュスのチェーンバッグ€795(参考商品)

パリ発のフレグランスブランド、OVEROSEのキャンドル€48(参考商品)

メ・ドゥモアゼル… Mes Demoiselles...

マレ 別冊① MAP P23C1

メルヘンたっぷりのふんわりアイテム

元スタイリストが立ち上げたブランドで、「私のお嬢さんたち」という意味をもつ。メルヘンなスイートさとボヘミアンが融合したような、ふんわり感のあるデザインが多い。

DATA 交Ⓜ8号線FILLES DU CALVAIRE駅から徒歩4分 住45 Rue Charlot3e ☎01 49 96 50 75 時10時30分～19時30分 休日曜 E

パリ市内に6つの路面店がある

お尻がすっぽり隠れる小花柄のチュニック€230(参考商品)

花柄のウール素材のボンネット€125(参考商品)

サントル・コメルシャル Centre Commercial

サン・マルタン運河 別冊① MAP P17B3

エコに敏感なパリっ子に定評あり

オーガニックコットンやリサイクル素材で作るスニーカーのエコロジー・ブランド「VEJA(ヴェジャ)」が提案するコンセプト・ストア。服、靴、雑貨など自然素材にこだわったブランドをセレクト。

DATA 交Ⓜ5号線JACQUES BONSERGENT駅から徒歩2分 住2 Rue de Marseille 10e ☎09 63 52 01 79 時11～20時(日曜は14～19時) 休なし E

VEJAのハイカットスニーカー€155

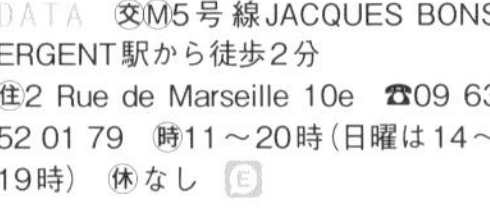

「エー・ピース・トリーティー」の3連指輪€135(参考商品)

ハンフリー・ボガード風「ラローズ」の帽子€249(参考商品)

プチ情報 おしゃれなパリジェンヌはトレンディなカフェやレストラン、クラブでよく見かける?! フレンチー・バー・ア・ヴァン(→P110)やル・シャトーブリアン(→P105)はおしゃれパリジェンヌに特に人気がある。

Check！ セール時期をチェック！

ソルド（セール）が行われるのは1～2月、6～7月の年2回。この期間は有名ブランドからファストファッション、さらに高級デパートまでどのショップも30～70%オフになるため、街中に買い物客があふれる。日程は5週間で、経済産業省によって法律で定められている。

ショップのウインドーにはSOLDESのマークが

サン・ジェルマン・デ・プレ 別冊① MAP P10A4

セザンヌ
Sézane

圧倒的な支持を集めるブランド

オンライン限定ショップとして始めたクリエイターのモルガンヌ・セザロリーのブランド。瞬く間に大人気となり路面店も続々オープン。トレンドを抑えつつも、独自の大人ガーリースタイルが話題。

DATA 交M10・14号線SÈVRES-BABYLON駅から徒歩3分
住122 Rue du Bac 7e ☎なし
時11～20時（土曜は10時～）
休日・月曜 E

雑貨やリネン、バッグやシューズなどを置くライフスタイルショップ

メンズラインの「October」もある

調香師マスターによる香水€65はフローラルとシトラスのフェミニンな香り

大胆な花柄のジャガードニット€115

ミディ丈のマルチプリントワンピース€160

手の届きやすい価格帯なのに上質感もあり、ワードローブの定番に

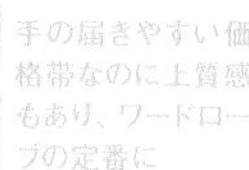

ストールブランド「Inoui Editions」とのコラボシャツ€100

トレンド発信地マレで見つけた

こだわりを感じるおしゃれなコンセプトショップ

コンセプトショップとは、ブランドの世界観や感性をひとつのコンセプトでまとめた店のこと。マレ地区にあるハイセンスなショップでライフスタイルを磨いちゃおう!

1

2

3

4

5

6

7

1. おもわずジャケ買いしたくなるかわいさ。マッチ各€9.90　2. メルシートランク€45～。紙でできているので軽い　3. 中庭に置かれた赤い車はアート作品　4. キッチンツールや日曜雑貨がスタイリッシュに並ぶ地下フロア　5. 肌になじむウォッシュドリネンのエプロン各€60　6. 倉庫のような造りのショップは広さ1500㎡　7. オリジナルナプキン各€13(参考商品)

別冊① MAP P23D2

メルシー

Merci

社会貢献型セレクトショップ

オープン当初からマダガスカルの貧しい子どもや女性たちに、売上げの一部を還元するニュータイプのコンセプトショップ。ハイセンスな商品のセレクトもさることながら、買物しながら社会貢献できるのも魅力だ。広い店内には雑貨や家具など最先端アイテムが並ぶ。

DATA　㊋M8号線ST-SÉBASTIEN-FROISSART駅から徒歩1分　㊟111 Bd. Beaumarchais 3e　☎01 42 77 00 33　㊍10時30分～19時30分(金・土曜は～20時、日曜は11～19時)　㊡なし　E

ユーズド・ブック・カフェ

Used Book Café

エントランスにあるカフェ。フランスの古書を開きながらお茶や食事を楽しむことができる。コーヒー€2.50。食事はアラカルトのみで€5～19。

DATA　☎01 42 77 00 33　㊍10～18時　㊡日曜　E E

アイスティー€6、クランブル・ポム・エ・フランボワース€6

メルシーで取り扱っているブランドには、恵まれない子どもたちに利益を還元するというオーナーの考えに共感したメゾンが多い。メルシー用に価格を抑えた商品が用意されることもある。

別冊① MAP P23D1

オフィシーヌ・ユニヴェルセル・ビュリー1803

Officine Universelle Buly 1803

かつての美容薬局が再オープン

1803年創設の老舗総合美容薬局が時を経て復活。伝統的なレシピと植物由来の原料を取り入れたアイテムはスキンケア、香水など幅広いラインナップ。本店はサン・ジェル・マン・デ・プレ(別冊①MAP P21C1)。

DATA 交M8号線ST-SÉBASTIEN-FROISSART駅から徒歩5分 住45 Rue de Saintonge 3e ☎01 42 72 28 92 時10時30分～19時(日曜は11時～) 休月曜 E

19世紀のパリを彷彿とさせるクラシカルな内装

セルライトに効くエッセンシャルオイル「リエール」€26

水ベースのフレグランス「オー・トリプル」€135は全12種類

手足用のクリーム€37はカモミールがベース

パリ限定ラベルも選べる箱入りの石けん€30は全12種類

おしゃれな照明器具やポップな小物がぎっしり並ぶ

別冊① MAP P22B2

フルックス

Fleux'

おしゃれパリジェンヌが通うデザイン雑貨店

日々が楽しくなるカラフルな雑貨、インテリア小物、アクセサリーなど、センスのいいクリエイターアイテムを揃えるコンセプトショップ。おみやげ探しに便利なアドレス!

DATA 交M11号線RAMBUTEAU駅から徒歩2分 住39,40,43,52 Rue Sainte-Croix de la Bretonnerie 4e ☎01 53 00 93 30 時11時15分～20時15分(土・日曜は10時30分～) 休なし E

「Wouf」のポーチ€27.50

「Wouf」のメモ帳€15(A6サイズ)

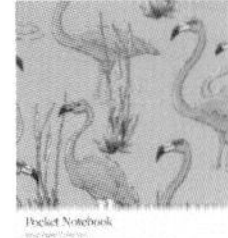

ブルターニュ地方で作られる陶器のカフェオレボウル各€21.90

カラフルな柄がキュートなプラスチックのコップ€6.90

乙女心をくすぐる「かわいい」がいっぱい

女子力upアイテムで即席パリジェンヌ！

フランス発ブランドのファッション小物で、パリジェンヌらしいお洒落を演出したい！
そんな願いを叶えてくれる、ガーリーでロマンチックな旬アイテムをたくさんセレクト。

ブーケをモチーフにしたブレスレット、ラインストーンとガラス石の繊細な花がきれい

バレリーナのピアス€95

ネコのリング€60

アルファベットモチーフのペンダント各€95

©Julien Lelièvre

シャトレ・レ・アル 別冊① MAP P11D1

レ・ネレイド
Les Néréides

南仏発のフェミニンなアクセサリー

花や動物などのモチーフを配したフェミニンなアクセサリーで国内外に店舗を展開。ブランド名の「Néréides」とはギリシア神話に出てくる海の妖精たちの意味。パリ本店にはここでしか見つからない過去のコレクションも豊富にそろい、ファンなら必見のアドレス。

DATA 交M4号線ÉTIENNE MARCEL駅から徒歩3分 住5 Rue du Bourg l'Abbé 3e ☎01 80 50 51 11 時9時～13時30分、14～18時(木曜は9～18時) 休土・日曜 □日本語スタッフ ☑英語スタッフ

パリモチーフのラインも！

定番ラインのほかに、注目したいのがパリ・シリーズ。エッフェル塔や凱旋門をモチーフにした遊び心あふれるキュートなアクセは、旅の思い出になりそう。

1
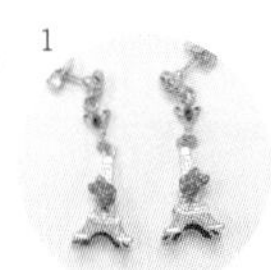

2

1. エッフェル塔ピアス€70(参考商品)
2. エッフェル塔ネックレス€115(参考商品)

プチ情報 アクセサリーはパリジェンヌのおしゃれに欠かせないアイテム。プチジュエリー系なら6区のサン・ペール通り（別冊①MAP●P20B2）、クリエーター系アクセサリーのブティックは北マレ地区に多く集まっている。

ハンドメイドアクセ

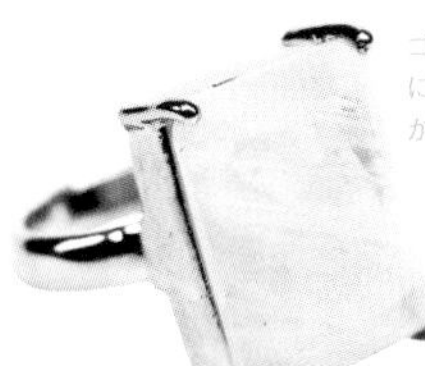
ゴールドのアームに白いムーントーンが映える€70

ターコイスグリーン&ブルーがきれいな石を散りばめたリング€75

存在感のあるラウンドストーンのリング各€85

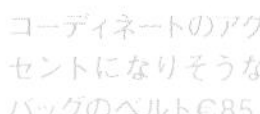
コーディネートのアクセントになりそうなバッグのベルト€85

サン・マルタン運河　別冊① MAP P17B3

ミミラムール
Mimilamour

デザイナーの世界観を感じる

アートディレクターをしていたジェラルド・ゴードンさんの工房兼ショップ。ハートAmour（愛）などをテーマに商品を制作。手作りによる個体差やゆがみも、大量生産品にはないあたたかみを演出している。

DATA　交Ⓜ11号線GONCOURT駅から徒歩2分　住30 Rue Jacques Louvel-Tessier 10e　☎06 75 21 59 62　時11～19時　休日～火曜・木曜　□日本語スタッフ　☑英語スタッフ

ナチュラルなジュエリー

白鳥の羽を金とエナメルでコーティングしたピアス€825（参考商品）

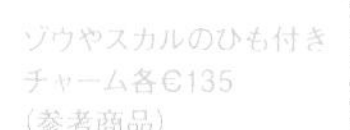
ゾウやスカルのひも付きチャーム各€135（参考商品）

鮮やかなトルコ石が印象的€475（参考商品）

サン・ジェルマン・デ・プレ　別冊① MAP P20B2

オーレリー・ビダーマン
Aurélie Bidermann

おしゃれ上級者のプチジュエリー

人気のクリエイターブランド。シンプルなデニムスタイルにさりげなくプラス、そんなパリシックな着こなしにぴったりのジュエリーが見つかる。葉っぱや貝殻など自然をモチーフにしながらエッジの効いたデザインが魅力。

パールとさまざまなチャームが付いたブレスレット各€100

DATA　交Ⓜ4号線ST-GERMAIN-DES-PRÉS駅から徒歩3分
住55 Bis, Rue des Saints-Pères 6e
☎01 45 48 43 14
時10～19時　休日・月曜
□日本語スタッフ　☑英語スタッフ

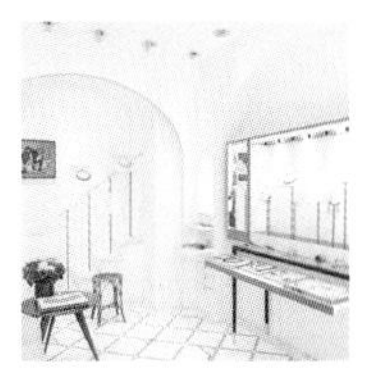

サン・ジェルマン・デ・プレ 別冊① MAP P20A4

アトリエ・ブティック（ラ・スリーズ・シュー・ル・シャポー）
Atelier-Boutique La Cerise sur le Chapeau

エスプリあふれるオーダー帽子
クラシックなフェルト帽やパナマ帽を豊富な色数で展開する、デザイナーのスリーズによるアトリエ兼ブティック。フェルト部分とリボンの配色も組み合わせ自由自在でオーダーでき、早ければ1日で完成も。海外発送も可。

©shehanhanwellage

DATA 交Ⓜ4号線ST-SULPICE駅から徒歩3分 住46 Rue du Cherche-Midi 6e ☎07 87 33 52 02 時11～19時 休日・月曜 □日本語スタッフ ☑英語スタッフ

オーダーメイドの帽子

L'Elégant（エレガント）
ドレッシーな雰囲気€230～

La Capeline（カプリーヌ）
女性らしいフォルム€230～

La Cloche（クロッシュ）
エレガントな装いに€230～

Paille（麦わら）のパナマ帽各€210～。素材は麦わらのほか、フェルトもある。

Le Classic（クラシック）
ダンディなシルエットが新鮮€230～

Le Trendy（トレンディ）
クラシックより鋭角的なフォルム€230～

Amant（ラマン）
映画「ラマン」のオマージュ€230～

上質の手袋

＼5色以上あります！／

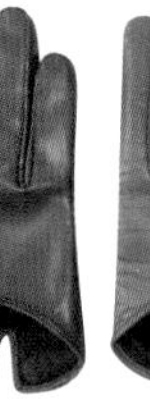
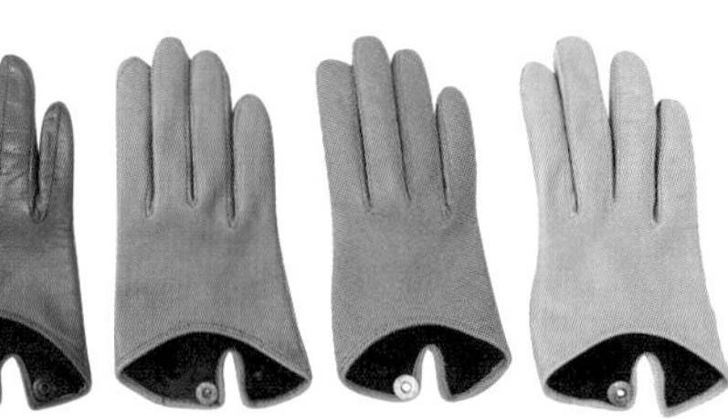
手を美しく見せる定番「Sacha（サシャ）」各€170

ルーヴル周辺 別冊① MAP P19D4

メゾン・ファーブル
Maison Fabre

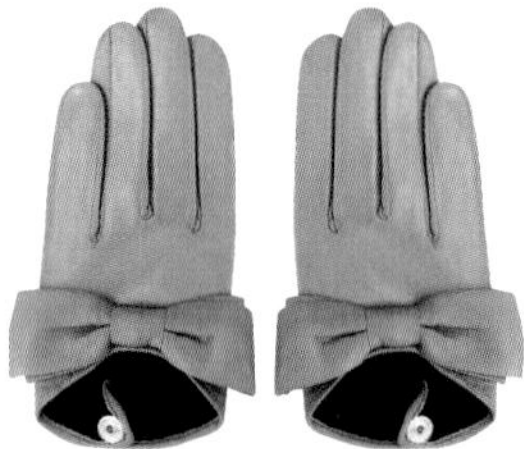
リボンがアクセントの「Audrey（オードリー）」€220

軽くて温かい、着け心地極上の革手袋
1924年創立、南仏ミヨーにある昔ながらの工房で、フランス伝統の革製手袋を生産する老舗メゾン。しっとりと肌になじむ上質な羊革で作られたグローブは、スタイリッシュなシルエットとデザインでレディな手元を演出してくれる。

DATA 交Ⓜ1・7号線PALAIS ROYAL-MUSÉE DU LOUVRE駅から徒歩3分 住128-129 Galerie de Valois-Jardins du Palais Royal 1er ☎01 42 60 75 88 時11～19時 休日・月曜 □日本語スタッフ ☑英語スタッフ

プチ情報 靴のおかいものならグルネル通り（別冊①MAP●P20A2～B2）がおすすめ。クリスチャン・ルブタンといったハイブランドから、モスやイリスなど気鋭のショップなど、靴専門店が軒を連ねる。

1. 革と紐の色、ヒールの高さなどを選べるセミオーダーも可能

2. エナメルのバレエシューズ€195～
3. バレエシューズは€255～、セミオーダー€275～

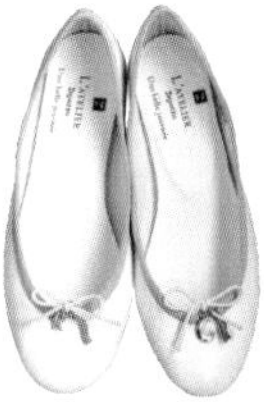

日本でも人気のシューズ

オペラ 別冊① MAP P19C2

レペット
Repetto

永遠の定番バレエシューズに出合える

ブリジット・バルドーやセルジュ・ゲンズブールも愛用したダンスシューズの老舗メゾン。世界中の女子が憧れるバレエシューズは、やはりオペラ座横の本店で優雅に買いたい。2階にはオーダーメイドの「アトリエ・レペット」も。

DATA ⓧⓂ3・7・8号線OPÉRA駅から徒歩1分 ㊟22 Rue de la Paix 2e ☎01 44 71 83 12
㊐10～19時
㊡なし
☑日本語スタッフ ☑英語スタッフ

バッグも！

レザーバッグもある

子供のダンスレッスン用ミニバック各€52～

サン・ジェルマン・デ・プレ 別冊① MAP P20A1

アレクサンドラ・ソジュフェール
Alexandra Sojfer

貴婦人気分のパラソルがいっぱい

傘やステッキを作る職人だった祖父の職業を継いだアレクサンドラさんが営む。稀少な木材や高級素材を使用し、一生もののゴージャスな雨傘や日傘をパリ近郊のアトリエで手作り。一度購入したら修理は永久に無料とのこと。

DATA ⓧⓂ12号線 RUE DU BAC駅から徒歩2分 ㊟218 Bd. St-Germain 7e
☎01 42 22 17 02 ㊐12～19時 ㊡日曜（予約すれば来店可）
□日本語スタッフ ☑英語スタッフ

持ち手もいろいろ

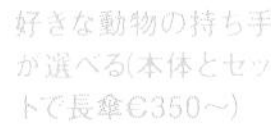
好きな動物の持ち手が選べる（本体とセットで長傘€350～）

手作りの傘

ミンクのファー付きやレース付き晴雨兼用など多彩なモデルが揃う。長傘€420～、折りたたみ傘€350～。素材や柄によって価格が異なる

ベルエポックな瓶や香りにうっとり

憧れのパリの香りを日本に持ち帰る

身だしなみの一部として、空間を演出する小道具として、フランス人の生活に浸透している香りの文化。ボトルのデザインも秀逸なものが多く、インテリアのアクセントにも使えそう。

Parfum
香水
お気に入りの香りをふわりとまとって女子力をアップ。

A Rose Splendide
€140(100mℓ)
サンティフォリア種の上品で優雅なバラの香り

A Eau D'hadrien
€165(100mℓ)
ローマ皇帝ハドリアヌスを表現。柑橘系の上品な香り

B Délire de Roses
€380(100mℓ)
厳選したバラの天然香料をブレンドした若々しい印象の香り

C Parfum d'Ambiance
€14.95
リネンの甘い花の香りに米の香りもブレンド

E Jean Marie Farina
€35.90(100mℓ)
シトラスアロマティックの香りのオーデ・コロン

●サン・ジェルマン・デ・プレ

グタール

Goutal

別冊①MAP ● P21C3

上質の原料と洗練されたフレグランス

フランスのピアニスト、アニック・グタール氏が1980年に創業。オープン当初からあるレモンなどを使用した柑橘系の香り「アドリアン」のほか、毎年発表される新作も見逃せない。

DATA ⊗Ⓜ4号線 ST-SULPICE駅から徒歩3分 ㊟12 Pl. St-Sulpice 6e ☎01 46 33 03 15 ㊡10～19時(日曜は11時～) ㊡なし Ⓔ

●シャンゼリゼ

キャロン

Caron

別冊①MAP ● P5C4

100年以上愛され続ける老舗メゾン

1904年にエルネスト・ダルトロフ氏によりパリで創業された老舗メゾン。以来、発表された香りは60種類以上にのぼる。正統派の香水としてフランス人が憧れる香り。

DATA ⊗Ⓜ1・9号線 FRANKLIN D. ROOSEVELT駅から徒歩3分 ㊟23 Rue François 1er 8e ☎01 47 23 40 82 ㊡10時30分～19時 ㊡日曜 Ⓔ

プチ情報 ボトルの美しさも香水の魅力。たとえば「キャロン」は一部の商品にバカラ製のボトルを使うことでも有名。パリ店では量り売り用の香水が「フォンテーヌ」とよばれるゴージャスな瓶に入れられて並んでいる。

Soin du corps
ボディケア

香りはもちろん、使い心地も抜群。
パリジェンヌも愛用。

B Poudres Semi-libre€49

軽いつけ心地のフェイススパウダー

C Camelia Eclatant €14.90

カメリアの優雅な香り広がるボディローション

A Petite Chérie €43(200mℓ)

桃などの甘い香りのボディソープ。キャンドルもあり

D Bougies Parfumées€56

レモンの葉を擦ったときのような香りがはじけるヴェルヴェーヌ

C Brume d'Oreiller €9.90

美肌に欠かせない睡眠タイム。南仏ラベンダーの香りに包まれて

E Savon 各€6.80

人気の香りつきのハンドメイドソープ

Pour la maison
フレグランス

好きな香りを部屋に漂わせて、
フランス気分を楽しみたい。

C デュランス

●オペラ

Durance

別冊①MAP●P18B2

プロヴァンス地方のグリニャンに広大な敷地を所有し、自社の畑とアトリエを構えるメゾン。有機栽培されたラベンダーを使う。マレにも支店あり(別冊①MAP●P23C3)。

DATA ㊋M8・12・14号線 MADELEINE駅から徒歩2分 ㊟24 Rue Vignon 9e ☎01 47 42 04 10 ㊕10時30分〜14時30分、15〜19時 ㊡日曜 Ⓔ

D ディプティック

●カルチェ・ラタン

Diptyque

別冊①MAP●P11D4

1961年にパリのクリエイターが立ち上げたブランド。香りの心地よさはもちろん、楕円形のロゴと絵柄のデザインもエレガントで、セレブや業界人のファンも多数。

DATA ㊋M10号線 MAUBERT-MUTUALITÉ駅から徒歩3分 ㊟34 Bd. St-Germain 5e ☎01 43 26 77 44 ㊕10〜19時 ㊡日曜 Ⓔ

E ロジェ・エ・ガレ

●サントノレ

Roger & Gallet

別冊①MAP●P19C4

香りつきハンドソープで有名な、19世紀から続く老舗店。20種類近い石けんをはじめ、香水やクリームなど全商品をラインナップする初の路面店となる。

DATA ㊋M1号線TUILERIES駅から徒歩3分 ㊟195 Rue. St-Honeré 1er ☎01 42 60 10 68 ㊕11時〜13時30分、14時30分〜19時 ㊡日・月曜 Ⓔ

手作り意欲が湧いてくる!

乙女心をくすぐる 手芸とキッチン雑貨

料理が楽しくなる、エスプリの効いたキッチン雑貨と、メルスリー(手芸店)のかわいいボタンやワッペンを紹介。お気に入りを見つけて手作りしよう!

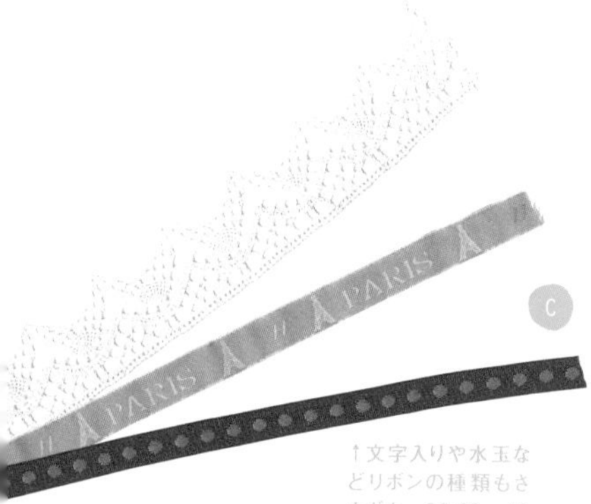

B →さまざまな柄をパッチワーク風にプリントしたテーブルクロス各€120(参考商品)

C ↑文字入りや水玉などリボンの種類もさまざま。€0.60～10

C ←エッフェル塔モチーフのワッペン€2.80(参考商品)

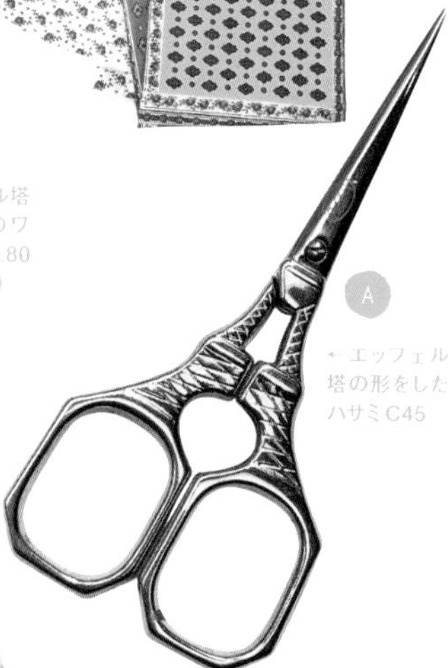

A ←エッフェル塔の形をしたハサミ€45

C →きのこモチーフのワッペン€1.80(参考商品)など、ワッペンは€0.70～揃う

A ●オペラ ウルトラモッド

Ultramod

別冊①MAP● P19D2

19世紀創業の老舗手芸用品店

貴重なアンティークのリボンやボタンの品揃えが充実し、店全体がまるで宝箱のよう。細長いクラシカルな内装の店内に美しく並ぶ手芸用品の数々にうっとりしてしまう。

DATA 交M3号線QUATRE SEPTEMBRE駅から徒歩1分 住3 et 4 Rue de Choiseul 2e ☎01 42 96 98 30 時10～18時(水曜は～19時30分、土曜は14時～) 休日・月曜 J E

B ●サン・ジェルマン・デ・プレ ソレイアード

Souleiado

別冊①P21C3

南仏伝統のテキスタイル専門店

南仏・プロヴァンス地方で200年以上の歴史をもつ、テキスタイルブランドの老舗。プロヴァンスプリントを用いた彩り鮮やかな雑貨はインテリアのポイントに。

DATA 交M4・10号線Odéon駅から徒歩3分 住78 Ruede Seine 6e ☎0143 54 62 25 時10時30分～19時 休日曜

プチ情報 アンティークのボタンや布はもう二度とお目にかかれない可能性が高いので、気に入ったものがあったらちょっと値が張っても買っておきたい。余ってしまっても瓶などに入れてインテリアのアクセントに。

B

←南仏の伝統的なプロヴァンスモチーフを施したマグカップ各€25(参考商品)

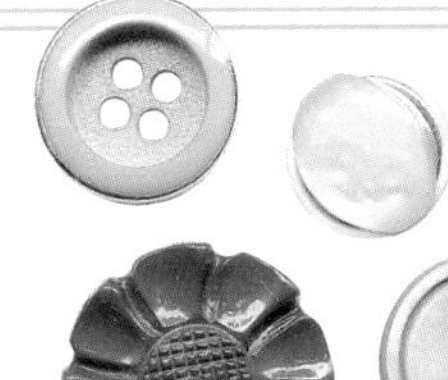

A

↑レトロなボタン1個€0.80～20

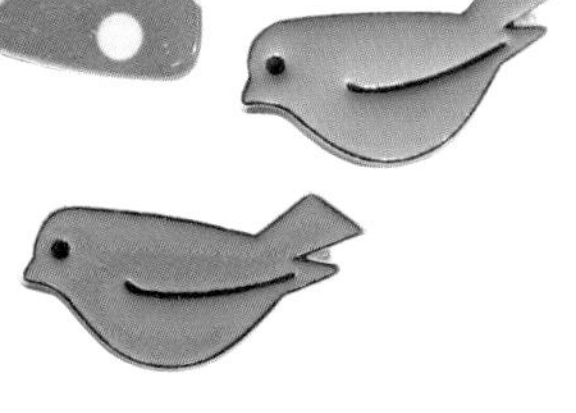

D

↑リボン型ボタン1個€3.50(参考商品)
・鳥のボタン1個€1.60(参考商品)

↓プロヴァンスらしい柄のテーブルセット各€22

B

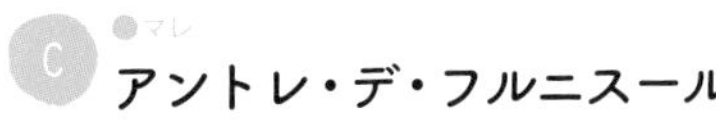

←プリントがかわいいくるみボタン各€2(参考商品)

D

A

→選べないほど豊富なレースやリボン€3.80～

C ●マレ

アントレ・デ・フルニスール

Entrée des Fournisseurs

別冊①MAP ● P23C3

パリジェンヌ御用達の手芸用品店

大きな窓から光が差し込む店内は明るく広々として商品が見やすい。自身もデザイナーというオーナーがセレクトしたフランス製の手芸用品はどれもステキ。

DATA 交Ⓜ1号線ST-PAUL駅から徒歩5分
住8 Rue des Francs Bourgeois 3e ☎01 48 87 58 98
時10時30分～19時 休日曜 Ⓔ

D ●シャトレ・レ・アル

ラ・ドログリー

La Droguerie

別冊①MAP ● P11C1

日本にも支店がある素材の宝庫

小瓶に入った色とりどりのビーズや毛糸、ボタン、リボンがぎっしりディスプレイされ、さすがパリ本店の品揃え。年2回、流行を取り入れた新作が加わる。

DATA 交Ⓜ4号線LES HALLES駅から徒歩2分
住9 et 11 Rue du Jour 1er ☎01 45 08 93 27
時10～19時 休日曜 Ⓔ

使えば料理の腕も上がりそう

パリのママンに愛される食器&キッチンツール

フランス人のおもてなしをまねるなら食器やキッチンツールだって揃えたい。デザインにこだわりがあるだけでなく、機能性もバツグン。一生モノのキッチングッズを吟味して。

食器

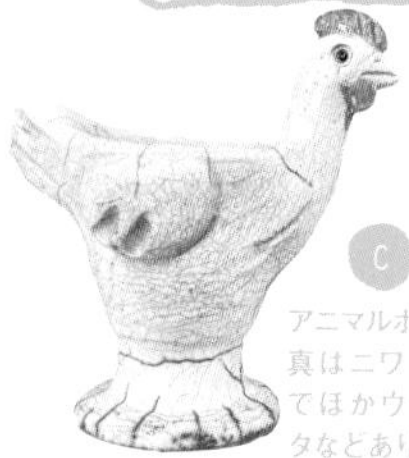

C アニマルボウル。写真はニワトリ€60でほかウサギ、ブタなどあり

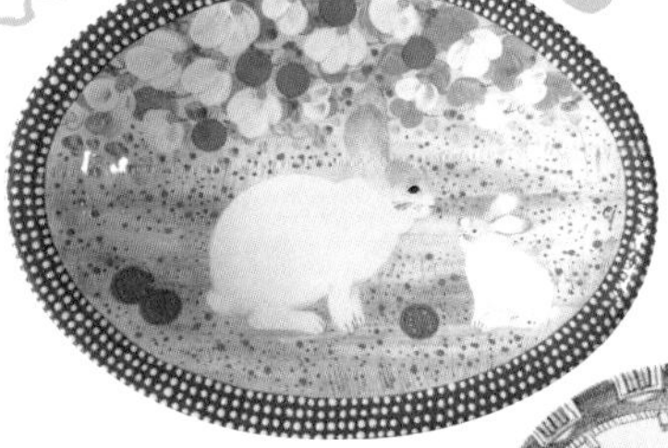

熱練職人がひとつずつ絵付けしている貴重な一品€290 C

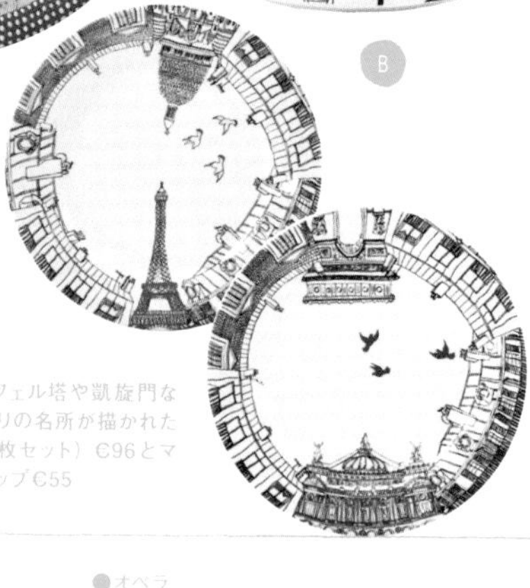

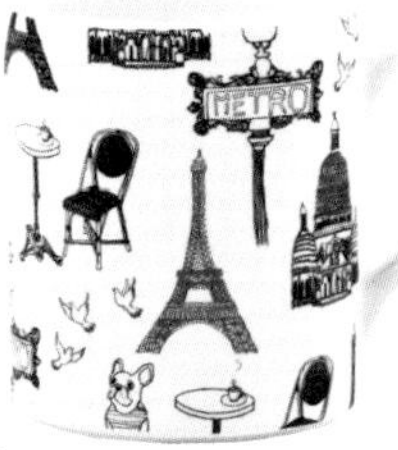

B エッフェル塔や凱旋門などパリの名所が描かれた皿(4枚セット) €96とマグカップ€55

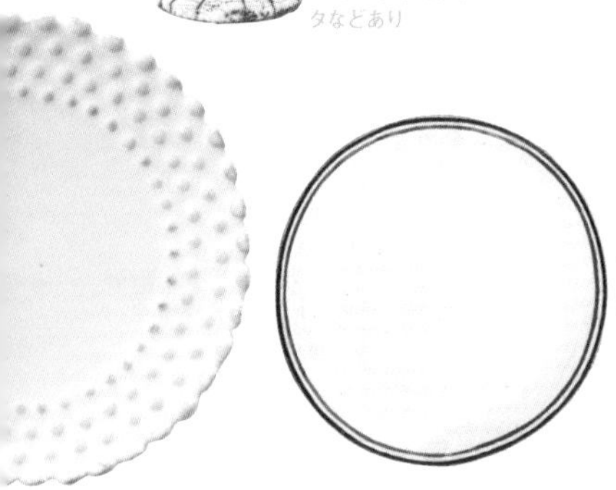

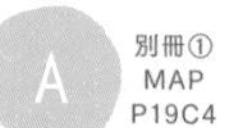

(左)人気のAdélaïdeシリーズのお皿。€58 (右)パリらしいTricoloreシリーズのデザート皿は€88 A

A 別冊① MAP P19C4 ●サントノレ アスティエ・ドゥ・ヴィラット Astier de Villatte

パリの工房で焼く陶器

1996年に白いセラミックの食器を販売して以来、おしゃれなパリジェンヌの間で憧れの食器ブランドに。人気の食器をはじめキャンドルやオーデコロン、文房具などもある。

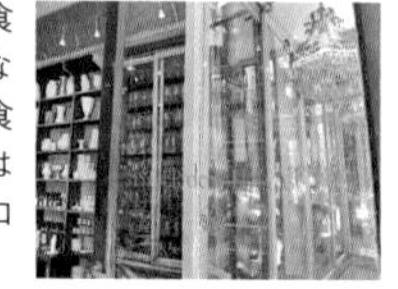

DATA 交Ⓜ7・14号線PYRAMIDES駅から徒歩5分 住173 Rue St-Honoré 1er ☎01 42 60 74 13 時11～19時 休日曜 J E

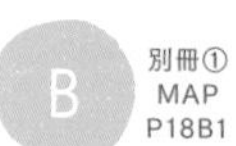

B 別冊① MAP P18B1 ●オペラ ジアン Gien

壁面の絵皿コレクションは圧巻

1821年、古城めぐりで有名なロワール地方で誕生した磁器ブランド。定番の白地に深い青の絵皿はもちろん、毎年デザイナーを招いて作られるコレクション絵皿も人気。

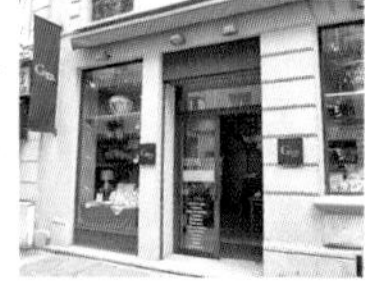

DATA 交Ⓜ8・12・14号線MADELEINE駅から徒歩3分 住18 Rue de l' Arcade 8e ☎01 42 66 52 32 時10時30分～19時 休日・月曜 E

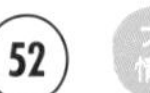

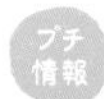

プチ情報 日本に比べて安いので、つい買ってしまいたくなるキッチン用品。ル・クルーゼ社やストウブ社製品、陶磁器は意外に重いので、買物の順番や持ち帰るときのことも考えて。また衝撃にも弱いので、日本から緩衝材を持参すると重宝する。

D

刃の切れ味がほかとは
違うプジョーのミル
€16.90(左・右)、€17.70(中)

D

茶こしが付いたル・クルーゼ社のティーポット。650mℓで€31.60(参考商品)

D

きれいな色のストーンウエアのココット。いろいろな色を集めたくなる。各€18.50

D

置くだけで食卓が明るくなるストウブ社のソースパン。€79.30(参考商品)

銅のカヌレの焼き型。大€11.20
中€9.40　小€7.40

D

C 別冊① MAP P15D2

●カルチェ・ラタン

ラ・チュイル・ア・ルー

La Tuile à Loup

職人が作る1点モノの陶器

オーナーがフランス各地の窯元で直接買い付けをし、定番から芸術的なものまでこだわりのある品揃え。職人さんの人柄まで伝わってくる温もりのある陶器や木製品がオススメ。

DATA　交Ⓜ7号線CENSIER-DAUBENTON駅から徒歩1分　住35 Rue Daubenton 5e　☎01 47 07 28 90　時11～18時(月曜は13時～)　休日曜　E

D 別冊① MAP P11C1

●シャトレ・レ・アル

ア・シモン

A.Simon

ル・クルーゼ社の商品が豊富に揃う

有名レストランご用達の調理器具専門店。業務用の本格的料理道具から、おみやげにしたい小さなキッチン雑貨まで品数が豊富。ル・クルーゼ社の商品を買いたい人、必見の店。

DATA　交Ⓜ4号線ÉTIENNE MARCEL駅から徒歩5分　住48-52 Rue Montmartre 2e　☎01 42 33 71 65　時9～19時(土曜は10時～)　休日曜　E

極上の味を手に入れる！

専門店で見つける こだわりグルメ

朝食には欠かせないコンフィチュールから、老舗メゾンの調味料まで、
フランスの食卓には欠かせない食材をピックアップ。フランスならではの味にぜひトライ。

1．店内にズラリとコンフィチュールが並ぶ　2．果物を食べているようなフレッシュな味わい。アプリコット×ラベンダー€8.50、木イチゴ×ローズ€8.50(季節によってジャムは変わる)

全種類
テイスティングOK

→トーストやサンドイッチにおすすめのコンフィチュールも。黒オリーブとドライトマト€5.50

→別途€4～でスプーン付きパッケージに！

コンフィチュール　別冊① MAP P23C2

●マレ

ラ・シャンブル・オ・コンフィチュール

La Chambre aux Confitures

旬の美味を凝縮したコンフィチュール

「毎日食べるものだから本物のジャムを作りたい」とオーナーのリザさん。添加物を使わない体に優しいジャム約100種類が並ぶ。

DATA ㊋Ⓜ11号線RAMBUTEAU駅から徒歩10分 ㊟60 Rue Vieille du Temple 3e ☎01 79 25 53 58 ㊐11～14時、14時30分～19時30分(月曜は14時～19時30分、土曜は10時～19時30分、日曜は10時30分～14時、14時30分～19時) ㊡なし □日本語スタッフ ☑英語スタッフ

©pmonetta

1．シグニチャー・アラン・デュカス125g€7 2．エンカンタド 125g€9はアラビカ豆のフルーティーな味わい

カフェも！

©pmonetta

エスプレッソやカプチーノなどをいただくことも可能

コーヒー豆　別冊① MAP P13C3

●バスティーユ

ル・カフェ・アラン・デュカス／ラ・マニュファクチュール・ア・パリ

Le Café Alain Ducasse / La Manufacture à Paris

世界的シェフによるカフェと焙煎所

3つ星シェフ、アラン・デュカスの焙煎所を併設するカフェ。シェフが厳選したコーヒー豆を専門スタッフが毎朝焙煎し、提供している。

©pmonetta

DATA ㊋Ⓜ1・5・8号線BASTILLE駅から徒歩3分 ㊟12 Rue St-Sabin 11e ☎01 40 02 76 90 ㊐9～19時(土曜は～19時30分、日曜は10時30分～) ㊡なし
□日本語スタッフ □英語スタッフ

プチ情報　コンフィチュール専門店「ラ・シャンブル・オ・コンフィチュール」は、マレのほかに、グルメ通りとして知られるモンマルトルのマルティール通り（別冊① MAP ● P7C1）など３店舗ある。

Attention!

食品を持ち帰るときの注意事項

ワシントン条約による規定や、食品衛生上の理由により、日本に持込むことができない食品や、持込み検疫や現地での検査証明書が必要な場合がある（→P141）。また、野菜、ハムやソーセージなどの肉類や乳製品も対象となる。詳細は農林水産省動物検疫所のサイト（URL www.maff.go.jp/aqs/）で確認を。

1.2. 量り売りは辛口白ワイン、シャブリ、シャルドネ風味など。125g、250g、500gの3サイズ。日持ちは6～8カ月。粒入りシャルドネマスタードで125g€23.50

←ブルーチーズ風味(左)、カシス(右)各€6.50

ビネガーも！

→マンゴーの果肉入り€8.10

マスタード　別冊① MAP P18B2

●オペラ

マイユ

Maille

1720年創業の歴史を誇るマスタード

ブルゴーニュ地方のディジョン発、老舗の調味料ブランド。その場で瓶詰めしてくれるマスタードは、直営店だけのお楽しみ。

DATA ㊋Ⓜ8・12・14号線 MADELEINE駅から徒歩1分 ㊟6 Pl. de la Madeleine 8e ☎01 40 15 06 00 ㊖10～19時（祝日は11～18時） ㊡日曜 □日本語スタッフ ☑英語スタッフ

↑すべての製品に生産者の名前が記されていることから、自信のほどがうかがえる

↑レモン(左)とバジル(右)のフレーバーオイル各€7.25

風味付きオリーブも

↑プレーンなオリーブオイル(左)€15～、(右)イチジクのバルサミコ€8.95も人気

オリーブオイル　別冊① MAP P21D3

●サン・ジェルマン・デ・プレ

メゾン・ブレモン1830

Maison Bremond 1830

逸品オイルを集めた専門店

国内の小さなオリーブ農家と提携し、高品質のオイルだけを販売する。テイスティングや量り売りが可能なのも嬉しい。

DATA ㊋Ⓜ4・10号線ODÉON駅から徒歩1分 ㊟8 Cours du Commerce St-André 6e ☎01 43 26 79 72 ㊖11～19時（日曜は11時～14時30分、15時30分～18時30分） ㊡なし □日本語スタッフ □英語スタッフ

19世紀の流行発信地

レトロな雰囲気漂う アーケード街パッサージュ

ガラス天井や天井画など、19世紀のエレガントなたたずまいがそのまま残るアーケード街、パッサージュ。それぞれの個性を楽しみながら、ノスタルジックな雰囲気に浸ろう。

別冊① MAP P19D3

ギャルリー・ヴィヴィエンヌ

Galerie Vivienne

ストリートの装飾の美しさは随一

1823年に建設された、ガラス張りのドーム天井や足元のタイルのモザイクが美しいパッサージュ。モード系の店やインテリアショップ、雑貨店、ギャラリー、ワインカーヴなど、32店舗がずらりと並んでいる。

1.2. 洗練された空間が広がる由緒正しきパッサージュ。優雅で美しい装飾は建築物としても一見の価値あり

DATA
交Ⓜ7･14号線PYRAMIDES駅から徒歩6分
住4 Rue des Petits-Champs 2e ☎時休店舗により異なる ※英語が伝わりやすい

ギャラリー・ヴィヴィエンヌのおすすめSPOT

ルグラン・フィーユ・エ・フィス

Legrand Filles et Fils

ワインバー／別冊①MAP ● P19D3

厳選されたワインと軽食が楽しめるおしゃれなワインバー。品揃え豊富なワインカーヴのほか、お菓子や輸入食材なども販売。ワインは1杯€9～。

1. 華美なパッサージュに溶け込むように立つ 2. 老舗ならではの凛とした雰囲気が漂う店内

DATA 住1 Rue de la Banque 2e ☎01 42 60 07 12 時10時～19時30分（レストランは火～土曜12時～14時30分、17時30分～23時） 休日曜 E

シ・チュ・ヴー

Si Tu Veux

雑貨／別冊①MAP ● P19D3

おもちゃや絵本、カラフルな小物がずらりと並ぶ雑貨ショップ。店の奥には子どもがかくれんぼできる場所まで用意されていて、ファミリー層に人気。

1. カラフルな木製のおもちゃがたくさん並ぶ 2. クマのディスプレイがお出迎え

DATA 住68 Galerie Vivienne 2e ☎01 42 60 59 97 時10時30分～19時 休日曜 E

パッサージュの入口は意外と目立ちにくいので、見逃さないように。イル・ビゾンテやクリスチャン・ルブタンが入る美しいパッサージュ「ギャルリー・ヴェロ・ドダ（Galerie Véro-Dodat）」（別冊① MAP ● P11C1）もオススメ。

パッサージュのここに注目！

19世紀当時の流行をいまに伝えてくれるパッサージュ建築。ガラスを用いたアーケードのほかに、それぞれ趣向を凝らした空間造りがなされている。

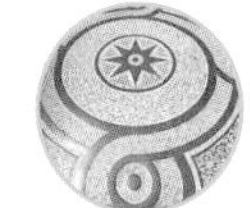

モザイク
モザイクで特徴的な紋様を表現した通路(ギャルリー・ヴィヴィエンヌ)

時計
時計に創業年が刻印されていることも(パッサージュ・ジュフロワ)

狭い通路
人がすれ違うのもやっとの細い通路(パッサージュ・デ・パノラマ)

パッサージュ・ジュフロワ

オペラ 別冊① MAP P7C3

Passage Jouffroy

庶民的な個性派パッサージュ

19世紀半ばに鉄とガラスだけで造られた、パッサージュの典型ともいえるアーケード。インテリア雑貨、アート専門の書店などのほか、ダリも顧客だったという老舗のステッキ屋や蝋人形館もある。

シンプルなアーケードだが、その分大時計の存在感あり

DATA 交M8・9号線GRANDS BOULEVARDS駅から徒歩1分 住10-12 Bd. Montmartre 9e ☎時休店舗により異なる
※英語が伝わりやすい

パン・デピス

Pain D'épices

おもちゃ／別冊MAP ● P7C3

ドールハウス用のミニチュア小物が豊富に揃うおもちゃ店。子ども服や雑貨、フランスの伝統的なおもちゃも人気が高い。

DATA 住29 Passage Jouffroy 9e ☎01 47 70 08 68 時10～19時(日曜は12時30分～18時) 休なし Ⓔ

パッサージュ・デ・パノラマ

オペラ 別冊① MAP P7C3

Passage des Panoramas

パリ最古の歴史的なアーケード

1799年から始まり、パリで最初にガス灯がつけられた場所。古切手や版画などを扱う専門店が軒を連ねる。細い路地の両側にショップが並ぶ様子は当時の面影のまま。

アンティーク関係のお店とレストランが多い

DATA 交M8・9号線GRANDS BOULEVARDS駅から徒歩1分 住11 Bd. Montmartre 2e ☎時休店舗により異なる
※英語が伝わりやすい

ラシーヌ

Racines

レストラン／別冊①MAP ● P7C3

オーガニックワインやBIO食品にこだわったフランス伝統料理を供する人気店。ブーダンノワールや豚足料理がオススメ。

DATA 住8 Passage des Panoramas 2e ☎01 40 13 06 41 時12時15分～14時、19時30分～22時 休なし Ⓔ

最新トレンドも定番も揃う！

老舗デパートで グルメ&おみやげをチェック

19世紀オープンの「ル・ボン・マルシェ」をはじめ、今も残る老舗デパート。おみやげを買ったり、イートインで食事したり、あらゆるニーズに応えてくれて旅行者にも強い味方！

オペラ 別冊① MAP P19C1

ギャラリー・ラファイエット・パリ・オスマン

Galeries Lafayette Paris Haussmann

欲しいものが見つかる欧州最大級の店

創業1893年の老舗。売り場面積7万㎡に約3500ブランドを扱い、ファッション、食品、おみやげと、なんでも揃う百貨店。なかでも本館4階の婦人靴売り場の広さはパリ随一！　本館のほか大きくリニューアルした紳士館と、メゾン&グルメ館がある。

DATA
㊋Ⓜ7・9号線CHAUSSÉE D'ANTIN-LA FAYETTE駅からすぐ（地下道で直結）
㊟40 Bd. Haussmann 9e
☎01 42 82 36 40
㊝9時30分～20時30分（日曜は11～20時）㊡祝日（特別営業日あり）Ⓔ

アールヌーボー式の丸天井・クーポールは圧巻

Pick up

ギャラリー・ラファイエット・パリ・オスマン「ル・グルメ」

Galeries Lafayette Paris Haussman Le Gourmet

●メゾン館地下1階～地上階（日本式地下1階～1階）

メゾン館の2フロアがグルメ館。地上階はグルメ系ショップ、地下1階はおみやげ菓子と生鮮食品。

パティスリーコーナー

「レクレール・ドゥ・ジェニ」はさまざまなフレーバーを揃えるエクレア専門店。

おみやげに最適なショコラやクッキー、ペーストなども

チョコレートコーナー

パリ11区の工房でカカオ豆の焙煎から製造まで行うアラン・デュカスのショコラトリー。

ナッツ入りのタブレット（板チョコ）、マンディアン€11

食品コーナー

地下の食品売り場にはパケ買いしたいかわいいお菓子やプチプラものがいっぱい。

（左から）エシレバター（有塩）€2.95、アンジェリーナのマロンクリーム€2.99

・ファッションフロア　本館1～3階（日本式2～4階）

1階はハイブランドからクリエーター系、2階にラファイエットオリジナル商品&カジュアル。3階はパリジェンヌに人気のブランドをラインナップ。

・シューズフロア　本館4階（日本式5階）

ワンフロアに約150ものブランドを揃えた巨大な靴売り場。ここでしか見つからないアイテムが多数。

・ウェルネスフロア　本館地下1階

2022年7月に誕生。3000㎡もの広さにコスメ、エステ、フィットネス、オーガニックカフェなど美容関連の店舗が入る。

© thibaut voisin

プチ情報　デパートは1日の買物合計金額で免税ができお得。ブティック1軒ごとのショッピングでは免税金額（€100.01以上）に達しない場合もあるが、デパートでまとめ買いをすればおよそ12%の返金（手数料を除く）を受けることができる。（詳しくは→P152）

天井まで吹き抜けの本館1階化粧品売り場

サンジェルマン・デ・プレ

別冊① MAP P20A3

ル・ボン・マルシェ・リヴ・ゴーシュ
Le Bon Marché Rive Gauche

世界最古の老舗デパート

1852年から続く世界最古のデパート。別館のラ・グランド・エピスリーにはおみやげにぴったりの食材が多数。本館3階には2000㎡の靴売り場、1・2階にはビューティエリア、別館地下にはワインコーナーもある。大規模改装をし生まれ変わった。

DATA
交Ⓜ10・12号線SÈVRES BABYLONE駅から徒歩1分 住24 Rue Sèvres 7e ☎01 44 39 80 00 時10～20時（日曜は11時～）、別館食品売り場は8時30分～21時（日曜は10～20時） 休なし Ⓔ

Pick up

ラ・グランド・エピスリー・ドゥ・パリ
La Grande Epicerie de Paris 別冊① MAP●P20A4

約3000㎡の売り場面積を誇る、美食を集めたパリ最大の食品館。1階は中央に旬野菜の並ぶ市場、生鮮食品、エピスリー、お菓子やパン、惣菜。地下はワイン売り場。

パティスリーコーナー
62人の職人さんが、地下にある工房で、お菓子、パン、惣菜を作る。味と新鮮さが自慢！

イートインコーナー
イートインコーナー（12～19時、日曜は～20時）も店内に点在している

食品コーナー
約3万点の商品を、ジャンルごとに見やすく陳列。

・シューズコーナー
2階（日本式3階）

19世紀の温室をイメージしたコーナーは、アールデコ時代のガラス天井も必見。

・ビューティコーナー
1階（日本式2階）

新コンセプトのコスメティック売り場「ラ・ボーテ」は、レディスファッションフロアに。

オーガニックや口コミで人気の57ブランドをセレクト。6割がここの限定品。

・ファッションコーナー
1階（日本式2階）

セレクトセンスに定評あり。憧れメゾン、話題の新ブランドも見つかる！

and more…

プランタン・オスマン
Printemps Haussmann
オペラ／別冊① MAP●P18B1

1865年創業。2022年にリブライディングして、ロゴやビジュアルも一新。新しくなった売り場も多数。

DATA 交Ⓜ3・9号線HAVRE CAUMARTIN駅から徒歩1分 住64 Bd. Haussmann 9e ☎01 42 82 50 00 時10～20時(日曜は11時～) 休なし Ⓔ

サマリテーヌ
Samaritaine
マレ／別冊① MAP●P11C2

創業1870年の百貨店が2021年にリニューアル。アール・ヌーヴォー様式の建物「ポン・ヌフ館」の装飾が見事で、地下1階のビューティーフロアは3400㎡もの広さ。

DATA 交Ⓜ1号線PONT NEUF駅から徒歩すぐ 住9 Rue de la Monnaie 1er ☎01 88 88 60 00 時10～20時 休なし Ⓔ

アンティークから一点ものまで

蚤の市で見つける自分だけの宝物

ゴージャスな高級オブジェから一見ガラクタに見えるようなアンティークなものまで、雑多に並ぶパリの蚤の市。じっくり吟味して、掘出し物を見つけるのがその醍醐味。

パリ北部 別冊① MAP P3C1

クリニャンクールの蚤の市

Marché aux Puces de Paris Saint-Ouen

開催スケジュール 土～月曜

世界最大規模のアンティーク市

パリ最後の城壁の跡地にあり、100年以上の歴史をもつ蚤の市。露店がひしめくアーケードやモールなど、複数のマルシェが集まって市を形成している。生活雑貨から高級ブランド、家具、古着、美術品まで、スタンドの数は約2000軒。エリアを絞って回ればお目当ての物が見つかるはず。

DATA ㊋Ⓜ4号線 PORTE DE CLIGNANCOURT駅から徒歩5分 ㊟Porte de Clignancourt 93400 Saint-Ouen ☎店舗により異なる ㊕9～19時ごろ（季節や店舗により異なる） ㊡火～金曜 ※クレジットカード使用不可（店舗により異なる）

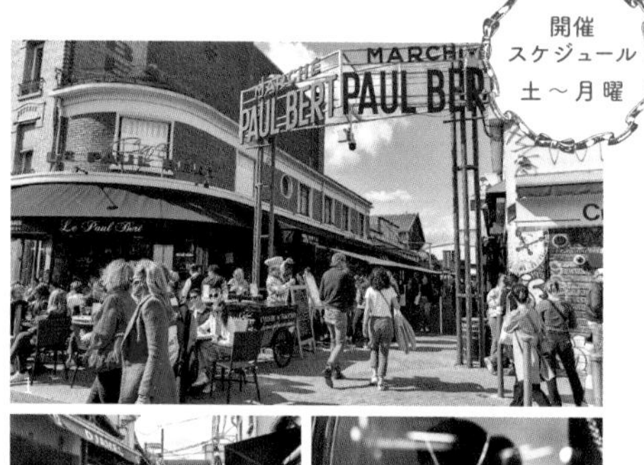

1.ポール・ベールは家具や雑貨の宝庫 2.3.雑貨系の店が集まる人気のヴェルネゾン地区

取材MEMO

家具や古着、装飾品など骨董品が一番多く集まるエリアはマルシェ・ヴェルネゾン。週末の10～13時が一番混雑する時間帯。貴重品には気をつけよう。

＼宝物見つけた！／

↑デザート用のナイフやフォーク各€5

→レトロな木製の壁掛けC20

→エッグスタンドC7

↑ピンバッチ€1～10

主なマルシェ

マルシェ・ヴェルネゾン
最も古いといわれるエリアで雑貨やアクセサリーなど小物が多い

マルシェ・ビロン
高級アンティーク専門アーケード

マルシェ・ドーフィーヌ
ガラス屋根の大きな2階建モール。ヴィンテージ家具やオブジェなど

マルシェ・ジュール・ヴァレ
小物、古本、レコード、ポスターなど

マルシェ・セルペット
屋内の市。アンティーク家具や高級ブランドのヴィンテージなど

プチ情報 クリニャンクールの蚤の市は、19世紀後半にバラックを建てて住み着いた人たちがガラクタを売るようになったのが始まりとか。100年以上たった今でも骨董品好きのパリジャンが集まり、毎週蚤の市が行われている。

マレ地区にある小さな骨董村

マレ　別冊① MAP P23C4

ヴィラージュ・サン・ポール
Village St-Paul

アパートの中庭を取り囲むように、家具や食器、本などを扱う約20のおしゃれな骨董店やアートショップが立ち並び、レストラン、カフェもある。趣ある石畳の中庭では週末、不定期で蚤の市も開催される。

別冊① MAP P2B4

ヴァンヴの蚤の市
Marché aux Puces de la Porte de Vanves

開催スケジュール
土・日曜

地元パリジャンに一番人気

土・日曜のみ開催され、約380の露店が並ぶパリ南部の蚤の市。日常使いできる食器やアクセサリー、手芸用品やリネン類といったこまごまとした雑貨系が豊富。開放的な屋外で開催され、ほかの蚤の市と比べて値段が良心的なのもうれしい。

DATA　㊇Ⓜ13号線PORTE DE VANVES駅から徒歩1分　㊓Av. Marc Sangnier, Av. Georges Lafenestre 14e　☎店舗により異なる　㊕7～13時ごろ（店舗により異なる）　㊡月～金曜　※クレジットカード使用不可（店舗により異なる）

1.街路樹が並ぶ歩道の両側にスタンドがぎっしり　2.食器やインテリアなど日用品の品揃えが豊富　3.20年以上前から出展する手芸用品「シミー」の店主・ジュリアさん

＼宝物見つけた！／

↓1920年代の生地見本€5

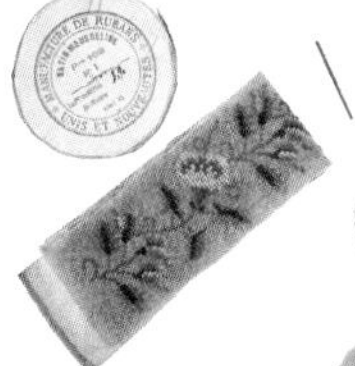

↑1900年代のリボン€10～

←年季を感じるクマのぬいぐるみ€30

↑カフェオレボウル€20

↓サルクミンスのお皿€10～

←1930年代のカゴ€45

←↓1945年代ごろのボタン各€5

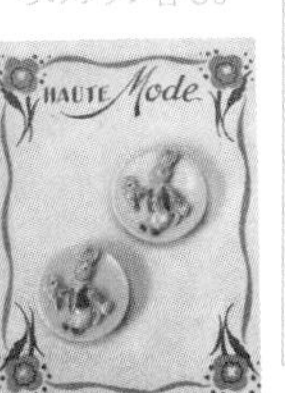

取材MEMO
お昼過ぎには店じまいを始めるスタンドも多いので、掘出し物をゲットするには朝早くから来ることが鉄則。勇気を出して値段交渉にもトライしよう。

おしゃれなデザインに思わずパッケージ買い!

スーパーとドラッグストアで キュートなおみやげ探し

友達や会社の人へのおみやげを探すなら、パリの生活に根差したスーパーマーケットやドラッグストアがおすすめ。プチプラながらデザイン性の高い商品が多いので、買いすぎ注意!

A 南仏のカマルグで作られる最高品質の塩の華。まろやかで旨みがある。€3.05

イチゴジャムをはさんだシリアルが豊富なクッキー €2.05 B

A 5種類のフレーバーの入った「クスミティー」のミニ缶セット €21.40

B 「チョコ・モ～」と書かれた牛の形のチョコサブレ €1.79

老舗菓子メーカーLUのクマさんクッキーはミルクがたっぷり €1.45 B

A おみやげの定番マロン・クリーム。250gの缶入りが €2.15

A 大定番の「ボンヌ・ママン」。一番スタンダードなバタークッキー €2.35

A 別冊① MAP P19C3 ●オペラ

モノプリ

Monoprix

良品で低価格のオリジナル商品が狙い目

フランス全土に展開する地元型スーパー。オペラ大通りの店舗は場所柄観光客が多く入りやすい雰囲気。1階奥におみやげになりそうな食品がある。食材は地階に。

DATA ㊋Ⓜ7·14号線PYRAMIDES駅から徒歩1分 ㊟23 Av. de l'Opéra 1er ☎01 42 61 78 08 ㊐8～22時(日曜は9時30分～21時) ㊡なし Ⓔ

B 別冊① MAP P21D2 ●サン・ジェルマン・デ・プレ

カルフール・マーケット

Carrefour Market

郊外型ハイパー・スーパーの都市版

大型スーパー、カルフールが「シティ」「マーケット」というスーパーをオープン。オリジナル・ブランドに注目。

DATA ㊋Ⓜ10号線MABILLON駅から徒歩2分 ㊟79 Rue de Seine 6e ☎01 43 25 65 03 ㊐8時30分～23時(日曜は9時～19時30分) ㊡なし Ⓔ

プチ情報 スーパーによっては、少ない点数を購入する人のためのレジが設けられていることがある。大量買いすることのない旅行者としては積極的に利用したい。「Moins de 10 Articles(10品以内の人向けのレジ)」というサインが目印。

日用品

テーブル周りが楽しくなるカラフルな紙ナプキン€3.20～

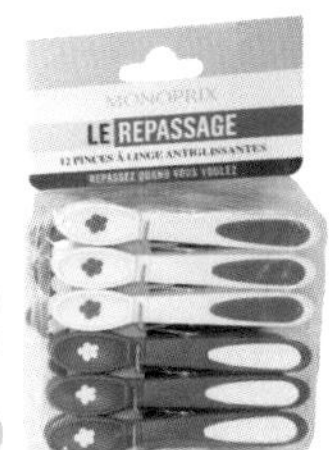

モノプリの洗濯バサミ。シーズン毎に色が変わる€3.70

お茶目な絵柄のマクカップ€5.99

ネコ好きにプレゼントしたい、ネコが全面に描かれた布ナプキン€4.50～

パリジェンヌに愛されるブランド「カジョリーヌ」の柔軟剤€5.09

ビューティーグッズ

「ニュクス」の髪・肌に使える保湿オイル€10.99。ロングセラーアイテム

デンタルケアブランド「マービス」の歯磨き粉はパッケージもおしゃれ。€3.38(25ml)

これ1本でメイク落とし、洗顔、化粧水の効果がある、「ビオテルム」のロングセラー商品。小(100ml) €2.38、大(500ml) €8.99

ボルドー発のスキンケアブランド「コーダリー」の美容水€30.89

南仏ブランド「ル・プチ・マルセイユ」のクリームタイプのボディシャンプー。オレンジの花が香る€1.89

C 別冊① MAP P21C3

●サン・ジェルマン・デ・プレ

シティファルマ

Citypharma

パリ一番の激安ドラッグストア

在パリ日本人に「パリのマツキヨ」と大人気の店。朝から人が押し寄せ、1日中混雑する。ニュクス、コーダリーなどナチュラル系コスメが充実するうえ、破格なのが魅力。

DATA ㊋Ⓜ10号線MABILLON駅から徒歩1分 ㊟26 Rue du Four 6e ☎01 46 33 20 81 ㊕8時30分～21時(日曜は11～20時) ㊡なし Ⓔ

モノプリのエコBagがキュート♥

モノプリのエコバッグは軽い&コンパクトに収納可能でとっても便利。定期的に柄や色が変わるのでおみやげにぜひ。€1.50～3.50

食品からコスメまでいろいろ揃う！

BIOストアで買う オーガニック製品

健康や環境への意識が高いパリジェンヌ。パリ市内には、食料品のほかコスメや日用品まで多彩に揃うBIO専門店があちこちに。品質にこだわる人のおみやげはここで手に入れよう。

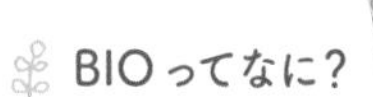

BIOってなに？

ビオロジックの略で無農薬、有機農法という意味。コスメは化学成分フリー（もしくは極少量）のものを指す。身体にも環境にも優しく健康志向のパリジェンヌに支持されている

1. フランス政府機関が認定したマーク。食品からコスメまで幅広く使われる　2. コスメビオ協会が認定したことを表すオーガニックコスメのマーク

コスメ

5.「マリロウビオ」のアルガンオイル入りデイクリーム €6.50Ⓑ 6. ラベンダーのオーガニック化粧水スプレー €5.90Ⓑ 7.「ヴァンプ・ア・ニューヨーク」オールドパルファンは天然香料。€76Ⓑ 8. フランス産のクレイマスクを使用した「カティ」のスクラブ €4.50Ⓑ 9. マドンナも愛用のエジプシャン・マジック €25Ⓑ

食材

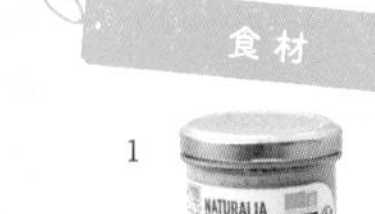

1. パンや野菜に付けて食べるフムス（ひよこ豆のペースト）€3.05Ⓐ 2. お湯を入れるだけで簡単にできるポルチーニ茸と野菜のスープの粉末 €1.39Ⓐ 3. 動物の形をしたデュラムセモリナ粉のミニパスタ €1.45Ⓐ　4. 干しぶどう入りのミックスナッツ €5.50Ⓐ

別冊① MAP P23D4　● マレ

ナチュラリア
Naturalia

フランスで最大規模を誇るBIOスーパー

市内に50軒以上と店舗数が多いため、地元の人々になじみ深いスーパー。食材に限らずBIOコスメも充実。リーズナブルな価格も魅力。

DATA　㊋Ⓜ1号線ST-PAUL駅から徒歩3分　㊟59 Rue St-Antoine 4e　☎01 42 74 55 92　㊍9時30分～20時45分（日曜は9時～19時45分）　㊡なし　☐日本語スタッフ　☑英語スタッフ

別冊① MAP P22B3　● マレ

マドモワゼル・ビオ
Mademoiselle Bio

丁寧な接客と膨大な商品数を誇る

「BIOのお嬢さん」と愛嬌のある名を冠するBIOコスメの専門店。クラシックなプロダクトからパリジェンヌに支持されるニューブランドまで揃える。

DATA　㊋Ⓜ1・11号線HÔTEL DE VILLE駅から徒歩4分　㊟28 Rue des Archives 4e　☎01 42 78 30 86　㊍10時～19時30分（日曜は11時～）　㊡なし　☐日本語スタッフ　☑英語スタッフ

プチ情報

BIOストアはほかに、自然食品が充実していて、店舗数も多いフランプリFranprix（別冊①MAP●P11C2）や、オーガニックスーパーのル・ルトゥール・ア・ラ・テールLe Retour à la Terre（別冊①MAP●P15C1）などがある。

Lala Citta Paris

Story 3

おさんぽ Town Guide

セーヌ河に架かる橋、古い石畳、公園の街路樹、
アンティークなショップ、街の食堂…。
画家がキャンバスに描いた風景を楽しみながら、
パリの街をおさんぽ。

世界遺産の人気観光スポットをひとめぐり

心地よい風を浴びながらセーヌ河をクルージング

セーヌ河を中心に発展したパリ。両岸にはパリを代表する歴史的建造物が点在し、周辺エリア一帯が世界遺産に登録されている。セーヌ河を往来する観光船に乗ってパリの景色を楽しもう。

バトビュス

Batobus

乗り場／別冊①MAP●P8A2など

エッフェル塔前など9カ所の発着所がある乗り降り自由の水上バス。移動手段としての利用が多いが、クルーズ気分も味わえる。

DATA ☎08 25 05 01 01 時10～19時(季節、曜日により異なる)。25～40分おきに運航 休なし 料フリーパス1日有効€20、連続した2日有効€21 E

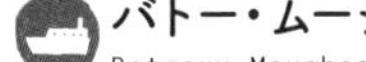

バトー・ムーシュ

Bateaux Mouches

乗り場／別冊①MAP●P8B1

2階建ての観光船。アルマ橋のたもとから発着し、サン・ルイ島と自由の女神像で折り返す。

DATA 交Ⓜ9号線ALMA MARCEAU駅から徒歩2分 ☎01 42 25 96 10 時10時15分～22時30分、20～40分おきに運航 休なし 料€15 E

バトー・パリジャン

Bateaux Parisiens

乗り場／別冊①MAP●P8A2

エッフェル塔前から発着し、サン・ルイ島とイエナ橋で折り返す。日本語ガイドがあるので安心。

DATA 交Ⓜ6・9号線TROCADÉRO駅から徒歩8分 ☎08 25 01 01 01 時10時～22時30分(季節により異なる)ほか。30～60分おきに運航 休なし 料€18 E

ヴデット・デュ・ポン・ヌフ

Vedettes du Pont-Neuf

乗り場／別冊①MAP●P11C2

シテ島発着で、乗り場はポン・ヌフの中央の階段下。サン・ルイ島とエッフェル塔で折り返す。

DATA 交Ⓜ7号線PONT NEUF駅から徒歩2分 ☎01 46 33 98 38 時10時30分～22時30分(季節により異なる)。30～45分おきに運航 休なし 料€13(オンライン予約) E

エッフェル塔

La Tour Eiffel

DATA →P19

セーヌ河の背後にそびえ立つ壮麗なエッフェル塔を見上げられる船上からのショットに期待大。キラキラ輝く夜のイルミネーションもおすすめ。

セーヌ河の橋は何本？

パリ地区の流域に架かる橋は全部で37本。もっとも新しいのは2006年に架けられたシモーヌ・ド・ボーヴォワール歩道橋。もっとも古いのはポン・ヌフで1607年に造られた。

船乗り場

B アレクサンドル3世橋

Pont Alexandre III

別冊①MAP●P9D1

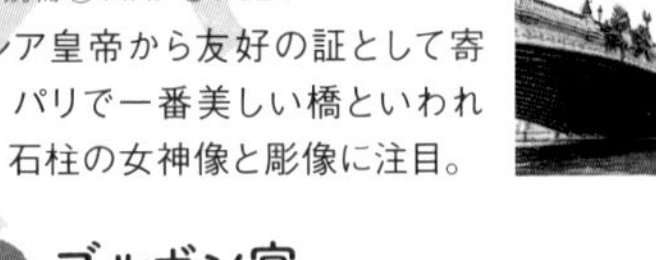

ロシア皇帝から友好の証として寄贈。パリで一番美しい橋といわれる。石柱の女神像と彫像に注目。

C ブルボン宮

Palais Bourbon

別冊①MAP●P9D1

元ブルボン公爵夫人の宮殿。古代神殿風の豪華な外観でコリント様式の円柱はナポレオン時代のもの。

セーヌ河岸が世界遺産に登録されたのは1991年のこと。範囲はエッフェル塔前のイエナ橋からサン・ルイ島に架かるシュリー橋までの約8km。中州のシテ島やサン・ルイ島、架かっている橋もその対象に含まれる。

Ⓓ オルセー美術館
Musée d'Orsay

DATA →P120

セーヌ河をはさんでルーヴル美術館の対岸に位置する。建物上部にあるかつて駅だったころの名残を残す2つの大時計が目印。外壁の最上部には女神たちの彫像が配されている。

Check！ 95番バスでパリを縦断♪

パリを横断するセーヌ河クルーズ。一方、パリの街を南北に走るのが95番バス。南からヴァンヴの蚤の市→モンパルナス→サン・ジェルマン・デ・プレ→セーヌ河を渡り右岸へ。ルーヴルを経由し、オペラ→モンマルトルといったコースを走る。

Ⓕ コンシェルジュリー
Conciergerie

DATA →P88

3本の円すい型の塔が印象的。マリー・アントワネットが投獄された牢獄で有名。

Ⓔ ルーヴル美術館
Musée du Louvre

DATA →P116

ロワイヤル橋からポン・デザール橋にかけて約1kmも続く美術館の大きさに驚く。重厚感が漂う夜のライトアップの姿も必見。

Ⓖ パリ市庁舎
Hôtel de ville de Paris

DATA →P75

ネオ・ルネッサンス様式の重厚な建物。側面を鑑賞できるのはクルーズならでは。

Ⓗ ノートルダム大聖堂
Cathédrale Notre-Dame de Paris

DATA →P22、88

船上からは正面、横、後方と修復工事が進む大聖堂を見ることができる。

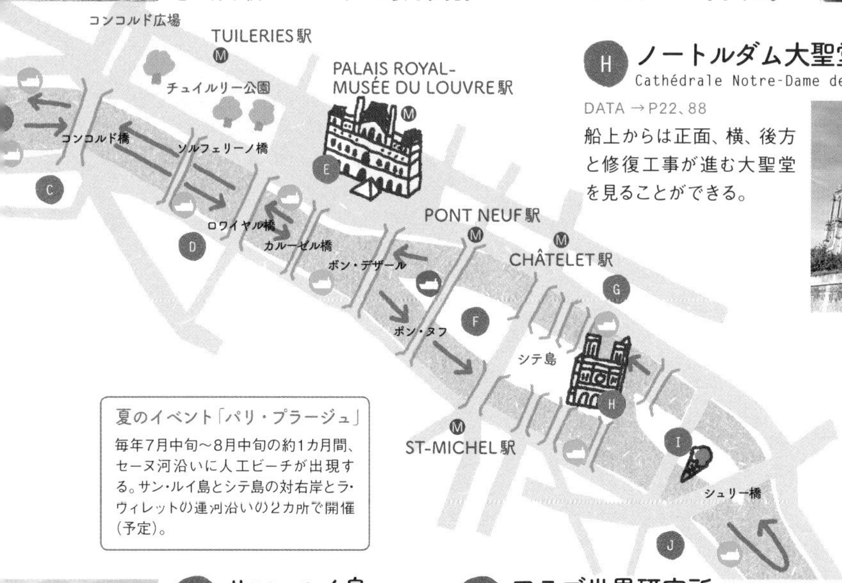

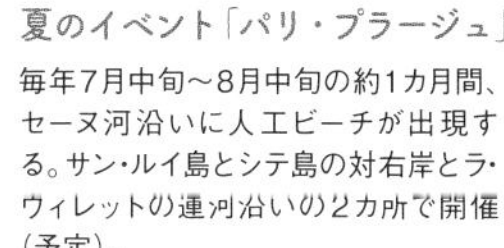

夏のイベント「パリ・プラージュ」

毎年7月中旬～8月中旬の約1カ月間、セーヌ河沿いに人工ビーチが出現する。サン・ルイ島とシテ島の対右岸とラ・ヴィレットの運河沿いの2カ所で開催（予定）。

Ⓘ サン・ルイ島
Île St-Louis

DATA →P89

高級住宅や貴族の館が立ち並び、17世紀当時のクラシックな街並みを垣間見られる。

Ⓙ アラブ世界研究所
Institut du Monde Arabe

DATA →P131

ジャン・ヌーヴェル氏の建築。建物はシュリー橋から見ると緩やかなカーブを描いている。

凱旋門からコンコルド広場まで

華やかなマロニエの並木道 シャンゼリゼ大通り

ブランド店やカフェが軒を連ね、観光客でいつも賑わうシャンゼリゼ大通り。初夏の新緑、秋の紅葉、冬のイルミネーションと季節で表情を変えるマロニエの並木道を散策しよう。

A 別冊① MAP P5C3 モノプリ・シャンゼリゼ Monoprix Champs Elysées

モノプリのフラッグシップストア

2000m²の広大な店内にはモードに雑貨、コスメアイテムが一堂に会し、おみやげ探しにもぴったり。食品系はすぐ裏手のBoetie通りにある。

DATA 交Ⓜ①⑨FRANKLIN D. ROOSEVELT駅から徒歩1分 住109 Rue de la Boétie 8e ☎01 53 77 65 65 時9～22時(日曜は10時～) 休なし Ⓔ

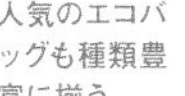

人気のエコバッグも種類豊富に揃う

B 別冊① MAP P4B3 フーケッツ Fouquet's

シャンゼリゼを象徴するカフェ

1899年に誕生したホテル内のカフェ。軽食から豪華なコース料理€98まで優雅なひとときを過ごせる。

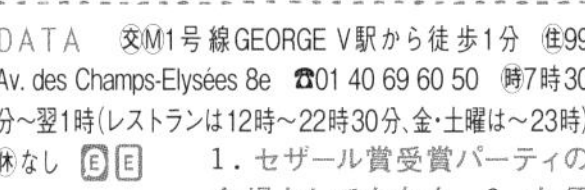

DATA 交Ⓜ1号線GEORGE V駅から徒歩1分 住99 Av. des Champs-Elysées 8e ☎01 40 69 60 50 時7時30分～翌1時(レストランは12時～22時30分、金・土曜は～23時) 休なし ⒺⒺ

1. セザール賞受賞パーティの会場としても有名 2. 女優ジャンヌ・モローも常連だった

C 別冊① MAP P4B3 ピュブリシス・ドラッグストア Publicis Drugstore

凱旋門前のおしゃれコンビニ

広告代理店ピュブリシスに併設する複合施設。レストラン、カフェ、ドラッグストアなどが入る。映画館は24時までオープン。

DATA 交Ⓜ1・2・6号線CHARLES DE GAULLE-ÉTOILE駅から徒歩1分 住133 Av. des Champs-Elysées 8e ☎01 44 43 75 07 時8時～翌2時(土・日曜は10時～) 休なし Ⓔ

1. 有名レストランも入る 2. おみやげも充実

D 別冊① MAP P5C3 ギャラリー・ラファイエット・シャンゼリゼ Galeries Lafayette Champs Elysées

老舗百貨店の最新型コンセプトストア

2019年にオープンしたラファイエットの新店舗。地下にフードコートも擁する4フロア構成。総面積6500m²の豪奢な内装と、ラグジュアリーからクリエイターまで約650のブランドのセレクトは必見!

DATA 交Ⓜ①⑨FRANKLIN D. ROOSEVELT駅から徒歩1分 住60 Av. des ChampsÉlysées 8e ☎01 83 65 61 00 時10～21時 休なし Ⓔ

モノプリ・シャンゼリゼも同じ建物にある

まめちしき シャンゼリゼ大通りの歴史は17世紀にさかのぼる。ヴェルサイユ宮殿の庭園を手がけた造園家ル・ノートルによって整備され、当時から流行の通りであった。フランス革命でルイ16世がギロチン処刑されたのは現在のコンコルド広場。

1.凱旋門はパリ・マラソン(4月開催)のスタート地点。ツール・ド・フランス(7月開催)ではゴール地点となる　2.シャンゼリゼ大通りにはテラス席のあるカフェも多い

街歩きのPOINT

コンコルド広場から凱旋門までは幅100mの道が全長2km続く。ⓂFRANKLIN D.ROOSEVELT駅を境に東側は遊歩道、西側はブティックが軒を連ねる。ウインドーショッピングをしながら歩く場合は1時間ほどみておこう。名物のイルミネーションは11月下旬〜1月初旬まで。

E グラン・パレ Grand Palais

別冊① MAP P5C4

ガラスドームのギャラリー

1900年のパリ万国博覧会の会場として建造。産業と文化の黄金時代に建てられたベルエポックの象徴。現在は企画展などが開催されるギャラリーとなっている。

DATA　交Ⓜ1・13号線CHAMPS-ÉLYSÉES-CLEMENCEAU駅から徒歩2分　住3 Av. du Général Eisenhower 8e　☎01 44 13 17 17　※改修工事のためクローズ。再開は2024年

壮大で優美な建築

F コンコルド広場 Pl. de la Concorde

別冊① MAP P18A4

パリの歴史を見守って来た広場

もとは18世紀に造られたルイ15世広場で、フランス革命後に革命広場と名を変える。その後、和合を意味するコンコルドという名になった。

DATA　交Ⓜ1・8・12号線CONCORDE駅から徒歩1分　住Pl. de la Concorde 8e

フランス革命の最中には、この広場にギロチンが設置されていた

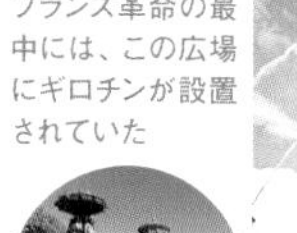

美しい公園の中にあるマリニー劇場

グラン・パレの西側の建物は科学に関する展示やプラネタリウムが入った発見の殿堂という科学博物館

G プティ・パレ美術館 Petit Palais

別冊① MAP P5D4

©FOUIN

中庭に面したカフェが気持ちよい

パリ万博の際に建てられ、現在は美術館になっている。常設展ではセザンヌやモネなどの作品のほか、18世紀の装飾品コレクションを無料で楽しめる。

DATA　交Ⓜ1・13号線CHAMPS-ÉLYSÉES-CLEMENCEAU駅から徒歩2分　住Av. Winston Churchill 8e　☎01 53 43 40 00　時10〜18時(金・土曜の企画展は〜19時)　休月曜、祝日　料常設展は無料(特別展は€15)　E

グラン・パレ正面にあり、常設展はゆったりと観賞できる

H ミニ・パレ Mini Palais

別冊① MAP P5C4

3つ星シェフの料理

エピキュールのエリック・フレション監修のメニューが気楽に味わえるレストラン。

DATA　交Ⓜ1・13号線CHAMPS-ÉLYSÉES-CLEMENCEAU駅から徒歩2分　住3 Av. Winston Churchill 8e　☎01 42 56 42 42　※改修工事のためクローズ。再開は2024年

1.紅茶とミニガトーがセットのテ・コンプレ€14(15時30分〜18時)　2.グラン・パレとは別のセーヌ河沿いに入口が

高級食材を買ったり、荘厳な建築物を見たり…

セレブ気分で オペラ地区をおさんぽ

パリを代表する観光地でもあり、ハイブランドや高級食材専門店も集まる華やかな地区。文化、歴史、芸術、グルメなど魅力満載なので、散策時間を多めに見ておこう。

グルマン御用達店

食料品 別冊① MAP P18A2 フォション Fauchon

最高品質の食材を集めたフードブティック

1886年創業の高級食品を販売する老舗。世界各地から最高品質の食材をセレクト。紅茶、ジャムといった定番商品のほか、ケーキや惣菜など美食グルメを多数取り揃える。

DATA 交M8・12・14号線MADELEINE駅から徒歩1分 住11 Pl. de la Madeleine 8e ☎07 78 16 15 40 時10時30分～18時30分 休日曜 E

1. マドレーヌ広場の角に3店舗が立つ
2. 「パリの午後」をイメージしたブレンドティー €18.50
3. イチゴとバラの花びらのコンフィチュール €8.90
4. マカロン「パリ」12個入りコフレ €30

トリュフ 別冊① MAP P18A2 ラ・メゾン・ドゥ・ラ・トリュフ La Maison de la Truffe

世界三大珍味のトリュフ専門店

高級食材トリュフの店。トリュフ入りのオリーブオイルやバター、塩など、手軽に楽しめるものも豊富に揃う。ショップと併設してレストランもある。

DATA 交M8・12・14号線MADELEINE駅から徒歩1分 住19 Pl. de la Madeleine 8e ☎01 42 65 53 22 時10～19時(レストランは12時～14時30分、19～22時) 休日曜 E

1. トリュフの香りに包まれた贅沢なお店 2. 生野菜につけてワインのお供に。トリュフ入りマヨネーズ €11.90 3. トリュフ風味の黒トリュフ入りオリーブオイル €20(100mℓ) 4. パスタやオムレツ、天ぷらに。トリュフ入り塩 €20.50

ハチミツ 別冊① MAP P18B1 ラ・メゾン・デュ・ミエル La Maison du Miel

人気のハチミツはココで

フランス国内から厳選したハチミツを扱う店。一番人気は日本でもおなじみのアカシアだが、ラベンダーもオススメ。

DATA 交M8・12・14号線MADELEINE駅から徒歩3分 住24 Rue Vignon 9e ☎01 47 42 26 70 時9時30分～19時 休日曜

1. 支店はないので、店舗はパリのみ 2. 人気のプロヴァンスの香り、ラベンダーのハチミツ €13(250g)

プチ情報 ヴァンドーム広場のラグジュアリーホテル「リッツ パリ（別冊① MAPP18B3）」にサロン・ド・テ併設のパティスリー「リッツ・パリ・ル・コントワール」が2021年オープン。入口はホテル正面裏のカンボン通り。

🐾街歩きのPOINT

まずはみどころを見学、買物はおさんぽの後半で。OPÉRA駅近くのオペラ・ガルニエを見学後、カプシーヌ大通りを通ってマドレーヌ寺院へ。寺院を見学したら、食材店でおみやげを調達し、最後にデパートへ。

ヴァンドーム広場（別冊① MAP● P19C3）。1720年にルイ14世の騎馬像を置くために造られた。その後フランス革命で騎馬像が破壊されナポレオンが記念柱を建てた

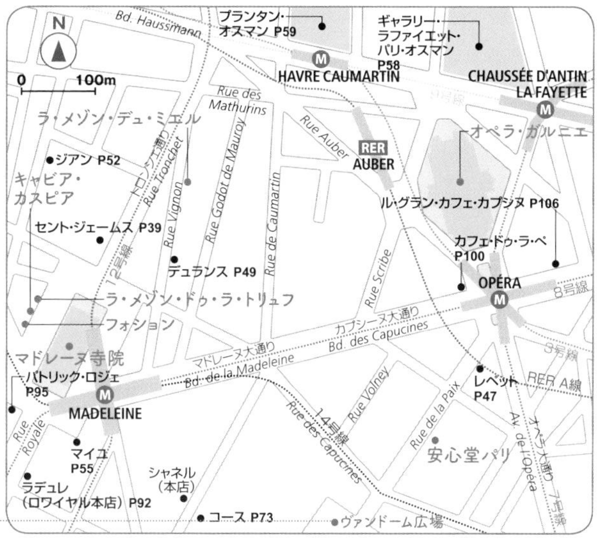

劇場 別冊① MAP P19C1

オペラ・ガルニエ

Opéra Garnier

→P21

キャビア 別冊① MAP P18B2

キャビア・カスピア

Caviar Kaspia

セレブご用達のキャビアの店

1階はブティック、2階がレストラン。キャビアのほか、サーモン、フォアグラなども楽しめる。

DATA ㊋M8・12・14号線MADELEINE駅から徒歩1分 ㊓17 Pl. de la Madeleine 8e ☎01 42 65 33 32 ㊊10～23時（レストランは12時～） ㊡日曜 Ⓔ

1. バエリ・アンペリアル・キャビアじゃがいもとともに€98 2. 創業は1927年

寺院 別冊① MAP P18B2

マドレーヌ寺院

Église de la Madeleine

古代ギリシア神殿を連想させる

マドレーヌ広場の中央に立つ1842年に完成したキリスト教寺院。正面を飾るルメール作の『最後の審判』の彫刻やコリント様式の列柱など、まるでギリシア神殿を思わせるたたずまい。

DATA ㊋M8・12・14号線MADELEINE駅から徒歩1分 ㊓Pl. de la Madeleine 8e ☎01 44 51 69 00 ㊊9時30分～19時（ミサの時間は見学不可） ㊡なし

1. 52本の円柱が建物を囲む 2. 内部にはリュード作『キリスト洗礼の像』などを展示

宝飾品 別冊① MAP P19C3

安心堂パリ

Anshindo Paris

パリで安心して時計が買える店

ロレックスなどの高級時計やジュエリーを扱う正規代理店。フランスでも最大級の免税率16.38%で、観光客にも評判が高い。

華麗なラペ通りの店

DATA ㊋M3・7・8号線OPÉRA駅から徒歩3分 ㊓8 Rue de la Paix 2e ☎01 40 20 07 65 ㊊11時～18時30分 ㊡日曜 Ⓙ

歩くだけで女子度がアップ!?

美的センスをみがく サントノレ界隈

フランスの高級ブランドの本店が集まったパリで一番エレガントな通り。高級ホテルから送迎車に乗って出かけるセレブの姿も。背筋をピンと伸ばして颯爽と歩きたい。

ショコラ　別冊① MAP P19C4

ジャン=ポール・エヴァン
Jean-Paul Hévin

宝石のようなボンボンショコラ

MOF(→P94欄外)を受賞したショコラティエ、エヴァン氏のブティックが移転してリニューアルオープン。きらきらと輝かしい店内にはエレガントで刺激的なショコラが並び、まるで宝石のよう。

DATA　交Ⓜ1号線TUILERIES駅から徒歩5分　住231 Rue St-Honoré 1er(中庭側)　☎01 55 35 35 96　時10時～19時30分　休日曜　E

1. 上質感のある店内　2. カレ・ドール・レ・グランクリュ 27個入り €27

バッグ　別冊① MAP P19C4

ゴヤール
Goyard

英国王室御用達の老舗メゾン

1853年に最高級の旅行用木箱を扱うメゾンとして出発。気品あふれるバッグが人気で英国王室などが顧客として知られる。

DATA　交Ⓜ1号線TUILERIES駅から徒歩5分　住233 Rue St-Honoré 1er　☎09 73 87 45 60　時10～19時　休日曜　E

1. 格調高い内装　2. ペルシャス

フレグランス　別冊① MAP P18B4

ジョヴォワ
Jovoy

香水のセレクトショップ

オリジナル香水とキャンドルをはじめ、世界中から厳選したフレグランスブランド約100種を扱う。お気に入りがきっと見つかる。

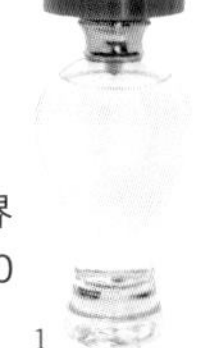

DATA　交Ⓜ1号線TUILERIES駅からすぐ　住4 Rue de Castiglione 1er　☎01 40 20 06 19　時11～19時　休日曜　E

1. マリー・アントワネットをイメージした「Black Jade」€160　2. 駅からすぐ

街歩きのPOINT

ⓂTUILERIES駅を出て約100m北上すれば、エルメスやグッチ、ゴヤールなどのブティックが並ぶサントノレ通りに。

まめちしき　12世紀の終わりに作られたサントノレ（Rue St-Honoré）通りは、ゆかりのある歴史上の人物も多い。マリー・アントワネットの愛人フェルゼンが115番地で購入したインクを使って彼女に手紙を書いたという記録も残っている。

and more… 日本食が食べたくなったら…

ⓂPYRAMIDES駅周辺、特にサンタンヌ通り(別冊① MAP●P19D3)は日本食レストランが軒を連ねる。フランス料理に比べてヘルシーで安いためフランス人にも人気。お弁当が買える「十時や」や讃岐うどんの「十兵」など、昼どきには行列覚悟で行こう。

ラーメンもフランス人に大人気

パリ装飾美術館

美術館 別冊① MAP P10B1

Musée des Arts Décoratifs

充実の室内装飾コレクション

中世から現代までの西欧の家具や食器が年代別に展示された美術館。18世紀以降の様式の微妙な変遷も分かりやすく陳列している。貴族の邸宅の再現など工夫を凝らした展示法で、当時の流行や生活ぶりを追体験することができる。とくに1960年代からの椅子のコレクションは秀逸。

DATA ⓧⓂ1・7号線PALAIS ROYAL-MUSÉE DU LOUVRE駅から徒歩2分 ㊟107, Rue de Rivoli 1er ☎01 44 55 57 50 ㊋11～18時(木曜は～21時) ㊡月曜 ㊕常設展€14※パリ・ミュージアム・パスPMP(→P153)使用可Ⓔ

前庭からエッフェル塔が見える!

©Lue Boegly

©le musée des Arts Décoratifs

©Lue Boegly

1.1990年代のデコラティブな家具 2.優美で華麗なアールヌーヴォー装飾 3.中世の展示室では貴族の館を再現

コース

手袋 別冊① MAP P18B3

Causse

上質な革を使った一生モノの手袋

1892年創業。今でもファッションアイコンとして人気のジャクリーン・ケネディや、ファッションデザイナーのカール・ラガーフェルドを顧客にもつ。

DATA ⓧⓂ8・12・14号線MADELEIE駅から徒歩4分 ㊟24 Rue Cambon 1er ☎01 49 26 91 43 ㊋11～14時、15～19時 ㊡日・月曜 Ⓔ

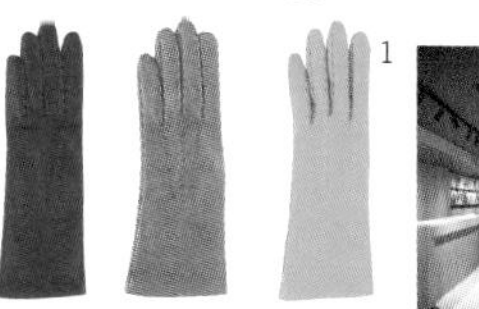
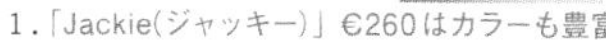

1.「Jackie(ジャッキー)」€260はカラーも豊富
2.老舗メゾン

セゼール

バッグ 別冊① MAP P18B3

Césaire

フランスの新鋭バッグデザイナー

ケンゾーなどの有名メゾンで修業を積み2007年に独立したセゼール氏のバッグ専門店。シンプルさと手作業で作られる温かみのあるデザインが特徴。

DATA ⓧⓂ1・8・12号線CONCORDE駅から徒歩1分 ㊟6 Rue St-Florentin 1er ☎01 42 97 43 43 ㊋11～19時 ㊡日曜 Ⓒ

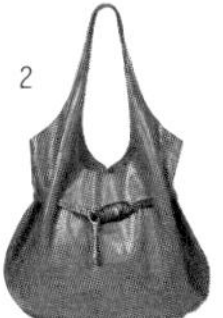

1.ボックスカーフを使用したベティナ€850～
2.ベルトがアクセントになったティティ€420～
3.高級感あふれるスタイリッシュなバッグが並ぶ

若者が集う再開発地区

最新アートの発信地 シャトレ・レ・アル

国立近代美術館が入るポンピドゥー・センターや、中央市場跡地のフォーラム・デ・アルなどの複合施設がこのエリアの中心。若者向けのブティックが並ぶ通りもある。

彩色された電気や水道のパイプ、チューブ状のエスカレーターが目を引く斬新なデザイン
Architectes : Renzo Piano, Richard Rogers
ⓒPhoto : Centre Pompidou / G.Meguerditchian

建物の周囲にもアート作品が置かれている。前の広場にはパフォーマンスをする大道芸人も登場

複合施設 別冊① MAP P22A2

ポンピドゥー・センター

Centre Pompidou

世界に誇るモダンアートの殿堂

工場のような外観で異彩を放つ建物は、美術館、映画館、図書館などが入った複合芸術施設で、1977年にオープン。日本式5、6階には国立近代美術館があり、ピカソやマティスなど20世紀の作品を展示している。

DATA
㊋Ⓜ11号線RAMBUTEAU駅から徒歩1分 ㊟Pl. Georges Pompidou 4e ☎01 44 78 12 33 ㊕11～22時(木曜は～23時。施設により異なる) ㊡火曜 ㊫国立近代美術館€15(展示内容により異なる) ※パリ・ミュージアム・パスPMP(→P153)使用可 Ⓔ

1. 上の階からの眺望も◎
2. 国立近代美術館は1400点以上を展示している

最上階はレストラン

日本式の7階にはパリが一望できるフレンチレストラン「ジョルジュ」がある。中央入口左の直通エレベーターで

Check! ブランド・ストリート

レ・アルの北側、ジュール通り(別冊①MAP●P11C1)とエティエンヌ・マルセル通り(別冊①MAP●P11D1)は、アニエス・べーなどパリジェンヌに人気の店が並ぶストリート。

プチ情報 ÉTIENNE MARCEL駅近くのアーケード、パッサージュ・デュ・グラン・セーフ(別冊① MAP●P11D1)は高感度なパッサージュ。こだわりグッズを集めた30軒ほどのショップが並ぶ。映画のロケ地としても有名→P129。

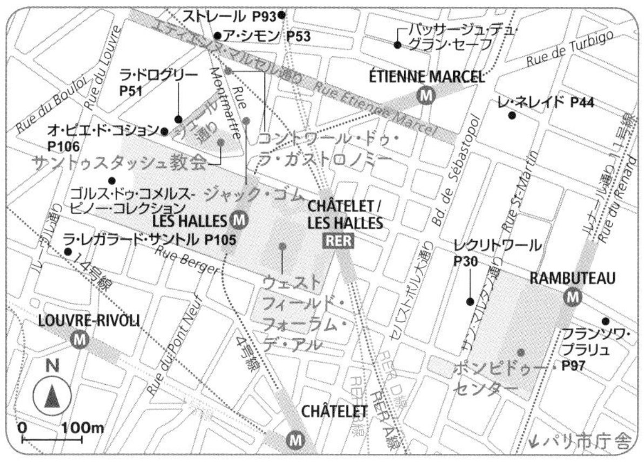

🐾 街歩きのPOINT

ポンピドゥー・センターの後はエティエンヌ・マルセル通りやジュール通りでファッションアイテムを探そう。みどころの多いシテ島(→P88)や、ショップの多いマレ地区(→P76)も徒歩圏内。

ウェストフィールド・フォーラム・デ・アル

Westfield Forum des Halles

駅直結型のショッピングセンター

「パリの胃袋」とよばれた中央市場の跡地。現在では映画館やプールなどを併設した、駅直結型ショッピングセンターに。地階にはファストファッションの店などが入る。

DATA 交Ⓜ4号線LES HALLES駅から徒歩すぐ 住101 Porte Berger 1er 時10時～20時30分(日曜は11～19時。施設により異なる) 休なし

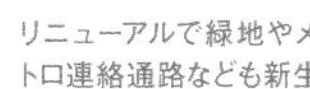
リニューアルで緑地やメトロ連絡通路なども新生

パリ市庁舎

Hôtel de Ville de Paris

ベルエポック様式の市庁舎

1830年に起こった七月革命で市民に占拠され、革命後は革命自治体の本拠地として使用された歴史的な場所。1871年のパリ・コミューンで焼失し、現在の建物は当時の姿を復元したもの。

DATA 交Ⓜ1・11号線HÔTEL DE VILLE駅から徒歩すぐ 住Pl. de l'Hôtel de Ville 4e ☎なし ※2022年9月現在、個人の内部見学は休止中

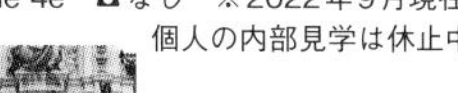

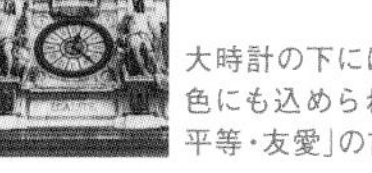
大時計の下には国旗の三色にも込められた「自由・平等・友愛」の言葉が

サントゥスタッシュ教会

Église St-Eustache

パイプオルガンで有名な17世紀に建てられた教会。日曜の17時(不定期)には美しい音色を楽しめる。

DATA 交Ⓜ4号線LES HALLES駅から徒歩1分 住2 Impasse St-Eustache 1er ☎01 42 36 31 05 時10時～18時30分(土・日曜は～19時、季節により異なる) 休なし

コントワール・ドゥ・ラ・ガストロノミー

Comptoir de la Gastronomie

1894年開業の老舗食材店。フォアグラが評判で、ワインやハム類も豊富。高級食材を使った料理が味わえるレストランも併設。

DATA 交Ⓜ4号線LES HALLES駅から徒歩3分 住34 Rue Montmartre 1er ☎01 42 33 31 32 時9～20時(レストランは12時～14時30分、19時～22時30分) 休なし

ジャック・ゴム

Jack Gomme

フランス人ふたり組によるバッグブランドの直営店。トートバッグなど、機能的なラインナップ。

DATA 交Ⓜ4号線LES HALLES駅から徒歩1分 住6 Rue Montmartre 1er ☎01 40 41 10 24 時11～14時、15～19時(土曜は11～13時、14～19時) 休日曜 Ⓔ

通勤に使えるモデル、MAEL€130

おしゃれなお店が集まる人気エリア

最新トレンドに出合う マレ地区でショッピング

18世紀に貴族が移り住んで繁栄したマレ地区には、古い館を利用したミュゼやおしゃれなブティックが数多く立ち並ぶ。おさんぽに疲れたらカフェでひと休みしよう。

クレープリー　別冊① MAP P23C2

ブレッツ・カフェ Breizh Café

パリ一番と評判のクレープリー

本場ブルターニュ地方出身のオーナーがオープンしたパリ店。創業はなんと東京の神楽坂。厳選素材とオリジナリティ溢れるメニューで、市内No.1との呼び声高い。人気店なので必ず予約を。

DATA　交Ⓜ8号線ST-SÉBASTIEN FROISSART駅から徒歩8分　住109 Rue Vieille du Temple 3e ☎01 42 72 13 77(9時30分～11時30分のみ通電)　時10～23時　休なし

1.卵、チーズ、サラダ菜のガレット、マレシェール€15.50　2.ダム・フリュイ・ルージュ€11.80は赤い果実ジャム+バニラアイスのクレープ(6～8月のみ)　3.店内はウッディなカントリーモダン調　4.パリっ子お墨付きの一軒

ファッション　別冊① MAP P23C3

デ・プティ・オー Des Petits Hauts

姉妹が作るガーリーでかわいいウエア

カティアとヴァネッサの姉妹が2000年に始めたアトリエ。「かわいいトップス」という意味のブランド名で、柔らかく軽い素材を用いた女性らしいデザインが人気。

DATA　交Ⓜ1号線ST-PAUL駅から徒歩3分　住24 Rue de Sévigné 4e ☎01 75 44 05 81　時11時30分～14時、15時～19時30分(土曜は10時30分～19時30分、日曜は14時30分～19時30分)　休月・火曜 Ⓔ

1.カラフルでキュートな服が揃う　2.小さな入口なので通り過ぎないように気をつけて

ファッション　別冊① MAP P23C3

クローディ・ピエルロ Claudie Pierlot

パリジェンヌらしいデザイン

1984年誕生のウエアブランド。シンプルでありながら、どこかレトロで、長く着こなしができるシックなデザインが好評。フェミニンにもガーリーにも着こなせる。

DATA　交Ⓜ1号線ST-PAUL駅から徒歩5分　住30 Rue des Francs Bourgeois 3e ☎01 57 40 69 77　時11～19時　休月曜 Ⓔ

1.新作も随時入荷　2.ショルダーバッグ€295(参考商品)

プチ情報　ⓂST-PAUL駅周辺のマレはユダヤ人街でもあり、ユダヤのお菓子やベーグル、チーズケーキなどが買える。北マレは、新進気鋭のセレクトショップやブティックが集まるおしゃれエリアになっている。

おやつはここで

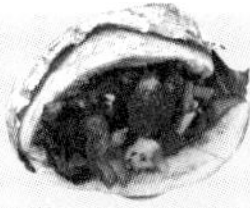
ファラフェルは€8

シェ・マリアンヌ
Chez Marianne
スナック／別冊① MAP ● P23C3

ピタパンにひよこ豆のコロッケなどをのせ、ヨーグルトソースで食べる中東のサンドイッチ、ファラフェルの店。

DATA 交Ⓜ1号線ST-PAUL駅から徒歩4分 住2 Rue des Hospitalières St- Gervais 4e ☎01 42 72 18 86 時12～24時 休なし Ⓔ

メゾン・ジョルジュ・ラルニコル
Maison Georges Larnicol
パティスリー／別冊① MAP ● P23C4

ブルターニュ出身のMOFショコラティエが手がけるブルターニュ菓子の店。

DATA 交Ⓜ1号線ST-PAUL駅から徒歩1分 住14 Rue de Rivoli 4e ☎01 42 71 20 51 時10時30分～20時30分(土・日曜は10時～20時30分) 休なし Ⓔ

小さなクイニーアマン「クイニェット」は1個€1.70

パピエ・ティーグル
別冊① MAP P23D1
Papier Tigre

再生紙使用のスタイリッシュな文具

トラのロゴでおなじみのパリ発ステーショナリーブランド。1号店となるこのショップには定番から期間限定品まで、すべての製品が揃う。

DATA 交Ⓜ8号線FILLES DU CALVAIRE駅から徒歩1分 住5 Rue des Filles du Calvaire, 3e ☎01 48 04 00 21 時11時30分～19時30分(土曜は11～20時、日曜は14～19時) 休なし Ⓔ

1. セレクトショップなどでも大人気 2. 19種類の絵柄が揃う、折りたたみ式便せん兼封筒€14 3. パリらしい配色のボールペン各€6

ラ・ペルル
別冊① MAP P23C2
La Perle

おしゃれな人が集まるカフェ

早朝から深夜まで営業、近所にアトリエを構えるクリエイターにも人気の1960年代風カフェ。

DATA 交Ⓜ8号線ST-SÉBASTIEN-FROISSART駅から徒歩8分 住78 Rue Vieille du Temple 3e ☎01 42 72 69 93 時7時30分～翌2時 休なし Ⓔ

ポプリーニ
別冊① MAP P23D1
Popelini

キュートなプチシュー

シューの考案者によるシュークリーム専門店。定番9種類€2.70、日替わりのフレーバー1種類€3。

DATA 交Ⓜ8号線FILLES DU CALVAIRE駅から徒歩4分 住29 Rue Debelleyme 3e ☎01 44 61 31 44 時11時～19時30分(日曜は～18時) 休月曜

街歩きのPOINT

フラン・ブルジョワ通りやヴィエイユ・タンプル通りを中心におしゃれなブティックが集まっている。小道にも隠れ家的なショップが多いので、カフェで休憩しつつじっくりと散策してみよう。

17世紀の館を利用したピカソ美術館(→P123)は建物自体もみどころ

©Fabien Campoverde

17世紀建造のヴィクトル・ユゴーも住んだ邸宅に囲まれた美しい広場・ヴォージュ広場(→P102)

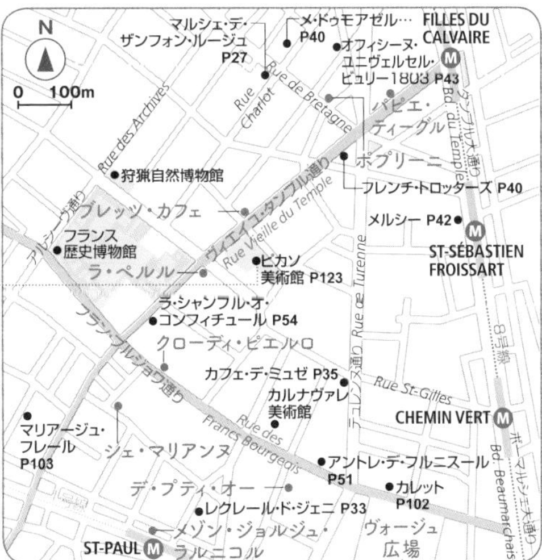

お金持ちの自由人「ボボ」に人気のエリア

個性派ショップが集まるバスティーユ

新オペラ座があるバスティーユ界隈。歴史的な建築物を残しながら古きよき時代のカフェや個性的でおしゃれなショップが共存する、魅力的な流行発信エリアを散策しよう。

アイユール
Ailleurs

クリエーター作品からヴィンテージオブジェまで

店内はまるで誰かの家を訪れたような居心地のよさ。オーナーがセレクトした小物、食器、ヴィンテージオブジェなどがセンスよく並べられている。

DATA ㊋8号線LEDRU-ROLLIN駅から徒歩1分 ㊟17 Rue Saint Nicolas 12e ☎09 53 81 85 14 ㊓11～19時（月曜は14時～） ㊡日曜

1. グラス €2.50～ 2. トスカーナで作られた手帳 各€25 3. クッション €240 4. 店内ディスプレイを眺めるだけで、インテリアのヒントがいっぱい

ウェルカム・ビオ・バザール
WELCOME BIO BAZAR

BIOのコンセプトストア

オーガニックをコンセプトに廃棄ゼロを目指すストア。生活雑貨から園芸グッズまでさまざまなアイテムを取り揃える。コスメとキッズアイテムは地下にあり。

DATA ㊋Ⓜ5号線BRÉGUET-SABIN駅から徒歩3分 ㊟13 Rue Boulle 11e ☎09 83 07 22 59 ㊓11時～19時30分 ㊡日曜 Ⓔ

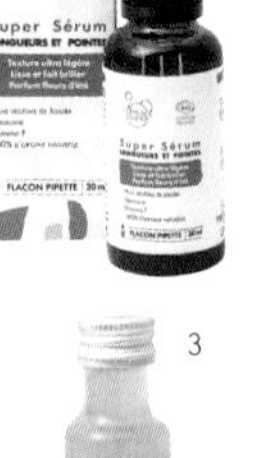

紙袋もカワイイ！

1. 天然ホホバオイルのヘアセラム €10。シャンプー後に乾いた髪にも使える 2. ピュアオリーブのマルセイユ石けん €3.80 3. ミニサイズのジンジャーコーディアル €3

ボボとは「ブルジョワ&ボヘミアン（Bourgeois-Bohème）」の略。伝統よりも新しいものに敏感な30～40代にかけてのボヘミアン的生活を好む裕福な人々を指す。より自然に近い生活を求めている人たちが多い。

街歩きのPOINT

ⓂLEDRU-ROLLIN駅を出てロラン大通りを北へ向かうと雑貨店やブティック、カフェなどが集まるエリアに。バスティーユ広場方面には夜まで賑わう繁華街もある。

もともと監獄があり、フランス革命の重要な拠点となったバスティーユ広場(別冊① MAP● P12B3)。7月革命の犠牲者を弔う記念碑が広場の中央に立つ。

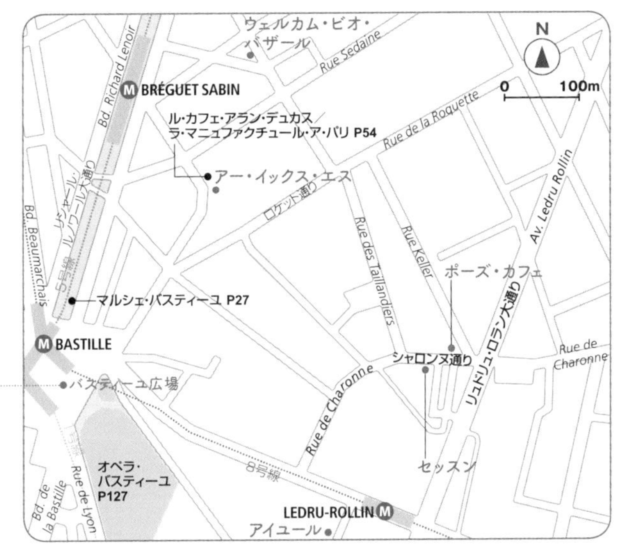

アー・イックス・エス

アンティーク　別冊① MAP P13C3

AXS

美的センス抜群のヴィンテージショップ

サン・サバン通りの小さな中庭に2021年オープン。フランス国内から集めた1930年代〜の陶器やリネン類、家具、日用品からオリジナルデザインを施したオブジェも。

DATA　㊋Ⓜ5号線BRÉGUET-SABIN駅から徒歩3分　㊟12 Rue St Sabin 11e　☎09 83 07 22 59　㊡11〜19時　㊡日〜火曜　Ⓔ

1. オンライン購入も可能で日本からのお客も多い　2. 手入れを施した商品が並ぶ店内　3. リモージュのバター皿€38(手前右)、ハンドペイントのコンポート皿€200(奥中央)、リュネヴィルのソース皿€75(奥右)

オーナーのアリエルさん(左)とシドニーさん(右)

セッスン

ファッション　別冊① MAP P13C3

Sessùn

シンプルでフェミニンなフレンチカジュアル

フランスで注目されているマルセイユ発のレディスウエアブランド。カラフルな彩色と、ナチュラルで女の子らしいカジュアルスタイルが人気の秘密。

DATA　㊋Ⓜ8号線LEDRU-ROLLIN駅から徒歩4分　㊟34 Rue de Charonne 11e　☎01 48 06 55 66　㊡11〜19時　㊡日曜、8月に3週間　Ⓔ

ポーズ・カフェ

カフェ　別冊① MAP P13C3

Pause Café

パリジャンに人気の個性的な空間

映画『猫が行方不明』の舞台になったカフェ。クラシックな内装にポップな家具が並ぶギャラリー風の空間は若者に人気だ。食事メニューも豊富。

DATA　㊋Ⓜ8号線LEDRU-ROLLIN駅から徒歩4分　㊟41 Rue de Charonne 11e　☎01 48 06 80 33　㊡8〜24時(日曜は9〜20時)　㊡なし　Ⓔ

多くの哲学者や思想家たちを魅了

歴史と文化を物語る サン・ジェルマン・デ・プレ

サン・ジェルマン・デ・プレ教会を中心に、かつては文化と芸術の中心地として栄えた街。
文化人が通った老舗カフェなど、歴史と今が交差する街並みは洗練された雰囲気が漂う。

別冊① MAP P21C2

サン・ジェルマン・デ・プレ教会

Église St-Germain-des-Prés

哲学者デカルトが眠るパリ最古の教会

聖遺物を納めるため、542年に創建された修道院の付属教会。パリ最古のロマネスク様式の教会で、576年にパリ司教の聖ジェルマンが埋葬され現在の名称となった。堂々としたたたずまいは、このエリアのシンボル的存在になっている。

DATA ㊫Ⓜ4号線ST-GERMAIN-DES-PRÉS駅から徒歩1分 ㊟3 Pl. St-Germain-des-Prés 6e ☎01 55 42 81 18 ㊕8時30分～20時(日・月曜は9時30分～) ㊡なし Ⓔ

とんがり屋根の鐘楼

三角屋根の鐘楼は11世紀初期に造られたもの。その下には聖ジェルマンが眠っている

1. 10～11世紀の建て替えにより、内部はゴシック様式とロマネスク様式が混合する珍しい造り 2. 入口左側にある公園にはピカソ作の「アポリネールの像」がある

向かいのカフェでひと休み

教会の向かいには、20世紀初頭に文学者が集った格式高いカフェが並ぶ。

レ・ドゥ・マゴ→P100
19世紀創業。文学賞も主催する老舗カフェ

カフェ・ドゥ・フロール→P36
1887年創業時より著名人が集うサロン

別冊① MAP P21C4

サン・シュルピス教会

Église St-Sulpice

パリで2番目に大きい教会

18世紀建立。高さ33m、幅57m、奥行き119mのノートルダム大聖堂に次ぐ規模を誇る新古典主義の教会。世界最大級のパイプオルガンも有名。

DATA ㊫Ⓜ4号線ST-SULPICE駅から徒歩4分 ㊟Pl. Saint-Sulpice 6e ☎01 46 33 21 78 ㊕8時～19時45分 ㊡なし Ⓔ

1. 礼拝堂にはドラクロワが描いたフレスコ画が残る 2. 映画『ダ・ヴィンチ・コード』の舞台としても注目された

サン・シュルピス教会は映画『ダ・ヴィンチ・コード』の重要な場面で登場。映画のなかでは、教会内にローズライン（子午線）が通り、その先にあるオベリスク（記念碑）の足元にキーストーンという物語の鍵となるアイテムが隠されていた。

街歩きのPOINT

サン・ジェルマン・デ・プレ教会の見学後、サン・シュルピス教会周辺で買物しながらリュクサンブール公園へ。カルチェ・ラタン(→P82)や、モンパルナス(→P84)も徒歩圏内。

肖像画や書物が並ぶ重厚な雰囲気

フランス料理 別冊① MAP P21D3

ル・プロコープ

Le Procope

パリのカフェ文化の発祥地

1686年にオープンしたパリ最古のカフェ。ルソーなど哲学者や、詩人が多数集ったことでも有名。現在はフランス料理の店。

DATA ㊋Ⓜ4・10号線ODÉON駅から徒歩1分 ㊟13 Rue de l'Ancienne Comédie 6e ☎01 40 46 79 00 ㊍12～24時 ㊡なし ⒺⒺ

アイスとソルベの盛合せ(手前) €9

上質な革素材の靴、バッグを扱う↓

革製品 別冊① MAP P21D3

アヴリル・ゴー

Avril Gau

有名ブランド出身のブティック

シャネルやロエベなどのシューズデザインを手がけた女性デザイナーの1号店。靴のほかバッグや革小物も取り扱う。

DATA ㊋Ⓜ4・10号線ODÉON駅から徒歩3分 ㊟17 Rue des Quatre Vents 6e ☎01 43 29 49 04 ㊍11～19時 ㊡日曜

向かってすぐ左が子ども向けの姉妹店↓

キャラクター雑貨 別冊① MAP P21C2

ピクシー&コンパニー

Pixi&Cie

仏生まれのキャラクターが集結

有名フィギュアメーカーの直営店。バーバパパや星の王子様、タンタンなどの雑貨やフィギュアを販売。2階は展示スペースになっている。

DATA ㊋Ⓜ4号線ST-GERMAIN-DES-PRÉS駅から徒歩3分 ㊟6 Rue de l'Echaudé 6e ☎01 46 33 88 88 ㊍11～19時 ㊡日・月曜

ひと足のばして

公園 別冊① MAP P21C4

リュクサンブール公園

Jardin du Luxembourg

王妃が造ったパリ市最大の優雅な公園

かつて宮殿の庭園だった市内最大の公園。園内には100以上もの彫像が点在し、なかにはロダンやザッキンの作品もある。

DATA ㊋Ⓜ4・10号線ODÉON駅から徒歩5分 ㊟Rue de Medicis 6e ㊍7時30分～日没(季節により異なる)

イタリア式庭園はパリジャン憩いの場

園内の人形劇劇場では水・土・日曜に童話劇を上演。料金€6.40

教会 別冊① MAP P10A4

奇跡のメダイ教会

La Chapelle Notre Dame de la Médaille Miraculeuse

1830年発祥、幸運をもたらす奇跡のメダル

聖母マリアのお告げを受けてメダルを配ったところ伝染病が収束したというエピソードをもつ教会。幸運を呼ぶ奇跡のメダルとして有名になった。

DATA ㊋Ⓜ10・12号線SÉVRES-BABYLONE駅から徒歩2分 ㊟140 Rue du Bac 7e ☎01 49 54 78 88 ㊍7時45分～13時、14時30分～19時(火曜は7時45分～19時) ㊡なし Ⓔ

1

2

1. メダル(銀メッキ)は10枚入りで€2.65。売店㊍9～13時、14時30分～18時30分(火曜は9時～18時30分、日曜は9時15分～13時、14時30分～18時30分)
2. 祭壇は崇高な雰囲気

歴史あるみどころや安い食堂、書店がたっぷり

普段着のパリに出合う 学生街カルチェ・ラタン

ソルボンヌ大学を中心に広がるエネルギッシュな学生街。パンテオンや博物館など歴史ある建造物やカジュアルな店、賑やかな市場など、パリジャンの普段の生活を垣間見よう。

街歩きのPOINT

ⓂCLUNY-LA SORBONNE駅が起点。駅周辺の書店をのぞいた後、ソルボンヌ、パンテオンなどを見学。ムフタール通りで食事休憩後、植物園へ向かおう。所要約3時間が目安。

学生さん御用達SPOT

大学 ソルボンヌ（パリ大学） L'Université Paris-Sorbonne

別冊① MAP P11C4

歴史的建造物が立ち並ぶパリの名門大学

神学者ソルボンヌが貧しい神学生のために開いたソルボンヌ寮が始まり。現在は再編されたパリ大学のうち第1・3・4・5の4校が、この歴史的建築の校舎に入る。キュリー夫人といった多くのノーベル賞受賞者を輩出。ガイド付き見学あり。

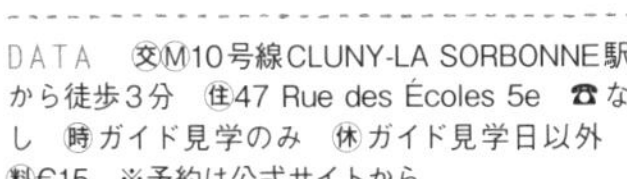

DATA 交Ⓜ10号線CLUNY-LA SORBONNE駅から徒歩3分 住47 Rue des Écoles 5e ☎なし 時ガイド見学のみ 休ガイド見学日以外 料€15 ※予約は公式サイトから

校舎はカルチェ・ラタンのシンボル的存在

名所 パンテオン Panthéon

別冊① MAP P15C1

フランスの偉人たちが眠る

ルイ15世の病気回復を祝い、新古典主義建築の教会として聖ジュヌヴィエーヴの丘に1790年に完成。のちにフランスに貢献した偉人を埋葬する神殿となった。文豪ヴィクトル・ユゴーや哲学者ルソーが地下の霊廟に眠る。

高さ84mの大ドームには作家デュマが埋葬されている

DATA 交Ⓜ10号線CARDINAL LEMOINE駅から徒歩6分 住Pl. du Panthéon 5e ☎01 44 32 18 00 時10時～18時30分（10～3月は～18時） 休なし 料€11.50 ※パリ・ミュージアム・パスPMP（→P153）使用可 E

ドラッグストア ファルマシー・モンジュ Pharmachie Monge

別冊① MAP P15D2

超穴場の激安ドラッグストア

薬用品からラグジュアリー化粧品まで、とにかく豊富な品揃え。パリで最も安いファーマシーのひとつと評判で、常に混んでいる。

DATA 交Ⓜ⑦PLACE MONGE駅から徒歩すぐ 住74 RueMonge 5e ☎01 43 31 39 44 時8～20時 休なし E

1.ゆっくり選びたいなら朝イチがおすすめ 2.ヴェレダのアルニカマッサージオイル€7.59 3.ラロッシュポゼのシカプラストジェル€5.99

書店 ジベール・ジョゼフ Gibert Joseph

別冊① MAP P11C4

パリっ子御用達のおしゃれな文房具

「ジベール」の愛称で親しまれている有名な書店。大量の雑誌や書籍以外にも、ノートやダイアリーなど、スタイリッシュな文房具も豊富に取り扱う。

DATA 交Ⓜ10号線CLUNY-LA SORBONNE駅から徒歩3分 住30 Bd. St-Michel 6e ☎01 44 41 88 88 時10時～19時30分 休日曜 E

1.青い看板に黄色の文字が目印 2.パリの名所が描かれたポストカード€1.50～ 3.「ロディア」の手帳€1.20～

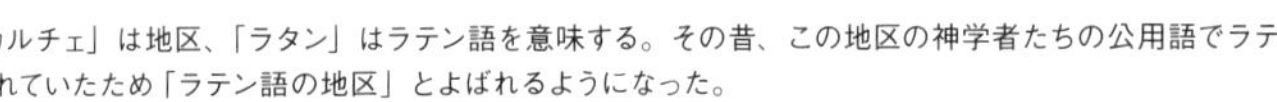

まめちしき 「カルチェ」は地区、「ラタン」はラテン語を意味する。その昔、この地区の神学者たちの公用語でラテン語が使われていたため「ラテン語の地区」とよばれるようになった。

Check "パリの胃袋"で食べ歩き

長さ約600mの道路にビストロやカフェ、市場が軒を連ねるムフタール通り(別冊①MAP●P15D2)。ワイン専門店や食材店など、世界各国の料理店が集まるため別名『パリの胃袋』ともよばれる。月曜は定休日の店が多いので注意しよう。

野菜や果物など新鮮な食材がずらり

オ・プティ・グレック
Au P'tit Grec

ボリューム満点のクレープ＆ガレット

カルチェ・ラタンの地元学生に人気の店。焼きたてアツアツのガレットやクレープは、全品テイクアウトOK。野菜やチーズ、ハム類がぎっしり詰まった特製ガレットは重厚感あり。スイーツ系ならステラ&バナナ€3.50がおすすめ。

DATA 交Ⓜ⑦PLACE MONGE駅から徒歩3分 住68 Rue Mouffetard 5e ☎01 43 36 45 06 時11時30分～24時30分 休なし Ⓔ

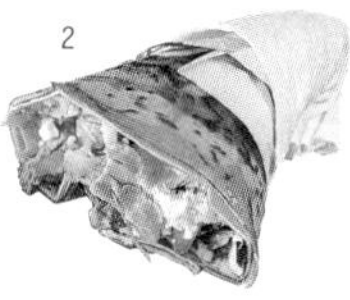

1. ムフタール通りの中腹にある 2. 自家製タラマ(魚卵ペースト)と数種類の野菜が入ったガレット・タラマ€7.50

カフェ 別冊① MAP P11C4

タバ・ドゥ・ラ・ソルボンヌ
Tabac de la Sorbonne

ボリューム満点の老舗カフェ

ソルボンヌ大学前の広場にある老舗カフェレストラン。ソルボンヌ風オムレツ€9～€12など軽食が豊富で、手頃な価格で楽しめる。風通しのいいテラス席がおすすめ。

DATA 交Ⓜ10号線CLUNY LA SORBONNE駅から徒歩3分 住7 Pl. de la Sorbonne 5e ☎01 43 54 52 04 時7～23時(夏季は～翌2時) 休なし、8月に3週間 Ⓟ

1. ソルボンヌ大学校舎が見える 2. ベーコンとジャガイモたっぷりのサラダ・ペイザンヌ€15

ひと足のばして

進化大陳列館
Grande Galerie de l'Évolution

世界中から集めたはく製を年代別に展示

植物園の中にある1889年にオープンした博物館。4階建ての約6000㎡の広大なスペースに、7000体以上の動物のはく製が大胆に展示されている。

DATA 交Ⓜ7号線PLACE MONGE駅から徒歩4分 住36 Rue Geoffroy St-Hilaire 5e ☎01 40 79 56 01 時10～18時 休火曜 料€10 Ⓔ

1. 2階中央に広がる進化大陳列は必見 2. 外観から想像できない開放的空間

植物園
Le Jardin des Plantes

博物館や動物園がある緑地公園

1635年に王立薬草園として整備されたが、現在では公園として市民の憩いの場になっている。敷地内に国立自然史博物館や動物園などがある。

DATA 交Ⓜ7号線PLACE MONGE駅から徒歩4分 住57 Rue Cuvier 5e ☎01 40 79 56 01 時8時～17時30分(夏期は7時30分～20時。季節により異なる) 休なし 料植物園は入場無料。施設により異なる

1. 夜は温室がライトアップされる 2. 熱帯植物が生い茂る大温室。入場料金€7

ピカソやシャガールが創作に励んだ

文化人に愛された街 モンパルナスを歩く

20世紀初頭、モンマルトルを離れた芸術家たちが落ち着いた街がモンパルナス。芸術家にゆかりのあるアトリエ、カフェ、文化人が眠る墓地を散策しながら、当時の文化に思いを馳せよう。

Musée Bourdelle Paris
©Benoit Fougeirol

musée Bourdelle Paris
© Benoit Fougeirol

1.当時のままに残されたアトリエ 2.神話の世界を表現した中庭

1 別冊① MAP P14A2 ブールデル美術館 Musée Bourdelle

躍動感あふれる彫刻作品

ロダンの弟子にして、20世紀を代表する彫刻家、アントワーヌ・ブールデルの美術館。アトリエを改装した館内や庭に、神話や伝説をモチーフにした作品などが展示される。オーディオガイド€5あり。

DATA ㊋Ⓜ4・6・12・13号線MONTPARNASSE-BIENVENÜE駅から徒歩6分 ㊟18 Rue Antoine Bourdelle 15e ☎01 49 54 73 73 ㊡10～18時 ㊡月曜 ㊕無料(特別展は有料)

徒歩12分

2 別冊① MAP P14A3 モンパルナス墓地 Cim. du Montparnasse

パリで2番目の広さを誇る墓地

生前に左岸で暮らした著名人が多く眠る墓地。広い敷地内にはカトリック以外にもさまざまな宗派のお墓があり、故人の人柄が伝わる個性的な墓石が並ぶ。

DATA ㊋Ⓜ6号線EDGAR QUINET駅から徒歩3分 ㊟3 Bd. Edgar Quinet 14e ☎01 44 10 86 50 ㊡8～18時(季節により異なる) ㊡なし ㊕無料

市街地にあるが敷地内は厳かな雰囲気。マナーを守って見学しよう

モンパルナス墓地に眠る有名人

世紀末派の詩人ボードレールや自動車業界で財を成した実業家のアンドレ・シトロエン、写真家のマン・レイなどが眠っている。入口右手のインフォメーションパネルで敷地内の地図を確認しよう。

セルジュ・ゲンズブール
Serge Gainsbourg

歌手、映画監督、俳優。恋多き男としても知られ、3番目の妻ジェーン・バーキンとの間に生まれた娘がシャルロット・ゲンズブール。1991年没。お墓は中央東よりにある。

ジーン・セバーグ
Jean Seberg

ベリーショートを指すセシルカットは彼女の役名から。アメリカ出身の女優で代表作は『勝手にしやがれ』。1979年没。お墓は入って2本目の道、北街に。

サルトルとボーヴォワール
Sartre et Beauvoir

実存主義の哲学者サルトルとその内縁の妻で同じく哲学者のシモーヌ・ド・ボーヴォワール。サルトルは1980年、ボーヴォワールは1986年没。お墓は入って西側にある。

プチ情報 モンパルナスには文化人が愛した老舗カフェも点在する。シャガールが通った「ラ・ロトンド」(→P101)や、ヘミングウェイの小説にも出てくる「ル・セレクト」(→P101)にも立ち寄ってみよう。

↓ 徒歩15分

カタコンブ
Les Catacombes

数百万人の骨を収容する地下墓所

階段を130段降り、500mほど進むと壁一面に人骨が並ぶ空間が広がる。18世紀末に造られた骨安置所で、数百万人分の骨を収納。

薄暗がりに人骨が並ぶ

DATA ㊋M4・6号線DENFERT-ROCHEREAU駅から徒歩1分 ㊟1 Av. du Colonel Henri Rol-Tanguy 14e ☎01 43 22 47 63 ㊐9時45分～20時30分（入場は閉館の1時間前まで） ㊡月曜 ㊕€15 Ⓔ

カンパーニュ・プルミエール通り
Rue Campagne Première

フジタも暮らしたアトリエ街

通りに整然と並ぶ建物の色合いも美しい

20世紀初頭、藤田嗣治など芸術家がアトリエを構えた通り。31番地にあるアール・デコのファサードが特徴的な建物にはマン・レイが住んでいた。今も多くの芸術家たちが住む。

DATA ㊋M4・6号線RASPAIL駅から徒歩1分 ㊟Rue Campagne Première 14e

モンパルナス・タワー
Tour Montparnasse

モンパルナス地方の灯台的存在

1973年建築当時は景観を損なうと議論された

高さ210m、59階建ての高層ビル。パリ改造計画のひとつとして建てられ、今では左岸のランドマーク。最上階にはレストラン、展望台がある。

DATA ㊋M4・6・12・13号線MONTPARNASSE-BIENVENÜE駅から徒歩1分 ㊟33 Av. du Maine 15e ㊐9時30分～22時30分 ㊡なし ㊕展望台€20

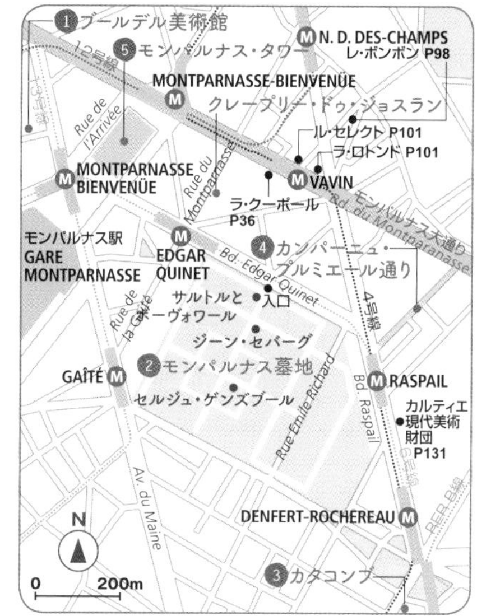

街歩きのPOINT

起点はモンパルナス駅。ブールデル美術館やアトリエのほか、芸術家たちが通った当時の面影が残るカフェもモンパルナス大通りに集まる。クレープを食べ歩きしつつ、美しい街並みを楽しもう。全部見て回るのに3～4時間。

Check! クレープ通りで食べ歩き

もともとクレープはブルターニュ地方の郷土料理。ブルターニュ行きの列車が出るモンパルナス駅近くには、本格的なクレープが食べられる店がモンパルナス通り(Rue du Montparnasse)沿いに集中。

クレープリー・ドゥ・ジョスラン
Crêperie de Josselin
別冊① MAP ● P14A2

ブルターニュ出身のオーナーによる本場のクレープが食べられる。小麦粉を使った甘いクレープのほか、そば粉のガレットもある。リンゴのシードル酒と一緒に。

DATA ㊋M6号線EDGAR QUINET駅から徒歩2分 ㊟67, Rue du Monparnasse 14e ☎01 43 20 93 50 ㊐11時30分～23時(火曜は17時30分～) ㊡月曜 Ⓔ Ⓔ

1. ホウレンソウにチーズ、ベーコン、玉子がのるそば粉入りガレット€12.50 2. モンパルナス通り沿いのお店の中でも特に人気が高い

アートな景色を探して…

芸術家が愛した丘の街 モンマルトルを歩く

風車小屋が点在する農地の丘に、19～20世紀にかけて芸術家が集まったモンマルトル。多くの芸術家が愛した牧歌的な風景が今でも残り、名画の世界を垣間見ることができる。

1.3つのドームを備えたエキゾチックなたたずまい　2.正面入口上に2体の緑の騎士像がある

←観光客に人気のプティ・トラン　↑豊かな緑に囲まれたモンマルトル墓地

1 サクレ・クール寺院

別冊① MAP P25C2

Basilique du Sacré-cœur

→P22

徒歩2分

2 テルトル広場

別冊① MAP P25C3

Place du Tertre

画家たちが一堂に会する名物広場

19世紀半ばまでは静かな広場だったが、今ではモンマルトルの画家を偲ぶ観光客で賑わう。カフェやおみやげ店に囲まれた広場で画家たちが自作や似顔絵を描いて売っている。

DATA　㊋Ⓜ12号線ABBESSES駅から徒歩5分

1.風景画や静物画など多彩な絵を販売している　2.似顔絵を描いてもらうなら値段の交渉を

徒歩4分

3 モンマルトル博物館

別冊① MAP P25C2

Musée de Montmartre

17世紀に活躍した画家のアトリエ

著名な画家たちが住んでいた住宅に、モンマルトルに関する資料や画家たちの作品を展示。

DATA　㊋Ⓜ12号線LAMARCK-CAULAINCOURT駅から徒歩5分　㊓12 Rue Cortot 18e　☎01 49 25 89 39　㊕10～19時(10～3月は～18時)　㊡なし　㊒€13(企画展時は€15～、企画によって異なる)　Ⓔ

ルノワールやデュフィも住んでいた

徒歩10分

4 アトリエ洗濯船

別冊① MAP P24B3

Le Bateau-Lavoir

若き芸術家たちが励んだアトリエ

ピカソ、マティスらが住み、活動の拠点としていたアトリエ。1970年の火事で焼失したが、当時の資料を展示した記念碑は建物外から見学できる。

DATA　㊋Ⓜ12号線ABBESSES駅から徒歩3分　㊓13 Pl. E. Goudeau 18e　㊒無料

セーヌ河に浮かぶ洗濯船に似ていることが名前の由来

プチ情報　ゴッホが1886年から2年間、弟のテオと暮らしたアパルトマン(別冊①MAP●P24A2)は内部見学不可だが建物にプレートがある。作家マルセイ・エイメの名が付けられた広場には、名作『壁抜け男』(別冊①MAP●P24B2)の像がある。

🐾街歩きのPOINT

坂が多いモンマルトルでは3つの乗り物を有効活用しよう。

【フニキュレール】
サクレ・クール寺院へのアクセスに便利なケーブルカー。時6時～24時45分、約3分間隔、所要時間1分30秒 料€1.90 ※メトロのきっぷ使用可

【プティ・トラン】
ムーラン・ルージュやサクレ・クール寺院などを仏・英語のガイド付きで回るツアー。乗り場はブランシュ駅前とテルトル広場前の2カ所。時10～19時(7～8月は～23時、冬季は時間短縮)、約30分間隔、所要時間30分 料€7

【モンマルトラン】
走行ルートはプティ・トランとほぼ同じ。乗り場はピガール駅前とサクレ・クール寺院の2カ所。時10～17時、所要時間約30分 料€7

徒歩3分

5 ジュテームの壁
別冊① MAP P24B3
Le Mur des je t'aime

「愛の言葉」で埋め尽くされた壁

小さな公園の一角にある。612枚のブルータイルの上に、世界各国の言葉で「ジュテーム(愛してる)」と書かれた壁は市民に愛されるアート作品。

日本語の愛のフレーズも

DATA 交M12号線ABBESSES駅から徒歩1分 住Le Square Jehan-Rictus 18e 料無料

徒歩6分

6 ル・ムーラン・ドゥ・ラ・ギャレット
別冊① MAP P24B2
Le Moulin de la Galette

風車が残る店で創作料理を

多くの芸術家に描かれた伝説のダンスホール。1980年代にレストランとなり、現在は星付き店で経験を積んだシェフ、グレゴリー・ミヨが腕を振るう。

DATA 交M12号線ABBESSES駅から徒歩5分 住83 Rue Lepic 18e ☎01 46 06 84 77 時12時～22時15分 休なし ⒺⒺ ※季節によっては要予約

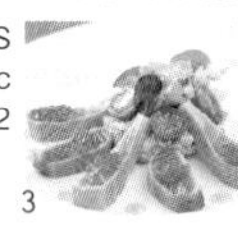
3

2

1.2. ルノワールの名作『ムーラン・ドゥ・ラ・ギャレット』(→P121)の舞台として有名 3. ランチ、ディナーとも2皿€31、3皿€39

and more…

ル・コンシュラ
Le Consulat
ビストロ／別冊① MAP ● P24B2

ロートレックやゴッホも通った老舗。アラカルトのみ。1人€20～。

DATA 交M12号線ABBESSES駅から徒歩7分 住18 Rue Norvins 18e ☎01 46 06 50 63 時11～22時 休なし、11～1月の夜は不定休 ⒺⒺ

モンマルトル墓地
Cim. de Montmartre
墓地／別冊① MAP ● P24A2

1825年設立の共同墓地。ゾラやトリュフォーなどが眠る。中央入口に案内図あり。

DATA 交M2号線BLANCHE駅から徒歩5分 住20 Av. Rachel 18e ☎01 53 42 36 30 時8～18時(土曜は8時30分～、日曜9時～)、冬季は～17時30分 休なし

ラパン・アジル
Lapin Agile
歌劇場／別冊① MAP ● P24B2

1875年創業のシャンソニエ。無名時代のピカソやユトリロが集った。

DATA 交M12号線LAMARCK-COULAINCOURT駅から徒歩3分 住22 Rue des Saules 18e ☎01 46 06 85 87 時21時～翌1時 休日・月・水曜 料€35(ワンドリンク付き) ※カード使用不可 要予約 Ⓔ

名所観光の後にアイスが定番

セーヌ河に浮かぶ シテ島とサン・ルイ島

セーヌ河の中州にある2つの島。シテ島はパリ発祥の地といわれ歴史的建造物が多く残る。
一方、サン・ルイ島にはおいしいレストランやみやげ物店が並ぶ。

みどころいっぱい
シテ島

大聖堂 別冊① MAP P11D3

ノートルダム大聖堂

Cathédrale Notre-Dame de Paris
→P22、67

1

大火災前の姿。現在は再建に向けて修復工事が進んでいる

教会 別冊① MAP P11C3

サント・シャペル

Ste-Chapelle

壁一面のステンドグラスは圧巻

1248年に完成した後期ゴシック建築の傑作。ルイ14世の命により、キリストの聖遺物を祀るチャペルとして建てられた。2階建ての小規模な礼拝堂だが、1134にもおよぶ聖書の場面が描かれた2階の巨大なステンドグラスは必見。

DATA ㊋Ⓜ4号線CITÉ駅から徒歩2分 ㊟8 Bd. du Palais 1er ☎01 53 40 60 80 ㊐9～19時(10～3月は～17時) ㊡なし ㊊€11.50 ※パリ・ミュージアム・パスPMP(→P153)使用可 Ⓔ

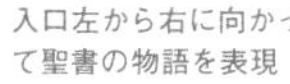

入口左から右に向かって聖書の物語を表現

城 別冊① MAP P11C3

コンシェルジュリー

Conciergerie

アントワネットの最期を見届けた地

14世紀にフィリップ4世が建てた城。フランス革命時には、断頭台を待つ革命家や貴族が収容されていた。マリー・アントワネットが、断頭台へ向かうまでの2カ月半滞在した独房も残る。

DATA ㊋Ⓜ4号線CITÉ駅から徒歩2分 ㊟2 Bd. du Palais 1er ☎01 53 40 60 80 ㊐9時30分～18時 ㊡なし ㊊€11.50 ※パリ・ミュージアム・パスPMP(→P153)使用可 Ⓔ

フランス革命時には4000人を超える囚人を収容していた

ユニークなマルシェ

花市・小鳥市

Marché aux fleurs et aux oiseaux
別冊① MAP ● P11D3

地下鉄CITÉ駅出口前に立つ市。花市は毎日開催なのでシテ島の観光がてら立ち寄れる。小鳥市は毎週日曜のみ。

DATA ㊋Ⓜ4号線CITÉ駅から徒歩すぐ ㊟Pl. Louis Lépine et Quai de la Corse 4e ㊐8時～19時30分(日曜は～19時) ㊡なし

2

1. サント・シャペルやノートルダム大聖堂の観光の合間に立ち寄ろう　2. かわいい小鳥たちは見るだけで和む

まめちしき シテ島に人が住み始めたのは紀元前3世紀ごろ。紀元前52年にローマ人によって制圧されるまでは、ガリア人のパリシイ族が生活をしていた。ノートルダム広場の地下には3世紀前後の遺構が残る。

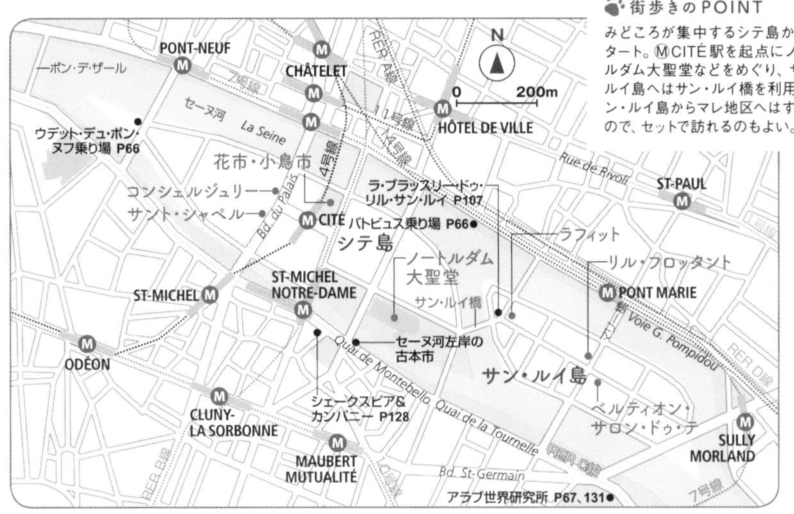

街歩きのPOINT

みどころが集中するシテ島からスタート。ⓂCITÉ駅を起点にノートルダム大聖堂などをめぐり、サン・ルイ島へはサン・ルイ橋を利用。サン・ルイ島からマレ地区へはすぐなので、セットで訪れるのもよい。

別冊① MAP P12A4

ベルティオン・サロン・ド・テ
Berthillon Salon de Thé

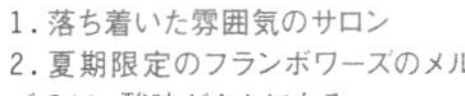

1. 落ち着いた雰囲気のサロン
2. 夏期限定のフランボワーズのメルバ€14。酸味がクセになる

アイスクリームブーム発祥の店

1954年創業の老舗アイスクリーム店。日替わりフレーバーや、シーズンごとに登場する季節のフルーツを用いたメルバがおすすめ。サッパリとした生クリームの秘密はバニラだそう。

DATA ㊋Ⓜ7号線PONT MARIE駅から徒歩4分 ㊟29-31 Rue St. Louis en l'île 4e ☎01 43 54 31 61 ㊌10～20時 ㊡月・火曜、8月 Ⓔ

別冊① MAP P12A4

リル・フロッタント
L'ile Flottante

どこか懐かしい雰囲気のおみやげ

精巧に作られたミニチュア人形がずらり。1920年代の名残を感じる小物入れなど、お気に入りが見つかるはず。

DATA ㊋Ⓜ7号線PONT MARIE駅から徒歩3分 ㊟31 Rue des deux Ponts 4e ☎01 43 54 69 75 ㊌10～20時 ㊡12～2月、1日中雨降りの日 Ⓔ

店先ではベルティオンのアイスも販売

別冊① MAP P11D3

ラフィット
Laffite

絶品の高級食材を探そう

フォアグラ名産地の南西部ランド地方に1920年創業した老舗ブランドの直営店。最高級フォアグラやトリュフなど特産品が揃う。

DATA ㊋Ⓜ⑦PONT MREIE駅から徒歩6分 ㊟8 Rue Jeandu Bellay 4e ☎01 43 26 08 63 ㊌10～14時、15～19時 ㊡日・月曜 Ⓔ

フォアグラ€5.40～は日本へ持ち帰り不可なので、現地で味わおう

Column

映画『アメリ』の水切シーンにも登場

レトロな サン・マルタン運河

1930年代の『北ホテル』から2000年代の『アメリ』まで数々の映画の舞台になった運河。運河沿いではピクニックやおかいもの、散策など思い思いの時間を過ごそう。

運河 サン・マルタン運河 Canal St-Martin

別冊① MAP P17B1〜3

おしゃれな店が点在する散歩コース

1825年に開通したセーヌ河とヴィレット貯水池を結ぶ全長約4.5kmの運河。シスレーの名画の風景としても有名で観光客も多い。近くで暮らすハイセンスなパリジャンも増えて、週末には市民の憩いの場となる。

DATA ㊋Ⓜ5号線JACQUES BONSERGENT駅から徒歩5分

A シェ・プリュヌ Chez Prune

別冊① MAP ● P17B3

業界人が集まるカフェ

運河沿いの開放感あるカフェ。料理に定評があり、夜には業界人やアーティストが集まり込み合う。

DATA ㊋Ⓜ5号線JACQUES BONSERGENT駅から徒歩5分 ㊟36 Rue Beaurepaire 10e ☎01 42 41 30 47 ㊐8時〜翌1時30分(日曜は10時〜) ㊡なし Ⓔ

B ラ・トレゾルリー La Trésorerie

MAP① P17A3

スタイリッシュな生活雑貨の殿堂

キッチン道具や食器、石けんやなど生活用品が広大な店内に揃う。北欧カフェも併設。

DATA ㊋Ⓜ5号線 JACQUES BONSERGENT駅から徒歩2分 ㊟11 Rue du Château d'eau 10e ☎01 40 40 20 46 ㊐11〜19時 ㊡日・月曜 Ⓔ

C デュ・パン・エ・デジデ Du Pain et des Idées

MAP① P17B3

厳選素材と伝統レシピで作るパン

クラシカルな雰囲気が漂うブーランジュリー。有名レストランも注文するほど評判。

DATA ㊋Ⓜ5号線JACQUES BONSERGENT駅から徒歩3分 ㊟34 Rue Yves Toudic10e ☎01 42 40 44 52 ㊐6時45分〜20時 ㊡土・日曜

街歩きのPOINT

ⓂRÉPUBLIQUE駅を出て、ブティックやショップが立ち並ぶ買物に便利なボールペール通りを抜けて運河へ。運河沿いはヴェリブでも移動しやすい。疲れたら付近のカフェやレストランでひと休みしよう。

プチ情報 サン・マルタン運河にもクルーズ船がある。セーヌ河の観光船とは違い陸地の近くを走るので、目の前に広がるパリの街並みや、川辺でくつろいだり、ピクニックをするパリジャンなど、パリの日常の姿を身近に感じられる。

Lala Citta Paris

Story 4

おいしいもの
Gourmet

目にも美しいショコラ＆マカロン。
カフェオレとクロワッサンの朝食。
昼下がりのカフェごはんとサロンのスイーツ。
〆は夜のビストロで。心躍るパリのおいしいもの。

カラフルで見た目もかわいい

人気パティスリーの絶品スイーツ

カラフルなマカロンやほっとする味わいの伝統菓子など、スイーツの都、パリで出合える新旧のお菓子をご紹介。持ち帰り用のかわいいバッグやパッケージも要チェック。

サン・ジェルマン・デ・プレ　別冊① MAP P21C3

ピエール・エルメ
Pierre Hermé

パティスリー界の実力派

年間テーマを決めて季節ごとに発表される、斬新な素材を組み合わせた新作は、常に注目の的。訪れるたびに新しい発見があるのもエルメならでは。

DATA 交M4号線ST-SULPICE駅から徒歩2分 住72 Rue Bonaparte 6e ☎01 45 12 24 02 時11～19時(金・土曜は10～20時、日曜は10～19時) 休なし

マカロン 1個€2.50
定番のローズ、ミルクチョコ＆パッションフルーツのほか、季節限定のフレーバーも

イスパハン
€8.50
エルメの代表作のひとつ。ローズ＆フランボワーズ＆ライチの組合せ

サン・ジェルマン・デ・プレ　別冊① MAP P14B1

パティスリー・サダハル・アオキ
Pâtisserie Sadaharu Aoki

和素材も織り交ぜたフランス菓子

抹茶や柚子などの和素材を使ったデザイン性も高いお菓子で話題を提供してくれる。フランスの有名ガイドブックで「今年のパティシエ賞」を受賞したこともある。

DATA 交M12号線RENNES駅から徒歩3分 住35 Rue de Vaugirard 6e ☎01 45 44 48 90 時11～18時 休月曜 J

バンブー
€7.50
濃厚な抹茶クリームとブラックチョコのガナッシュを重ねた、苦みと甘みのバランスが絶妙な一品

タルト・キャラメル・サレ
€6.80
サブレ生地にゲランドの塩入りキャラメルと、ミルクチョコの軽やかなクリームをのせて

オペラ　別冊① MAP P18A3

ラデュレ（ロワイヤル本店）
Ladurée

パリ流マカロン発祥の名店

1862年創業の老舗メゾン。アーモンドプードルを入れて焼いた2枚の生地にガナッシュクリームをはさんだ、元祖パリ式マカロンを優雅な店内で堪能したい。

DATA 交M8・12・14号線MADELEINE駅から徒歩3分 住16-18 Rue Royale 8e ☎01 42 60 21 79 時8～19時(土曜は9～20時、日曜は9時30分～19時) 休なし E

チョコとココナツマシュマロ
Chocolat & Coco Guimauve

イチゴとマシュマロ
Fraise & Guimauve

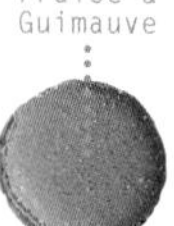

キャラメル
Caramel

ミント
Menthe

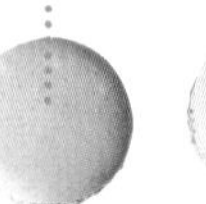

バニラ
Vanille

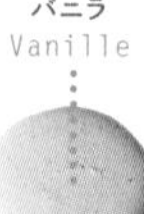

マカロン
1個 €2.50
外はさっくり、中はしっとりした食感が絶品。クリームの繊細な味わいも老舗の風格。

プチ情報　マカロンは衝撃に弱いうえ日持ちが短く、すぐに食感が落ちてしまうのでなるべく早めに食べよう。また空港内にもラデュレの店舗があるので、日本へのおみやげは空港で購入するのがおすすめ。

持ち帰りBOXとBAG

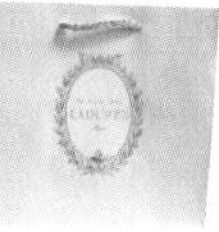
ラデュレ
メゾン・ボワシエ

側面の天使のイラストがキュート

モンブラン
1個€9.40
（テイクアウト €7）
濃厚なマロンペーストの中は軽いメレンゲとフレッシュな生クリーム。1個で満足するボリューム

ルーヴル周辺　別冊① MAP P18B4

アンジェリーナ（リヴォリ店）
Angelina

ココ・シャネルも愛したサロン

1903年に貴族の社交の場として歩み始めた気品あふれる店内。リヴォリ店はサロンも併設。

DATA 交M1号線TUILERIES駅から徒歩3分 住226 Rue de Rivoli 1er ☎01 42 60 82 00 時8～19時（金曜は～19時30分、土・日曜は8時30分～19時30分） 休なし Ⓔ

オペラ
€6.90
コーヒー風味のビスキュイとクリーム、ガナッシュチョコが層になったチョコレートケーキの代名詞

シャンゼリゼ　別冊① MAP P5C3

ダロワイヨ
Dalloyau

美食の歴史を物語る名作菓子

17世紀から王家に仕えた料理人一族を発祥とする由緒正しい老舗。看板商品のオペラは、1955年からの不朽の名作。

DATA 交M9号線ST-PHILIPPE- DU -ROULE駅から徒歩5分 住101 Rue du Faubourg Saint-Honoré 8e ☎01 42 99 90 08 時9～20時（日曜は～16時） 休なし

マロングラッセ
5個入り €26
ボワシエを代表する逸品。日持ちは3カ月。バニラ風味のマロングラッセも

サン・ジェルマン・デ・プレ　別冊① MAP P20A2

ボワシエ
Boissier

マロングラッセ発祥の店

1827年創業のショコラ店。グラサージュとよばれる砂糖がけの技術を用いてマロングラッセの製造を始めた。

DATA 交M12号線RUE DU BAC駅から徒歩2分 住77 Rue du Bac 7e ☎01 45 03 50 77 時11時～18時30分 休日・月曜

シャトレ・レ・アル　別冊① MAP P11D1

ストレール
Stohrer

パリ最古参のパティスリー

1730年創業。「ピュイダムール」や「ババ」など伝統菓子の老舗。歴史的建造物に指定されている内装も必見。

ババオラム
€5.60
ラム酒シロップを染み込ませたブリオッシュと生クリームの伝統スイーツ

DATA 交M4号線ÉTIENNE MARCEL駅から徒歩3分 住51 Rue Montorgueil 2e ☎01 42 33 38 20 時8時～20時30分（日曜は～20時） 休なし

まるで宝石のような美しさ

目にもおいしい 極上ショコラ

ショコラ大国フランス。そのおいしさは自ら「世界一」と太鼓判を押すほど。パッケージにもこだわった芸術品のような美しいショコラは、自分へのご褒美やパリみやげに最適。

別冊① MAP P21C2

ル・ショコラ・アラン・デュカス・マニファクチュール・ア・パリ

Le Chocolat Alain Ducasse Manufacture à Paris

アラン・デュカスのチョコレート工房

フランス料理界の巨匠アラン・デュカスが、かつて職人のアトリエが多かったバスティーユに、カカオ豆の焙煎からチョコレートを製造する工房兼ブティック（別冊① MAP● P13C3）をオープンして話題に。この店は左岸の2号店。

DATA 交Ⓜ4号線ST-GERMAIN-DES-PRÉS駅から徒歩1分 住26 Rue St-Benoit 6e ☎01 45 48 87 89 時10時30分～19時30分（日曜は10時30分～12時30分、13時30分～18時30分） 休なし Ⓔ

1. 古いアトリエのような雰囲気 2. カラメリゼしたノワゼット入りミルクチョコ€11 3. アーモンド、イチジク、オレンジ入りマンディアン€11 4. ショコラショー€19(300g)

2

3

タブレット
Tablettes
€6～14
香りをキープするためにジッパー式にこだわった板チョコ。現在50種類ほど揃う

ショコラショーも！

4

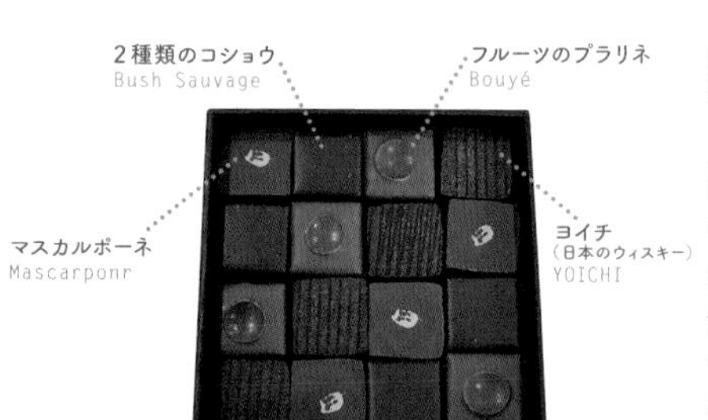

別冊① MAP P18B4

エドワール

Edwart

美食家もうなる本格ショコラ

ショコラティエ自らが世界中の産地を回り、選び抜いた原料のみを採用。全31種類で、すべて€1という価格設定もうれしい。ほかに18種類のタブレットや、冬場はホットチョコレートも扱う。地下にアトリエがあり、チョコレート作りも体験できる（予約制€45）。

チョコレート詰合せ
Les coffrets assortiments de chocolats
€18／16個入り
ユニークな素材の組合わせと味わいの深さにチョコレートの常識が覆される味わい

タルティネも！

1

DATA 交Ⓜ1号線CONCORDE駅から徒歩1分 住244 Rue de Rivoli 1er ☎01 49 27 03 55 時11～20時（土曜は11～12時、13～20時） 休なし

1. 人気のプラリネのタルティネ「ル・グレン」€16。ヘーゼルナッツが60%入ったリッチな味わい。（パッケージ変更あり） 2. コンコルド店は2014年オープン

プチ情報 MOFとはMeilleur Ouvrier de Franceの略で、フランス文化を継承するにふさわしい優れた技術を持つ職人に授与されるもの。日本でいう「人間国宝」に等しい。

Check!

チョコレートの祭典「サロン・デュ・ショコラ」

毎年秋にパリで開催される世界最大級のチョコレート見本市が「サロン・デュ・ショコラ」。フランスをはじめ世界から有名メゾンが集まるこの祭典は、2022年で27周年を迎えた。

DATA 国際見本市で開催。交Ⓜ12号線PORTE DE VERSAILLES駅から徒歩1分 住Viparis, Porte de Versailles,15e URL www.salonduchocolat.fr/ 別冊① MAP● P2B4(国際見本市会場)

1.世界約60カ国から約500ものチョコブランドが集まる 2.チョコレートで作った衣装で現れたモデル

オペラ 別冊① MAP P18A2

パトリック・ロジェ
Patrick Roger

五感を刺激するカカオの魔術師

30歳の若さでMOF(→P94欄外)の称号を獲得したチョコレートの奇才ロジェ氏の店。1997年パリ郊外のソーでスタートした店は、現在パリを中心に10店舗ある。店に展示されたチョコの巨大な動物に代表されるアート性の高さに注目。

DATA 交Ⓜ8・12・14号線MADELEINE駅から徒歩2分 住3 Pl. de la Madeleine 8e ☎01 42 65 24 47 時11時〜19時 休なし Ⓔ

1.パイプを使ったコンテンポラリーな空間 2.人気フレーバー3種の9個入りアソート€18

アソートも!

コフレ・クルール
Coffret Couleurs
€17/9個入り
ロジェ氏の代表作は独創的な素材の組合せ。外はパリッ、中はとろりとした食感

フリュイも!

ボンボンショコラ
Bonbons de Chocolat
€12/9個入り
カカオと混じるさまざまな素材の持ち味が生かされた約30種類のボンボンショコラ

マレ 別冊① MAP P12B1

ジャック・ジュナン
Jacques Genin

宝石のように洗練度の高いショコラ

ホテル&レストラン御用達の最高級のショコラティエ。2008年、北マレにブティックを構えて以来、パリを訪れるショコラ・ファン必須の店に。併設のサロン・ド・テでは、2階のアトリエから届くフレッシュなショコラとパティスリーを楽しめる。

DATA 交Ⓜ8号線FILLES DU CALVAIRE駅から徒歩5分 住133 Rue de Turenne 3e ☎01 45 77 29 01 時11〜19時(土曜は〜19時30分) 休月曜 Ⓙ Ⓔ

1.ニンジン、ウイキョウといったアイデア斬新なパット・ド・フリュイ12個入り€14 2.パリでは珍しいゆったりとした贅沢空間

ドゥボーヴ・エ・ガレ
Debauve & Gallais

パリ高級ショコラティエの先駆者

歴代王室御用達店としても有名なパリで一番歴史ある1800年創業の老舗。ルイ16世の薬剤師であった創始者は、「おいしくて身体によいものを」とチョコレート作りを始めた。歴史的建造物に指定。

DATA ㊋Ⓜ4号線ST-GERMAIN-DES-PRÉS駅から徒歩5分 ㊟30 Rue des St-Pères 7e ☎01 45 48 54 67 ㊉9～19時 ㊡なし

アラビア豆も!

マリー＝アントワネットのピストル
Pistoles de Marie-Antoinette
€12／12個入り
薬が苦くて飲めないという王妃に「チョコに薬を包み込む」ことを提案し誕生したチョコ

1.200年の風格を保つ美しい調度品は一見の価値あり　2.アラビア豆の缶入り€55(500g)、箱入りもあり€32(400g)　3.コーヒー豆の香ばしい苦味が絶妙　4.パリの名所が刻まれた「ピストル」

ジャン＝シャルル・ロシュー
Jean-Charles Rochoux

ショコラの繊細な細工に感動

星付きレストランのパティシエを経てロシュー氏が、自分の店をオープン。動物や彫像、建造物など、驚くほど手が込んだチョコレート細工がずらりと並ぶ。ボンボンショコラやタブレットもおすすめ。

DATA ㊋Ⓜ12号線RENNES駅から徒歩2分 ㊟16 Rue d'Assas 6e ☎01 42 84 29 45 ㊉10時30分～19時(月曜は12時30分～) ㊡日曜(夏期休暇時は変更あり) Ⓔ

ショコラ
Chocolats
各€5.90
ロシュー氏得意のチョコ細工はパリの名所、動物、天使シリーズなど食べるのがもったいない

1.「チョコの彫刻」が所狭しと並ぶ　2.3.4.5.どの型もビター、ミルク、ホワイトと3種類あり

ラ・メゾン・デュ・ショコラ
La Maison du Chocolat

世界中から愛されるショコラの名門

1977年、まだチョコレート専門店が稀であった時代に創業し、今では、世界各地に支店をもつ名店。「ガナッシュの魔術師」と言われた創業者こだわりのチョコレートの味は、パリジャンの支持率が高い。

DATA ㊋Ⓜ1・9号線FRANKLIN D. ROOSEVELT駅から徒歩5分 ㊟52 Rue François 1er 8e ☎01 47 23 38 25 ㊉10～19時 ㊡日曜 Ⓙ Ⓔ

コフレ・ロシェ・24・ショコラ
Coffret Rochers 24 chocolats
€33／24個入り
プラリネ入りの一口サイズのロシェ(岩状)は、甘さ加減が絶妙で病みつきになりそう

2個入りも!

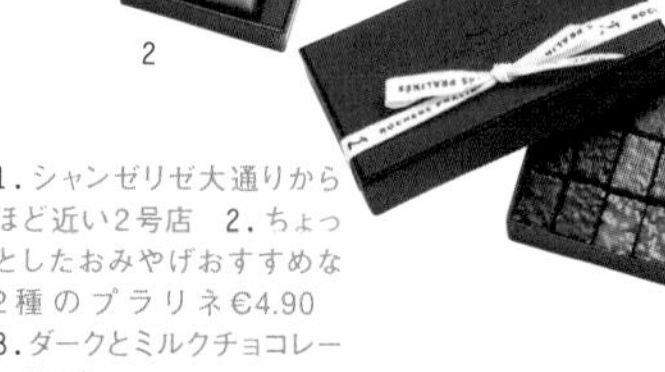

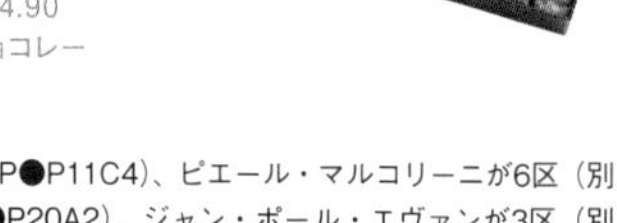

1.シャンゼリゼ大通りからほど近い2号店　2.ちょっとしたおみやげおすすめな2種のプラリネ€4.90　3.ダークとミルクチョコレートのロシェ

プチ情報　ショコラ店の支店を紹介。パトリック・ロジェが6区(別冊①MAP●P11C4)、ピエール・マルコリーニが6区(別冊①MAP●P21D3)、ジャック・ジュナンが7区(別冊①MAP●P20A2)、ジャン・ポール・エヴァンが3区(別冊①MAP●P23C1)にもある。

別冊① MAP P15C1

フランク・ケストナー
Frank Kestener

「ロレーヌ地方の若き天才」がパリに進出

ドイツ国境に近いロレーヌ地方でチョコレート作りを学んだケストナー氏。2004年に27歳でMOF(→P94欄外)、2006年にパティスリー世界チャンピオンを獲得。2010年にオープンしたパリ1号店。

1

DATA ⓧⓂ10号線CLUNY-LA SORBONNE駅から徒歩5分 ㊟7 Rue Gay-Lussac 5e ☎01 43 26 40 91 ⓗ10時〜19時30分(日曜は11〜19時) ㊡なし Ⓙ Ⓔ

タブレットも!

2

3

ボンボン・ショコラの詰合せ
Coffret Bonbons de Chocolats
€12.60/9個入り
スパイスや果実とチョコレートの絶妙なマリアージュ。全50種類ほどある

1.ロレーヌから週に一度シェフが配達に来るそう 2.タブレット€7.30は18種類(パッケージ変更あり) 3.「ペルル・ド・ロレーヌ(右下)」がスペシャリテ

別冊① MAP P9C1

ミシェル・ショーダン
Michel Chaudun

創業以来30年以上続く、信頼の実力派

世界有数のチョコレート生産国スイスにて修行後、1986年に店をオープン。現在もその経験と繊細な味覚、ユーモラスな独創性で多くの人々に支持される。ボンボン・ショコラのラインナップは35品。

DATA ⓧⓂ8号線LA TOUR-MAUBOURG駅から徒歩10分 ㊟149 Rue de l' Université 7e ☎01 47 53 74 40 ⓗ10〜19時(日曜は〜17時) ㊡8月 Ⓔ

2

パヴェも!

コロンブ
Columb
€18/100g
1993年に誕生した代表作。焙煎したカカオの種が入った薄いコイン型のチョコレート

3

1.30年の歴史が凝縮されたような店内 2.「パリの石畳」をイメージしたパヴェ(Pave)も人気。32個入り€29 3.チョコの薄さがより種のカリカリ感を与え豊かな食感

マレ

別冊① MAP P22B1

フランソワ・プラリュ
François Pralus

産地別のセット「ピラミッド」がベストセラー

世界で初めて自家カカオ農園を所有したショコラティエ。生産地別にカカオの味比べができるクリュセット「ピラミッド」のほか、プラリネを得意とする氏の「ラ・プラリュリーヌ」も、もうひとつの店の看板商品。

1

DATA ⓧⓂ11号線RAMBUTEAU駅から徒歩1分 ㊟35 Rue Rambuteau 4e ☎01 57 40 84 55 ⓗ9時30分〜19時30分 ㊡なし Ⓙ Ⓔ

バータイプも!

2

3

1.店内にはショコラ以外のお菓子も 2.こちらも人気のバータイプ「バー・アンフェルナル・ノワール」€8.90 3.「ピラミッド」はサイズや種類も豊富なので、おみやげにピッタリ

ピラミッド・トロピック(左)
Pyramides Tropique
トロピック€19.50/10枚入り
プラリュ氏自らがカカオの生産地10カ国をセレクト。ミニサイズ(右)は€5.90/10枚入り

目にも美しい小さなボンボン

口の中に広がる甘い幸せ 砂糖菓子コンフィズリー

コンフィズリーとは砂糖菓子またはそれらを売るお菓子屋さんのこと。甘いもの好きなフランス人が子どものころから食べ親しんでいる伝統菓子を、ここでは地方別に集めてみました。

塩バターキャラメル ①
Caramel au beurre salé

海に近く製塩業が盛んかつ乳製品がおいしいブルターニュの名物。写真はⒷ／100g €3.80 ⒶⒷⒸⒹ

レ・べティーズ・ドゥ・カンブレ ②
Les bêtises de Cambrai

フランス北部にあるカンブレの街で作られるミント味のキャンディ。写真はⒶ／100g €3.60 ⒶⒷⒸⒹ

ベルガモット・ドゥ・ナンシー ③
Bergamotes de Nancy

ベルガモットの柑橘系の香りがさわやかなキャンディ。写真はⒶ／100g €4.80 ⒶⒷⒸⒹ

●エッフェル塔周辺

レ・グルマンディーズ・ドゥ・ナタリー
Les Gourmandises de Nathalie

昔ながらの素朴なボンボン屋さん

カラフルなキャンディやキャラメル、ドラジェが入った瓶、数十種類のチョコレートがきれいにガラスケースに並ぶ。お菓子が詰まったノスタルジックなイラスト缶もたくさんあって、パリみやげにもぴったり。

DATA ㊋Ⓜ10・13号線DUROC駅から徒歩1分 ㊟67 Bd. des Invalides 7e ☎01 43 06 02 98 ㊕10時～18時30分 ㊡日・月曜

●モンパルナス

レ・ボンボン
Les Bonbons

伝統菓子の厳選セレクション

パティシエ一家で育った女性オーナーのセシリアさんが営む菓子店。地方各地から昔ながらの製法を守る名品だけを取り寄せたというこだわりの店内は、眺めるだけで甘いフランス一周の旅ができそう。

DATA ㊋Ⓜ4号線VAVIN駅から徒歩3分 ㊟6 Rue Bréa 6e ☎01 43 26 21 15 ㊕10時30分～13時30分、14時30分～19時 ㊡日・月曜

子どもも大人も大好きなコンフィズリー。街ではダンディなムッシュやおじいちゃんがお店をのぞきこんでいる、ほのぼのとした姿も。コンフィズリーは6～7月の結婚式シーズンや、12月のクリスマスのころは特に大忙しなんだとか。

定番のお菓子といえば…

ボンボン Bonbon
フルーツやナッツなどを砂糖でコーティングしたキャンディ。キャラメルやガムなども総称する。

シュセット Sucette
棒付きのロリポップキャンディ。見た目にもかわいいものが多く、おみやげに喜ばれそう。

キャラメル Caramels
生クリーム、砂糖、バターを溶かし、冷やし固めたもの。パリでは専門店があるほど定番の菓子。

ギモーヴ Guimauves
フルーツピューレにゼラチンを加え泡立てて固めたもので、マシュマロのこと。

ドラジェ ③ Dragée

お祝い事には欠かせないヴェルダン発祥のアーモンドの砂糖がけ。写真はⒸ／100g €5.90
ⒶⒷⒸⒹ

クッサン・ド・リヨン ⑤ Coussin de Lyon

リキュールのキュラソーが利いたチョコガナッシュをマジパンでくるんだもの。写真はⒶ／100g €9
ⒶⒷⒸ

フリュイ・コンフィ ⑥ Fruit confit

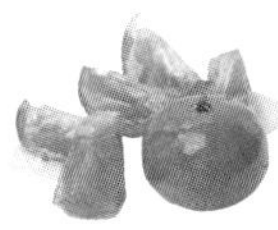
果実の砂糖漬け。砂糖漬けは果物を保存するための伝統手法。写真はⒸ／100g €4.90～
ⒶⒷⒸⒹ

ネギュス ④ Négus

コーヒーやチョコ味のキャラメルをキャンディで包んだボンボン。写真はⒶ／100g €8.60
ⒶⒷⒸⒹ

ヌガー ⑤ Nougat

ナッツやドライフルーツを砂糖で固めたソフトキャンディ。写真はⒶ／100g €7.20
ⒶⒷⒸⒹ

パット・ドゥ・フリュイ ⑦ Pâte de fruits

オーベルニュ地方発祥の果汁を煮詰めて砂糖をまぶしたゼリー。写真はⒶ／100g €5.60
ⒶⒷⒸⒹ

アニス・ドゥ・フラヴィニー ④ Anis de flavigny

修道院で作られたアニスシードを砂糖でくるんだボンボン。写真はⒷ／50g €3.60 ⒶⒷⒸ

オランジェット ⑥ Orangette

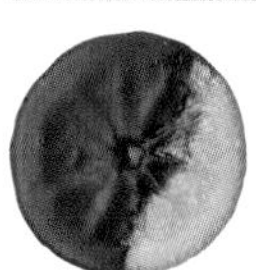
砂糖漬けのオレンジの皮をチョコレートがけした商品。写真はⒸ／100g €5.90
ⒶⒷⒸⒹ

スミレのボンボン ⑧ Bonbon à la violette

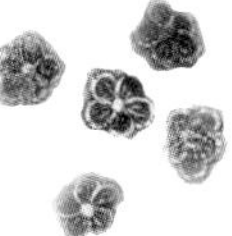
スミレのキャンディ。スミレの花びらの砂糖漬けもある。写真はⒶ／100g €3.10
ⒶⒷⒸⒹ

C 別冊① MAP P15D1
●カルチェ・ラタン

ル・ボンボン・オ・パレ
Le Bonbon au Palais

3つ星シェフお墨付きの菓子店

ムッシュ・ジョージの名前で親しまれるオーナーが集めたドラジェやギモーヴ、ショコラなど、カラフルなコンフィズリーが並ぶ。有名な3つ星シェフのアラン・デュカス氏も自身の本で絶賛する一軒。

DATA 交Ⓜ10号線CARDINAL LEMOINE駅から徒歩1分 住19 Rue Monge 5e ☎01 78 56 15 72 時10時30分～19時 休日・月曜 Ⓔ

D 別冊① MAP P9C3
●エッフェル塔周辺

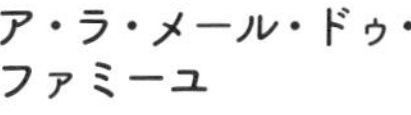

ア・ラ・メール・ドゥ・ファミーユ
A La Mère de Famille

パリ最古のショコラトリー

1761年の創業からパリの人々に愛され続け、現在市内に11店舗を構える名店。ショコラやギモーヴなど何百種類ものお菓子が集まる。MOFグラシエの協力で作った夏限定発売のアイスクリームもおすすめ。

DATA 交Ⓜ8号線ÉCOLE MILITAIRE駅から徒歩3分 住35 Rue Cler 7e ☎01 45 55 29 74 時9時30分～20時（日曜は～19時30分） 休なし Ⓔ

有名なあの人も常連でした♪

文化人に愛された老舗カフェ

テラス席やギャルソンの姿…街のあちこちにあるカフェはパリの文化。長い歴史をもち、文豪やアーティストに愛されたカフェでゆっくりと過ごしてみよう。

定番ドリンク

カフェ/ドゥブル・カフェ
Café/Double Café
エスプレッソのこと。ドゥブルは量も値段も倍

カフェ・クレーム
Café Crème
別名カフェオレ。Un Crèmeと頼んでもOK

ショコラ・ショー
Chocolat Chaud
濃厚な甘みのホットチョコレート、ココア

テ Thé
紅茶=ティーのこと。サロン・ド・テなどで楽しめる

サン・ジェルマン・デ・プレ　別冊① MAP P21C2

レ・ドゥ・マゴ
Les deux Magots

文豪が集った老舗中の老舗

1885年サン・ジェルマン・デ・プレに創業。サルトルやボーヴォワールも通い、仲間と議論をした。多くの文豪に愛され現在もドゥ・マゴ賞という文学賞を主宰する文学カフェでもある。

DATA 交M4号線ST-GERMAIN-DES-PRÉS駅から徒歩1分 住6 Pl. St-Germain-des-Prés 6e ☎01 45 48 55 25 時7時30分〜翌1時 休なし E E

ボリス・ヴィアン、ピカソ、ルイ・アラゴン、アンドレ・ブルトンらも常連でした（パトリスさん／ギャルソン）

1.テラス席で道行く人を眺めるのも楽しい 2.デニッシュと一緒にカフェ・クレーム€6.50を 3.店内の2つの中国人形が店名の由来

オペラ　別冊① MAP P19C2

カフェ・ドゥ・ラ・ペ
Café de la Paix

オペラ座を眺めながら休憩！

1862年の創業で、目の前のオペラ・ガルニエ同様、シャルル・ガルニエの設計によるもの。2004年に大改装され、19世紀当初の様子により近づく形で生まれ変わった。

DATA 交M3・7・8号線OPÉRA駅から徒歩1分 住5 Pl. de. l'Opéra ☎01 40 07 36 36 時8〜23時 休なし E E

1.お客が途絶えることのない人気のテラス席 2.クロック・ムッシュー€21 3.人気のサラダ€28。料理は定期的に変わる

オスカー・ワイルド、ジョルジュ・クレマンソー、ディートリッヒがここで公演をしました（ダヴィットさん／ギャルソン）

まめちしき　カフェの支払いは基本テーブル会計。チップは飲み物1杯10〜20セント（サンチーム）、食事は1人€1〜2現金で置くのがスマート。また、カフェにはテーブル席のほかカウンターやテラス席があり、通常カウンターはドリンク代が安い。

1.カジュアルな雰囲気で居心地もよい　2.ポワラーヌ(→P112)のパンを使ったクロック・ムッシュー€20.80　3.オープンカウンターを中心とした広めの店内

モンパルナス　別冊① MAP P14B2

ル・セレクト
Le Select

有名人に遭遇するかも!?

1923年に創業しヘミングウェイやフィッツジェラルドなど、著名なアメリカ人が愛用したことから「American Bar」の別名も。カクテルや軽食、デザートメニューも充実し、今もなお映画関係者ら著名人に愛され続けている。

DATA ㊋Ⓜ4号線VAVIN駅から徒歩1分 ㊟99 Bd. du Montparnasse 6e ☎01 45 48 38 24 ㊐7時～翌2時(金・土曜は～翌3時) ㊡なし Ⓔ Ⓔ

マティス、ヘンリーミラー、フジタ、コクトー……ピカソはいつもテラス席だったそうです(ロホンさん／ギャルソン)

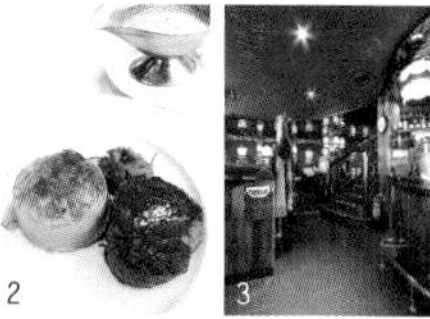

モンパルナス　別冊① MAP P14B2

ラ・ロトンド
La Rotonde

重厚でリッチな内装が素敵!

アール・デコの豪華な内装の店内には、顧客のひとりでもあったモディリアーニの絵(コピー)が多数飾られている。店内やランチョンマットには、訪れた数々の有名人の名前が!

DATA ㊋Ⓜ4号線VAVIN駅から徒歩1分 ㊟105 Bd. du Montparnasse 6e ☎01 43 26 48 26 ㊐7時30分～24時 ㊡なし Ⓔ Ⓔ

マティス、ダリ、ピカソ、フジタ、ドガらたくさんのアーティストが来てくれました(ミカエルさん／ギャルソン)

1.赤の日差しが目印　2.牛フィレ肉のステーキ、コショウまたはベアルネーズソース€40　3.家庭的なサービスも店の自慢

定番メニュー

タルティーヌ
Tartine

バゲットを半分に切って、バターの上におかずをのせたもの

クロック・ムッシュー
Croque-monsieur

パンにハムやホワイトソースをサンドし、チーズをのせて焼いたもの

クロック・マダム
Croque-madame

クロック・ムッシューの上に目玉焼きを盛りつけたもの

キッシュ
Quiche

パイ生地の器に玉子・チーズなどをのせて焼いた郷土料理

オニオン・スープ
Soupe à l'oignon Gratinée

タマネギを香ばしく炒めたスープ。フランスパンやチーズを浮かべる

ステーク・フリット
Steak Frites

ボリュームたっぷりのステーキにフライドポテトの付合せ

紅茶片手にエレガントに過ごそう

優雅で上品な雰囲気の サロン・ド・テ

パリならではのクラシックな空間で、魅惑のスイーツとともに優雅なティータイムを過ごしたい！
そんなあなたに、とっておきのサロン・ド・テをご紹介。

1. パティシエールだけで構成されたミルフィーユ€8.90　2. オリジナルブランドの紅茶テ・カレット€9.10　3. シュー生地にプラリネクリームをはさんだパリ・カレット€9.30　4. ヴォージュ広場の回廊が特等席

別冊① MAP P12B3

カレット

Carette

歴史ある広場でスイーツ休憩

16区のトロカデロ広場に本店をもつ創業1927年、老舗サロン・ド・テの2号店。フランスの伝統的なケーキにミニマカロンやヴィエノワズリーなど、味はどれも一級。貴族や政治家が暮らした豪奢な館に囲まれたヴォーシュ広場の回廊にあり、雰囲気も抜群。

DATA 交M8号線CHEMIN VERT駅から徒歩4分
住25 Pl. des Vosges 3e　☎01 48 8794 07　時7～23時　休なし
☐日本語スタッフ　☐日本語メニュー
☑英語スタッフ　☑英語メニュー　☐要予約

憩いスポット

ヴォージュ広場

Place des Vosges

別冊① MAP ● P12B3

フランス革命前はロワイヤル広場とよばれた、パリ最古といわれる広場。四方はかつて貴族や政治家が暮らした赤レンガ造りの館に囲まれている。

DATA 交M5・8号線BASTILLE駅から徒歩5分　住Pl. des Vosges 4e

1. 街なかのオアシス的存在で、散策中の休憩に最適
2. パッサージュの中にヴィクトル・ユーゴーが住んだ家が残る

プチ情報　トロカデロ広場に面したカレットの本店（別冊① MAP●P8A1）は1927年創業の趣をのこしたアールデコ様式のシックな店内が魅力的。

1. スタッフが優雅にお茶をサーブ　2. 看板メニューのキャレ・ドール€21は紅茶とともに　3. デザートは6～7種類ほど揃う(写真はイメージ)

マレ　別冊① MAP P22B3

マリアージュ・フレール

Mariage Frères

香り高い紅茶でくつろぎのひととき

1854年創業の紅茶専門店。世界各国から集められた紅茶約700種類が並ぶ。カカオとマンダリンの香りが豊かな「パリ・ブレックファストティー(100g€13)」のパリ限定フレーバーはおみやげに。コロニアル時代をコンセプトにした店内は、雰囲気抜群。

DATA 交M1・11号線HÔTEL DE VILLE駅から徒歩8分　住30 Rue du Bourg-Tibourg 4e　☎01 42 72 28 11　時12～19時(入店は18時30分までに)、ブティック10時30分～19時30分　休なし
□日本語スタッフ　□日本語メニュー
☑英語スタッフ　□英語メニュー　□要予約

1. 夫妻の食堂だった大広間。庭に面したテラス席も人気　2. Betjeman & Bartonの紅茶エデン・ローズ€5.60　3. フランボワーズのタルト€11.50(季節限定)

シャンゼリゼ　別冊① MAP P5C2

カフェ・ジャックマール=アンドレ

Café Jacquemart-André

ブルジョワの邸宅でゴージャス気分

19世紀の資産家夫妻、アンドレとジャックマールの邸宅を改装した美術館(→P122)内にあるサロン。天井のフレスコ画や壁に飾られた絵画作品など本物の美術品に囲まれた大広間で、世界一贅沢なティータイムを過ごせる。

DATA 交M9・13号線MIROMESNIL駅から徒歩5分　住158 Bd., Haussmann 8e　☎01 45 62 11 59　時11時45分～17時30分(土曜は11時～、日曜はブランチ11時～14時30分。企画展開催時の土～月曜は～18時30分)　休なし　□日本語スタッフ　□日本語メニュー
☑英語スタッフ　□英語メニュー　□要予約

カリスマシェフがプロデュース！

トレンドを生む 実力派ビストロ

フランス人にとっての大衆食堂がビストロ。創業から100年以上経つ老舗から、2号店、3号店を出店するほど人気のネオ・ビストロまで、実力派の名店をご紹介。

MENU
❶Œuf au Madiran €13
❷Magret de canette rôti aux griottines €28

合計 €41
※メニューは季節によって変わります

❶南西ワイン「マディラン」で煮た卵 ❷小鴨の胸肉のロースト チェリー風味、クリーミーなポレンタ添えが看板料理。またカスタードのデザートIle flottante €11などもある

エッフェル塔周辺　別冊① MAP P8B2

ラ・フォンテーヌ・ドゥ・マルス

La Fontaine de Mars

老舗ビストロでフレンチの神髄にふれる

1908年の創業以来、1世紀にも渡って人々に愛され続けるビストロ。その秘訣は、木目調の温かい内装と優れたホスピタリティに包まれながら、この店が守り続けた伝統料理にある。

DATA　㊋M8号線ÉCOLE MILITAIRE駅から徒歩6分 ㊐129 Rue St-Dominique 7e ☎01 47 05 46 44 ㊋12～15時、19～23時（土・日曜のランチは12時～15時30分） ㊡なし ㊖アラカルトのみ。昼€60～、夜€60～ E E ※要予約

シェフのピエール・ソーグランさん

バスティーユ　別冊① MAP P13D4

ビストロ・ポール・ベール

Bistrot Paul Bert

ビストロの大御所、人気シェフが集う店

パリ1番のビストロ激戦区と言われるポール・ベール通りにあり、クラシックかつボリューミーなビストロ料理が味わえる店。牛のリブなどがっつりステーキがスペシャリテ。

DATA　㊋M8号線FAIDHERBE-CHALIGNY駅から徒歩3分 ㊐18, Rue Paul Bert 11e ☎01 43 72 24 01 ㊋12～14時、19時30分～23時 ㊡日・月曜 ㊖昼€20～、夜€41～ E E ※要予約

シェフのティエリー・ローランさん

MENU
❶Rentrèche de thon au chorizo €10
❷Côte de cochon fermier €29
❸Crème caramel à l'ancienne €9

合計 €48（メニューの場合）
※上記は単品の場合の料金
※メニューは季節によって変わります

❶ちょっと火を通したマグロとチョリゾ ❷豚リブのロースト、セップ茸と白インゲンの付合せ ❸クラシックなクレーム・キャラメル

まめちしき　「ネオ・ビストロ」とは新進気鋭のシェフの料理がカジュアルに楽しめるスタイルの店。ビストロとガストロノミー（美食）を合わせた「ビストロノミー」という造語も登場。カリスマシェフが値段をおさえて料理を提供する。

別冊① MAP P8A4

ラ・カンティーヌ・デュ・トロケ・デュプレクス
La Cantine du Troquet Dupleix

故郷のバスクを敬うシェフの愛情料理

「ラ・カンティーヌ・デュ・トロケ」1号店に続く、エッフェル塔に近い2号店。「カンティーヌ(食堂)」というだけにカジュアルな雰囲気のなかで、おいしいバスク料理を堪能できる。

DATA ㊋Ⓜ6号線DUPLEIX駅から徒歩1分 ㊓53 Bd. de Grenelle 15e ☎01 45 75 98 00 ㊔8～11時(日曜は9時～)、12～15時、19時～22時45分 ㊡なし ㊕アラカルトのみ。昼€35.50～、夜€35.50～ ※予約不可 Ⓔ Ⓔ

MENU
- ❶ Petits pois vinaigrette, Poulpe €13
- ❷ Merlu à la basquaise €18.50
- ❸ Tarte au chocolat €9.50

合計 €41
※メニューは月ごとに変わります

リラックスして食事を楽しんでください

オーナー・シェフのクリスチャン・エチュベストさん

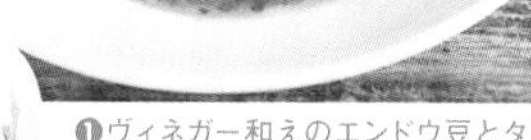

❶ヴィネガー和えのエンドウ豆とタコ ❷タラのバスク風 ❸チョコ・タルト

別冊① MAP P11C1

ラ・レガラード・サントノレ
La Régalade Saint-Honoré

予約殺到の名ビストロ

スターシェフ、ブルーノ・ドゥセ氏がオーナーも務める、ビストロブームの草分け的な店。伝統料理をシンプルに展開する皿は味付けが軽く、ボリューも満点。プリフィクススタイル€47～で堪能できる。

DATA ㊋Ⓜ①LPIVRE-RIVOLI駅から徒歩2分 ㊓106 Rue Saint-Honoré 1er ☎01 42 21 92 40 ㊔12時15分～14時、19時15分～22時(土曜のランチは～14時30分～、ディナーは～22時30分) ㊡日・月曜 ㊕昼・夜€47～ Ⓔ Ⓔ ※要予約

MENU
- ❶ Coquilles saint-jacques, mousse de cresson et émulsion de cresson €14
- ❷ Poitrine de cochon du Cantal confite/croustillant,cuisine de lentilles vertes et persil €24
- ❸ Le Fameux riz cuit au lait de La Régalade, caramel Laitier €12

合計 €50
※昼夜共通のプリフィクス
※メニューは季節により変わる

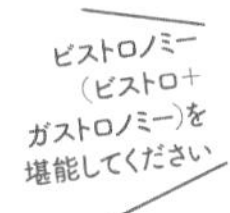

ビストロノミー(ビストロ＋ガストロノミー)を堪能してください

オーナー・シェフのブルーノ・ドゥセ氏

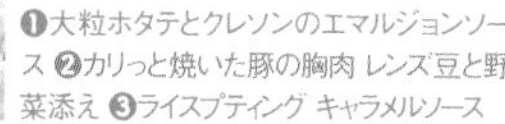

❶大粒ホタテとクレソンのエマルジョンソース ❷カリっと焼いた豚の胸肉 レンズ豆と野菜添え ❸ライスプティング キャラメルソース

別冊① MAP P17B3

ル・シャトーブリアン
Le Chateaubriand

クールな内装のなか洗練された料理を

「世界のベストレストラン」の常連店。一見シンプルながらもデザインされた料理は、想像を超えて味覚を多いに刺激。営業は夜に限り10品からなるシェフのおまかせコースのみ。

DATA ㊋Ⓜ11号線GONCOURT駅から徒歩1分 ㊓129 Av. Parmentier 11e ☎01 43 57 45 95 ㊔19～23時 ㊡日・月曜、8月 ㊕夜€85 Ⓔ Ⓔ ※要予約

予約は2週間前から。お早めにどうぞ!

オーナー・シェフのイナキ・エズピタルト氏

MENU
- ❶ Thon rouge de l'ille d'Yeu, trompette, angélique
- ❷ Cabillaud, pourpier, chips de wakamé
- ❸ Tocino de cielo
- ❹ Glace lait ribot, poivre de sichwan, fleur de sureau

合計 €85(コースは全6品)
※夜メニューの一例

❶赤マグロとアンジェリック ❷タラとワカメのチップス ❸卵黄とダックワーズ ❹レ・リボのアイス。各皿にグラスワインを付けたコースもある

生ビールでサンテ！

夜遅くまで気軽に楽しめるブラッスリーでしっかりごはん

「ブラッスリー」は生ビールが飲め、食事もできるフランス版の居酒屋。ここでは地元で人気のブラッスリー4軒をご紹介。おいしい料理と冷えたビールでサンテ(乾杯)！

1.表面がカリッと香ばしい豚足のグリル€22.50と生ビール€8.50
2.赤いファサードが目印。季節を問わずテラス席が人気

オ・ピエ・ドゥ・コション

シャトレ・レ・アル　別冊① MAP P11C1

Au Pied de Cochon

人気ブラッスリーの名物は豚足！

豚の足＝ピエ・ド・コションを店名に掲げるだけあって、こんがりと香ばしく焼き上げられた豚足料理がこの店のスペシャリテ。そのほか、海の幸やオニオンスープなどフランスの定番料理も用意される。クロワッサンの朝食セット€6.50も人気。

DATA 交Ⓜ4号線LES HALLES駅から徒歩2分 住6 Rue Coquillière 1er ☎01 40 13 77 00 時朝食8～11時、11時30分～翌5時 休なし
□日本語スタッフ ☑日本語メニュー
☑英語スタッフ ☑英語メニュー □要予約

1.店内は4つの部屋に分かれていて趣も異なる 2.ランチセットは2品€19.50 3.オニオン・グラタン・スープ€10.50と生ビール€7.50

ル・グラン・カフェ・カプシヌ

オペラ　別冊① MAP P19C2

Le Grand Café Capuclines

モダンなアール・デコ調の内装に注目！

アール・ヌーヴォーの豪華な内装で知られる1875年創業のブラッスリーがリニューアル。煌びやかな照明やモザイク柄の床などモダンな内装へと生まれ変わった。料理は魚介スープのパイ包み焼きや生ガキの盛り合わせなど、新鮮な海の幸が主役。

DATA 交Ⓜ3・7・8号線OPÉRA駅から徒歩1分 住4 Bd. des Capucines 9e ☎01 43 12 19 00 時7時～翌1時(食事は12時～) 休なし
□日本語スタッフ ☑日本語メニュー
☑英語スタッフ ☑英語メニュー □要予約

まめちしき　パリのレストランは基本的に日・月曜が休み。ビストロはお昼のサービスが終わったら夜の営業まで休憩することが多い。食べる店に困ったら、通し営業の多いブラッスリーに駆け込もう。

ビストロ＆ブラッスリーの代表メニュー

ソール・ムニエール
Sole Meunière
白身の淡白さを生かした舌ビラメのムニエル

ウフ・デュール・マヨネーズ
Œuf dur Mayonnaise
ゆで玉子と手作りのマヨネーズのシンプルな前菜

ブフ・ブルギニヨン
Bœuf Bourguignon
ブルゴーニュ風牛肉の赤ワイン煮込み

ポトフ
Pot-au-feu
肉と大きめに切った野菜を長時間煮込んだスープ

1.土鍋で白インゲン豆と豚肉を長時間煮込んだ郷土料理カスレ€23、生ビール€5.80～ 2.キビキビ働くギャルソンもこの店の名物

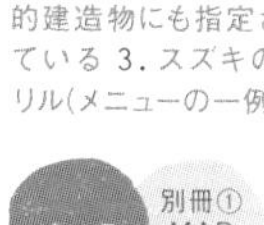

1.映画『エディット・ピアフ～愛の賛歌』が撮影された場所 2.歴史的建造物にも指定されている 3.スズキのグリル(メニューの一例)

サン・ルイ島　別冊① MAP P11D3

ラ・ブラッスリー・ドゥ・リル・サン・ルイ
La Brasserie de l'Isle Saint-Louis

セーヌ河を眺めるテラス席が最高！

サン・ルイ島のセーヌ河沿いにある1953年創業の趣のあるブラッスリー。カスレやシュークルートなどビールに合うメニューから、オムレツやサラダなどの軽食まで充実。人気のベルティオン(→P89)のアイスが食べられるのもうれしい。カフェのみの利用もできる。

DATA 交M7号線PONT MARIE駅から徒歩7分
住55 Quai de Bourbon 4e ☎01 43 54 02 59
時12時～22時30分 休水曜
☐日本語スタッフ ☐日本語メニュー
☑英語スタッフ ☑英語メニュー ☐要予約

オペラ　別冊① MAP P7D3

ブイヨン・ジュリアン
Bouillon Julien

古きよき時代のパリらしさ満点！

創業1906年。絵画やステンドグラスが美しいアール・ヌーヴォー調のきらびやかな装飾の店内で食べられるのは、牛肉のタルタルやエスカルゴ、ババ・オ・ラムなどのクラシカルな料理。優雅な雰囲気とともに楽しみたい。

DATA 交M4・8・9号線STRASBOURG ST-DENIS駅から徒歩3分 住16 Rue du Faubourg St-Denis 10e
☎01 47 70 12 06 時11時45分～24時 休なし
☐日本語スタッフ ☐日本語メニュー ☑英語スタッフ ☑英語メニュー ☐要予約

食の都で美食に酔いしれる

グルメ界のアカデミー賞 世界のベストレストランへ

2002年のスタートから年々注目が高まっているアワードといえば「世界のベストレストラン50」。グルメ界のアカデミー賞と称される、世界トップ50に選ばれたパリのレストランをピックアップ。

別冊① MAP 13D4

●バスティーユ

セプティーム Septime

発酵食材も多用する未来思考の料理

2014年から星付きレストランの称号を獲得し、世界のベストレストラン50も常連。発酵食品を用いた食材の旨みを感じる料理はコースのみ。食品保存に繋がることでフードロス削減の取り組みも進んでいる。

DATA 交Ⓜ9号線CHARONNE駅から徒歩4分 住80 Rue de Charonne 11e 時12時15分〜14時30分、19時30分〜23時 休土・日曜 □日本語スタッフ □日本語メニュー ☑要予約 ☑英語スタッフ ☑英語メニュー □ドレスコードあり

1.フレッシュ野菜と野草のクリームチーズソース 2.アスパラガスのグリルとニンニクの葉のピクルス 3.昼は€65、夜€100。ワインとのペアリングも

©Mickael A. Bandassak

©Mickael A. Bandassak

Chef's Profile

@ Alexandre Guirkinger

ベルタン・グレボー氏 Bertrand Grébaut

ジョエル・ロブションなどで経験を積み、アガペでシェフを務めた後、2013年にオープン。ワインバー(→P111)も手がける。

F.Flohic

別冊① MAP P5C4

●シャンゼリゼ

ル・クラランス Le Clarence

豪奢な貴族の館でワインとともに

伝統的フレンチに世界各国の食材や調理法を組み合わせるなど、シェフのクリストフ氏が生み出す美食を19世紀の貴族の館でいただく。ボルドーの名門シャトーが手がけるだけあって、ワインリストもたっぷり用意。

DATA 交Ⓜ1・13号線CHAMPS-ÉLYSEES-CLEMENCEAU駅から徒歩5分 住31 Av. Franklin Delano Roosevelt 8e ☎01 82 82 10 10 時12時30分〜14時、19時30分〜21時30分（火曜はディナーのみ） 休日・月曜 □日本語スタッフ □日本語メニュー ☑要予約 ☑英語スタッフ ☑英語メニュー ☑ドレスコードあり

1.鳩とフォアグラ、ほうれん草のパイ包み 2.ロブスターのキャビアのせ。料理はコースのみで昼€110〜、夜€320 3.シャンゼリゼ大通りの近くの格式ある邸宅

Chef's Profile

©Yohann_Vorillon_for_Le_Chef_Magazine

クリストフ・プレ氏 Christophe Pelé

2007年「ラ・ビガラード」をオープンし、2010年星付きレストランに。2015年にル・クラランスのシェフに就任。

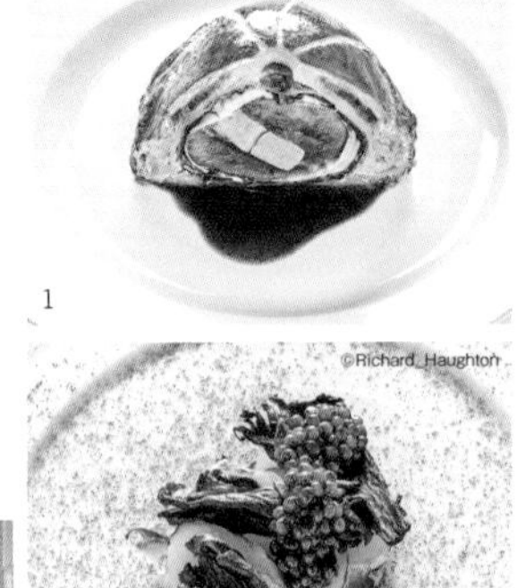

©Richard_Haughton

©Richard_Haughton

プチ情報 1カ月以上前から予約でいっぱいの人気店も多数。ネット予約できる店も多いので、早めに席を確保しよう。当日は店の格にあわせてドレスアップ。会計はテーブルで行い、食事の5〜10%のチップを現金で卓上に残すのがスマート。

世界のベストレストラン50とは？

世界27カ国、料理人やフードジャーナリスト、フーディなど食の有識者約1000人の投票で決まるアワード「The World's 50 Best Restaurants」。20年目を迎えた2022年はデンマークのコペンハーゲンにある肉を提供しない「Geranium(ゲラニウム)」が1位に。日本からは4店舗が選ばれた。

URL www.theworlds50best.com

毎年6～7月に授賞式が行われる。

Chef's Profile

©Michae I Graydon

アラン・パッサール氏
Alain Passard

シェフ歴50年以上。「アルページュ」をオープンした翌年、星付きレストランに。現在は野菜料理に重きを置く。

©Michae I Graydon

1

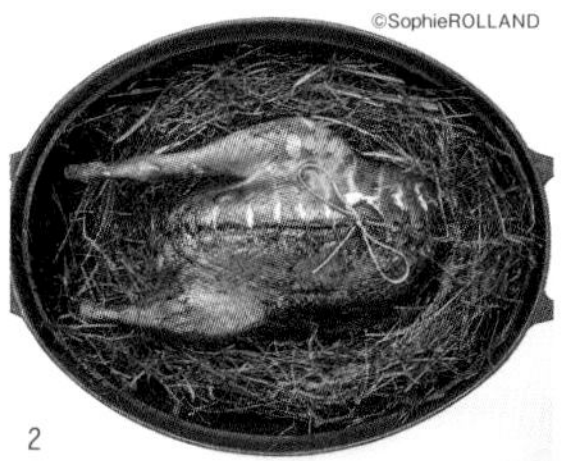

©SophieROLLAND

2

©Mathieu Maury

3

別冊① MAP P9D3

●エッフェル塔周辺

アルページュ
Arpège

感性を刺激する滋味深き野菜料理

世界的に有名なアラン・パッサール氏がオーナーシェフ。野菜、ハーブなどを自家農園で有機栽培し、毎朝畑から届く新鮮な食材を使用。食材の旬と風味や彩りを大切にした、野菜が主役のフレンチを楽しめる。

DATA 交M13号線VARENNE駅から徒歩3分 住84 Rue de Varenne 7e ☎01 47 05 09 06 時12時～14時30分、19時30分～22時30分 休土・日曜 □日本語スタッフ □日本語メニュー ☑要予約 ☑英語スタッフ ☑英語メニュー ☑ドレスコードあり

1.鶏と鴨肉の半身を合わせて藁と一緒に火入れする斬新な料理 2.グリーンアスパラのスシ。コースは昼€185、夜€540、アラカルトは€86～ 3.無駄のないシンプルな店内。アーチ型の地下フロアもSNSで話題に

Check! フランス発の美食ランキング「ラ・リスト」

「LA LITS(ラ・リスト)」とは世界中のグルメガイドや口コミ、アワードなど多彩な情報をアルゴリズムに基づき数値化したフランス発のレストランランキング。毎年高スコアを獲得するレストランがこちら。

別冊① MAP P21D1

●サン・ジェルマン・デ・プレ

ギー・サヴォワ
Guy Savoy

星付き最高峰のフレンチ

18世紀建造のモネ・ド・パリ(元造幣局)に店を構える。旬の素材を活かした創造性あふれるフレンチを生み出すのは、天才シェフと名高いギー・サヴォワ氏。

DATA 交M7号線PONT NEUF駅から徒歩4分 住 Monnaie de Paris, 11 Quai de Conti 6e ☎01 43 80 40 61 時12時～14時30分、19時～22時30分(土曜はディナーのみ) 休日・月曜 □日本語スタッフ ☑日本語メニュー ☑要予約 ☑英語スタッフ ☑英語メニュー ☑ドレスコードあり

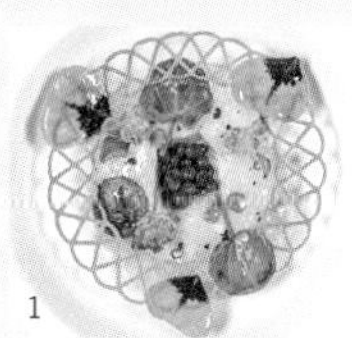

1

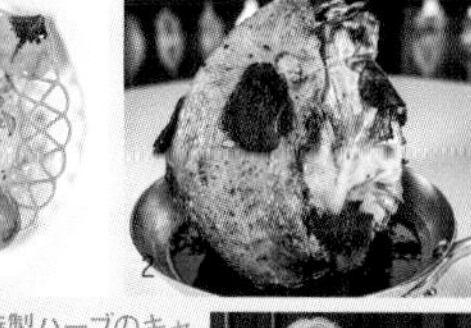

2

3

1.温かなホタテと特製ハーブのキャビア€130 2.キャベツ入りのホロホロ鳥、トリュフと共に€160。コースは昼8品€260、夜13品€630 3.フランス料理界の巨匠ギー・サヴォワ氏。多くの星付きシェフが彼の元で修行した

©Restaurant Guy Savoy

居酒屋風ワインバーで夕食を

気軽に楽しめる カーヴ・ア・マンジェ

ワインとともに軽い食事ができる、居酒屋スタイルの「カーヴ・ア・マンジェ」が流行中。ハムやチーズなどおつまみから、本格的な料理を出す店まで人気の4軒をご紹介。

オペラ 別冊① MAP P7D4

フレンチー・バー・ア・ヴァン

Frenchie Bar à Vins

行列のできる美食ワインバー

予約困難なビストロ「フレンチー」の姉妹店。ビストロ正面にあるこちらは予約不可のワインバーで、開店前から長い行列が。人気の秘密は旬の素材を用いた料理。前菜、パスタ、メイン、デザートなど€6～24くらい。仕入れにより毎日変わる。

DATA 交Ⓜ3号線SENTIER駅から徒歩1分 住6, Rue du Nil 2e ☎なし 時18時30分～23時 休なし Ⓔ Ⓔ

開店15～30分前に入口外へ並べば席を確保できる

リコッタチーズとグリーンピースのトルテリーニ €14(一例)

クリーム入りフォアグラ、ルバーブのチャツネ €16(一例)

どんなワインがある?

「土地やプロセスまでこだわって作られるおいしいワイン」が350種類。グラス€6～。サヴォワ地方のスパイシーな赤『Marie-Clothilde』2014年ボトル€44（参考ワイン）。

トマト、ナスのペースト、フェタチーズのサラダ €10(一例)

サン・ジェルマン・デ・プレ 別冊① MAP P21D3

ラヴァン・コントワール・ドゥ・ラ・テール

L'Avant Comptoir de la terre

豊富なメニューと安さが魅力

ビストロブームを仕掛けた著名シェフが開いた、カウンターのみの立ち飲みバー。気軽につまめる130種類のオードヴル €4～やグラスワイン €6～はリーズナブルながら味も◎。隣接して、海鮮に特化した同系列店もオープンして、こちらも人気。

DATA 交Ⓜ4·10号線ODÉON駅から徒歩1分 住3 Carrefour de l'Odéon 6e ☎01 44 27 07 97 時12～23時 休なし Ⓔ Ⓔ

牛肉のカルパッチョ €10

ブーダンノワールのマカロン €5.50

どんなワインがある?

約130種類のワインはほとんどが自然派。繊細ながら主張もある辛口の白ワイン、ジュランソン・セック『Montesquiou』2016年ボトル€22（写真左参考ワイン）もオーガニック。

フォアグラと赤ピーマンの串焼き €9.50

天井の写真つきメニューを見て指差しオーダーできる

プチ情報 パリでは現在もブドウの栽培が行われる。中でも有名なのがモンマルトルのブドウ畑（別冊①MAP●P24B2）。毎年10月第2週末には数日間にわたり盛大な収穫祭を開催。ここのブドウで生産される希少なパリ産ワインも販売される。

代表的なチーズカタログ

白カビタイプ	青カビタイプ	ウォッシュタイプ	シェーヴルタイプ	ハードタイプ
pâte molle à croûte fleurie	pâte persillée	pâte molle à croûte lavée	pâte molle de chèvre	pâte pressée cuite

凝乳酵素で固め表皮に白カビを吹き付けて熟成。カマンベール、ブリーなど。	青カビを繁殖させ熟成させるブルーチーズ。ロックフォール、ダンベールなど。	表面を塩水またはワインなどで洗ったチーズ。特有の強い香り。エポワスなど。	山羊乳で作られたチーズ。乾燥防止の灰をまぶしたものも。サントモールなど。	凝乳を加熱してからカットし強く圧搾したチーズ。コンテ、ミモレットなど。

サン・ジェルマン・デ・プレ　別冊① MAP P21C2

フレディーズ
Freddy's

豊富なメニューと安さが魅力

国家最優秀賞をもつシェフによるワインバー。小ポーションで色々な料理を楽しめる「パリ風居酒屋」がコンセプトで、ワインはグラスで約20種類を用意。炭火焼コーナーがあり、肉や魚のグリルが人気(15～18時を除く)。予約不可。

DATA　㊁Ⓜ4号線ST-GERMAIN-DES-PRÉS駅から徒歩4分　㊟54 Rue de Seine 6e　☎なし　㊐12～24時　㊡なし　Ⓔ

ロゼール地方の仔羊、オリーブペースト、ミモレット(チーズ)€8

カリフラワーとレモンのタブレ風サラダ€8

タコのカルパッチョ€8

どんなワインがある?

シャンパン『Fleury』€69(写真右)、コート・ドゥ・ルシヨン『La Falaises』2005年(写真左)のマグナムはボトル€145、グラス€13.90。ワインの品揃えは週ごとに変わる。

気楽なカウンター形式。黒板に日替りのおすすめが

マレ　別冊① MAP P13C3

セプティーム・ラ・カーヴ
Septime La Cave

人気レストランが手がける話題の店

予約の取れない人気レストラン「セプティーム」が手がける。季節によって変わるおつまみは6種類ほどだが、すべてシェフが考案するレシピ。自然派ワインも100種類揃い、ワインの販売価格プラス€7で店内でも飲める。

DATA　㊁Ⓜ8号線LEDRU-ROLLIN駅から徒歩6分　㊟3 Rue Basfroi 11e　☎01 43 67 14 87　㊐16～23時　㊡なし　Ⓔ

常連が集まり立ち飲みで賑やかになる

どんなワインがある?

ル・ポン・ブルソー Le Pont Bourceau(参考ワイン)。ロワール地方産。口に含むと柑橘の香りがし、舌の上にフルーティーさが残る。

リコッタチーズとアンチョビ€8(手前)は、煎ったそばの実が食感のアクセント。左奥は小イワシとハーブバター€14。料理は季節によって変わる

小麦の香ばしい匂いに誘われて…

ブーランジュリーの焼きたてパン

フランスに行ったら一度はブーランジュリーで本場のパンを食べてみたい！　外はパリッ、中はモチモチの焼きたてバゲットは、湿度の低いフランスにいるからこそ味わえる本物の味。

ヴィエノワズリー
Viennoiserie

バターや牛乳をたっぷり練り込んだ折り込み生地などで作る甘いパン。クロワッサンやパン・オ・ショコラなど、甘い香りとさくさくの食感が特徴。

パン・オ・レザン
Pain aux raisins

レーズンとクリームをはさみ込んだクロワッサン生地を、エスカルゴのように巻いてある。€1.60 D

ヴィエノワーズ・ナチュール
Viennoise nature

牛乳とバターを練り込んだほんのり甘いシンプルなパン。€1.60 D

クロワッサン
Croissant

フランスではひし形が一般的。生地とバターを均一にはさみ込み、サクサクした食感を生み出している。€1.35 C

ブリオッシュ
Brioche

卵とバター、牛乳をふんだんに使用。口に入れるとまるでケーキのようにとろける。€5 B

ショソン・オ・ポム
Chausson aux pommes

リンゴのコンポートをパイ生地で包み、葉っぱの形に焼き上げたフランス版アップルパイ。€1.40 D

パン・オ・ショコラ
Pain au chocolat

四角い形のクロワッサン生地にチョコレートをはさんだ風味豊かなパン。€1.80 B

ブリオッシュ・オリエンタル
Brioche Oriental

オレンジの花のエッセンスが香るパン。花びらのような形もキュート。€3.50 A

A 別冊① MAP P2B4

●モンパルナス

オー・パラディ・デュ・グルマン
Au Paradis du Gourmand

パリ南部の閑静な住宅街で店を営む

15歳で故郷チュニジアからパン職人を目指してパリに移り住んだリダ・カデール氏の店。2013年にはバゲットコンクールで優勝。オーガニックのパンやサンドイッチ、パティスリーも人気で、世界中からファンが集まる。

DATA　交Ⓜ⑬PLAISANCE駅から徒歩2分　住156 Rue Raymond Losserand 14e　☎01 45 43 90 24　時6～21時　休日曜

B 別冊① MAP P20B3

●サン・ジェルマン・デ・プレ

ポワラーヌ
Poilâne

世界一有名なパン・ド・カンパーニュ

ゲランドの海塩と天然酵母を使い、石臼で挽いた小麦を手作業でこね、昔ながらの窯で焼き上げる、創業当時からの製法を守り続ける老舗。「P」のイニシャルが入った直径約30cmのミッシュとよばれる田舎パンも有名。

DATA　交Ⓜ10・12号線SÈVRES-BABYLONE駅から徒歩4分　住8 Rue du Cherche-Midi 6e　☎01 45 48 42 59　時7時15分～20時　休日曜 E

プチ情報　パリ市では毎年バゲットコンクールを開催しており、優勝者は1年間大統領官邸にバゲットを提供することになっている。区ごとに順位が発表され、受賞店は入口に1er Prixなどの表示をしていることが多いので、店選びの参考にしよう。

食事パン Pain

バゲットはフランスの食卓に欠かせない主食。「ドゥミ・バゲット」といえば半分から買えるので、必要な分量を購入しよう。

ピエール・エルメのクロワッサン

マカロンで有名なパティスリー「ピエール・エルメ」の隠れた人気商品、クロワッサン。エルメの代名詞ともいえるイスパハンのクロワッサンもあり、バラとフランボワーズとライチが絶妙コラボ。

ピエール・エルメ
DATA →P92
イスパハン・クロワッサン€2.90

パン・ド・カンパーニュ
Pain de campagne

丸い形の酸味がある田舎パン。皮が厚く硬くて重厚感があるので日持ちもする。€6.37/kg B

パン・ド・セーグル
Pain de seigle

ライ麦が入った軽い酸味のあるテーブルパン。チーズや生ハム、生ガキと相性がよい。€2.60 D

パン・オ・セレアル
Pain aux céréales

シリアル入りパン。とくにトーストすると香ばしく、いろいろなシリアルの味が楽しめる。€2.60 D

バゲット・トラディション
Baguette Tradition

自家製酵母で24時間発酵させすべて手作りする。外は軽く、酸味のない味わいも◎。€1.20 A

トラディション
Tradition
(Baguette tradition)

長時間発酵させたバゲット。値段もやや高めだが、噛みごたえがあって味わい深い。€1.25 D

C 別冊① MAP P11D4 ●カルチェ・ラタン

ラ・メゾン・カイザー
La Maison Kayser

日本でもおなじみのカイザー1号店

フィガロ紙でクロワッサンがNo.1に輝いたことをきっかけに、カリスマパン職人として世界に進出したエリック・カイザー氏の1号店。天然酵母を発酵させる伝統的な製法で作り上げるパンの強い風味はまさにフランスの味。

DATA 交M10号線MAUBERT-MUTUALITÉ駅から徒歩2分 住8 Rue Monge 5e ☎01 44 07 01 42 時6時45分～20時(土・日曜は6時30分～) 休なし E

D 別冊① MAP P24B3 ●モンマルトル

ル・グルニエ・ア・パン
Le Grenier à Pain

サルコジ元大統領も食したバゲット

2015年のバゲットコンクールで優勝した職人ミッシェル・ガロワイエ氏のブーランジュリー。小麦の香りがたまらない極上のトラディションをはじめ、ヴィエノワズリーやサンドウィッチ、ガトーやスイーツまでどれも納得の味。

DATA 交M12号線ABBESSES駅から徒歩2分 住38 Rue des Abbesses 18e ☎01 46 06 41 81 時7～20時 休火・水曜 E

Column

おいしそうなお惣菜やスイーツがいっぱい

お惣菜を買って ピクニックへ！

降り注ぐ太陽と芝生さえあればすぐにピクニックを始めるのがパリジェンヌたち。お惣菜やデザートをいくつか選んで、公園や広場でのんびり優雅にランチするのはいかが？

Ⓑ キッシュ€32/kg。ふわふわ生地に具材がぎっしり。サーモンなど数種類あり

スムール（クスクス）にパプリカやキュウリ、トマトとミントが入ったタブレサラダ。€33/kg Ⓑ

Ⓑ デザートもいろいろ。（左）アンズのタルト€4.50。季節のフルーツを使ったタルトはどれもおすすめ（右）洋ナシとグレープフルーツのタルトレット€4.50

Ⓑ サクサクの生地にチーズとハムがたっぷり入ったハムとグリュイエールチーズのフイユも€30/kg

ニンジンのラペ、インゲンのマリネがのったカレー風味の雑穀サラダ€37.50/kg Ⓐ

キャロットケーキ€5.90。シナモンと濃厚なクリームチーズとの相性抜群！ Ⓐ

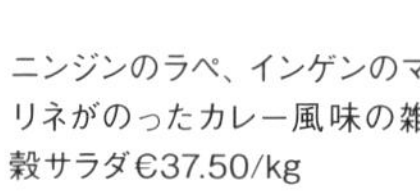

A ローズ・ベーカリー Rose Bakery

別冊① MAP P7C1 ●オペラ

ヘルシーなカフェにはいつも行列が

メニューはすべてテイクアウト可能で、デリとしても大人気のカフェ。料理ができたそばから売れていき、ランチ時には品薄状態に。なかでもサラダ類が人気。

DATA ㊋Ⓜ12号線ST-GEORGE駅から徒歩3分 ㊟46 Rue des Martyrs 9e ☎01 40 34 30 85 ㊕9時30分～20時30分 ㊡なし Ⓔ

B ジェラール・ミュロ Gérard Mulot

別冊① MAP P21C3 ●サン・ジェルマン・デ・プレ

お惣菜もパンもデザートも揃う

カラフルなサラダやケーキを扱うパティスリー。お惣菜やタルトは量り売りなので、人数を告げてたくさんの種類を少量ずつ買うのがオススメ。イートインスペースもある。

DATA ㊋Ⓜ4・10号線ODÉON駅から徒歩3分 ㊟76 Rue de Seine 6e ☎01 43 26 85 77 ㊕8～20時（日曜は～18時） ㊡なし

プチ情報 パリでおすすめのピクニックスポットはリュクサンブール公園（→P81）や植物園（→P83）など。フォークや紙ナプキンを用意していない惣菜店も多いので、日本からはしを持参したりスーパーで紙皿やコップなどを買っておくと便利。

Lala Citta Paris

Story 5

もっと More

美術館で名作を鑑賞した後は、
レビューショーでパリの夜に酔いしれて。
シネマのロケ地めぐりでは、
あこがれ映画のヒロイン気分に♪

ルーヴル&オルセー&オランジュリー

画家の山口晃さんが解説 パリ3大ミュージアム

芸術の都・パリで必ず行きたいのが3大美術館。パリが誇る本物の芸術を日本を代表する画家の山口晃さんが解説してくれました。

[解説者プロフィール]山口晃(やまぐちあきら) 日本の伝統的絵画の様式を用い、油絵という技法を使って描かれる作風が特徴の画家。1969年生まれ。96年東京藝術大学大学院修了。『ヘンな日本美術史』で第12回小林秀雄賞受賞。パブリックアート、マンガ連載等、幅広い制作活動を展開。国内外展示多数。

ルーヴル美術館

Musée du Louvre

世界最大級のコレクション

1793年に開館した国立美術館。リシュリュー翼、シュリー翼、ドゥノン翼の3つの棟からなり、展示フロアは各半地階から3階へと延べ約7万㎡にも及ぶ。古代から19世紀まで、世界最大級の約37万点を超えるコレクションのなかから随時約3万6000点を展示している。特にイタリア・フランス絵画が人気。

DATA

Ⓜ1・7号線PALAIS ROYAL-MUSÉE DU LOUVRE駅から徒歩1分 ㊟Musée du Louvre 1er ☎01 40 20 53 17 ㊋9～18時(金曜は～21時45分) ㊡火曜 ㊕€15(混雑状況により入館できないこともあるので、オンライン購入€17を推奨。身分証明書持参)※7月14日は無料、日本語オーディオガイド€5 ※パリ・ミュージアム・パスPMP(→P153)使用可 □日本語スタッフ ☑英語スタッフ

入館したら、まずはフロアマップを入手しよう

入館前にCheck

・チケット売り場と入口

入口は4カ所。チケット購入者はピラミッド中央口へ。PMP利用、オンライン購入はカルーセル・デュ・ルーヴル入口だと比較的スムーズに入れる。

・フロアマップとオーディオガイド

インフォメーションには日本語版フロアマップも並ぶ。パスポートや運転免許証を提示すればオーディオガイド€5もレンタル可。

・荷物の預かり

ピラミッド下のナポレオンホールに約400の無料ロッカーを設置している。荷物の大きさの制限は55cm×35cm×20cm。㊋9～18時(金曜は～21時30分)自分でパスコードを入力する。

・再入場

入場券購入当日に限り入口にて入場券を提示すれば再入場可。

まめちしき ルーヴル美術館も歴史をたどれば、元は国王フィリップ2世の宮殿として建てられた建物。1791年、「学問と芸術のあらゆる記念碑的な作品を集めた場所」という国民議会での宣言を受けて1793年に美術館として開館した。

半地階 彫刻と城壁跡

ダイナミックな彫刻や城塞跡を展示。リシュリュー翼のガラス窓に囲まれた2つの中庭には7～19世紀ごろまでの彫刻が年代順に並ぶ。

©Musée du Louvre, Paris

マルリーの中庭
Cour Marly

ルイ14世の離宮であるマルリー庭園を飾っていた彫刻が並ぶ。注目はクストゥ1世が制作した一対の有名な彫刻『マルリーの馬』

©Musée du Louvre, Paris

ピュジェの中庭
Cour Puget

17世紀の彫刻家・ピュジェの躍動感みなぎる作品が集結している。人間の肉体の苦悩の極みを表現した『クロトンのミロン』は必見

©Musée du Louvre, Paris

中世のルーヴル
Louvre Medieval

12～13世紀にフィリップ・オーギュスト王が築いたルーヴル要塞の跡。1983年に行われた美術館のリニューアル工事中に発見された

1階 古代～中世の彫刻

5～19世紀のフランス彫刻や著名人の胸像、ミケランジェロを中心としたイタリア彫刻など、さまざまな地域の独創的な彫刻が集まる。

©Musée du Louvre, Paris
①

②
©Musée du Louvre, Paris

③
©Musée du Louvre, Paris

①ハムラビ法典
Code de Hammurabi

「目には目を、歯には歯を」の判決文が刻まれた法典碑

②ラムセス2世像
Le roi Ramses

古代エジプト史上最大の専制君主・ラムセス2世の座像
※2022年10月現在ルーヴル・アブダビで展示

③ミロのヴィーナス
Vénus de Milo

1820年にエーゲ海のミロス島で発見されたヘレニズム美術の傑作。体のラインと布が織りなす深い陰影が美しい

④抵抗する奴隷(左)、瀕死の奴隷(右) / 両方ともミケランジェロ
l'Esclave rebelle,
l'Esclave mourant/Michelangelo

鎖に繋がれた捕虜の姿を表現したミケランジェロ作の未完の彫刻。教皇ユリウス2世の巨大な墓碑のために構想されたが、経済的理由から制作中止になった

一見、動きがない作品のようですが、実は体を大きく動かしている最中だというのが体勢をまねしてみると分かります。優れた彫刻は後ろ姿でも魅せるので360度ぐるりと眺めてください。

④
©Musée du Louvre, Paris ©Musée du Louvre, Paris

2階 絵画の傑作が揃う

13～17世紀のフランス、イタリア絵画の大作が集まる。リシュリュー翼はナポレオン3世にまつわるコレクション、シュリー翼ではファラオ時代のエジプト美術の展示をしている。

カナの婚宴 /パオロ・ヴェロネーゼ

Les Noces de Cana/Paolo Veronese

1563年作のルーヴルが収蔵する作品の中で最大サイズの絵画。ヴェネツィア派らしい鮮やかな色彩で画家が得意とした大人数を描く作風が表現されている

©Musée du Louvre, Paris

岩窟の聖母 /レオナルド・ダ・ヴィンチ

La Virgin aux rochers/Leonardo da Vinci

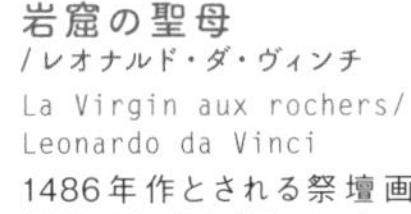

1486年作とされる祭壇画。聖母マリアを中心にヨハネ、イエスが描写されているが、その解釈には諸説がある

©Musée du Louvre, Paris

近寄れない『モナリザ』より作者の技が見られます。隣に並ぶ素描(不定期展示)と比較すると、筆致から描き方がうかがえますよ。

モナリザ /レオナルド・ダ・ヴィンチ

La Joconde/Leonardo da Vinci

1503～06年の作品。ダ・ヴィンチが最後まで手放さなかったといわれる。ドゥノン翼2階にある

©Musée du Louvre, Paris

サモトラケのニケ /作者不詳

La Victoire de Samothrace

サモトラケ島で発見されたヘレニズム時代の代表的な作品。ギリシア神話に登場する勝利の女神像が身に着けている風に吹かれた布の描写が巧み

©Musée du Louvre, Paris

元の姿も美しいのでしょうが、腕や顔が欠けたこの姿には不思議な完全性が現れており、風を孕んで乱れる羽の美しさに時を忘れます。

民衆を導く自由の女神 /ウジェーヌ・ドラクロワ

Le 28 Juillet : La Liberté guidant le peuple

ブルボン朝の最後の王シャルル10世が失脚した1830年の7月革命が題材で、1831年のサロンで発表された。フランス国旗を掲げ群衆を先導するのは自由の女神。頭を男たちの方向に向け、勝利に向けて彼らを鼓舞する。同胞の遺体を乗り越え、自由のために戦う民衆の壮絶な姿を力強く表現。

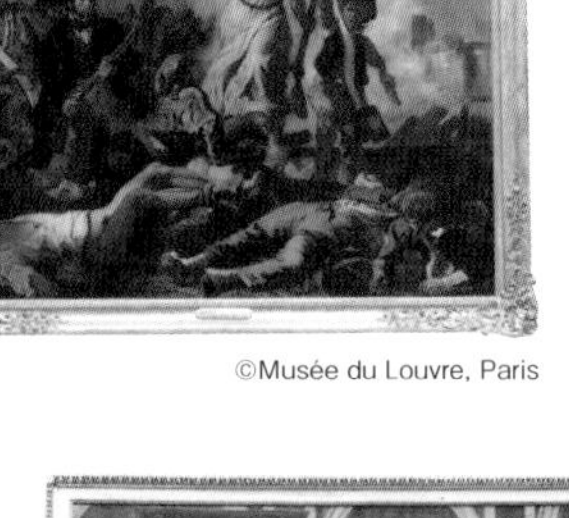

©Musée du Louvre, Paris

ナポレオン1世の戴冠式 /ジャック＝ルイ・ダヴィッド

Sacre de l'empereur Napoléon 1er/Jacques-Louis David

1804年にノートルダム大聖堂で行われた戴冠式の様子を描いた作品。ナポレオンが妻ジョゼフィーヌに冠を授けている場面を描いた威厳ある歴史画

とにかくサイズが大きい! 随所に塗り残しがあるのに、離れるとキチンと見えるのは、「描くべきところ」を逃していないからです。

©Musée du Louvre, Paris

プチ情報 ルーヴル美術館内は写真やビデオの撮影OK。ただし、フラッシュ撮影は禁止されている。また、撮影そのものが禁止の展示室もあるので注意しよう。

3階 フランス絵画史の集大成

ルーヴルが誇るフランス絵画の歴史が分かる充実のコレクション。オランダ、ドイツ、フランドル派の作品や、ルーベンスやフェルメールなどの作品も揃い、みごたえ充分。

ヴィルヌーヴ＝レ＝ザヴィニヨンのピエタ／カルトン

Pietà de Villeneuve-lès-Avignon/Enguerrand Quarton

15世紀に制作されたフランス絵画の最高傑作。死んで十字架から降ろされたキリストと、彼を抱く母マリアの様子が描かれている

©Musée du Louvre, Paris

工芸品のような背景と、ほんの少し省略をきかせた人物像の取り合わせが絶妙。平面的な金箔の背景が、群像の陰影の付け方によって広がる空に見えてきます。

アルカディアの牧人たち／ニコラ・プッサン

Les Bergers d' Arcadie/Nicolas Poussin

1638～40年の古典主義を代表するプッサンの作品。理想郷といわれるアルカディアの1コマで、死に対する深い瞑想を表現している

色は地味ですが、絵のどこに何を置くか、緻密に計算して作り上げられた作品です。そのため同時代のほかの画家の絵と比べて、格段に手前から奥へのつながりがなめらかで、広がりを感じさせます。

Photo：AFLO ©Musée du Louvre, Paris

マリー・ドゥ・メディシスのマルセイユ上陸／ピーテル・パウル・ルーベンス

Le Débarquement de la Reine à Marseille/Peter Paul Rubens

『マリー・ドゥ・メディシスの生涯』という全21点の1枚。王家に嫁いだイタリアの大富豪の娘の生涯を描いた1622年の作品

西洋美術史上、屈指の画力を誇るルーベンス。実物大以上サイズで描くための奔放な大ストロークが、的確ゆえ必要最低限で済む『押さえ所』によって図像に成る様は、素晴らしい手品のようです。

©Musée du Louvre, Paris

レースを編む女／ヨハネス・フェルメール

La Dentellière/Johannes Vermeer

制作は1620年ごろ。生涯で30点ほどしか作品を残さなかったフェルメールの絵画の一つ。実物は縦が約24cm、横が約21cmと意外と小さい

©Musée du Louvre, Paris

ひと休み＆スーベニール

カフェ・モリアン

Café Mollien

ドゥノン翼の2階、モナリザの展示室近くにある。軽食メニューが充実している。5～8月まではピラミッドを一望できるテラス席も開放される。

DATA ☎なし 時9時45分～16時45分(金曜と8月は～18時30分) 休火曜 Ⓔ Ⓔ

↑カプチーノ€6、パティスリー€6（写真は一例）

カフェ・マルリー

Café Marly

リシュリュー翼にあるカフェレストラン。流行の店を手がけるコスト兄弟のプロデュース。基本はフレンチだが点心などアジアンテイストの料理もある。

DATA ☎01 49 26 06 60 時8時～翌2時 休なし Ⓔ Ⓔ

24時まで食事ができる ©Benjamin Loiseau

ラ・リブレリー・ブティック・デュ・ミュゼ・デュ・ルーヴル

La Librairie-Boutique du Musée du Louvre

ギフトショップ。数多くのオリジナルグッズを揃える。チケットなしでも入場可。

DATA ☎01 58 65 14 00 時10時～18時30分(金曜は～21時30分) 休火曜 Ⓔ

コラボアイテムも多数

サン・ジェルマン・デ・プレ　別冊① MAP P10A2

オルセー美術館
Musée d'Orsay

1.1900年のパリ万博開催に合わせて造られたオルセー駅を再利用　2.ガラス張りの天井と吹き抜けの明るい空間で駅舎の面影が残る

20世紀初頭の印象派の殿堂

1986年に開業した、かつての駅舎を再利用した美術館。地上階、中階、上階の3層構造に展示スペースが広がる。特に日本人の間で人気が高いモネやルノワール、シスレーといった印象派絵画を中心に、1848～1914年までのヨーロッパ絵画や彫刻を約2万点所蔵。約4000点の作品を展示している。

DATA
㊋Ⓜ12号線SOLFÉRINO駅から徒歩3分　㊟Esplanade Valéry Giscard d'Estaing 7e　☎01 40 49 48 14　㊕9時30分～18時（木曜は～21時45分）　㊡月曜　㊮€14（オンライン購入は€16／木曜18時～は€10、オンライン購入は€12）※第1日曜は無料（要オンライン予約）、日本語オーディオガイド€6　※パリ・ミュージアム・パスPMP（→P153）使用可　□日本語スタッフ　☑英語スタッフ

入館前にCheck

・チケット売り場と入口
セーヌ河側の入口で入場券の購入が可能。

・フロアマップとオーディオガイド
フロアマップは入って右手のインフォメーションで、日本語オーディオガイドは入って左手にて配布。

・荷物の預かり
チケット売り場の右手奥のクロークにて無料で保管。大きなものは預かり不可。リュックや傘は預けなければならない。

・再入場
一度退場したら再入場はできないので注意。

ル・レストラン
Le Restaurant

1900年建造の駅併設ホテルのレストランを改装。昼コースは2皿€29。木曜のみディナーあり€49。

DATA
☎01 45 49 47 03　㊕11時45分～17時30分（木曜は11時45分～14時30分、19時～21時30分）　㊡月曜

レユニヨン・デ・ミュゼ・ナショノー
Réunion des Musées Nationaux

エントランスホールにあるショップ。活躍中のデザイナーが考案したセンスのよいオルセーグッズが揃う。

DATA　☎01 40 49 48 06　㊕9時30分～18時15分（木曜は～21時15分）　㊡月曜

ルーヴル周辺　別冊① MAP P18A4

オランジュリー美術館
Musée de l'Orangerie

印象派やパリ派の名作を展示

モネが描いた8枚の連作『睡蓮』を展示する目的で1927年に国立美術館としてオープン。20世紀初頭の美術商だったポール・ギヨームがコレクションしていた地下1階の作品を中心に、ルノワールやセザンヌなどの印象派、ピカソやアンリー・ルソーといったパリ派の作品が並ぶ。

DATA
㊋Ⓜ1・8・12号線CONCORDE駅から徒歩3分　㊟Jardin des Tuileries Pl.de la Concorde 1er　☎01 44 50 43 00　㊕9～18時　㊡火曜　㊮€11（オンライン購入は€12.50）※第1日曜は無料（要オンライン予約）。18歳未満は無料、日本語オーディオガイド€5　※パリ・ミュージアム・パスPMP（→P153）使用可　□日本語スタッフ　☑英語スタッフ

入館前にCheck

・チケット売り場と入口
1階の入口で入場券の購入が可能。

・フロアマップとオーディオガイド
インフォメーションにて日本語フロアマップとオーディオガイド（€5）は配布。

・荷物の預かり
入口から入ってすぐの荷物検査場の目の前にあるクロークにて無料で預かってくれる。

リブレリー・ブティック
Librairie Boutique

モネ作品がモチーフのグッズが揃う。カフェ併設で、カフェ€2.10、セットメニュー€6など。

DATA　☎01 44 77 80 07　㊕9時～17時45分　㊡火曜

プチ情報　3大美術館を1日で回るならルーヴル美術館→オルセー美術館→オランジュリー美術館の順が、アクセスが便利でおすすめ。金曜ならルーヴル美術館、木曜はオルセー美術館が夜間開放日なので、最後に行くのが得策。

オランピア／エドゥアール・マネ

ティツィアーノ作「ウルビーノのヴィーナス」の構図を元に、女神を娼婦へ置き換えた作品。展示当初には守衛が付くほど非難を浴びた

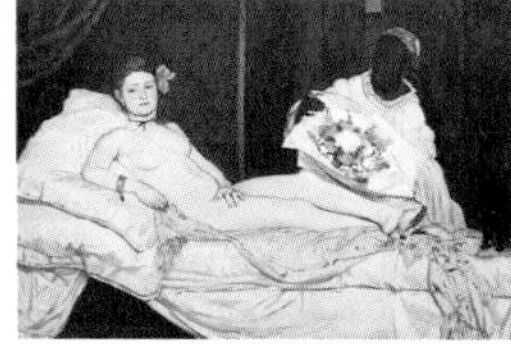

ムーラン・ドゥ・ラ・ギャレット
／ピエール＝オーギュスト（オギュスト）・ルノワール

1876年モンマルトルを舞台にした作品。光の描写とダイナミックな筆使いにより人々を生き生きと表現している

**まだある！
山口さんおすすめ作品**

当時の正統派、後に守旧的とされた作品ながら、筆触分割で描かれた波の描写に印象派との同時代性が現れています。やはりこの絵も『時代の子』なのです

ヴィーナスの誕生／カバネル

リンゴとオレンジ／ポール・セザンヌ

セザンヌを代表する静物画。果物やタピスリーなどを上から横からと多角的な視点で捉えている。重厚ながら明瞭な色彩使いが印象的

セザンヌの絵は『関係』を見てください。つまり物の『際（きわ）』です。例えば中央のリンゴ。そのリンゴと、リンゴ越しの布。リンゴの下敷きになった布。リンゴ側面周りの布。輪郭を一息に括るようなことはせず、短いストロークでそれぞれの部分での関係が、彼の知覚に従って色彩と筆致に置き換えられています。それを目で追いかける時、凄まじく『物を見ている実感』が沸き起こります。

落穂拾い／
ジャン＝フランソワ・ミレー

1857年ミレーによって描かれた油彩の名作。稲穂や茎穂を拾う姿は郷愁に満ちていて、バルビゾン派絵画の代表作といえる

踊るジャンヌ・アヴリル
／アンリ・ド・トゥールーズ＝ロートレック

19世紀末のムーラン・ルージュのスターを描いた油彩画。鮮やかな緑の使い方と躍動感あふれる足の描写に注目

オーヴェルの教会／
ヴィンセント・ヴァン・ゴッホ

精神を病んだゴッホが療養のために過ごした村の教会を描いた最晩年の作品。「コバルトの空に教会はスミレ色に染まる」と遺している

睡蓮／クロード・モネ

ノルマンディ地方のジヴェルニーにあったアトリエで描かれた。水面に映る陽光や揺らめく睡蓮の葉の描写、色鮮やかな睡蓮の花は見事

モネの特徴は陰の部分の美しさです。それまで「暗さ」は「黒さ」であったのを「色彩」に置き換えたのです。この絵はとても大きいので、自分のお気に入りの一部分を探すのも楽しいですよ。

**まだある！
山口さんおすすめ作品**

セザンヌ「赤い岩」は、大きな岩の上の部分が、さりげなく風景に溶け込むようにぼかされていて、雪舟の「秋冬山水図」を思い出します

赤い岩／
セザンヌ

まだまだある！　芸術の街パリの美術館

個性あふれる展示が魅力 テーマでめぐる美術館

芸術家を魅了する街・パリには、彼らの足跡をたどる美術館が多い。特定の時代や画家に注目した施設はファンならずとも見ごたえあり。小規模なので肩肘はらずに鑑賞できるのも魅力。

クリュニー中世美術館

Musée de Cluny

『貴婦人と一角獣』のタペストリーは必見

カルチェ・ラタンの中心地、サン・ジェルマン大通りに位置する美術館。3世紀ごろの遺跡を利用して、中世時代のインテリア用品などを展示。全6枚から構成される『貴婦人と一角獣』のタペストリーは一見の価値あり。

DATA ㊋Ⓜ10号線CLUNY-LA SORBONNE駅から徒歩1分 ㊟28 Rue Du Sommerard 5e ☎01 53 73 78 16 ㊐9時30分～18時15分 ㊡火曜 ㊕€12（毎月第1日曜は無料） ※パリ・ミュージアム・パスPMP（→P153）使用可 Ⓔ

1.周囲の喧騒が嘘のように静かな空間 2.ち密な柄に驚かされる『貴婦人と一角獣』

ジャックマール・アンドレ美術館

Musée Jacquemart-André

パリ屈指の華麗なる邸宅に並ぶ芸術作品

第2帝政時代にアンドレ夫妻が造らせた豪邸を利用した美術館。イタリア・ルネッサンス美術から18世紀フランス絵画、ルイ14世の調度品が集められている。ダイニングは現在、サロン・ド・テ（→P103）として営業。

©C.Recour

DATA ㊋Ⓜ9・13号線MIROMESNIL駅から徒歩5分 ㊟158 Bl. Haussmann 8e ☎01 45 62 11 59 ㊐10～18時（特別展時の月曜は～20時30分） ㊡なし ㊕常設展€12（特別展込み€16） Ⓔ

©C.Recour

1.個人所有の邸宅だったとは思えないほどの豪邸 2.目的ごとに意趣を凝らした空間造りが特徴

パリ市立近代美術館

Musée d'Art Moderne de la Ville de Paris

20世紀のモダンアートが充実

20世紀を代表する芸術家の作品が約1万点揃う。必見はマティス『ダンス』、デュフィ『電気の妖精』、ドローネ『リズムNo,1』などで、常設展は無料。有名アーティストの特別展もたびたび行われている。

©ADAGP, Paris, 2014 Photographe : Kleinefenn

DATA ㊋Ⓜ9号線IÉNA駅から徒歩5分 ㊟11 Ave. du Président Wilson 16e ☎01 53 67 40 00 ㊐10～18時（特別展の木曜は～21時30分） ㊡月曜 ㊕無料（特別展は€7～13）

1.パレ・ド・トーキョーの東翼に位置する 2.デュフィの壁画『電気の妖精』は幻想的な大作

マルモッタン・モネ美術館

Musée Marmottan Monet

モネファン垂涎の穴場的美術館

モネの作品収蔵数世界一の美術館。モネの息子から寄贈されたモネの作品65点のほか、ユトリロやルノワールのコレクションもある。『睡蓮』の連作や印象派という名称の語源となった『印象-日の出』は必見。

DATA ㊋Ⓜ9号線LA MUETTE駅から徒歩5分 ㊟2 Rue Louis-Boilly 16e ☎01 44 96 50 33 ㊐10～18時（木曜は～21時） ㊡月曜 ㊕€12 Ⓔ

ブローニュの森近くの閑静な住宅街にある美術館

プチ情報　初めロダンに師事し、のちにキュビズムの影響を受けたロシア出身の彫刻家、オシップ・ザッキンの美術館（別冊① MAP●P14B2）は、1909年にパリに移住して亡くなるまで過ごしたアトリエを美術館として公開している。

ピカソ美術館

Musée National Picasso-Paris

20世紀を代表する巨匠

現代的な内装にリニューアルし、見学スペースは1600㎡から3800㎡と約2倍に拡大した。海辺で抱き合う男女を描いた、シュールレアリズムの典型的作品『海辺の人物たち』などが展示されている。

DATA 交Ⓜ8号線ST-SÉBASTIEN-FROISSART駅から徒歩7分 住5 Rue de Thorigny 3e ☎01 85 56 00 36 時10時30分～18時（土・日曜、祝日は9時30分～） 休月曜 料€14※パリ・ミュージアム・パスPMP（→P153）使用可

現代的な内装に新生

ドラクロワ美術館

Musée National Eugène Delacroix

革命時代の象徴、ドラクロワのアトリエ

ロマン派を代表する画家・ドラクロワが晩年暮らした邸宅を使った美術館。館内には比較的小さな作品や実際に使用された家具などが並ぶ。『民衆を導く自由の女神』などのデッサンや習作もある。

DATA 交Ⓜ4号線ST-GERMAIN-DES-PRÉS駅から徒歩3分 住6 Rue de Fürstenberg 6e ☎01 44 41 86 50 時9時30分～17時30分 休火曜 料€7 ※パリ・ミュージアム・パスPMP（→P153）使用可 Ⓔ

画家の感性に包まれた空間

ロマン派美術館

Musée de la Vie Romantique

19世紀のロマン派運動を牽引したアトリエ

ショパンやドラクロワなど19世紀に活躍した芸術家や文化人が集まった邸宅が見学できる。著名人に縁がある品々の展示もあり、特に女流作家、ジョルジュ・サンドの作品が多い。サロン・ド・テも併設している。

©Mc D. Messina - Ville de Paris

DATA 交Ⓜ2・12号線PIGALLE駅から徒歩5分 住16 Rue Chaptal 9e ☎01 55 31 95 67 時10～18時 休月曜 料無料（特別展は€9） Ⓔ

ロマン派の芸術家らが芸術論議を盛んに行ったアトリエ

ロダン美術館

Musée Rodin

ロダンの名作と見事な庭園のコラボレーション

広大なイギリス式庭園を伴う邸宅には1908年からロダンが暮らしていた。1919年に美術館となり、屋内外に名作を展示。画家が収集したゴッホやルノアール、恋人で弟子のカミーユ・クローデルの作品もある。

DATA 交Ⓜ13号線VARENNE駅から徒歩2分 住77 Rue de Varenne 7e ☎01 44 18 61 10 時10時～18時30分 休月曜 料€13 ※パリ・ミュージアム・パスPMP（→P153）使用可 Ⓔ

広大な庭園の美しさも評判

ギュスターヴ・モロー美術館

Musée National Gustave Moreau

ゾラも絶賛した画家の個人美術館

19世紀に人気を集めたモローのアトリエと邸宅を開放した個人美術館。彼が制作した約4770点を超える絵画作品を展示。歴史画を独自の解釈で描いた作風は、小説家ゾラに象徴主義と名付けられた。

DATA 交Ⓜ12号線ST-GEORGES駅から徒歩5分 住14 Rue de la Rochefoucauld 9e ☎01 83 62 78 72 時10～18時 休火曜 料€7（展示会時は€9） ※パリ・ミュージアム・パスPMP（→P153）使用可 Ⓔ

1903年に美術館として開館

ダリ美術館

Dali Paris

白昼夢的なシュルレアリスムの世界

スペイン出身のシュルレアリスト、サルヴァドール・ダリのギャラリー。代表作の溶ける時計の立体作品やデッサンなど250点以上が展示されている。

DATA 交Ⓜ12号線ABBESSES駅から徒歩5分 住11 Rue Poulbot 18e ☎01 42 64 40 10 時10～18時 休なし 料€13

テルトル広場から南に出て右に折れたところにある

山口晃さんが独自の視点で解説！

フランスを代表する芸術家とその絵画作品

芸術家の作風や絵画様式を知り鑑賞力を身につけておけば、パリのアートクルーズがさらに楽しめるはず。画家の山口晃さん(→P116)が各作家の特徴を解説。

ポール・セザンヌ
Paul Cézanne ［1839～1906年］

ピサロの影響を受け印象派の方向へ進むも、モネやルノワールなど印象派のグループから脱し、幾何学的なデザインを取り入れるなど独自の手法の確立に励んだ。のちにキュビズムなど、20世紀絵画に影響を与えたことから「近代絵画の父」とよばれる。

『首吊りの家』 La Maison du Pendu, Auvers-Sur-Oise
オルセー美術館(→P120)

山口さんからひとこと
プッサンの研究は中期以降の堅牢な画空間に結実しています。手を伸ばして物に触れるように、目を『伸ばして』画面の中のものに触れてみてください。得難い絵画体験ができます

パリでこの作品をCheck！
『青い花瓶』 Le Vase Bleu
オルセー美術館(→P120)
『リンゴとオレンジ』
Pommes et Oranges
オルセー美術館(→P120)
『赤い岩』 Le Rocher Rouge
オランジュリー美術館(→P120)

クロード・モネ
Claude Monet ［1840～1926年］

光と色彩の変化など自然の瞬時の印象を敏感に捉えて表現する、印象派の代表的な画家。20歳ごろより画家として活動を始め、ピサロやルノワールとの交流もあった。代表作『睡蓮』は晩年に描かれたもので、全部で200点以上も制作している。

『睡蓮』 Le cycle des Nymphéas オランジュリー美術館(→P120)

山口さんからひとこと
極論すれば印象派とはモネ一人であったかもしれません。眼球の丸みを思わせる湾曲した壁面に据えられたこの絵は、どこまでも「眼」になろうとするモネを追体験する装置です

パリでこの作品をCheck！
『積みわら』 Meules オルセー美術館(→P120)
『サン・ラザール駅』 La gare Saint-Lazare オルセー美術館(→P120)
『印象-日の出』 Impression, Soleil Levant マルモッタン・モネ美術館(→P122)

作家	プロフィール	パリでこの作品をCheck！
ウジェーヌ・ドラクロワ Eugene Delacroix ［1798～1863年］	ロマン主義の代表的な画家。パリ市庁舎など大建築の装飾も数多く手がける。	『フレデリック・ショパン』 Frédéric Chopin 『メデュース号の筏』 Le Radeau de la Médusa ルーヴル美術館(→P116)
ジャン＝フランソワ・ミレー Jean-François Millet ［1814～75年］	ノルマンディ地方出身の画家。パリ近郊のバルビゾンに住み、農民の姿を描いた。	『晩鐘』 L'Angélus 『落穂拾い』 Des Glaneuses 『春』 Le Printemps オルセー美術館(→P120)
エドゥアール・マネ Édouard Manet ［1832～83年］	印象派の画家と親交が深かった。浮世絵の影響が見られる作品も残している。	『草上の昼食』 Le Déjeuner sur l'herbe 『笛吹く少年』 Le fifre 『オランピア』 Olympia オルセー美術館(→P120)
ポール・ゴーギャン Paul Gauguin ［1848～1903年］	後期印象派の代表的な画家。平面的で単純化された独創的な画風を確立した。	『タヒチの女たち』 Femmes de Tahiti 『アレアレア』 Arearea 『美しきアンジェール』 La Belle Angéle オルセー美術館(→P120)

プチ情報 新たな美術館も続々オープン。建築家・安藤忠雄氏の手によって改修設計された、現代美術館「ブルス・ドゥ・コメルス-ピノー・コレクション」(別冊①MAP●P11C1)、18世紀の豪奢な館と調度品を見学できる「オテル・ドゥ・ラ・マリーヌ」(別冊①MAP●P18A3)など。

絵画様式をCheck!

時代背景や画家たちの独創的な手法の確立によって、さまざまな絵画様式が生まれた。

—— 1400年代 —— 1500年代 —— 1600年代 —— 1700年代 —— 1800年代 —— 1900年代 →

ルネッサンス / バロック / 古典主義 / ロココ / 新古典主義 / ロマン派 / 印象派 / 後期印象派

［ルネッサンス］14〜15世紀、イタリアで興った古典美術への回顧的傾向がある芸術運動。

［古典主義］古代ギリシア・ローマ文化の影響を受け、調和のとれた表現方法で描く。

［新古典主義］古典主義を再評価し、ロココ様式の華やかなスタイルとは一線を画している。

［印象派］19世紀後半の運動で、光の変化などを効果的に表現。色彩豊かなものが多い。

［バロック］「ゆがんだ真珠」を意味。ダイナミックな表現で観る人の感情に訴えるものが多い。

［ロココ］ルイ15世の時代に宮廷から始まり流行した様式。優美さを強調している。

［ロマン派］フランス、イギリス、ドイツで流行。新古典主義への反動でドラマチックさが特徴。

［後期印象派］印象派の影響を受けつつも反発しながら活躍した、前衛的な画家を指す。

ヴィンセント・ヴァン・ゴッホ

Vincent Van Gogh ［1853〜1890年］

後期印象派の代表的な画家。オランダに生まれ、1886年にパリに移り住んでからは、印象派や浮世絵の影響を受ける。短い画家歴のほとんどをフランスで過ごし、晩年は精神病院に入りながらも強烈な色彩と個性的なタッチの作品を描いた。

『自画像』Portrait de L'artiste
オルセー美術館（→P120）

山口さんからひとこと

『炎の人』なんてよばれたりしますが、筆致を見ると絵の具を置くように、丁寧に描いているのが分かります。彫刻刀で彫り込まれたよう筆致が絵の中に空間を作り出しています 。パリ移住後は初期の暗さが消え、画面がぐっと明るくなりました

＼ パリでこの作品をCheck! ／

『アルルのヴァン・ゴッホの部屋』
La Chambre de Van Gogh à Arles オルセー美術館（→P120）

『オヴェールの教会』L'église d'Auvers-sur-Oise, vue du chevet
オルセー美術館（→P120）

『ポール・ガシェ医師の肖像』Le Docteur Paul Gachet
オルセー美術館（→P120）

ピエール＝オーギュスト・ルノワール

Pierre-Auguste Renoir ［1841〜1919年］

印象派を代表する画家。中流階級の人たちの幸福な日常風景を、色彩豊かに描いた。古典絵画の研究を経て、活動後期には裸婦画を多く描くようになる。1898年ごろからはリウマチのため車椅子に乗って描き続けた。

『ピアノに寄る娘たち』 Jeunes Filles au Piano
オランジュリー美術館（→P120）

山口さんからひとこと

小さな画像では輪郭があやふやになる危うい絵も『人生はつらい事ばかり、絵ぐらいは明るいものを』という思いを知ると許せてしまいます

＼ パリでこの作品をCheck! ／

『ムーラン・ドゥ・ラ・ギャレットの舞踏会』Bal du Moulin de la Galette
オルセー美術館（→P120）

『浴女たち』Les baigneuses
オルセー美術館（→P120）

『ピエロ姿のクロード・ルノワール』Claude Renoir en Clown
オランジュリー美術館（→P120）

作家	プロフィール	パリでこの作品をCheck!
アンリ・ド・トゥールーズ・ロートレック Henri de Toulouse-Lautrec ［1864〜1901年］	ムーラン・ルージュなどパリの夜の世界を描いた。浮世絵に影響を受けた石版画も有名。	『踊るジャンヌ・アヴリル』Jane Avril dansant 『ジュスティーヌ・デュール』Justine Dieulh オルセー美術館（→P120）
アメデオ・クレメンテ・モディリアーニ Amedeo Clemente Modigliani ［1884〜1920年］	イタリア出身、パリ派の画家。哀愁に満ちた表情と長い首の肖像画が有名。	『ポール・ギヨームの肖像』Paul Guillaume, Novo Pilota 『若い奉公人』Le Jeune Apprenti オランジュリー美術館（→P120）
アンリ・マティス Henri Matisse ［1869〜1954年］	後期印象派の影響を受け、色彩豊かな絵画を描く。「色彩の魔術師」ともよばれる。	『赤いキュロットのオダリスク』Odalisque à la Culotte Rouge オランジュリー美術館（→P120） 『ダンス』La Dance パリ市立近代美術館（→P122）
マルク・シャガール Marc Chagall ［1887〜1985年］	ロシア出身。妻ベラへの愛をテーマとした作品が多く「愛の画家」とよばれる。	『パリ・オペラ座の天井画』オペラ・ガルニエ（→P21）『夢』Le Reve パリ市立近代美術館（→P122）『エッフェル塔の新郎新婦』Les Mariés de la Tour Eiffel ポンピドゥー・センター（→P74）

華やかなレビューショーを満喫

エンターテインメントに酔いしれるパリの夜

ベル・エポック時代を象徴する洗練された華やかな社交界を垣間見るのも、パリの醍醐味。
昼間とはちがう艶やかな夜の時間を楽しもう。

©Moulin Rouge®-S,Franzese

1

2

3

© Moulin Rouge®-S, Franzese

©Moulin Rouge®-S,Franzese

1.代名詞ともいえる華やかなフレンチ・カンカン 2.1回のショーで何度も衣装替え 3.映画『ムーラン・ルージュ』の舞台にもなった 4.デザートは赤い風車の形をしたオペラ『ムーラン・ルージュ』 5.900人を収容可能なゴージャスな館内

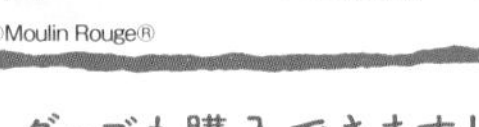

4

5

3種類のコース料理を用意！

©Moulin Rouge®

ナイトクラブ 別冊① MAP P24A3

●モンマルトル

ムーラン・ルージュ

Moulin Rouge

ベル・エポックの賜物『赤い風車』

1889年創業。フレンチ・カンカンの発祥の地。現在のレビューは『フェリ(妖精の国)』。60人のダンサーが身にまとう衣装は1000着を越え、衣装デザイナー、ミヌ・ヴェルジェが手掛ける華やかさが人気の秘密。ショーは1回1時間45分。

DATA ㊛M2号線BLANCHE駅から徒歩1分 ㊟82 Bd. de Clichy 18e ☎01 53 09 82 82 ㊔①ディナーショー19時～、②ドリンクショー21時～、23時～ ㊡なし ㊕①€205～、②21時～€110～、23時～€88～(11～3月はランチショーもあり) ※詳細はHPで Ⓔ

グッズも購入できます！

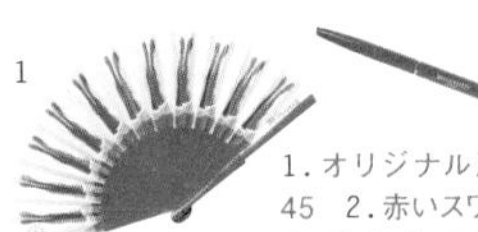

1 2

1.オリジナル扇子€45 2.赤いスワロフスキー入りペン€11.90

ブティック・ドゥ・ムーラン・ルージュ

Boutique de Moulin Rouge

劇場から少し離れた場所にショップがある。店内でレビューのDVDも鑑賞できる。

DATA ㊟11 Rue Lepic 18e ☎01 53 09 82 71 ㊔10時～14時30分、15時15分～19時 ㊡なし 別冊①MAP●P24A3 Ⓔ

まめちしき ムーラン・ルージュの情景を描いたポスターが有名な画家のロートレック。子どものときに両足を骨折し成長がとまったハンディキャップから、夜の踊り子や娼婦への共感が高まり、退廃的なムード漂う独特の色彩の風俗画を描いた。

●シャンゼリゼ

クレイジー・ホース

Crazy Horse

女性が見ても美しさに感銘するはず

1951年創業のパリで最も前衛的なナイトクラブ。世界各国の選りすぐりのダンサーが踊りや歌など趣向を凝らしたショーで観客を魅了する。官能的で美しいトップレスダンスは必見。

DATA ㊋Ⓜ9号線ALMA MARCEAU駅から徒歩2分 ㊟12 Av. George V 8e ☎01 47 23 32 32 ㊕20時、22時30分、(土曜は19時、21時30分、23時45分) ㊡なし ㊒テーブル席:ショーのみ€90、シャンパン付き€110～、ディナーショー€175～

1.女性の美しさを満喫
2.連日客席は満員

●シャンゼリゼ

リド・ドゥ・パリ

Lido 2 Paris

伝説のキャバレーが新規オープン

華麗なダンサーたちが纏う衣装や舞台装置の豪華さで知られるキャバレーが2022年に惜しまれつつ営業終了。同年から音楽を中心としたスペクタクル形式のキャバレーへ変身。

DATA ㊋Ⓜ1号線GEORGE V駅から徒歩1分 ㊟116 bis, Av. des Champs-Elysées 8 e ☎01 53 33 45 50 ㊕ディナーショー19時～、ドリンク付ショー21時～、23時～ ㊡なし ㊒€29～140(座席によって異なる)

1.衣装は約600種類もある
2.1100人分の席を用意

●カルチェ・ラタン

パラディ・ラタン

Paradis Latin

リヴ・ゴーシュ(左岸)の老舗キャバレー

1889年創業の歴史あるクラブ。エッフェル塔を手がけたギュスターヴ・エッフェル設計の劇場は、客席と一体感の生まれる中規模サイズで、臨場感たっぷりでショーを楽しめる。

㊋Ⓜ10号線CARDINAL LEMOINE駅から徒歩2分 ㊕28 Rue Cardinal-Lemoine 5e ☎01 43 25 28 28 ㊡ディナーショー19時30分～、ドリンクショー21時～ ㊡なし ㊒ショーのみ€70、ディナーショー€160、シャンパンショー1杯€80、ハーフボトル€95

1.35人の麗しいダンサーたち
2.2020年からギー・サヴォワ氏(→P109)が料理を監修

and more...

パリでオペラを観劇♪

チケットの買い方

オペラ座の公演は9月上旬～6月下旬まで。日本からもチケット会社で予約が可能(要手数料)。現地で予約・購入する場合、国立パリ・オペラ座の公式サイトまたは劇場窓口でも購入可能。
URL www.operadeparis.fr/

観覧時の注意点

ドレスコードはないが、由緒ある場所の雰囲気に合う正装が好ましい。開演時間を守らないと幕間まで入場できないので要注意。また、終演が深夜24時近くになることもあるので、時間があれば観覧前に食事をしておきたい。帰りが遅くなった場合はタクシーを利用しよう。

ここで観劇!

●バスティーユ

オペラ・バスティーユ

Opéra Bastille

ハイテクを駆使した劇場

故ミッテラン大統領の命により、フランス革命200周年を祝して建造されたオペラ劇場。1989年7月13日に落成し、こけら落としはベルリオーズのオペラ『トロイ人』。ガラス張りのモダニズム様式の建物は地上8階、地下6階で全2745座席を有する。

DATA ㊋Ⓜ1・5・8号線BASTILLE駅から徒歩1分 ㊟Pl. de la Bastille 12e ☎08 92 89 90 90 ※見学はガイドツアーのみ(詳細はHPで要確認) ㊒€15～190 ※演目、カテゴリーにより異なる Ⓔ

劇場見学はガイドツアーのみ(€17、期間は9月～7月15日詳細は電話確認)

●オペラ

オペラ・ガルニエ

Opéra Garnier

DATA →P21

憧れ映画のヒロイン気分♪

パリが舞台になった 映画のロケ地をめぐる

美しい街並みのパリはフランスに留まらず、世界の映画の舞台となっている。『アメリ』をはじめ、ヒロインに感情移入してしまう名作のロケ地を中心にご紹介。

アメリ
Le Fabuleux Destin d'Amélie Poulain

少女時代から内気で空想癖のあるアメリ。カフェで働く彼女は、小さなイタズラで人を少しだけ幸せにする喜びを得る。そんなある日、青年ニノに恋をして彼女の世界観が変わり、自分の幸せを見つける。
2001年製作/アルバトロス/1500円(税別)/発売中

ロケ地をCheck!

カフェ・デ・ドゥ・ムーラン
●Café des Deux Moulins/モンマルトル　別冊① MAP ●P24A3

劇中でアメリが働いていたカフェ。カラフルでレトロな内装は映画の雰囲気そのままで、現在も世界中からファンが訪れる。 DATA 交M2号線BLANCHE駅から徒歩3分　住15 Rue Lepic 18e　☎01 42 54 90 50　時7時～翌2時(土・日曜は9時～)　休なし　E

ムーラン・ルージュ横の坂道をのぼった所にある

© VICTOIRES PRODUCTIONS - TAPIOCA FILMS - FRANCE 3 CINEMA

アメリの好物クレーム・ブリュレ€8.90

ヒロインはこの人

オドレイ・トトゥ　Audrey Tautou

1978年生まれ。フランス出身の個性派女優。映画『ダ・ヴィンチ・コード』『ココ・アヴァン・シャネル』などに出演。

ビフォア・サンセット
Before Sunset

忘れられない人との再会がテーマ。9年前ウィーンで一夜を過ごした恋人たちが、パリで偶然に再会。2人で一緒に過ごせるわずか85分の間で価値観や人生観、男女の恋愛観の違いを浮き彫りにしていく。
2004年製作/発売元:ワーナー・ブラザース ホームエンターテイメント/販売元:NBCユニバーサル・エンターテインメント/DVD1572円(税込)/発売中

ロケ地をCheck!

シェークスピア＆カンパニー
●Shakespeare and Company/カルチェ・ラタン　別冊① MAP●P11D4

英文学書を主に扱う書店。映画ではこの書店で新刊本のインタビューに応じていたジェシーが、セリーヌと9年ぶりに再会する運命の場所として登場。 DATA 交M4号線ST-MICHEL駅から徒歩4分　住37 Rue Bûcherie 5e　☎01 43 25 40 93　時10～22時(日曜は12～19時)　休なし　E

運命の再会を果たした書店

ヒロインはこの人

ジュリー・デルピー　Julie Delpy

1969年俳優の両親の間に生まれる。5歳から舞台に立ち、映画『ゴダールの探偵』でデビュー。脚本の執筆や歌手としてCDを発売するなどマルチに活躍。

プチ情報　ポン・ヌフを舞台にしたレオス・カラックス監督作品『ポンヌフの恋人』は、ポン・ヌフ(別冊①MAP●P11C2)での撮影が中断・延期となったことからフランス南部の村に橋や建物を再現して撮影した。

Check! ヌーヴェル・ヴァーグの名作ロケ地

1950年代末の新しい映画運動がヌーヴェル・ヴァーグ。若手の映画人が古典文芸的な脚本やロケセットを否定し、街全体を屋外ロケ地として俳優に自然な演技を要求、新風を起こした。右記が代表作。

『勝手にしやがれ』

主人公がアメリカ人パトリシアとシャンゼリゼ大通り(→P68)を歩くシーンが印象的。
1959年製作／監督ゴダール

『大人は判ってくれない』

主人公と親友の遊び場としてサクレ・クール寺院(→P22)が登場。監督の自伝的作品。
1959年製作／監督トリュフォー

『地下鉄のザジ』

ストで地下鉄が止まったパリを舞台に、少女ザジが街をさまよう。パッサージュ・デ・グラン・セーフ（別冊①MAP●P11D1）も舞台に。
1960年製作／監督ルイ・マル

パリ、ジュテーム
Paris, je t'aime

パリの18の地区をモチーフに、世界の著名監督が1話5分のショートストーリーを制作したオムニバス作品。第9話「ヴィクトワール広場」は日本の諏訪敦彦監督が、息子を亡くし悲しみに暮れる母親を描いている。
2006年製作／監督ガス・ヴァン・サントなど

ロケ地をCheck!
ヴィクトワール広場

● Place des Victoires／オペラ　別冊①MAP●P7C4

パレ・ロワイヤル庭園の東側に位置し、ルイ14世の騎馬像が中心にある。母親が亡くなった息子を思い泣く冒頭のシーンで、子ども部屋から騎馬像が見える。　DATA ㊋Ⓜ3号線BOURSE駅から徒歩5分

映画では薄暗い光の中に騎馬像が浮かび上がる幻想的なシーンとなっている

ミッドナイト・イン・パリ
Midnight in Paris

売れっ子の脚本家のギルが婚約者と愛するパリ旅行へ。ある日ひとりで散歩をしていると、1920年代のパリへ突如タイムスリップしてしまう。2011年アカデミー賞で脚本賞を受賞したウディ・アレン監督の作品。
2011年製作／監督ウディ・アレン

ロケ地をCheck!
デロール

● Deyrolle／サン・ジェルマン・デ・プレ／別冊①MAP●P20A1

1831年創業のはく製や標本を扱う老舗。パブロ・ピカソの愛人アドリアナと恋に落ちたギルが、アドリアナと再会したパーティー会場がここ。
DATA ㊋Ⓜ12号線RUE DU BAC駅から徒歩2分 ㊟46,Rue du Bac 7e ☎01 42 22 30 07 ㊐10～19時 ㊡日曜 Ⓔ

アドリアナとの恋の行方が物語の鍵

ダ・ヴィンチ・コード
The Da Vinci Code

不可解な暗号を残して殺されたルーヴル美術館館長。宗教象徴学専門の大学教授と館長の孫娘が暗号の謎を解き始めると…。社会現象を巻き起こした宗教象徴学サスペンス映画。パリとロンドンが舞台となった。
2006年製作／監督ロン・ハワード

ロケ地をCheck!
ルーヴル美術館

● Musée du Louvre／ルーヴル　別冊①MAP●P10B2

ラングドン教授が警察からの捜査協力を受けて訪れたのが夜のルーヴル美術館。ライトアップされたピラミッドが美しい。
DATA →P116

物語が始まる重要な場所

街なかで見られる近代アーキテクチャー

建築界のフランス代表 3大巨匠の建築を探訪

その場に足を運ばないと絶対に観られないのが建築作品。せっかくパリに来たのだから、ル・コルビュジエをはじめとする、仏出身の偉大な建築家が残したアートを見学しに行こう。

エクトール・ギマール
Hector Guimard

PROFILE 1867〜1942年。アール・ヌーヴォー建築の代表者。駅の構内や住宅など、斬新な手法を取り入れた建築物を数多く手がけたが、保守的な空気が流れる当時は、あまり評価されなかった。

映画の撮影にも度々使用されている

パッシー 別冊① MAP P8A3

ビル・アケム橋
Pont de Bir-Hakeim

セーヌ河に架かる15区と16区を結ぶ橋

道路とメトロの路線が二段構造になった珍しい造りの橋。メトロ6号線BIR-HAKEIM駅とPASSY駅の間に位置する。橋そのものの芸術性も高く、エッフェル塔を横目に歩くのも気持ちいい。

DATA 交Ⓜ6号線 BIR-HAKEIM駅から徒歩1分

パッシー 別冊① MAP P16A4

カステル・ベランジェ
Castel Béranger

左右非対称の鉄の扉が特徴

パリで最初のアール・ヌーヴォー建築

16区のラ・フォンテーヌ通りに立つ、ギマールが28歳の時に設計したアパート。6階建てで36戸入り、ギマール本人も暮らした。非公開だが建物内部も彼自身がデザインしている。

DATA 交Ⓜ9号線JASMIN駅から徒歩10分 住14 Rue la Fontaine 16e

ル・コルビュジエ
Le Corbusier

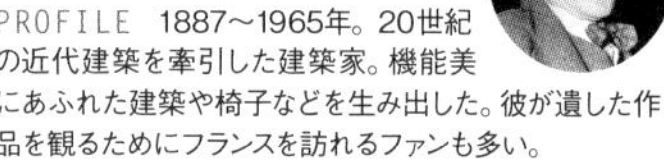

PROFILE 1887〜1965年。20世紀の近代建築を牽引した建築家。機能美にあふれた建築や椅子などを生み出した。彼が遺した作品を観るためにフランスを訪れるファンも多い。

パッシー 別冊① MAP P2A3

ラ・ロッシュ邸(現ル・コルビュジエ財団本部)
Maison La Roche

銀行家兼美術収集家ラ・ロッシュの邸宅

Le Corbusier Maison La Roche, Paris Photo : Olivier Martin-Gambier ©FLC/ADAGP

2世帯用住宅として設計

現在はル・コルビュジエ財団本部となっている建物。コルビュジエに関する資料や彼が描いた絵画、デザインした椅子などの調度品、ロッシュ氏が収集したアート作品が見学できる。

DATA 交Ⓜ9号線JASMIN駅から徒歩5分 住10 Sq. du Docteur Blanche 16e ☎01 42 88 75 72 時10〜18時 休日・月曜 料€10 Ⓔ

パリ西部 別冊① MAP P2A3

ル・コルビュジエのアパルトマンとアトリエ
Apartment-Atelier de Le Corbusier

コルビュジエが理想とした機能的な暮らし

Le Corbusier Immeuble Molitor, 24 rue Nungesser et Coli, Paris Photo : Olivier Martin-Gambier ©FLC/ADAGP

今見てもモダンな印象の内装

1930年代初め、16区に建設されたル・コルビュジエ自身のアトリエ兼アパート。機能性と生活動線を緻密に計算して空間設計されている。

DATA 交Ⓜ9・10号線MICHEL-ANGE-MOLITOR駅から徒歩10分 住24 Rue Nungesser et Coli 16e ☎09 63 52 30 22 時13時30分〜18時(土曜は10〜13時、13時30分〜18時) 休日〜水曜 料€10 Ⓔ

プチ情報 日本国内にあるル・コルビュジエの建築作品は東京・上野恩賜公園の中にある国立西洋美術館だけ。日本がフランスへ芸術作品の返還を求めたことがきっかけとなり、作品にふさわしい美術館を造るため委託された。

ジャン・ヌーヴェル Jean Nouvel

PROFILE　1945年〜。アラブ世界研究所の設計で脚光を浴びたフランス人建築家。ガラスを用いた構造を得意とし、ガラス面の光の反射や透過により建物の存在が消えてしまう「透明な建築」など素材と光の関係を利用した建物が多い。

カルチェ・ラタン　別冊① MAP P12A4

アラブ世界研究所
Institut du Monde Arabe

アラベスク文様で覆われた壮麗な建物

©Jean Nouvel Photo : Georges Fessy
幾何学模様を敷き詰めた外観

ヌーヴェルとアルシテクチュール・ステュディオが造ったアラブ文化と西洋文化を折衷したデザインのビル。外壁のアラベスク文様はカメラ内部の絞り機能と同じ仕組みで外からの光を自動調節する。

DATA　交M7・10号線JUSSIEU駅から徒歩5分　住1 Rue des Fossés St-Bernard 5e　☎01 40 51 38 38　時10〜18時（土・日曜は〜19時）　休月曜、イスラム教の祝日　料入館無料。常設展は入場€8　※パリ・ミュージアム・パスPMP（→P153）使用可

モンパルナス　別冊① MAP P14B3

カルティエ現代美術財団
Fondation Cartier pour l'Art Contemporain

カルティエが現代美術のために提供する空間

©Jean Nouvel Photo : Philippe Ruault
ラスパイユ大通りに立つ

ジュエリーブランドのカルティエが現代美術のために造った美術館。透明なガラス壁に覆われた建物は、周囲の木々と融合するように狙った。館内の展示や照明がガラス越しに見える様も美しい。

DATA　交M4・6号線RASPAIL駅から徒歩2分　住261 Bd. Raspail 14e　☎01 42 18 56 50　時11〜20時（火曜は〜22時）　休月曜　料€11　E

エッフェル塔周辺　別冊① MAP P8B2

ケ・ブランリー-ジャック・シラク美術館
Musée du quai Branly-Jacques Chirac

植物の成長と共に姿を変える美術館

©philippe Ruault
風景に溶け込む建物を目指した

アフリカなど欧州以外の民族文化を扱う美術館。植物学者パトリック・ブランが植栽した苔やシダ植物で囲われた外壁は「生きた壁」とよばれる。植物の成長と共に完成する庭園も見もの。

DATA　交M9号線ALMA MARCEAU駅から徒歩8分　住37 Quai Branly 7e　☎01 56 61 70 00　時10時30分〜19時（木曜は〜22時）　休月曜　料€12（毎月第1日曜は無料）　※パリ・ミュージアム・パスPMP（→P153）使用可　E

Check!

アートなメトロの駅

パリのメトロはエッフェル塔と同時期に、パリ万博に合わせて開通した。駅の入口部分は、当時流行していたアール・ヌーヴォー様式の建物を手がけるギマールによって設計された。ギマールが設計した地下鉄駅はPORTE DAUPHINE駅とABBESSES駅が現存している。その後、駅構内にはそれぞれの街の特徴を反映した内装が施されるようになった。たとえばロダン美術館の最寄駅であるVARENNE駅ではロダンの作品を展示。また、潜水艦の内部を模したり、ユニークな造りの駅も生まれている。

PORTE DAUPHINE駅

別冊①MAP●P2A2

緑を基調としたギマールのデザインは周囲の景観を壊さずになじんでいる

ABBESSES駅

別冊①MAP●P24B3

こちらもギマール作。約100年の歴史があるアール・ヌーヴォー様式

ARTS ET MÉTIERS駅構内

別冊①MAP●P17A4

金属を多用した11番線の構内は潜水艦の内部をイメージした造り

PALAIS ROYAL MUSÉE DU LOUVRE駅

別冊①MAP●P10B1

宝石のように日光を受けてきらめく駅の入口はメトロ100周年記念の作品

デザイナーズから個性派まで

「お気に入り」を探したい パリで話題のプチホテル

せっかくパリに行くなら、個性的なプチホテルに泊まってみたいもの。気品ある内装や近未来的なデザインの部屋など、自分の好みにあった理想のプチホテルを探してみて。

居心地のいいおしゃれ空間

オペラ 別冊① MAP P18B1

シャヴァネル
Hôtel Chavanel

モダンかつフェミニンなデザイン

レースやカシミアなど素材にこだわり、デザイン家具を配したカラフルでスタイリッシュな内装が評判のプチホテル。BIO素材を使った朝食のビュッフェも健康志向の女性に人気が高い。

DATA 交Ⓜ 8･12･14号線MADELEINE駅から徒歩3分 住22 Rue Tronchet 8e ☎01 47 42 26 14 料スタンダード･ルーム€240～ 27室 Ⓔ

1.明るい色遣いのスイート･ルーム 2.内装は2人の女性建築家が手がけた 3.白が基調のバスルーム4.デザイン家具が配されたロビー

ピンクのファブリックがポップ♪

マレ 別冊① MAP P13C1

ファブリック
Hôtel Fabric

工場を改装したユニークな空間

旧織物工場を改装した4つ星ホテル。パリで人気のインダストリアル風スタイルを活かしながら、洗練されたファブリックをミックスしたアーティスティックな空間が魅力的。館内ではiPadの無料貸出も。

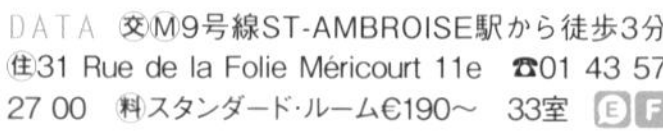

DATA 交Ⓜ9号線ST-AMBROISE駅から徒歩3分 住31 Rue de la Folie Méricourt 11e ☎01 43 57 27 00 料スタンダード･ルーム€190～ 33室 Ⓔ Ⓕ

1.スペリオール･ルーム 2.アーティストが集まる下町エリアにある 3.パブリックスペースも個性的な空間 4.最上階のデュプレックス･スイート･ルーム

[マークの凡例] Ⓙ日本語OK、Ⓔ英語OK、Ⓡレストラン、Ⓟプール、Ⓕフィットネスジム

ドゥ・ジョボ
マレ　別冊① MAP P23C4

Hôtel de JOBO

個性的なデザイナーズホテル

ナポレオンの妻・ジョセフィーヌが愛したモチーフを多用。部屋ごとにテーマが異なり、バラ、ヒョウ柄、フランス伝統柄などの壁紙が印象的。ファンキーとエレガントがミックスしたエッジィな空間。

DATA 交Ⓜ1号線SAINT PAUL駅から徒歩3分 住10 Rue d'Ormesson 4e ☎01 48 04 70 48 料シングル€240〜 24室

2014年開業の4つ星ホテル　内装は人気の女性デコレーター

ル・クレヨン
別冊① MAP P11C1

Hôtel Le Crayon

テーマはボヘミアンシック!

1950〜70年代の家具で統一された、パリジェンヌの自宅のようなホテル。デザインが各部屋で異なり、スタンダードルームはカラフルな色遣い、最上階のスイートは特別仕様のアートな空間。

DATA 交Ⓜ1号線LOUVRE-RIVOLI駅から徒歩5分 住25 Rue du Bouloi 1er ☎01 42 36 54 19 料アンソリット€175〜 26室 Ⓔ

年代物の家具が趣たっぷり　シックでボヘミアンな空間

デュ・プティ・ムーラン
別冊① MAP P23C1

Hôtel du Petit Moulin

マレをイメージしたホテル

文化財指定の17世紀のブーランジュリーを改築したホテル。クリスチャン・ラクロワ氏が手がけた館内は、マレの趣をイメージした壁画や独創的なインテリアが魅力。世界のファッション関係者にこよなく愛されている。

DATA 交Ⓜ8号線ST-SÉBASTIEN-FROISSART駅から徒歩6分 住29/31 Rue de Poitou 3e ☎01 42 74 10 10 料コンフォート・ルーム€280〜 17室 Ⓔ

アヴァンギャルドな内装　クリスチャン・ラクロワのデザイン

オデオン・サン・ジェルマン
サン・ジェルマン・デ・プレ　別冊① MAP P21D3

Hôtel Odéon Saint Germain

大人向けの落ち着いたインテリア

パリを中心に活動する建築家、ジャック・ガルシア氏が手がけた4つ星のホテル。石壁と梁が特徴の16世紀の建物を再利用し、クラシックとモダンを融合させた。アメニティはロクシタン。

DATA 交Ⓜ4・10号線ODÉON駅から徒歩3分 住13 Rue St-Sulpice 6e ☎01 43 25 70 11 料デラックスルーム€229〜 27室 Ⓔ

落ち着いた雰囲気の部屋　ジャック・ガルシアのデザイン

エクスキ
別冊① MAP P13D3

Hotel Exquis

カラフルでエコなプチホテル

コンセプトは「シュールレアリスト」。客室にはクリエイティブな装飾が施され、個性的なカラーリングも印象的。エクスプレス・チェックイン対応。コンチネンタルブレックファスト(有料)も用意。

DATA 交Ⓜ9号線CHARONNE駅から徒歩5分 住71 Rue de Charonne 11e ☎01 56 06 95 13 料アンティミスト・ルーム€104〜 42室 Ⓔ

部屋によってテーマが異なる　アーティスティックな滞在を

ドゥ・ラベイ
別冊① MAP P20B4

Hotel de l'Abbaye

ロマンチック&キュートなプチホテル

リュクサンブール公園とモンパルナスの間にある隠れ家的なホテル。建築家ミシェル・ボワイエ氏が手がけた客室は、モダンとクラシックが融合したパリ独特の温もりを感じさせる。

DATA 交Ⓜ4号線ST-SULPICE駅から徒歩3分 住10 Rue Cassette 6e ☎01 45 44 38 11 料シャンブル・クラシック€240〜 44室 Ⓔ

客室で朝食も可能　かわいらしい隠れ家のよう

パリ中心部のホテルリスト

ゴージャスなホテルからエコノミーホテルまで、パリのホテルはバラエティ豊富。旅の目的と予算に応じて、自分にあったステイ先を探してみよう。

別冊① MAP P4B2

ル・ロワイヤル・モンソー・ラッフルズ・パリ

Le Royal Monceau Raffles Paris

フィリップ・スタルクの世界を堪能

デザイナー、フィリップ・スタルク氏により全面改装されたラグジュアリーホテル。デザイン性の高い23mプールやクラランスのスパなど館内施設も贅沢。さらに館内で提供されるスイーツはすべてピエール・エルメ製と、細部までホスピタリティが感じられる。

DATA 交M1・2・6号線CHARLES DE GAULLE-ÉTOILE駅から徒歩5分 住37 Av. Hoche 8e ☎01 42 99 88 00 料ステューディオルーム€1350～ 149室 J E R P F

1. 客室の家具もスタルク氏デザイン 2. 凱旋門にほど近いロケーション

別冊① MAP P4A3

ペニンシュラ

The Peninsula Paris

ペニンシュラ初のヨーロッパ進出

1908年築のオスマン様式とネオクラシック様式が融合した歴史的建物をリノベーションしオープン。フランス料理、中国料理など4つのレストランと、バー、シガーラウンジなどがある。ロビーダイニングでは、アフタヌーンティーも楽しめる。

DATA 交M6号線KLÉBER駅からすぐ 住19 Av. Kléber 6e ☎01 58 12 28 88 料デラックスルーム€1700～ 200室 E R P F

1. シックで落ち着いたデラックス・ルーム 2. 宮殿のようなたたずまい

別冊① MAP P8A1

シャングリ・ラ ホテル パリ

Shangri-La Hôtel Paris

ボナパルト王子の邸宅で優雅に滞在

19世紀に王族が所有していたお屋敷をリノベーションし、ホテルとして使用。自然光が差し込むロビーなど、館内にはパリのエスプリにアジアンテイストを融合させた空間が広がる。客室内のアメニティはブルガリのオリジナル製品。15mプールが新設された。

DATA 交M9号線IÉNA駅から徒歩2分 住10 Av. d' Iéna 16e ☎01 53 67 19 98 料スーペリアルーム€1605～ 100室※日本語スタッフは平日のみ J E R P F

1. ブルーやベージュを使った落ち着く内装 2. 鉄の扉は19世紀から残るもの

別冊① MAP P18B3

マンダリン オリエンタル パリ

Mandarin Oriental Paris

買物に便利なサントノレのホテル

世界的チェーンホテル。パリ市内のホテルでも有数の面積を誇る客室は、フレンチテイストにオリエントなあしらいを加えた空間となっている。館内施設も充実していて、緑あふれる中庭で食事をとることもできる。便利な立地も観光客に人気。

DATA 交M1・8・12号線CONCORDE駅から徒歩7分 住251 Rue St-Honoré 1er ☎01 70 98 78 88 料デラックスルーム€1700～ 138室 E R P F

1. アジアンテイストをあしらった客室 2. スタイリッシュな外観

 [マークの凡例] J 日本語OK、E 英語OK、R レストラン、P プール、F フィットネスジム

オペラ 別冊① MAP P19C2

スクリーブ・パリ
Hôtel Scribe Paris

観光地へのアクセス◎
オペラ・ガルニエ近くの、買物や観光に便利な立地。館内にはレストランやティールームがあり、レストランではホテル屋上で採られたハチミツを味わうこともできる。

DATA 交M3・7・8号線OPÉRA駅から徒歩2分 住1 Rue Scribe 9e ☎01 44 71 24 24 料シャンブル・リュクスリー€440～ 201室

シャンゼリゼ 別冊① MAP P5D3

ル・ブリストル・パリ
Hôtel Le Bristol Paris

ホテル中庭の美しさにも定評あり
5つ星の上をいくパラスホテルらしい豪奢な館内。客室はシックにまとめられている。3つ星レストラン『エピキュール』もあり。

DATA 交M9・13号線MIROMESNIL駅から徒歩3分 住112 Rue du Faubourg St-Honoré 8e ☎01 53 43 43 00 料デラックスルーム€1701～ 188室

オペラ 別冊① MAP P19C2

インターコンチネンタル パリ・ル・グラン
Intercontinental Paris Le Grand

通称「オペラ座のホテル」
オペラ・ガルニエに隣接した、ナポレオン帝政期の美術様式が忠実に再現された建物。欧風のエレガントな部屋にはアグラリアのアメニティを完備。

DATA 交M3・7・8号線OPÉRA駅から徒歩1分 住2 Rue Scribe 9e ☎01 40 07 32 32 料スーペリアルーム€480～ 470室

ルーヴル周辺 別冊① MAP P18B4

ル・ムーリス・パリ
Le Meurice Paris

1835年創業、王族に愛されたホテル
画家のダリも定宿にしたパラスホテル。客室はエレガントながら機能性が高くバスルームは大理石。アラン・デュカスのレストランが話題。

DATA 交M1号線TUILERIES駅から徒歩1分 住228, Rue de Rivoli 1er ☎01 44 58 10 10 料クラシックルーム€1100～ 164室

シャンゼリゼ 別冊① MAP P4B3

フーケッツ・バリエール
Hôtel Fouquet's Barrière

老舗カフェに隣接するパラスホテル
シャンゼリゼのランドマーク的な最高級ホテル。きらびやかな館内は、プライベートバトラーなどサービス面も充実。お姫様気分でリッチに過ごせる。

DATA 交M1号線GEORGE V駅から徒歩1分 住46 Av. George V 8e ☎01 40 69 60 00 料シャンブル・スーペリア€965～ 81室

シャンゼリゼ 別冊① MAP P4B4

フォーシーズンズ・ジョルジュ・サンク・パリ
Four Seasons Hôtel George V Paris

宮殿様式の贅沢なパラスホテル
1928年築の伝統ある宮殿様式造のパラスホテル。客室は上品なインテリアで装飾され優美な空間に。ミシュラン2つ星の「ル・サンク」も入っている。

DATA 交M1号線GEORGE V駅から徒歩5分 住31 Av. George V 8e ☎01 49 52 70 00 料スーペリアルーム€1880～ 244室

パリ中心部のホテルリスト

プラザ・アテネ・パリ
別冊① MAP P5C4
Hôtel Plaza Athénée Paris

赤いパラソルが目を引くパラスホテル。アラン・デュカス氏が手がける飲食店やディオールのスパなど内部のショップも話題。DATA 交M9号線ALMA MARCEAU駅から徒歩4分 住25 Av. Montaigne 8e ☎01 53 67 66 65 料デラックスルーム €1400～ 208室 E R F

パリ・マリオット・オペラ・アンバサドール
別冊① MAP P19D1
Hôtel Paris Marriott Opéra Ambassador

パリの中心地に位置しており、観光、ショッピング、ビジネスとどんな目的にも便利な立地。客室内はアール・デコ調の内装。
DATA 交M7・9号線CHAUSSÉE D' ANTIN-LA FAYETTE駅から徒歩6分 住16 Bd. Haussmann 9e ☎01 44 83 40 40 料シャンブル・スーペリア €325～ 298室 E R F

レ・ジャルダン・デュ・マレ
別冊① MAP P23D2
Les Jardins du Marais

庭園を備えたブティックホテルで、天候がよければ緑を眺めながら食事ができる。客室には大理石の浴槽を完備。
DATA 交M8号線ST-SÉBASTIEN-FROISSART駅から徒歩1分 住74 Rue Amelot 11e ☎01 40 21 20 00 料エグゼクティブルーム €212～ 263室 E R F

デュ・ルーヴル
別冊① MAP P10B1
Hôtel du Louvre

1855年にフランスで初めてラグジュアリーホテルとして設立された。ルーヴル美術館から徒歩2分の立地。
DATA 交M1・7号線PALAIS ROYAL-MUSÉE DU LOUVRE駅から徒歩1分 住Pl. André Malraux 1er ☎01 73 11 12 34 料スタンダード・ルーム €513～ 164室 E R F

ルレ・クリスティーヌ
別冊① MAP P21D2
Relais Christine

16世紀に修道院として使われていた建物を使った、ラグジュアリーなホテル。客室の一部はプライベート・テラス付き。
DATA 交M4・10号線ODÉON駅から徒歩6分 住3 Rue Christine 6e ☎01 40 51 60 80 料スーペリア・ルーム €430～ 48室 E F

ノボテル・パリ・トゥール・エッフェル
別冊① MAP P16B4
Hôtel Novotel Paris Tour Eiffel

セーヌ河とエッフェル塔が見渡せて眺望は抜群。大人2名と子ども2名が泊まれるファミリールームも用意されている。
DATA 交M10号線CHARLES MICHELS駅から徒歩8分 住61 Quai de Grenelle 15e ☎01 40 58 20 00 料スタンダードルーム €153～ 764室 J E R P F

ヒルトン・パリ・オペラ
別冊① MAP P6A2
Hilton Paris Opéra

ロビーが歴史的建造物に指定されている、重厚な造りのホテル。アメニティはピーター・トーマス・ロスを採用している。
DATA 交M3・12・13・14号線ST-LAZARE駅から徒歩1分 住108 Rue St-Lazare 8e ☎01 40 08 44 44 料デラックス・ルーム €314～ 268室 E R

クラウン・プラザ・パリ・レピュブリック
別冊① MAP P17B4
Crowne Plaza Paris République

レピュブリック広場沿いにあるお屋敷のような建物。客室はボルドー色のファブリックを取り入れたくつろげる空間。
DATA 交M3・5・8・9・11号線RÉPUBLIQUE駅から徒歩1分 住10 Pl. de la République 11e ☎01 43 14 43 50 料シャンブル・スタンダード €269～ 328室 E R F

ベラミ
別冊① MAP P21C1
Hôtel Bel-Ami

フレンチモダンをテーマにデザインされた隠れ家的な5つ星ホテル。小ぢんまりとして機能的な客室が一人旅派に好評。
DATA 交M4号線ST-GERMAIN-DES-PRÉS駅から徒歩2分 住7/11 Rue St-Benoît 6e ☎01 42 61 53 53 料シャンブル・スーペリア €386～ 108室 E F

シタディン・サン・ジェルマン・デ・プレ・パリ
別冊① MAP P21D1
Citadines St-Germain-des-Prés Paris

電子レンジや冷蔵庫完備と客室設備がしっかりしたアパルトマン型ホテル。ノートルダム大聖堂などの名所も徒歩圏内。
DATA 交M4・10号線ODÉON駅から徒歩10分 住53 Ter, Quai des Grands Augustins 6e ☎01 44 07 70 00 料ステュディオ €195～ 204室 E F

プルマン・パリ・トゥール・エッフェル
別冊① MAP P8A3
Pullman Paris Tour Eiffel

エッフェル塔を望むアクセス至便な立地。全室リノベーションされた客室はモダンでスタイリッシュ。エッフェル塔を望む客室は、予約時に必ず指定を。
DATA 交MBIR-HAKEIM駅から徒歩5分 住22 Rue Jean Rey 15e ☎01 44 38 56 00 料スーペリア€229～ 430室 E R F

Renovation

2010年にフランス官公庁が導入した、5つ星の上を行く最高等級「パラス」。この等級を獲得するために、高級ホテルが改装。「リッツ・パリ」(Hôtel Ritz Paris／別冊① MAP●P18B3)は、2016年にリニューアルオープン。「クリヨン」(Hôtel de Crillon／別冊① MAP●P18A3)は、2017年にリニューアルオープン。

[マークの凡例] J 日本語OK、E 英語OK、R レストラン、P プール、F フィットネスジム

パリジェンヌ気分でステイ♪

暮らすように過ごしたい！パリの素敵なアパルトマン

3日以上の滞在なら、自分で料理や洗濯ができるアパルトマンが断然便利。近年、短期旅行者向けのサービスを提供するアパルトマンも増えつつある。

1．コントレスカルプ広場に面する明るい部屋Ⓑ　2．サン・ジェルマン・デ・プレの高級レジデンス内Ⓐ　3．左岸の15区。部屋は32㎡と広く、エレベーター付きⒷ　4．パレ・ロワイヤルに隣接するアールヌーヴォー様式の建物Ⓐ

予約はこちら

Ⓐ セジュール・ア・パリ
Séjour à Paris

オペラ／別冊① MAP ● P19C2

日本人スタッフによる安心サービス

現在16軒ほどの物件を提供している。キッチン周りを重点に日本人が生活しやすい環境に配慮した物件多数。リネン、アメニティ(ロクシタン)、飲料水などが完備されホテル感覚で利用できる。

DATA　☎01 56 88 26 88 (時)9時30分～17時30分 (休)土・日曜、祝日)　URL www.sejouraparis.fr

Ⓑ パリ生活社
Paris Seikatsu

コスパのよいアパルトマンを紹介

パリ市内の治安のよいエリアのアパルトマンを17軒扱う。どの物件にもキッチンに炊飯器などの調理器具が揃っており、電気・水道代込み。シーツやタオル、ドライヤーは別途オプションで料金がかかる。

DATA　☎01 45 49 14 51、07 83 61 36 19 (時)10～18時 (休)日曜)　URL paris-seikatsu.com

アパルトマン利用のQ&A

Q．日本から持って行った方が良い物は？
A．タオルや調理器具、ドライヤーなどは備え付けの物がある。調味料や洗剤はアパルトマンによるので、日本から持参するか現地で調達しよう。

Q．何日から宿泊申し込み可能？
A．基本は3～5泊から(アパルトマン会社によって異なる)。

Q．チェックイン／チェックアウトの時間と流れは？
A．チェックイン15時、チェックアウト12時が基本。アパルトマンによっては到着時間に合わせてチェックインを行う所も。チェックアウトは管理人が立ち合うか、鍵を部屋に置いて退室する「セルフ」のいずれか。

Q．アメニティはある？
A．アパルトマンにより異なる。事前に問い合わせを。

Q．掃除やタオル交換はある？
A．1カ月以上の滞在者には隔週1回の掃除とリネンの交換、備品補充があることが多い。1カ月未満の場合は有償にてサービスを受けることが可能。

※詳細は各社に問合せを

Paris Travel info

コロナ関連情報

2022年12月現在、フランス渡航や日本帰国の際のコロナ規制は大きく緩和されている。今後も変更となる可能性があるため、出発前に最新情報は必ずチェックしておこう。

渡航・パリ市内

●フランス入国のあらゆる規制が解除

これまでフランス入国の際に必要だった、ワクチン接種証明書、または出国前72時間以内の検査証明の提出は2022年8月1日以降、不要となった。これにより、ワクチン接種の有無に関わらず、90日以内の観光目的で必要となるのはパスポートのみとなる。

●マスク着用義務も解除に

2022年3月からパリおよびフランス国内の美術館、博物館、建造物、文化・レジャー施設、レストラン、カフェなどの屋内でのマスクの着用義務が解除。これにより、提出を義務付けていたワクチン・パス(ワクチン接種証明書)も不要となった。
2022年5月から公共交通機関での着用義務も解除。ただし、推奨はされているので、メトロなどの密閉空間で不安な人は着用したほうが安心。

●現地で陽性になった場合隔離は不要

フランスでは、これまで新型コロナウイルス感染症の検査で陽性が判明した場合、原則隔離が必要だったが、2023年2月1日以降、陽性であっても自己隔離する必要がなくなった。ただし、発熱・喉の痛み・頭痛・異常な疲労・下痢などの症状が現れたら、マスク着用、ソーシャルディスタンスを保つ、手洗いをするなど、感染予防を心がける、周囲に知らせる、抗原検査、RT-PCR検査を受けるように推奨されている。

●検査は薬局・病院などで実施

日本帰国の際の陰性証明を取得する場合は、日本入国時に必要な抗原定量検査またはRT-PCR検査を受ける必要がある。病院や検査機関に出向いて、日本入国用の陰性証明を発行してもらおう。下記サイトで最寄りの検査機関が検索でき、検査料、診察料は施設によって異なる。
URL：https://www.sante.fr/covid19/external/depistage

検査機関を検索できるWebサイト「Santé.fr」

●観光スポットはオンライン予約を推奨

ルーヴル美術館やエッフェル塔など、パリを代表する観光スポットは、コロナ前から事前にオンラインでチケットを購入できたが、コロナ禍でさらに加速していて、ルーヴル美術館の場合、予約状況によっては現地購入できないことも。

公式サイトから購入できる(英語表記)

●活気が戻ってきている、パリの街

パリの街はコロナ前と同じように、カフェのテラスでは多くの人がコーヒーやワインを片手におしゃべりを楽しんでいる。エッフェル塔やルーヴル美術館、セーヌ河クルーズも観光客でいっぱい。ただ、アジア圏からの団体客はまだまだ少ないのが現状。

2022年10月下旬のマレ地区の人混み

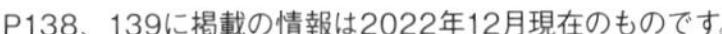
P138、139に掲載の情報は2022年12月現在のものです。

日本帰国

●水際対策の見直しで、フランスから日本帰国の規制も緩和

日本帰国時の水際対策も随時更新されており、緩和の方向へと進んでいる。2022年12月時点では、フランスから日本に帰国後の検査や自宅待機は不要に。ただし、必要となる書類はあるため、下記で確認しておこう。

帰国時に必要なモノ

❶ 新型コロナワクチン3回接種証明書 または 新型コロナウイルス検査の陰性証明書

フランス出国72時間以内に取得した「PCR検査の陰性証明書」の提出が必要。ただし、「新型コロナワクチン3回接種証明書」を保持する場合は不要となるので、3回以上接種済みの人は証明書の用意をしよう。

現地PCR検査について

有効なワクチン3回接種証明書をもっていない場合、フランス出国前72時間以内に実施したPCR検査の陰性証明書の提出が必要。陰性証明書は日本の厚生労働省指定のフォーマットが推奨されており、公式HPからフランス語版がダウンロードできる。検査の受付時間、結果取得までの所要時間などは各検査機関によって異なる。また、週末や祝日は受付けていない場合もあるので、事前に受検予定の検査機関に確認を。検査を受ける際、日本への帰国であること、日本の厚生労働省が定めるフォーマット取得を希望することを伝えよう。

Quarantine Station,
Ministry of Health, Labour and Welfare, Government of Japan

【水際対策】出国前検査証明書（厚生労働省）
URL https://www.mhlw.go.jp/stf/seisakunitsuite/bunya/0000121431_00248.htmlを参照。

❷ ファストトラックへの登録

帰国時の検疫に必要。搭乗便到着予定日時の6時間前までに、Visit Japan Webで事前に登録した「入国・帰国の予定」から「検疫手続（ファストトラック）」をタップ。「新型コロナワクチン3回接種証明書」または「出国前72時間以内の陰性証明書」のいずれかの証明書を登録する。乳幼児などひとりで手続きができない場合は同伴家族として利用者情報に登録できるが、ファストトラックの登録はひとりずつ行う。すべての事前登録と審査が完了すると赤色だった画面が青色になるので、検疫で画面を提示する。

Visit Japan Web（デジタル庁）
URL https://vjw-lp.digital.go.jp

ファストトラックを利用できない人は

日本入国にあたり、Visit Japan Webを利用できない場合、厚生労働省HPから滞在日数や健康状態について回答すると二次元コードが作成されるので、スクリーンショットまたは印刷して保存。航空機搭乗時および、日本到着空港で、検疫官に提示する。
新型コロナウイルス感染症対策 質問票回答受付（厚生労働省）
URL https://arqs-qa.followup.mhlw.go.jp/#/

一連の流れ

○ フランスでPCR検査の陰性証明書を取得

新型コロナワクチン3回接種証明書所持者は不要。ファストトラック利用時は、事前に証明書をアップロードする。

Visit Japan Web（デジタル庁）

○ フランス出国

チェックインカウンターで、証明書等の提示を求められることも。

○ 日本到着

○ 書類・アプリ確認

ファストトラック利用時は、審査が完了した画面を検疫で提示するだけで手続きが完了する。

○ 日本入国

○ 税関

○ 帰宅

必要書類を満たしていれば、フランスからの帰国者にはワクチン3回目接種の有無に関わらず、入国時のPCR検査は実施されない。自宅待機も不要で移動には公共交通機関も利用できる。

info ※乗り継ぎを含め、フランス入国または日本帰国前にフランス以外の国に立ち入る場合は、別途その国の上陸条件も満たす必要があるため必ず事前確認を。

France Travel Info

フランス出入国の流れ

大事な出入国情報は旅行が決まったらすぐにチェック！万全の準備で空港へ。

フランス入国

入国の流れ

1 到着 Arrival/Arrivée

日本からの直行便はシャルル・ド・ゴール空港に到着。飛行機を降りたら「Arrival／Arrivée」の表示に従い、入国審査へと進む。

2 入国審査 Immigration/Contrôle des Passeports

自動ゲートまたはEU諸国外旅行者用の「Tous les Passports (All passports)」と書かれたカウンターに並ぶ。カウンターでは順番が来たらパスポートを審査官に提示。旅行の目的や滞在日数、滞在先など、英語で簡単な質問をされる場合もある。パスポートに入国のスタンプが押され、入国審査終了（スタンプは押されない場合もある）。なお、シェンゲン協定加盟国を経由した場合は、フランスでの入国審査は行われない。

3 荷物受取所 Baggage Claim/Livraison des Bagages

利用した飛行機の便名のターンテーブルを掲示板で確認し、荷物受取所へ。日本出国時に預けた荷物を受け取る。万が一、荷物が出てこなかったり、破損していた場合は、預けた時に渡された荷物引換証Claim Tagを持って係官に申し出る。

4 税関 Customs/Douane

免税範囲内なら、申告なし「Rien à déclarer」（緑のランプ）のゲートを通過して外へ出る。免税範囲を超える場合は、機内で配布される税関申告書Déclaration en Douaneに必要事項を記入し、申告あり「Objets à déclarer」（赤のランプ）のゲートへ行き、所定の金額を支払う。

5 到着ロビー Arrivals Lobby/Niveau Arrivées

観光案内所や両替所などがある。

シェンゲン協定とは

ヨーロッパの一部の国家間で締結された検問廃止協定のこと。シェンゲン協定加盟国間の移動は、国境の通行が自由化されている。これにより、日本など協定加盟国以外から入国する場合は、最初に到着した協定加盟国の空港でのみ入国手続きを行う。また帰国の際は、最後に出国する協定加盟国で出国審査を受ける。

○ シェンゲン協定加盟国

アイスランド、イタリア、エストニア、オーストリア、オランダ、ギリシア、クロアチア、スイス、スウェーデン、スペイン、スロヴァキア、スロベニア、チェコ、デンマーク、ドイツ、ノルウェー、ハンガリー、フィンランド、フランス、ベルギー、ポーランド、ポルトガル、マルタ、ラトビア、リトアニア、リヒテンシュタイン、ルクセンブルク
※2023年1月現在

フランス入国時の制限

○ 主な免税範囲

- 酒類はワイン4ℓ、ビール16ℓ、22度を超えるアルコール飲料1ℓ、22度未満なら2ℓ（17歳以上）
- たばこは紙巻たばこ200本、または葉巻50本、または細葉巻100本、または刻みたばこ250g（17歳以上）
- 上記以外の物品については、€430相当まで（空路で入国した場合。15歳未満は€150）
- €1万以上の現金、またはそれに相当する外貨、小切手などの持込み・持出しともに要申告

○ 主な持込み禁止品

- **偽造品**
- **薬物**
- **ワシントン条約で保護されている動植物**

特定の肉、魚介などの食品にも制限があり、検疫が必要。また少量であっても税関職員の判断で持込めないことがある。

日本出国時の注意点

フランスの入国条件

出発の1カ月～10日前までにチェック

○ パスポートの残存有効期間

シェンゲン協定加盟国出国予定日から3カ月以上必要。

○ ビザ

観光目的で、シェンゲン協定加盟国での滞在日数の合計（過去180日に遡る）が90日以内であればビザ不要。

○ 空港の出発ターミナル

成田国際空港では、利用する航空会社によって第1ターミナルと第2ターミナルに分かれる。全日本空輸（NH）、エールフランス航空（AF）は第1ターミナル、日本航空（JL）は第2ターミナルに発着する。

○ 液体物の機内持込み制限

機内持込み手荷物には液体物の持込み制限がある。100mℓ以下の容器に入れ、それを1ℓ以下のジッパー付き透明プラスチック製袋に入れれば1人1袋持込める。詳細は国土交通省のWEBサイト URL www.mlit.go.jp/koku/15_bf_000006.htmlを参照。

パスポートの申請については Passport A to Z（外務省）URL www.mofa.go.jp/mofaj/toko/passport/index.html を参照。

CDG2のホールEにある手荷物受取所

フランス出国

出国の流れ

1 免税手続き Tax Refund/Détaxe

付加価値税の払い戻しを行う場合は、チェックインの前に免税手続きカウンター「Détaxe」または電子認証システム「パブロ(Pablo)」で手続きをする(→P152)。出発便が集中する時間帯は混み合うこともあるので、早めに到着を。

2 チェックイン Check-in/Enregistrement

利用する航空会社のチェックイン・カウンターで、航空券(eチケット控え)とパスポートを提示。機内持込み以外の荷物はここで預け、荷物引換証Claim Tagと搭乗券を受け取る。

3 出国審査 Immigration/Contrôle des Passeports

自動ゲートを導入している。パスポートの顔写真ページを機械で読み取り、「Please proceed」の画面が表示されたら先に進む。

4 手荷物検査 Security Check/Contrôle de Sûreté

機内に持込む手荷物のX線検査とボディチェックを行う。日本出国時と同様、液体物や危険物の持込み制限があるので注意。

5 搭乗ゲート Boarding Gate/Porte d'Embarquement

搭乗券に書かれた番号の搭乗ゲートへ。出発フロアは広いので、まず自分が乗る便の搭乗ゲートの位置を確認し、搭乗予定時刻に余裕をもってゲートに向かおう。

シャルル・ド・ゴール空港

Aéroport Paris-Charles de Gaulle

別冊MAP P3C1

ロワシーRoissyの愛称でよばれるフランスのハブ空港で、3つのターミナルからなる。日本からの直行便はシャルル・ド・ゴール1(CDG1)またはシャルル・ド・ゴール2(CDG2)のホールEに到着する。→P142

ツーリストインフォメーション

ホテルの宿泊予約や観光ツアーの申込みができる。CDG1は到着階の6番出口、CDG2のホールEは到着階7番と8番出口付近にある。

免税店

CDG2のホールEは巨大デューティーフリーやフランスを代表するラグジュアリーブランドなど充実している。

オルリー空港

Aéroport Orly

別冊MAP P3C4

パリから約14km南に位置するパリ第2の空港。国内線や近距離の国際線などが発着する。ターミナルは全部で4つある。

日本～パリの所要時間(直行便の場合)

出発地	所要時間
羽田空港	14時間40分～15時間
成田国際空港	14時間45分
関西国際空港	14時間55分

※ロシア領空飛行禁止のため、通常よりも所要時間が約3時間長くなっている

日本入国時の制限

日本帰国時の税関で、機内や税関前にある「携帯品・別送品申告書」を提出する(家族は代表者のみ)。

主な免税範囲

- **酒類**…3本(1本760mℓ程度)
- **たばこ**…紙巻たばこ200本、または葉巻たばこ50本、または加熱式たばこ個装など10個、またはその他のたばこ250gまで。
- **香水**…2オンス(約56mℓ、オードトワレ・コロンは除外)
- **その他**…1品目ごとの海外市価合計額が1万円以下のもの全量(海外市価合計額20万円までが免税)。1個で20万円を超える場合は全額課税対象

※酒類・たばこは未成年者への免税はない

主な輸入禁止品と輸入制限品

- **輸入禁止品**…麻薬、大麻、覚せい剤、鉄砲類、わいせつ物、偽造品など。
- **輸入制限品**…ワシントン条約に該当するもの(ワニ、ヘビ、トカゲ、象牙などの加工品など)、土つきの植物、果実、切り花、野菜、ハムなどの肉類、チーズなどの乳製品。医薬品や化粧品にも数量制限あり(化粧品は1品目24個以内)。

※別送品がある場合や免税範囲を超えた税率などの詳細は税関 URL www.customs.go.jp/ を参照。

プチ情報 2023年11月から90日以内の短期滞在でヨーロッパへ入国する際に、欧州渡航情報認証「ETIAS(エティアス)」の渡航許可が必要となる予定。申請はオンラインのみ、詳細はwebサイトで。URL www.etias.co.jp

空港～パリ中心部の交通

シャルル・ド・ゴール空港からパリ中心部への移動手段は主に4つ。
いずれも30分～1時間30分程度でパリの中心部まで行くことができる。

シャルル・ド・ゴール空港 Aéroport Charles de Gaulle

シャルル・ド・ゴール空港には、シャルル・ド・ゴール1(CDG1)とシャルル・ド・ゴール2(CDG2)、シャルル・ド・ゴール3(CDG3)の3つのターミナルがあり、航空会社によって利用するターミナルが異なる。CDG3は主に格安航空会社の便が利用。

シャルル・ド・ゴール1(CDG1)

円筒型の建物から、7本のサテライトが放射状に延びている。全日本空輸(NH)の発着はこちら。
そのほかの主な航空会社／スカンジナビア航空(SK)、ルフトハンザ・ドイツ航空(LH)、タイ国際航空(TG)、シンガポール航空(SQ)など。

シャルル・ド・ゴール2(CDG2)

左右に細長く、広いターミナル。A～Gまで7つのホールに分かれている。日本航空(JL)や日本からのエールフランス(AF)の発着はホールEなど。
そのほかの主な航空会社／大韓航空(KE)はホールE発着。

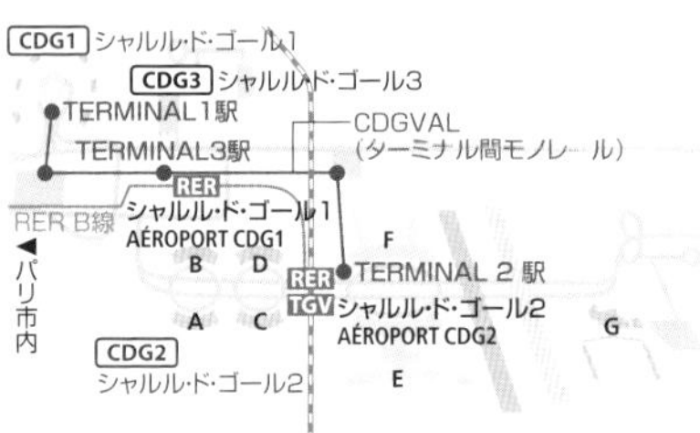

CDG1～CDG2間の移動はモノレールで

移動は各ターミナルを結ぶ「シャルル・ド・ゴール・ヴァル(CDGVAL)」を利用しよう。CDG1の乗り場はレベル2、CDG2はDとFの間にあるTGV／RER駅近くにある。所要時間は約8分。
㊊4時～翌1時　㊡なし　㊫無料

交通早見表

交通機関		特徴と乗り場	行き先	
安い 早い	高速郊外鉄道 RER	RERのB3線がCDG2とCDG1へ乗り入れている。渋滞はないが、荷物が大きいときは乗換えが大変。駅まではCDG1からはCDGVALで、CDG2のホールEからは歩いて行ける。	北駅、シャトレ・レ・アル駅、サン・ミッシェル・ノートルダム駅など	
安い	ロワシーバス	パリ市交通公団RATPが運行するバス。荷物は車内中央部の荷物置き場に置く。乗り場はCDG1の32番出口周辺、CDG2ホールEとホールFとを結ぶ連絡通路の間にある。	オペラ・ガルニエ	
	タクシー	2人以上の場合や荷物が多いときには便利。乗り場はCDG1の24番出口、CDG2ホールEの10番出口。	目的地まで	

シャルル・ド・ゴール空港からパリ中心部への交通手段には市バス(350番)もあるが、時間がかかるうえ荷物を置く場所もないので大きな荷物のある旅行者にはあまりおすすめできない。

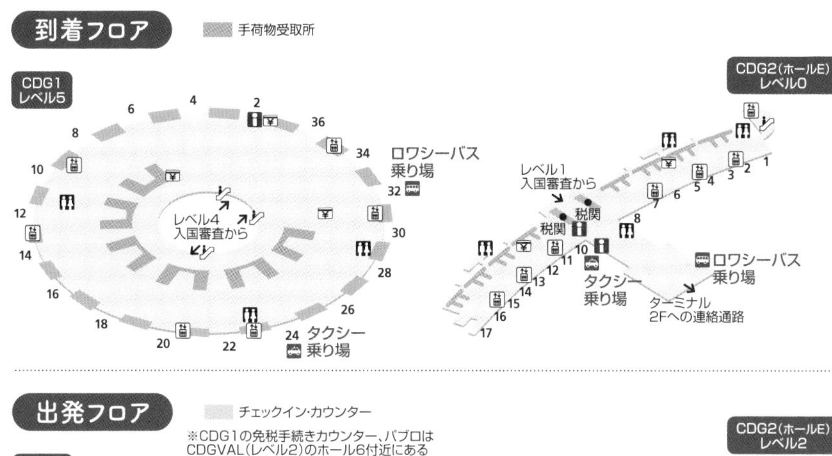

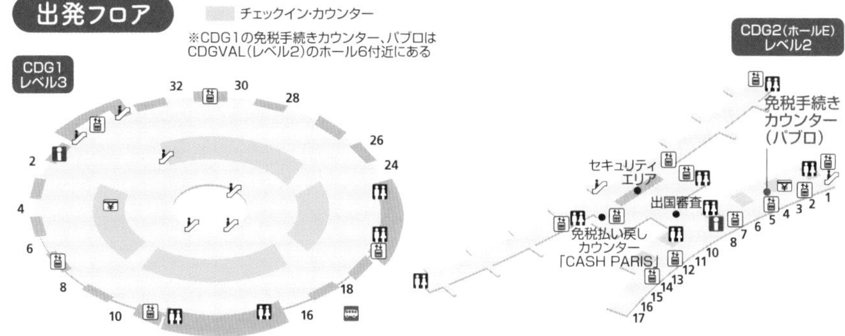

案内所　両替所・銀行　トイレ　エレベーター　エスカレーター　バス　タクシー

	料金（片道）	運行時間	所要時間
	€11.45	4時53分～23時50分の10～20分間隔	30分（北駅まで）
	€16.20（ナヴィゴ・イージー€14.15）	6時～20時45分の15分間隔、20時45分～24時30分の20分間隔	60分
	右岸€53 左岸€58	24時間	30～50分

オルリー空港

パリ中心部へ

国際線が発着する南ターミナルから市内へ行く交通手段には、オルリーバス、オルリーヴァル（モノレール）＋RER、タクシー、市バス183番がターミナル4からメトロ7号線ポルト・ドショワジー駅まで運行している。

○ オルリーバス

交Ⓜ4・6号線ダンフェール・ロシェロ駅まで所要30分
時6時～24時30分／10～20分間隔で運行
休なし　料€11.20（ナヴィゴ・イージー€10.5）

○ タクシー

所要時間30分。
料左岸まで€32、右岸まで€37

シャルル・ド・ゴール空港へ

○ タクシー

所要時間は約60分。
料€80が目安

パリ市内から空港へは、空港から市内への逆をたどればOK。出発ターミナルを必ず確認しておこう。特にバスは、CDG2の各ホールを順番に停車して行くので、ホールの確認も忘れずに。RERを利用する時は、CDG1とCDG3は終点の1つ手前、CDG2は終点で下車する。

市内交通

主な交通手段は4つ。近年は自転車の貸出しシステム「ヴェリブ」も注目されている。ヴェルサイユなど近郊への観光はオプショナルツアーがおすすめ。

街のまわり方

パリはエスカルゴ

パリ市は中心から渦を巻くように1～20区まで区分けされている。1～4、8、9区はビジネス街、5～7区は学生街、10～15区は下町エリアなど、区によって街の雰囲気は異なる。また、パリの中央を貫くセーヌ河は東から西に向かって流れており、北側を右岸、南側を左岸と呼ぶ。

道路のキホン

パリの住所表記は通り名と番地。番地は、道路の片側に偶数番地が並び、反対側に奇数番地が並ぶ。セーヌ河に平行する通りでは下流方向に向かうほど、垂直方向ならセーヌ河から遠ざかるほど番地は大きくなる。

きっぷは共通

きっぷはメトロ、RER、バスで共通。パリ市内のメトロ↔メトロ、メトロ↔RERの乗換えはきっぷ(またはICカード)を自動改札機に通してから120分有効。バスの乗換えは90分以内(車内できっぷを購入した場合、乗換え不可)。

お得なパス3種

公共交通機関をお得に使えるパス3種をご紹介。
ナヴィゴは大きめの駅窓口、そのほかは券売機で購入できる。

ナヴィゴ・イージー
Navigo Easy

チャージ式ICカード。メトロの1回券(ticket＋1)や10回券(カルネ Carnet)、ロワシーバスをチャージでき、カルネ€16.90、ロワシーバス€14.15と、きっぷより割安になる。カード作成€2、顔写真不要。

パリ・ヴィジット
Paris Visite

パリ市内から郊外まで公共交通機関すべてに使え、観光施設やレストランなどでの割引も受けられる万能パス。1～3ゾーンのものは1日券€13.55、2日券€22.05、3日券€30.10、5日券€43.30。いずれも連続使用に限る。

ナヴィゴ・スメーヌ
Navigo Semaine

有効期限内乗り放題のICカード。カード作成に手数料€5と顔写真が必要。1週間有効で1～5ゾーン€30、月曜から1週間の限定利用。購入はメトロの窓口、使用する前の週の金曜～使用する週の木曜までに。

※パリの公共交通機関で使用できる切符は段階的に廃止され、ICカード「Navigo(ナヴィゴ)」へ移行する。

オプショナルツアー

マイバス社
☎01 55 99 99 65(日本語可) 時9～17時
休なし URL https://mybus-europe.jp/
別冊①MAP●P19C4

限られた滞在時間でも効率よく観光できるのが、現地発着のオプショナルツアー。日本語案内付きで安心。

モンマルトルとシテ島散策付き！パリ市内観光午前ツアー

パリ滞在で見逃せない代表的な観光名所へ日本語公認ガイドが専用車でご案内。

【出発　所要時間】8時45分　3時間15分　【催行日】月・木曜【料金】€90～

ルーヴル美術館(→P116)半日観光(午前・午後)

数ある展示のなかから、必見作品を日本語公認ガイドが、イヤホンを使ってご案内。

【出発　所要時間】9時・14時　3時間
【催行日】午前(水・日曜)、午後(月・木・土曜)
【料金】€90～

クリニャンクール蚤の市(→P60)

日本語アシスタントと一緒にパリ最大の蚤の市で一点もののアクセサリーやアンティークを見つけよう！

【出発　所要時間】9時　3時間
【催行日】土曜【料金】€70～

古き良きパリのパッサージュ巡り

日本語公認ガイドがレトロな装飾が美しいパリのアーケードの歴史を分かりやすく解説。

【出発　所要時間】14時　3時間
【催行日】火曜　【料金】€80～

ヴェルサイユ宮殿(別冊②P8)半日観光(午前・午後)

フランスへ来たからには訪れたい、豪華絢爛なベルサイユ宮殿。日本語公認ガイドとともにめぐる。

【出発　所要時間】8時半・14時　4時間
【催行日】午前(火・木・土曜)午後(水・金・日曜 第1日曜を除く)【料金】€100～

モン・サン・ミッシェル(別冊②P2)とオンフルール1日

訪れる人を魅了してやまないモン・サン・ミッシェルの入場券付き日帰りツアー。日本語ガイド付きと自由見学プランがある。

【出発　所要時間】7時20分　14時間
【催行日】月・水・土曜　【料金】€190～

料金は2023年3月時点のもので、4月以降は料金や催行日が変更される可能性がある。一部ツアーは最小催行人数が4名または6名からのものも。詳しくはHPにて確認を。

メトロ Métro

路線図 別冊① MAP P26

パリ市内のほぼ全域を網羅するメトロ。1〜14号線まで、全14路線が運行している。各路線はそれぞれ色分けされており、各駅の看板には路線番号、色、終着駅の表示があるので、乗り方は簡単。料金も手ごろなので、積極的に利用しよう。

↑車内には折りたたみ式の座席もある。ドア付近の折りたたみイスは混雑時は使用しない

→路線図は窓口でもらえる

料金

メトロは全線均一料金。きっぷは1回券(ticket T+)€2.10。10枚セットの回数券、カルネは€19.10。ナヴィゴ・イージーより割高になるが、きっぷなので複数人で使用できる。

運行時間

5時30分ごろ〜翌0時15分ごろ(金・土曜、祝前日は〜翌1時15分ごろ)。路線により異なる。

1回券の買い方

各駅の自動券売機で購入する。クレジットカードも利用できるタイプがほとんど。

1 メニューを選択する

画面下のスクロールボタンを回転させ「Acheter des tickets…」を選び、右側の緑色のボタンを押す。

2 チケットの種類を選ぶ

一番上にあるのが1回券。この画面でBillets Ile-de-Franceを選ぶとモビリスやパリ・ヴィジットを選べる画面に移る。

3 枚数とレシートの要否を選ぶ

必要枚数を選択。レシートが不要な場合は次の画面で「Non」を選ぶ。

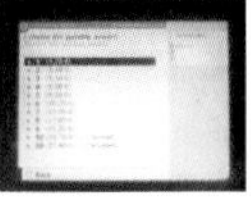

4 必要額を投入

表示された額を投入する。クレジットカードの場合はカードを挿入して画面の手順に従う。

観光に便利な3路線

- 1号線　パリ右岸を東西に貫く。観光の足として利用価値が高い。
- 4号線　パリ中心部を南北に貫く。シテ島唯一の駅を持つ路線。
- 7号線　オペラ・ガルニエ、ルーヴル、ノートルダム大聖堂観光に便利。

注意ポイント

○混雑した車内やエスカレーター降り口ではスリやひったくりに注意。早朝や深夜の利用は避けるべき。
○メトロの出口に改札はないが、抜き打ちの検札があるので、きっぷは最後までなくさないように。
○エスカレーターの左側は歩く人用にあけておく。

乗ってみよう

ホームに表示されているのは終着駅。自分の行きたい方向の終着駅を覚えておこう。

1 駅を探す

地下鉄の入口のマークはさまざま。駅名は書かれていないことが多いので、地図で確認を。

目印はコレ

2 きっぷを買う

自動券売機は紙幣が使えないものもあるので注意。パスや回数券を買っておくと手間が省けて便利。

3 改札を通る

改札はすべて自動改札。きっぷやパスを挿入口に入れ、バーを手や腰で回転させ中に入る。ナヴィゴは専用改札にタッチする。

右はナヴィゴ専用

4 ホームに出る

路線番号と行きたい方向の終着駅名をたどれば目的のホームにたどり着く。ホームの電光掲示板には2本目までの電車の到着時間が示されている。

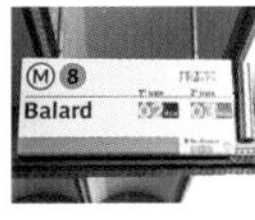

5 乗車する

1・14号線と一部の新型車両以外はドアは手動式。ボタンを押すかハンドルを押し上げて開ける。

6 下車する

停車直前にドアロックが解除されるので、乗車時と同様の操作をしてドアを開け降りる。「SORTIE」の表示をたどり出口へ向かおう。

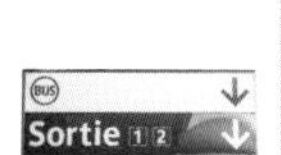

7 駅を出る

メトロに改札はなく、きっぷの回収もない。駅構内には出口の場所を記した周辺地図があるので、目的地に一番近い出口を確認してから地上へ。

乗換え

「CORRESPONDANCE」と書かれた看板の路線番号と終着駅名をたどればOK。大きな駅では通路を延々と歩くこともあるので心しておこう。

プチ情報　券売機の使い方を教えてあげると言い、現金を預かり両替に行くといってそのまま持ち逃げしたり、教えたお礼にお金を要求するなどの被害が増えている。RATP（公団地下鉄）のバッジを付けている人にのみ問い合わせること。

エール・ウー・エール RER

パリ市内から郊外へ向かうときに便利な鉄道

パリ市交通公団RATPとフランス国鉄SNCFが共同で運営する高速郊外鉄道。A〜Eまで5路線あり、終着駅がいくつかに枝分かれしている路線も。パリ市内の利用よりも、ヴェルサイユ宮殿やシャルル・ド・ゴール空港など、パリ近郊への足として威力を発揮する。

駅があることを表す看板。下欄は路線名

料金

パリ市内ではメトロと同様の1回券€2.10やナヴィコ・イージーのカルネ€16.90が使用できるが、郊外では目的地までのきっぷが必要。

運行時間

5時30分ごろ〜翌1時ごろ。

きっぷの買い方

目的地が郊外なら、1回券や回数券を持っていても目的地までのきっぷを必ず購入すること。自動券売機で買う場合は目的地の駅名、往復／片道、枚数を選ぶ。操作の仕方が分からない場合は、窓口で目的地を紙に書いて渡すとよい。「現地精算」はなく、規定のきっぷを持っていないと罰金を課せられる。

観光に便利な2路線

B線

市内⇔シャルル・ド・ゴール空港を結ぶ。終点はCDG2ターミナル。CDG1ターミナルは1つ前で下車する。

C線

市内⇔ヴェルサイユ宮殿を結ぶ。終点駅VERSAILLES-RIVE-GAUCHEで下車する。

注意ポイント

○RERは路線が複雑なうえ、途中駅を通過するものもあるので、掲示板をしっかり確認しよう。
○出口にも改札があるので、目的地までのきっぷを購入するのはもちろん、なくさないように保管すること。
○メトロに比べ治安がよくない。夜間は特に注意！

バス Autobus

路線番号はバス正面の最上部に表示がある

パリ市内に70ルートほどあるバス路線。地下鉄よりも小回りがきき、車窓から街の風景を眺められるのが利点だ。路線は複雑なのである程度の土地勘が必要になるが、バスを使いこなせると街歩きがさらに楽しくなる。

料金

きっぷはメトロと共通。1回券は最初に刻印機を通してから90分間、自由に乗り降りできる。

運行時間

7時ごろ〜20時ごろ(一部の路線は〜24時ごろまで運行。深夜バスも存在する)

観光に便利な3路線

27番 サン・ラザール駅、オペラ・ガルニエ、ルーヴル美術館、サン・ミッシェル広場、リュクサンブール公園などに停車。ほぼ並行して走る21番も便利。

95番 北はモンマルトル、南はのみの市が開かれるヴァンヴまでを結ぶ。オペラ・ガルニエ、ルーヴル美術館、サン・ジェルマン・デ・プレ教会などを経由。

72番 バルク・ドゥ・サン・クルー駅からパリ市庁舎までを結ぶ。コンコルド広場などを経由してセーヌ河沿いを走る。

注意ポイント

○バス車内できっぷを購入することができるが、€2.50と割高なので、乗車前に購入するのがベター。
○停留所の数が多く道路事情にも影響されるため、地下鉄よりは移動時間がかかることを念頭に。

乗ってみよう

路線が複雑なので、乗車前に路線図と停留所の確認を。

1 乗車する

バス停

路線番号と行き先名を確認し、自分の乗りたいバスが来たら手を水平に出して乗車の意思を伝える。乗車は前からが基本。ドアが開かない場合はドアの横にある緑のボタンを押して乗車。

2 刻印機にタッチ

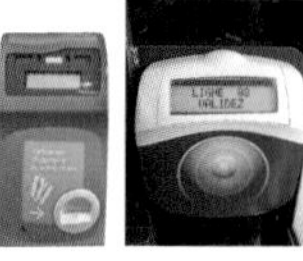

きっぷを運転手のすぐ横にある刻印機に通して刻印する。パス類はタッチパネルにかざす。きっぷを持っていない場合は、バス運転手から購入する（現金のみ）。

3 車内で

車内の路線図や電光掲示板などを見て下車する停留所を確認しよう。車内アナウンスを聞き取るのはかなり困難。

4 下車する

降りる1つ手前の停留所を過ぎたら、赤いボタンを押して下車の意思を運転手に伝えよう。降車は後方のドアから。

プチ情報 パリ市内と郊外を結ぶ交通機関にトラムもある。国際見本市(別冊① MAP ● P2B4)やヴァンヴの蚤の市(→ P61)のアクセスにはパリ市南部を横断するT3aが便利。メトロのきっぷが使える。

タクシー

Taxi

荷物が多いときや深夜の移動など、タクシーは重要な交通手段のひとつ。英語を話す運転手は少ないが、行き先をしっかりと告げることさえできればそれほど心配はいらない。料金もメーター制なので安心して利用できる。

↓タクシースタンド

↑車体はタクシー会社によってさまざま

タクシー料金

基本料金は€2.60。時間帯とパリ市内と郊外のエリアによってA～Cの3段階に分かれており、1kmあたりの加算額はAは€1.13、Bは€1.47、Cは€1.66。トランクに預ける荷物2個目～€1、5人目の乗客に€4の追加料金がかかる。電話で呼んだ場合にも追加料金が必要。最低運賃は€7.30。

主要タクシー会社

○ タクシー・ジェーセット　TAXI G7

☎3607

○ アルファ・タクシー　Alpha Taxis

☎01 45 85 85 85

注意ポイント

○パリのタクシーは慢性的に不足気味なので、雨天時や朝夕のラッシュ時にはつかまえるのが困難なことが多い。帰国時、空港に向かう際などは、ホテルのフロントに頼んで早めに予約を。

○トランクを利用した場合、荷物の出し入れは運転手に任せよう。

乗ってみよう

パリのタクシーはすべて手動ドア。自分でドアを開閉する。通常は助手席を使用せず乗車は基本3人まで。

1 タクシーを探す

流しのタクシーもあるが、街なかのタクシースタンドで拾うか、ホテルやレストランで呼んでもらうのが確実。屋根の上についたTAXI PARISIENマークのランプが緑色に点灯しているのが空車、赤色の点灯の場合は乗車中を示す。

2 乗車する

自分でドアを開けて乗車。行き先は片言のフランス語で告げるよりも紙に書いて見せるほうが確実。

3 支払い&下車する

メーターに表示された金額に、荷物や乗客などの追加料金を加えた額を支払う。周囲の交通に注意して自分でドアを開け下車。下車後は自分でドアを閉める。

ヴェリブ

Vélib'

国際免許証がなくても利用できる手軽さがうれしい

パリっ子の日常の移動手段として導入された、セルフレンタルサイクル。市内には約1400のステーションがあり、約300mごとに設置されている。登録手続きをすれば、旅行者でも自由に利用可能。

○ 料金　Pass 24h Classique(契約なし、使うときだけ支払う)の場合は1日利用は€5で。30分まで＋€1(電動自転車は＋€2)、30～60分は＋€2(電動自転車は＋€3)、60分以上になると30分ごとに＋€1。支払いはクレジットカードで、利用時に€200(電動自転車は€300)のデポジットが必要だが、事故や故障時のためのもので問題なければ引き落とされることはない。登録はWEBサイト(URL www.velib-metropole.fr/)でも行うことができる。また各ステーションではチャージした「ナヴィゴ・スメーヌ」(→P144)で登録することもできる。

注意ポイント

○不特定多数の人が利用するので、自転車を利用する前に壊れていないか、空気は充分に入っているかなどの確認を。パンクしている自転車も多い。

○パリでは自転車が車と同じルールに基づいて利用されている。近頃、車線と対向の自転車レーンが増えているので注意。またバイクとの接触にも気を付けて。

乗ってみよう

自転車は車両扱いなので、歩道の走行はNG。車道の右側を走行すること。

1 登録する

ステーションにある「ボルヌBorne」で言語を選択後、利用日数を登録。クレジットカードで手続きを終えると、8桁のVelibコードが印刷されたチケットが発行される。チケットはなくさないように。

2 レンタルする

利用する自転車に付いている機械に8桁のコードを入力。ロックが外されたら自転車を引き出す。

3 返却する

返却するステーションは空きがあればどこでもOK。ランプが赤から緑に変わり、ピッという音が鳴ったら正しく返却されたことになる。

プチ情報　タクシーのチップは基本的に不要だが、渡すなら料金の5～10%を目安に。お釣りの端数を受け取らないのがスマート。

[旅のキホン]

通貨や季節の移り変わり、独特な文化やマナーは事前にチェック。パリで快適に過ごすために欠かせない基本情報をインプットしておこう。

お金のこと

フランスの通貨単位はユーロ(€)。補助単位はユーロセント(Euro Cent、フランスでは通称サンチーム)で、€1＝100¢。

€1 ≒ 141円
(2023年2月現在)

紙幣は6種類あり、デザインはEU加盟国共通。硬貨は8種類あり、裏のデザインは国によって異なる。フランスの硬貨は、€1、2は国土を表す六角形と木と自由・平等・博愛の文字で、10、20、50¢は種を蒔く人、1、2、5¢は女神マリアンヌの肖像画が描かれている。
クレジットカードはデパートやブティック、レストランなど、たいていの店で使える。

€5

€50

€10

€100

€20

€200

1¢

2¢

5¢

10¢

20¢

50¢

€1

€2

両替

空港、主要駅、ホテル、街なかなどで円からユーロに換金可能。両替レートや手数料がそれぞれ異なるので、双方を見比べるとよい。

空港	街なかの両替所	ATM	ホテル
当座の両替を	数が多い	24時間使える	安全&便利
到着フロアに両替所がある。両替レートはあまりよくなく手数料も高いので、当面必要な分のみにとどめて。	観光客が多く集まる場所にある。両替レートは店によって異なり、店頭に掲示してあるので、手数料と併せて確認しよう。 「CHANGE」のマークが目印	いたるところにあるので、両替所の少ないエリアで重宝する。提携カードは機械の表示で確認。	両替レートはよくないが、フロントででき、安全かつ安心なのが利点。プチホテルなどでは両替できないことも。

※市内の銀行、郵便局は両替対応不可なので注意

ATM併用のススメ

キャッシングサービスのあるクレジットカードや国際キャッシュカード、Visaデビットカード、トラベルプリペイドカードを使って、必要な分だけ現金通貨を引き出せるATM。キャッシング機能付きクレジットカードでATMを利用した際には、各カード会社の契約内容に応じた別途手数料がかかる。両替所で円をユーロに両替すると2〜5%程度の手数料が必要だが、店舗によって手数料自体が不要なことも。ただし、ATMは銀行併設のものを銀行が開いている時間に利用するのが望ましい。トラブルに即時に対応してもらえる。

ATMお役立ち英単語集

暗証番号…PIN/ID CODE/SECRET CODE/PERSONAL NUMBER
確認…ENTER/OK/CORRECT/YES
取消…CANCEL
取引…TRANSACTION
現金引出…WITHDRAWAL/GET CASH
キャッシング…CASH ADVANCE/CREDIT
金額…AMOUNT

プチ情報 国際キャッシュカードはプレスティア(旧シティバンク)、Visaデビットカードは三井住友銀行や楽天銀行、ソニー銀行が発行している。また、海外プリペイドカードはVisaが発行している。

シーズンチェック

メーデーやクリスマス、元日は、美術館やショップなど、ほとんどの施設が閉まるので、この時期の旅行は注意。フランスには日本と同様、四季がある。※下記祝祭日とイベントは2023年の予定

主な祝祭日

1月1日	元日
4月9日	復活祭※
4月10日	復活祭翌月曜日※
5月1日	メーデー
5月8日	第二次世界大戦戦勝記念日
5月18日	キリスト昇天祭※
5月28日	聖霊降臨祭※
5月29日	聖霊降臨祭翌月曜日※
7月14日	革命記念日(パリ祭)
8月15日	聖母被昇天祭
11月1日	諸聖人の日
11月11日	休戦記念日
12月25日	クリスマス

※は年によって日付が変わる移動祝祭日

主なイベント

2月下旬～3月上旬	パリコレクション(秋冬)
4月2日	パリマラソン
5月28日～6月11日	全仏オープン
6月3日	ニュイ・ブランシュ(現代のアートの祭典)
6月21日	音楽の日
7月1日～23日	ツール・ド・フランス
7月14日	パリ祭
9月下旬～10月上旬	パリコレクション(春夏)
9月30日・10月1日	凱旋門賞
10月中旬	モンマルトルのブドウ収穫祭
10月下旬～11月上旬	サロン・デュ・ショコラ(→P95)
11月下旬～1月中旬	パリ・イリュミヌ・パリ

● イベントの日程や内容は変更になる場合があります。

気候とアドバイス

春 3～5月	3月は寒い日も多く、春らしくなるのは4月中旬ごろから。しかし、1日の寒暖の差が激しいので上着の用意を。	**夏** 6～8月	7・8月は気温30℃を超えることもあるが、日本に比べ湿度が低いので過ごしやすい。朝晩は冷え込むので注意。
秋 9～11月	9月以降は雨の日が多くなり、気温も低下。セーターやコートはもちろん、雨具の用意も忘れずに。	**冬** 12～2月	どんよりとした底冷えする日が続き、晴れ間が見えることは稀。コートや帽子、手袋、ブーツなどの防寒対策を。
食べ物の旬	仔羊／3～5月、フランボワーズ／5～6月、ズッキーニ／6～8月、カキ／9～4月、ジビエ／10～2月、セップ茸／9～10月		カキ

平均気温と降水量

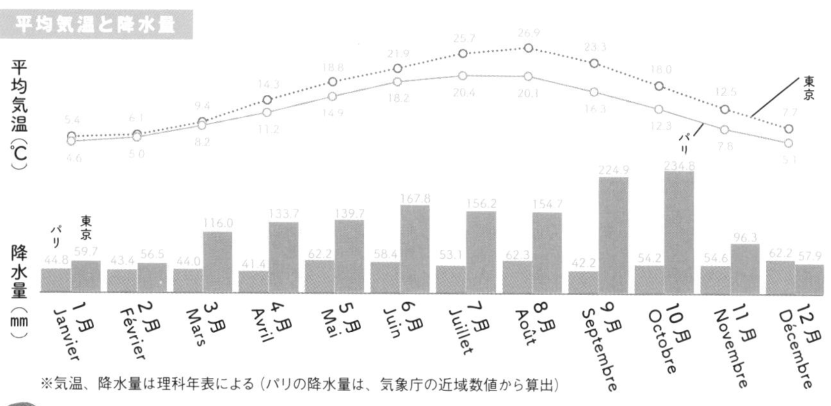

※気温、降水量は理科年表による(パリの降水量は、気象庁の近域数値から算出)

プチ情報 1994年からはじまった世界最大規模のチョコレートのイベント「サロン・デュ・ショコラ」(→P95)。パリを中心に世界中のショコラティエやパティシエが集まり、ショコラの試食や新作発表など、さまざまなイベントが行われる。

電話のかけ方

●自分の携帯からかける場合…機種や契約によってかけ方や料金体系はさまざま。海外用の定額プランなどに加入していない場合、国内と同様に携帯を使用していると利用料が高額になる場合があるので注意。海外用データローミングサービスやWi-Fiルーターのレンタルなど、各社で各種サービスがあるので、必要に応じて利用しよう。

パリ→日本

00(国際電話識別番号) **−81**(日本の国番号) **−相手の電話番号**(最初の0はとる)

パリ市内通話(ホテルの客室からの場合)

市外局番の01から電話番号をそのまま押せばよい。ホテルの客室からかける場合は、外線専用番号(ホテルにより異なる)−相手の電話番号をダイヤルする。

日本→パリ(固定電話の場合)

電話会社の識別番号(※) **−010−33**(フランスの国番号) **−相手の電話番号**(最初の0はとる)

※マイライン(2024年1月終了予定)に登録していない場合は、電話会社の識別番号(NTTコミュニケーションズ・・・0033、ソフトバンク・・・0061など)を最初につける

インターネット事情

街なかで

マクドナルドやスターバックスコーヒー、カフェ、公園や図書館、美術館などの公共施設では、各所にWi-Fiスポットがある。無線LAN対応機器があれば利用可能。接続パスワードが必要な場合は、スタッフに確認を。パリ市による無料公共WiFi「Paris Wi-Fi」もあり、市内260の公共施設で接続できる。

ホテルで

ほとんどのホテルでWi-Fiの接続が可能。パソコン、スマートフォン、タブレットを持参すれば使える。接続無料のホテルが多いが、高級ホテルだとロビーは無料で、客室は有料のところも。チェックイン時にWi-FiのIDとパスワードを聞こう。

郵便・小包の送り方

郵便

切手は郵便局やたばこ販売店で購入できる。日本へ送る場合、あて先は「JAPAN」「AIR MAIL」のみローマ字で書けば、ほかは日本語でOK。ポストは黄色の箱型で、日本への郵便は「Etranger」に投函。ホテルのフロントに頼んでもよい。小包は郵便局のサイトで通関電子データの送信が必要。パリ・ルーヴル郵便局／別冊①MAP●P11D1

フランス郵便局　La Poste
URL www.laposte.fr/

パリから日本へ送る場合の目安

内容	期間	料金
ハガキ、封書(20gまで)	4〜6日	€1.80
封書(100gまで)	4〜6日	€3.70
小包(2kgまで)	1週間〜10日	€45.20(保険なし)

「コリッシモ」が便利！
日本までの郵送費込みの箱を購入して送るサービスが安くてお得。5kgまで€52、7kgまで€73。

宅配便

パリには日本の宅配便会社があり、日本での着払いも可能。支店のある場所なら、ホテルまで集荷に来てくれる。

欧州ヤマト運輸
E-mail ypepar@yamatoeurope.com

公衆電話はほとんどがカード式。ただし、現在では公衆電話の数が激減しているので見かけることは滅多にない。

水とトイレとエトセトラ

水道水は飲める？

パリの水道水は飲めないことはない。しかし、石灰分が多く含まれているので、慣れない人にはミネラルウォーターがおすすめ。ミネラルウォーターには無炭酸のノン・ガズーズ「Non Gazeuse」と炭酸入りのガズーズ「Gazeuse」がある。

種類が豊富に揃うミネラルウォーター

トイレに行きたくなったら？

無料の公衆トイレは緑のランプがついていれば利用可能。ホテルやデパート、美術館などは有料トイレもあり、€0.50程度を出口の皿などに置く。カフェのトイレを利用するときは、コーヒーを1杯飲んでいくか、€0.50～1程度のチップを。

「Toilettes」「W.C」の表示が目印

ビジネスアワーはこちら

パリの一般的な営業時間帯。日曜は休みの店が多いので注意しよう。

レストラン	時12時～14時30分、19時30分～23時　休日曜
ショップ	時10～19時　休日曜
デパート	時9時30分～20時（週に1日だけ～21時）　休日曜
美術館・博物館	時10～18時（週に1日だけ～21時）　休月曜または火曜
銀行	時9～17時　休日曜

変換プラグと変圧器が必要

パリの電圧は220V、周波数は50Hz。海外対応のスマートフォンなど以外は日本の電化製品を使用するには、変圧器が必要。プラグの形には、Cタイプの2本型ピンとSEタイプの3本型ピンがある。

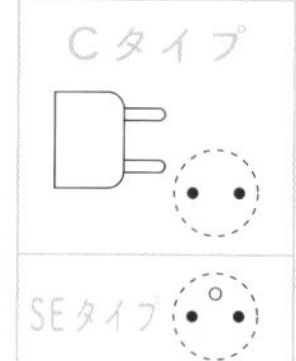

たばこ

フランスでは、バスや鉄道、地下鉄、船舶、航空機などの交通機関や、ショップやデパート、駅、観光施設、空港、レストラン、カフェ、ホテルなどの建物内といった公共のスペースでは喫煙禁止。違反者には罰金刑（最大€450、電子たばこは最大€150）が科せられるので充分に注意しよう。たばこのポイ捨ても同様の罰金刑（€135）。

サイズ

○ レディスファッション

日本	衣類	7	9	11	13	15
フランス		36	38	40	42	44
日本	靴	22.5	23	23.5	24	24.5
フランス		35	36	37	38	39

○ メンズファッション

日本	胸囲	衣類	81-84	85-88	89-92	93-96	97-100
	胴囲		73-76	77-80	81-84	85-87	88-92
フランス			38	40	42	44	46
日本		靴	24.5	25	25.5	26	26.5
フランス			39	40	41	42	43

※上記のサイズ比較表はあくまでも目安。メーカーなどにより差があるので注意

ストライキに注意

メトロや鉄道などの交通機関をはじめ、美術館などの観光施設でも、ストライキが頻繁に行われる。ストライキは事前予告が義務付けられているので、事前に各機関や施設のホームページなどで確認するとよい。ちなみに、フランスではストライキのことを「グレーヴ grève」という。

パリの物価

ミネラルウォーター（500mℓ）€0.50～

マクドナルドのハンバーガー €2.40

スターバックスコーヒーのブレンドコーヒー（T）€3.55

生ビール（1パイント）€7～

タクシー初乗り €7.30～

上記ミネラルウォーターの価格は、駅の自販機などでは€1.80、観光地では€2以上することもある。また、生ビールの価格は、庶民的なブラッスリーなどでは€5前後ぐらい～。

ルール&マナー

観光

心強い味方!旅の案内所

現地での情報収集は旅の案内所で。駅はじめさまざまな場所にあるので、最新情報をチェックしよう。

■パリ観光案内所 URL www.parisinfo.com/
［市庁舎］ 住29 Rue de Rivoli 4e
時10～18時
休なし 別冊① MAP●P22A3
［北駅］ 住18 Rue de Dunkerque 10e 時9～17時 休日曜、祝 別冊① MAP●P17A1

荷物を預けたい

北駅、東駅など主要な駅にはロッカーを設置している。市内には「CITY-LOCKER」や「Bounce」など手荷物一時預かり所が点在。Webで予約、クレジットカード払い。

■CITY-LOCKER
URL www.citylocker.paris/ja/
■Bounce
URL usebounce.com/ja/city/paris

教会でのマナー

教会は観光のみどころである前に、ミサや冠婚葬祭が行われる厳粛な場所。肌を露出した服装は禁止。また、日曜の朝などミサが行われているときは見学を控える。

写真NGの場所に注意

美術館や博物館では撮影禁止のところが多い。また、撮影OKのところでもフラッシュや三脚、自撮り棒は禁止されていることが多いので注意。

グルメ

満足したらチップを

チップは食事代に含まれていることが多いが、サービスが満足のいくものであったら、気持ちを表すものとして置いていこう。目安は料金の3～10%。

食事を楽しむために

店に入ると、先に女性が席に着き、次いで男性。注文は主に男性。ワインのテイスティングは誰かひとり。パンはひと切れずつ取り、テーブルにじかに置く。勘定はテーブルで。「ラディスィオン スィルヴ プレL'addition, s'il vous plaît.(勘定をお願いします)」という。

予約・ドレスコードを確認

多くの星付きレストランでは、英語での予約が可能。電話で希望日時と人数を告げよう。英語のウェブサイトから予約できる店もある。高級店での服装は、女性はワンピースかスーツ、男性はネクタイ、上着着用など。

ショッピング

付加価値税の払い戻し

フランスで購入する商品には20%(食品・書籍は5.5%)の付加価値税(TVA)が課せられる。16歳以上でEU圏非居住者が、TAX FREE加盟店で3日以内に同一店舗で€100.01を超える買い物をした場合、購入金額の最大16.67%が払い戻される(条件は店によって異なる)。出国時に未使用であることが条件。帰国便がヨーロッパ経由便であれば、最後に立ち寄るEU加盟国で手続きを。

買物時

TAX FREE加盟店で購入後、店員に免税手続きを申し出る。パスポートを提示して、免税書類に必要事項を記入し、免税書類と免税用封筒を受け取る。電子認証システムのパブロ(Pablo)マークがあれば、バーコード付きの免税書類をもらう。この時、払い戻し方法を現金かクレジットカードなどから選ぶ。

空港で

帰国時、空港でチェックイン前に免税手続きカウンター「Détaxe」へ行き、免税書類とパスポート、航空券(またはeチケットの控え)、未使用の商品とレシートを提示して免税書類に免税印を押してもらったら、クレジットカードへの払い戻しの場合は、免税用封筒に入れて近くにある専用のBOXに投函する。現金の場合はセキュリティチェック後にある払い戻しカウンター「Cash Paris」へ。手数料€4程度引かれて払い戻される。税関、払い戻しカウンターは混雑しているので、時間に余裕をもって早めに手続きしよう。
パブロを使う場合、税関へ行く必要はなく、自動端末機でバーコード付きの免税書類を読み取るだけ(商品が手元にある、パスポートと搭乗券を持っていることが義務付けられている)。認証されたら完了。日本語にも対応しているので安心。

シャルル・ド・ゴール空港に設置されているパブロ

ホテル

チップを忘れずに

荷物を運んでもらうときは荷物1個につき€1ほどを運び終わったときに渡す。枕銭は€1ほどを枕元またはサイドテーブルへ。ルームサービスは€2ほどを手渡そう。手渡すときは、メルシー(ありがとう)の言葉も忘れずに。

プチ情報 フランスのカフェは席によって料金が異なる。テラス席が一番高く、カウンター席が最も安い。カウンター席の相場は€1程度。テラス席はカウンター席の約2倍の料金がかかる。

トラブル対処法

パリの治安は良好だが、油断は禁物。メトロ内でのスリやひったくりなどは多発しているので注意が必要だ。また、夜間は人通りが少なくなるので、女性のひとり歩きは避けたい。

病気になったら

ためらわずに病院へ。どうしたらいいかわからない場合は、ホテルのフロントで医師の手配を頼むか、参加したツアー会社や加入している保険会社の現地デスクに連絡すれば、病院を紹介してくれる。海外の薬は体に合わないこともあるので、日本から使いなれた薬を持参しておくといい。

盗難・紛失の場合

○ パスポート

パスポートを盗難・紛失した場合は、警察に届けを出して盗難(または紛失)証明書を発行してもらう。そして日本国大使館で失効手続きをした後、新規発給もしくは帰国のための渡航書を発行してもらう。

○ クレジットカード

不正使用を防ぐため、まずカード会社に連絡し、カードを無効にしてもらう。その後はカード会社の指示に従おう。

パリ・ミュージアム・パスで

お得に美術館めぐり

パリ市内や郊外にある50以上の美術館や観光施設に入場できる便利なパス。チケット売り場に並ぶことなく、有効期間中は何度でも入ることができ、3～4カ所以上回る予定ならかなりお得に。加入美術館の切符売り場ほか、観光案内所、公式サイトで購入可。
㊕2日券€55、4日券€70、6日券€85
(いずれも連続した日数で使用)
URL www.parismuseumpass.com/

○ 利用できる主な施設

⇒ルーヴル美術館→P116
オルセー美術館→P120
オランジュリー美術館→P120
ピカソ美術館→P123
サント・シャペル教会→P88
凱旋門→P20
ヴェルサイユ宮殿→別冊②P8

○ 使い方のコツ

・月曜や火曜が休館の美術館が多いので、それ以外の曜日で使用日を設定。
・何度も入場可能なので、連日通ってもOK。
・日本での購入も可能。

旅の便利帳

[パリ]

在フランス日本国大使館

交Ⓜ2番線COURCELLES駅から徒歩5分
住7 Av. Hoche 8e ☎01 48 88 62 00
時9時30分～12時30分、14時30分～17時
休土・日曜、休館日(※公式サイト参照)
URL www.fr.emb-japan.go.jp/
別冊①MAP●P5C1

警察 ☎17(携帯電話からは☎112)

救急車 ☎15 **消防署** ☎18

カード会社緊急連絡先

・Visaグローバル・カスタマー・アシスタンス・サービス
☎0800-919-552(トールフリー)
・JCB紛失・盗難海外サポート
☎00-800-00090009(トールフリー)
・アメリカン・エキスプレスカード・グローバル・ホットライン
☎0800-90-83-91(トールフリー)
・マスターカード・グローバル・サービス
☎0-800-90-1387(トールフリー)

[日本]

在日フランス大使館

フランス観光開発機構

外務省海外安全ホームページ

主要空港

成田国際空港インフォメーション

東京国際空港ターミナルインフォメーション(羽田空港)

関西国際空港案内センター

旅先では、いつトラブルに巻き込まれるか分からない。いざというときに備えて、滞在先のホテルの電話番号をメモしておくと安心。

グルメガイド

美食の都パリをたっぷり堪能したいなら、予約からメニュー選びまでレストランでの基礎知識を総ざらい！

予約から会計まで

レストランの予約はどうしたら? お会計は? 現地のルールやマナーなど気になるポイントをチェック。

STEP 1 予約をする

電話かネットで席を予約。事前に店に直接行って聞くのもアリ。予約するときは「2名で予約をお願いします Je voudrais réserver une table pour 2 personnes.（ジュ ヴードレ レゼルヴェ ユヌ ターブル プール ドゥー ペルソンヌ）」と伝えよう。

STEP 2 注文

オーダーするときの基本は「私は○○をいただきます Je voudrais ○○（ジュ ヴードレ ○○）」。単品を選ぶアラカルトよりも、おすすめがセレクトされたコース料理の方が注文は簡単。「Apéritif（アペリティフ）は?」と聞かれたらシャンパンなどを頼むか、断っても大丈夫。ミネラルウオーターは炭酸なし（L'eau plate ロープラット）か炭酸入り（L'eau gazeuse ローガズーズ）のいずれかを指定。高級店でなければ無料の水道水（Une carafe d'eau ユヌ カラフ ドー）を頼むこともできる。

STEP 3 会計

食べ終わったら会計はテーブルで済ますのが基本。食事をサービスしてくれた給仕を呼んで「お勘定お願いします L'addition,s'il vous plaît.（ラディシオン シル ヴ プレ）」と言えば、伝票を持って来てくれる。テーブル単位で担当する給仕は決まっているので、担当外の給仕を呼ばないようにしよう。

チップはどうする?

フランスの場合チップは義務ではないが、格式の高いお店なら食事代の5～10%を目安に。カード払いの際もキリの良い金額を現金でテーブルに置いていくのがおすすめ。

メニューの読み方

フランス語で「Carte（カルト）」とよばれるメニューも、キーワードを押さえておけばバッチリ！

ビストロ

❶ セットメニュー
前菜／メイン／デザートのリストの中から1～3品を選択するプリフィクス形式

❷ 前菜
Entrée（アントレ）、スターターのこと。冷菜と温菜がある

❸ メイン
Plat（プラ）。魚（Poissons／ポワソン）と肉（Viandes／ヴィアンドゥ）から1品選ぶか、順番に出ることも。メインは原則1人1皿必ずオーダーしよう。

❹ デザート
Dessert（デセール）。季節の果物やチョコを使った品が定番。チーズ（Fromages／フロマージュ）もここに記載されていることがある。

レストラン

MENU

{ ENTRÉES } ❷

Blanc de DAURADE mariné 64€
citron, caviar gold, garniture mimosa

COOKPOT de légumes de saison cuits 60€
longuement, caillé de brebis

Filet de PIGEON en chaud-froid, 62€
la cuisse en pâté, mélange d'herbes amères

HOMARD de nos côtes court-bouillonné, 88€
primeurs croquants, notre sauce César

{ POISSONS } ❸

Pavé de BAR poêlé, fenouil fondant, 86€
sauce Dugléré

Filet de TURBOT à la plancha, 88€
écrevisses à la Riche

Belles LANGOUSTINES dorées en 88€
carapace,primeurs cuits et crus en salade

ROUGET DE MÉDITERRANÉE 78€
farci et braisé au fumet de bouillabaisse

{ VIANDES }

Suprême de VOLAILLE DE BRESSE rôti, 74€
condiment d'une diable

CANON D'AGNEAU à la broche, 78€
l'épaule confite, artichauts à la barigoule

GRENADIN DE VEAU au sautoir, 76€
petites girolles, échalotes, vrai jus

{ FROMAGES }

Sélection de quatre FROMAGES de France 26€
Selection of four perfectly matured cheeses

{ DESSERTS } ❹

L'ÉCROU AU CHOCOLAT et praliné 26€
croustillant, glace noisette

MOELLEUX aux pistaches et 26€
fraises des bois

FINE TARTE À LA RHUBARBE juste pochée, 26€
délicate meringue

VACHERIN CONTEMPORAIN aux 26€
fraises et thym citronné

CARRÉ GOURMAND FRAMBOISE/CHOCOLAT 26€

BABA imbibé de l'Armagnac de votre 26€
choix accompagné de crème peu fouettée

MENU DÉGUSTATION ❶
210 € / 310 € avec les vins

ENTRÉES / STARTERS
HOMARD de nos côtes en Bellevue, sucs de cuisson en sabayon et caviar gold
PETITS ARTICHAUTS POIVRADE en barigoule

POISSON & VIANDE / FISH & MEAT
Blanc de TURBOT cuit au four façon Dugléré
GRENADIN DE VEAU au sautoir, pommes de terre Anna, vrai jus

DESSERTS
MOELLEUX aux pistaches et fraises des bois
L'ÉCROU AU CHOCOLAT et praliné croustillant, glace noisette

レストランとビストロの違いは?

レストランは飲食店全体の総称でもあるが、事前予約が必要で、ドレスコードのある高級フランス料理店を指すことが一般的。ビストロはもともと小規模な居酒屋や庶民派の食堂を意味していたが、近年パリではスターシェフが手がけるネオビストロも多数派に。一方でカジュアルなレストランも増えており、最近は両者の垣根がなくなってきているとも言える。どちらのタイプの店でも、特にディナーの際はあまりラフすぎない服装で臨むのがおすすめ。

そのほかの定番メニューでは「Formule Petit Déjeuner」＝パンとカフェか紅茶またはココアを選べる朝食セット、「Café Gourmand」＝カフェにミニスイーツ数品を添えたデザートセットなどがある。

メニュー構成

フランス料理のコースは前菜、メイン、デザートの３品が基本。前菜の前につき出し(アミューズブーシュ)、デザートの前にチーズが入ることも。以下が特に代表的な料理。

前菜 Entrée ＋ メイン Plat ＋ デザート Dessert

前菜 Entrée

- carpaccio カルパッチョ **カルパッチョ**
- charcuterie シャルキュトリー **ハム・ソーセージなど**
- foiegras フォワグラ **フォワグラ**
- jambon cru ジャンボン クリュ **生ハム**
- œuf dur mayonnaise ウフ デュール マヨネーズ **ゆで卵のマヨネーズあえ**
- pâté パテ **パテ**
- potage maison ポタージュ メゾン **自家製ポタージュ**
- ratatouille ラタトゥイユ **ラタトゥイユ**
- salade verte サラドゥ ヴェルトゥ **グリーンサラダ**
- terrine テリーヌ **テリーヌ**

メイン Plat

- blanquette de veau ブランケット ド ヴォー **仔牛のクリーム煮**
- confit de canard コンフィ ド カナール **鴨のコンフィ**
- poularde de bresse grillée プラールドゥ ドゥ ブレッス グリエ **ブレス産若鶏のグリル**
- fillet de sole meunière フィレ ドゥ ソール ムニエール **舌平目のムニエル**
- coquille saint-jacques à la provançale コキーユ サンジャック ア ラ プロヴァンサル **帆立貝のプロヴァンス風ニンニクバターソース**

デザート Dessert

- crème brulée クレームブリュレ **焼きプリン**
- gâteau au chocolat ガトー オ ショコラ **チョコレートケーキ**
- glace グラス **アイスクリーム**
- sorbet ソルベ **シャーベット**
- tarte タルトゥ **タルト**

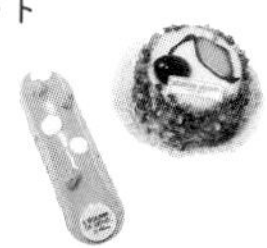

主な食材

メニューに書かれた食材の仏名を覚えておけば、料理のイメージも明確になるはず！

肉 Viandes

agneau	アニョー	仔羊
boeuf	ブフ	牛肉
caille	カイユ	ウズラ
canard	カナール	鴨
faisan	フザン	キジ
lapin	ラパン	ウサギ
oie	オワ	ガチョウ
porc	ポール	豚肉
poulet	プーレ	鶏肉
veau	ヴォー	仔牛

魚介類 Poissons

bar	バール	スズキ
carrelet	カルレ	カレイ
dorade	ドラードゥ	タイ
gambas (Crevette)	ガンバス（クルヴェットゥ）	エビ（小エビ）
huître	ユイートル	カキ
maquereau	マクロー	サバ
moule	ムール	ムール貝
saumon	ソーモン	サケ
sardine	サルディーヌ	イワシ
sole	ソール	舌平目

野菜 Légumes

ail	アイユ	ニンニク
artichaut	アルティショー	アーティチョーク
asperge	アスペルジュ	アスパラガス
aubergine	オーベルジーヌ	ナス
carotte	キャロットゥ	ニンジン
champignon de Paris	シャンピニョン ドゥ パリ	マッシュルーム
chou	シュー	キャベツ
concombre	コンコーンブル	キュウリ
courgette	クルジェットゥ	ズッキーニ
endive	アンディーヴ	チコリ
haricot vert	アリコ ベール	インゲン
laitue	レテュ	レタス
lentille	ランティーユ	レンズ豆
navet	ナヴェ	カブ
oignon	オニョン	タマネギ
poivron	ポワヴロン	ピーマン
pomme de terre	ポム ドゥ テール	ジャガイモ
potiron	ポティロン	カボチャ
tomate	トマトゥ	トマト

フルーツ Fruits

ananas	アナナス	パイナップル
abricot	アブリコ	アンズ
citron	シトロン	レモン
fraise	フレーズ	イチゴ
framboise	フランボワーズ	ラズベリー
mangue	マング	マンゴ
pamplemousse	パンプルムス	グレープフルーツ
pêche	ペッシュ	桃
pomme	ポム	リンゴ
raisin	レザン	ブドウ

フランスワインの代表的な銘柄

ブルゴーニュ Bourgogne
(赤) 多くがピノ・ノワール単一種で造られ、華やかで女性的な印象
(白) シャルドネ種100%がほとんど。豊かな香りとフルーティさが人気

ボルドー Bordeaux
(赤) タンニンが強く、濃厚かつ重量感があり男性的な味。ボトルの形はいかり肩が特徴

アルザス Alsace
(白) リースリング種やシルヴァネ種で造る、果実味の強い繊細なワイン。ボトルは細身でなで肩

コート・ドゥ・プロヴァンス Côte de provence
(ロゼ) 辛口ロゼの代表的銘柄。みずみずしく風味豊かで魚料理や夏の食事に◎

前菜のポタージュは「Velouté（ヴルーテ）」と称し、滑らかなクリーム状に仕上げてあることも。ゆで卵のマヨネーズあえは「œuf mayo（ウフ・マヨ）」と略され、パリの名店がランキングを競うほどの隠れ人気メニュー。

Index

観光スポット

□行きたい場所に✓を入れましょう　■行った場所をぬりつぶしましょう

ショップ

物件名	ジャンル	エリア	ページ	別冊①MAP
□マドモワゼル・ビオ	BIOコスメ	マレ	P64	P22B3
□マラン・モンタギュ	雑貨	サン・ジェルマン・デ・プレ	P23	P14B1
□マルシェ・デ・ザンファン・ルージュ	マルシェ	マレ	P27	P23C1
□マルシェ・バスティーユ	マルシェ	バスティーユ	P27	P12B3
□マルシェ・ビオ・ラスパイユ	マルシェ	サン・ジェルマン・デ・プレ	P26	P20A4
□ミミラムール	アクセサリー	サン・マルタン運河	P45	P17B3
□メゾン・キツネ	ファッション	サン・ジェルマン・デ・プレ	P39	P20B4
□メゾン・ファーブル	手袋	ルーヴル周辺	P46	P19D4
□メゾン・ブレモン1830	オリーブオイル	サン・ジェルマン・デ・プレ	P55	P21D3
□メ・ドゥモアゼル…	ファッション	マレ	P40	P23C1
□メルシー	コンセプトショップ	マレ	P42	P23D2
□メロディ・グラフィック	文房具	マレ	P30	P22B4
□モノプリ	スーパーマーケット	オペラ	P62	P19C3
□モノプリ・シャンゼリゼ	スーパーマーケット	シャンゼリゼ	P68	P5C3
□ラ・ギャルリー・ドゥ・ロペラ	オペラ・バレエグッズ	オペラ	P21	P19C1
□ラ・グランド・エピスリー・ドゥ・パリ	食料品	サン・ジェルマン・デ・プレ	P59	P20A4
□ラ・シャンブル・オ・コンフィチュール	コンフィチュール	マレ	P54	P23C2
□ラ・チュイル・ア・ルー	食器	カルチェ・ラタン	P53	P15D2
□ラ・トレゾルリー	インテリア・雑貨	サン・マルタン運河	P90	P17A3
□ラ・ドログリー	手芸用品	シャトレ・レ・アル	P51	P11C1
□ラ・スフルリ	手拭きガラス	サン・ジェルマン・デ・プレ	P31	P21D3
□ラ・マニュファクチュール・パリジェンヌ	ライフスタイルショップ	モンマルトル	P31	P25C1
□ラ・メゾン・キャラヴァーヌ	雑貨	サン・ジェルマン・デ・プレ	P30	P21C1
□ラ・メゾン・ドゥ・ラ・トリュフ	トリュフ	オペラ	P70	P18A2
□ラ・メゾン・デュ・ミエル	ハチミツ	オペラ	P70	P18B1
□ラ・リブレリー・ブティック・デュ・ミュゼ・デュ・ルーヴル(ルーヴル美術館内)	ミュージアムグッズ	ルーヴル	P119	P10B2
□ラフィット	食材	サン・ルイ島	P89	P11D3
□リブレリー・ブティック(オランジュリー美術館内)	ミュージアムグッズ	ルーヴル周辺	P120	P18A4
□リル・フロッタント	雑貨	サン・ルイ島	P89	P12A4
□ル・カフェ・アラン・デュカス/ラ・マニュファクチュール・ア・パリ	コーヒー豆	バスティーユ	P54	P13C3
□ルージュ	ファッション	オペラ	P38	P7C4
□ル・ボン・マルシェ・リヴ・ゴーシュ	デパート	サン・ジェルマン・デ・プレ	P59	P20A3
□レ・ネレイド	アクセサリー	シャトレ・レ・アル	P44	P11D1
□レクリトワール	文房具	マレ	P30	P22A1
□レペット	バレエシューズ	オペラ	P47	P19C2
□レユニヨン・デ・ミュゼ・ナショノー(オルセー美術館内)	ミュージアムグッズ	サン・ジェルマン・デ・プレ	P120	P10A2
□ロジェ・エ・ガレ	香水	サントノレ	P49	P19C4

レストラン・カフェ・スイーツ・パン

物件名	ジャンル	エリア	ページ	別冊①MAP
□ア・ラ・メール・ドゥ・ファミーユ	ショコラ	エッフェル塔周辺	P99	P9C3
□アルページュ	フランス料理	エッフェル塔周辺	P109	P9D3
□ア・レア	ビストロ	モンマルトル	P34	P25C1
□アンジェリーナ(リヴォリ店)	パティスリー	ルーヴル周辺	P93	P18B4
□エドワール	ショコラ	サントノレ	P94	P18B4
□オー・パラディ・デュ・グルマン	ブーランジュリー	モンパルナス	P112	P2B4
□オ・ピエ・ドゥ・コション	ブラッスリー	シャトレ・レ・アル	P106	P11C1
□オ・プティ・グレック	クレープリー	カルチェ・ラタン	P83	P15D2
□カフェ・ジャックマール=アンドレ	サロン・ド・テ	シャンゼリゼ	P103	P5C2
□カフェ・デ・ドゥ・ムーラン	カフェ	モンマルトル	P128	P24A3
□カフェ・デ・ミュゼ	ビストロ	マレ	P35	P23D3
□カフェ・ドゥ・フロール	カフェ	サン・ジェルマン・デ・プレ	P36	P20B2
□カフェ・ドゥ・ラ・ペ	カフェ	オペラ	P100	P19C2
□カフェ・マルリー(ルーヴル美術館内)	カフェ	ルーヴル	P119	P10B2
□カフェ・モリアン(ルーヴル美術館内)	カフェ	ルーヴル	P119	P10B2
□カレット	サロン・ド・テ	マレ	P102	P12B3
□ギー・サヴォワ	フランス料理	サン・ジェルマン・デ・プレ	P109	P21D1
□キャトルヴァン・シス・シャン	カフェ	シャンゼリゼ	P32	P4B3
□キャビア・カスピア(2階)	キャビア	オペラ	P71	P18B2
□クレープリー・ドゥ・ジョスラン	クレープ	モンパルナス	P85	P14A2
□ココ・パレ・ガルニエ	カフェレストラン	オペラ	P21	P19C1
□シェ・プリュヌ	カフェ	サン・マルタン運河	P90	P17B3
□シェ・マリアンヌ	スナック	マレ	P77	P23C3
□ジェラール・ミュロ	惣菜	サン・ジェルマン・デ・プレ	P114	P21C3
□ジャック・ジュナン	ショコラ	マレ	P95	P12B1
□ジャン=シャルル・ロシュー	ショコラ	サン・ジェルマン・デ・プレ	P96	P20B4
□ジャン=ポール・エヴァン	ショコラ	サントノレ	P72	P19C4
□ストレール	パティスリー	シャトレ・レ・アル	P93	P11D1
□セバスチャン・ゴダール	パティスリー	オペラ	P32	P7C1
□セプティーム	フランス料理	バスティーユ	P108	P13D4
□セプティーム・ラ・カーヴ	カーヴ・ア・マンジェ	マレ	P111	P13C3
□タバ・ドゥ・ラ・ソルボンヌ	カフェ	カルチェ・ラタン	P83	P11C4
□ダロワイヨ	パティスリー	シャンゼリゼ	P93	P5C3

□行きたい場所に✓を入れましょう　■行った場所をぬりつぶしましょう

ララチッタ
パリ
Paris

2023年　3月15日　初版印刷
2023年　4月　1日　初版発行

編集人　福本由美香
発行人　盛崎宏行
発行所　JTBパブリッシング
印刷所　凸版印刷

企画・編集　情報メディア編集部
編集スタッフ　中野朱夏
取材・執筆・撮影　木村秋子（editorial team Flone）／谷素子
田中敦子／yoko／斉藤純平／Sumiyo IDA／井上実香
菊田真奈／木戸美由紀／P.M.Aトライアングル
Hiroyuki MORITA／斉藤由美子
山本佳代子／ナオ・ベジュー／栗栖智美
横井直子／岸上佳緒里／片山優
日下智幸／齋藤順子／新村真理
Coonyang Camera／神戸シュン
森脇多絵／堀之内泰史
アートディレクション　BEAM
本文デザイン　BEAM／Brucke／鬼頭敦子
表紙デザイン　ローグ クリエイティブ
（馬場貴裕／西浦隆大）
シリーズロゴ　ローグ クリエイティブ
（馬場貴裕／西浦隆大）
編集・取材・写真協力　上仲正寿／四谷工房
Mayuko／getty images／PIXTA
地図製作　ジェイ・マップ／データ・アトラス
アルテコ／アトリエ・プラン
組版　凸版印刷／ローヤル企画

JTBパブリッシング
〒162-8446
東京都新宿区払方町25-5

編集内容や、乱丁、落丁のお問合せはこちら
JTBパブリッシング お問合せ
https://jtbpublishing.co.jp/contact/service/

224104　759118
ISBN978-4-533-15258-0 C2026

おでかけ情報満載
https://rurubu.jp/andmore/

※続刊予定あり

ヨーロッパ

①ローマ・フィレンツェ
②ミラノ・ヴェネツィア
③パリ
④ロンドン
⑤ミュンヘン・ロマンチック街道・フランクフルト
⑥ウィーン・プラハ
⑦アムステルダム・ブリュッセル
⑧スペイン
⑨北欧
⑩イタリア
⑫イギリス
⑬フランス

アジア

①ソウル
②台北
③香港・マカオ
④上海
⑤シンガポール
⑥バンコク
⑦プーケット・サムイ島・バンコク
⑧ホーチミン
⑨アンコールワット・ホーチミン
⑩バリ島
⑪釜山
⑫ベトナム
⑬台湾
⑭セブ島 フィリピン

アメリカ

①ニューヨーク
②ラスベガス・セドナ
③ロサンゼルス・サンフランシスコ
④バンクーバー・カナディアンロッキー

太平洋

①ホノルル
②グアム
③ケアンズ・グレートバリアリーフ
④シドニー・ウルル（エアーズ・ロック）
⑤ハワイ島・ホノルル
⑥オーストラリア

ここからはがせます♪

Lala Citta Paris

Area Map

パリ 別冊MAP

MAP記号の見方

H ホテル
M 地下鉄駅
RER RERの駅
i 観光案内所
JTB JTB支店
日本大使館
空港
バス停
銀行
郵便局
病院
警察
教会
P 駐車場

Av. = Avenue
Bd. = Boulevard
Imp. = Impasse
V. = Voie
Pl. = Place
Sq. = Square
Min. = Ministère
Th. = Théâtre
Cim. = Cimetière
Arr. = Arrondissement
Nat. = National

パリ全体図

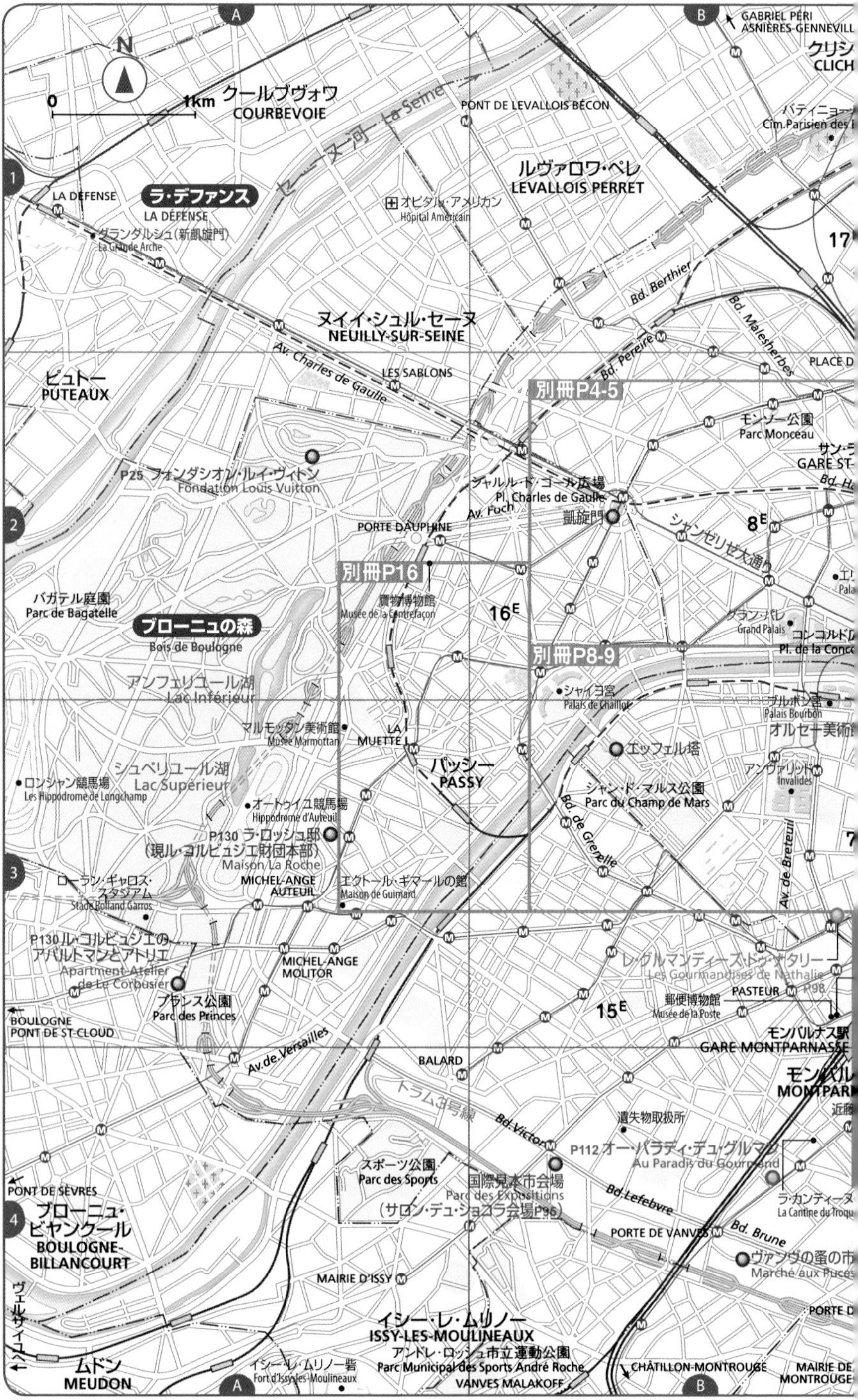

エリアNavi　パリ市郊外につながる東駅や北駅、RERの一部エリアはスリ被害が多発しているので注意。観光客だけでなく、地のフランス人への被害も続出しているので、特に夜間のひとり歩きは避けたほうがよい。

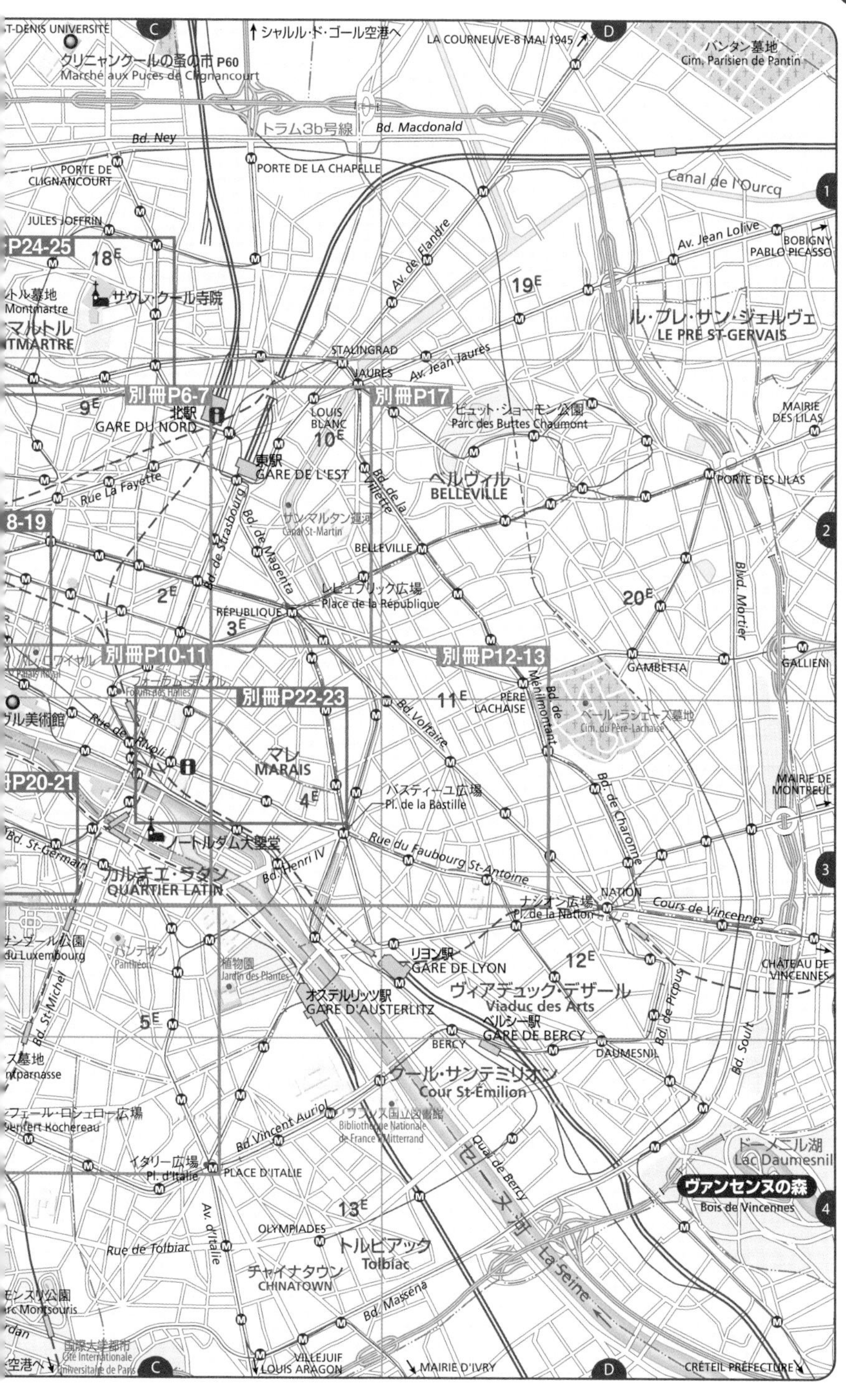

シャルル・ド・ゴール空港へ
LA COURNEUVE-8 MAI 1945
パンタン墓地
Cim. Parisien de Pantin
クリニャンクールの蚤の市 P60
Marché aux Puces de Clignancourt
トラム3b号線
Bd. Macdonald
Bd. Ney
PORTE DE CLIGNANCOURT
PORTE DE LA CHAPELLE
Canal de l'Ourcq
JULES JOFFRIN
P24-25
18E
サクレ・クール寺院
Av. de Flandre
Av. Jean Lolive
BOBIGNY PABLO PICASSO
19E
ル・プレ・サン・ジェルヴェ
LE PRÉ ST-GERVAIS
STALINGRAD
JAURÈS
Av. Jean Jaurès
別冊P6-7
別冊P17
9E
北駅
GARE DU NORD
LOUIS BLANC
10E
ビュット・ショーモン公園
Parc des Buttes Chaumont
MAIRIE DES LILAS
東駅
GARE DE L'EST
Rue La Fayette
ベルヴィル
BELLEVILLE
PORTE DES LILAS
Bd. de Strasbourg
Bd. de Magenta
Bd. de la Villette
サンマルタン運河
Canal St-Martin
BELLEVILLE
2E
レピュブリック広場
Place de la République
RÉPUBLIQUE
3E
20E
Blvd. Mortier
別冊P10-11
別冊P12-13
GAMBETTA
GALLIENI
別冊P22-23
11E
PÈRE LACHAISE
Bd. de Ménilmontant
ペール・ラシェーズ墓地
Cim. du Père-Lachaise
Rue de Rivoli
Bd. Voltaire
マレ
MARAIS
P20-21
4E
バスティーユ広場
Pl. de la Bastille
MAIRIE DE MONTREUIL
Bd. de Charonne
Bd. St-Germain
ノートルダム大聖堂
Rue du Faubourg St-Antoine
カルチエ・ラタン
QUARTIER LATIN
Bd. Henri IV
NATION
ナシオン広場
Pl. de la Nation
Cours de Vincennes
パンテオン
Panthéon
リヨン駅
GARE DE LYON
12E
CHÂTEAU DE VINCENNES
植物園
Jardin des Plantes
オステルリッツ駅
GARE D'AUSTERLITZ
ヴィアデュック・デザール
Viaduc des Arts
Bd. St-Michel
5E
ベルシー駅
GARE DE BERCY
BERCY
DAUMESNIL
Bd de Picpus
Bd. Soult
クール・サンテミリオン
Cour St-Émilion
ntparnasse
フランス国立図書館
Bibliothèque Nationale de France F. Mitterrand
Bd. Vincent Auriol
Quai de Bercy
ドーメニル湖
Lac Daumesnil
イタリー広場
Pl. d'Italie
PLACE D'ITALIE
ヴァンセンヌの森
Bois de Vincennes
13E
OLYMPIADES
トルビアック
Tolbiac
Rue de Tolbiac
Av. d'Italie
チャイナタウン
CHINATOWN
La Seine
セーヌ河
Bd. Masséna
国際大学都市
Cité Internationale Universitaire de Paris
VILLEJUIF LOUIS ARAGON
MAIRIE D'IVRY
CRÉTEIL PRÉFECTURE
C
D
1
2
3
4

凱旋門～シャンゼリゼ周辺

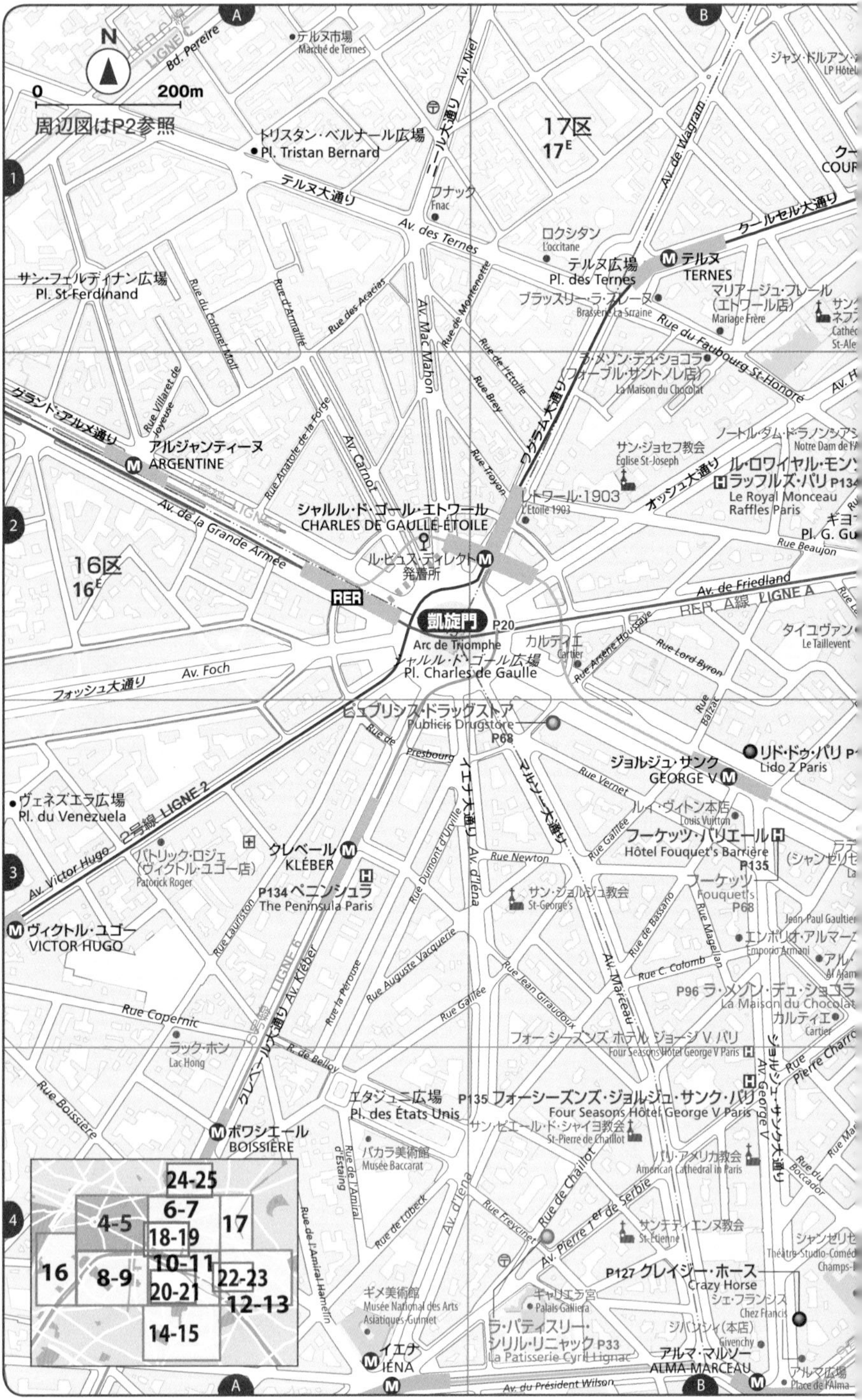

A
B
N
0
200m
周辺図はP2参照
1
2
3
4
テルヌ市場
Marché de Ternes
Bd. Pereire
LIGNE C
Av. Niel
ニール大通り
17区
17[E]
Av. de Wagram
ジャン・ドルアン
LP Hôtel
トリスタン・ベルナール広場
Pl. Tristan Bernard
テルヌ大通り
フナック
Fnac
Av. des Ternes
ロクシタン
L'occitane
クールセル大通り
テルヌ広場
Pl. des Ternes
テルヌ
TERNES
サン・フェルディナン広場
Pl. St-Ferdinand
Rue du Colonel Moll
Rue d'Armaillé
Rue des Acacias
Av. Mac Mahon
Rue de Montenotte
ブラッスリー・ラ・ロレーヌ
Brasserie La Lorraine
マリアージュ・フレール
(エトワール店)
Mariage Frère
Rue du Faubourg St-Honoré
Rue de l'Etoile
Rue Brey
ラ・メゾン・デュ・ショコラ
(フォーブル・サントノレ店)
La Maison du Chocolat
ワグラム大通り
グランド・アルメ通り
Rue Villaret de Joyeuse
Rue Anatole de la Forge
Av. Carnot
Rue Troyon
ノートル・ダム・ド・ラノンシアシ
Notre Dam de l'A
サン・ジョセフ教会
Église St-Joseph
アルジャンティーヌ
ARGENTINE
オッシュ大通り
ル・ロワイヤル・モンソー
ラッフルズ・パリ P134
Le Royal Monceau
Raffles Paris
レトワール1903
L'Etoile 1903
Pl. G. Gu
Rue Beaujon
Av. de la Grande Armée
LIGNE 1
シャルル・ド・ゴール・エトワール
CHARLES DE GAULLE-ETOILE
16区
16[E]
ル・ビュス・ディレクト
発着所
RER
Av. de Friedland
RER A線 LIGNE A
凱旋門 P20
Arc de Triomphe
カルティエ
Cartier
Rue Arsène Houssaye
Rue Lord Byron
タイユヴァン
Le Taillevent
シャルル・ド・ゴール広場
Pl. Charles de Gaulle
Av. Foch
フォッシュ大通り
ピュブリシス・ドラッグストア
Publicis Drugstore
P68
Rue Balzac
Rue de Presbourg
イエナ大通り
マルソー大通り
ジョルジュ・サンク
GEORGE V
リド・ドゥ・パリ
Lido 2 Paris
ヴェネズエラ広場
Pl. du Venezuela
2号線 LIGNE 2
Rue Vernet
ルイ・ヴィトン本店
Louis Vuitton
フーケッツ・バリエール
Hôtel Fouquet's Barrière
P135
Av. Victor Hugo
パトリック・ロジェ
(ヴィクトル・ユゴー店)
Patrick Roger
クレベール
KLÉBER
P134 ペニンシュラ
The Peninsula Paris
Rue Galilée
Rue Newton
Av. d'Iéna
Rue Dumont d'Urville
サン・ジョルジュ教会
St-George's
フーケッツ
Fouquet's
P68
ヴィクトル・ユゴー
VICTOR HUGO
Rue Lauriston
Rue de Bassano
Rue Magellan
Jean Paul Gaultier
エンポリオ・アルマーニ
Emporio Armani
Rue C. Colomb
Rue Copernic
LIGNE 6
Av. Kléber
クレベール大通り
Rue la Pérouse
Rue Auguste Vacquerie
Rue Jean Giraudoux
Av. Marceau
P96 ラ・メゾン・デュ・ショコラ
La Maison du Chocolat
カルティエ
Cartier
ラック・ホン
Lac Hong
R. de Belloy
フォー・シーズンズ ホテル ジョージ V パリ
Four Seasons Hôtel George V Paris
Rue Pierre Charron
Rue Boissière
エタジュニ広場
Pl. des États Unis
P135 フォーシーズンズ・ジョルジュ・サンク・パリ
Four Seasons Hôtel George V Paris
Av. George V
ジョルジュ・サンク大通り
ボワシエール
BOISSIÈRE
サン・ピエール・ド・シャイヨ教会
St-Pierre de Chaillot
バカラ美術館
Musée Baccarat
Rue d'Estaing
Rue de l'Amiral d'Estaing
アメリカ教会
American Cathedral in Paris
Rue du Boccador
24-25
6-7
4-5
17
18-19
16
8-9
10-11
22-23
20-21
12-13
14-15
Rue de Lübeck
Av. d'Iéna
Rue de Chaillot
Rue Freycinet
Av. Pierre 1er de Serbie
サンテティエンヌ教会
St-Étienne
Rue de l'Amiral Hamelin
ギメ美術館
Musée National des Arts Asiatiques-Guimet
ギャリエラ宮
Palais Galliera
P127 クレイジー・ホース
Crazy Horse
シェ・フランシス
Chez Francis
ジバンシィ(本店)
Givenchy
ラ・パティスリー・シリル・リニャック P33
La Patisserie Cyril Lignac
イエナ
IÉNA
アルマ・マルソー
ALMA-MARCEAU
アルマ広場
Place de l'Alma
Av. du Président Wilson

シャンゼリゼ大通りをバスでおさんぽするのもよい。73番バスはオルセー美術館を出発した後、コンコルド広（D4）を経由し、シャンゼリゼ大通りを一直線に凱旋門（A2）まで、各バス停を停車しながら進む。

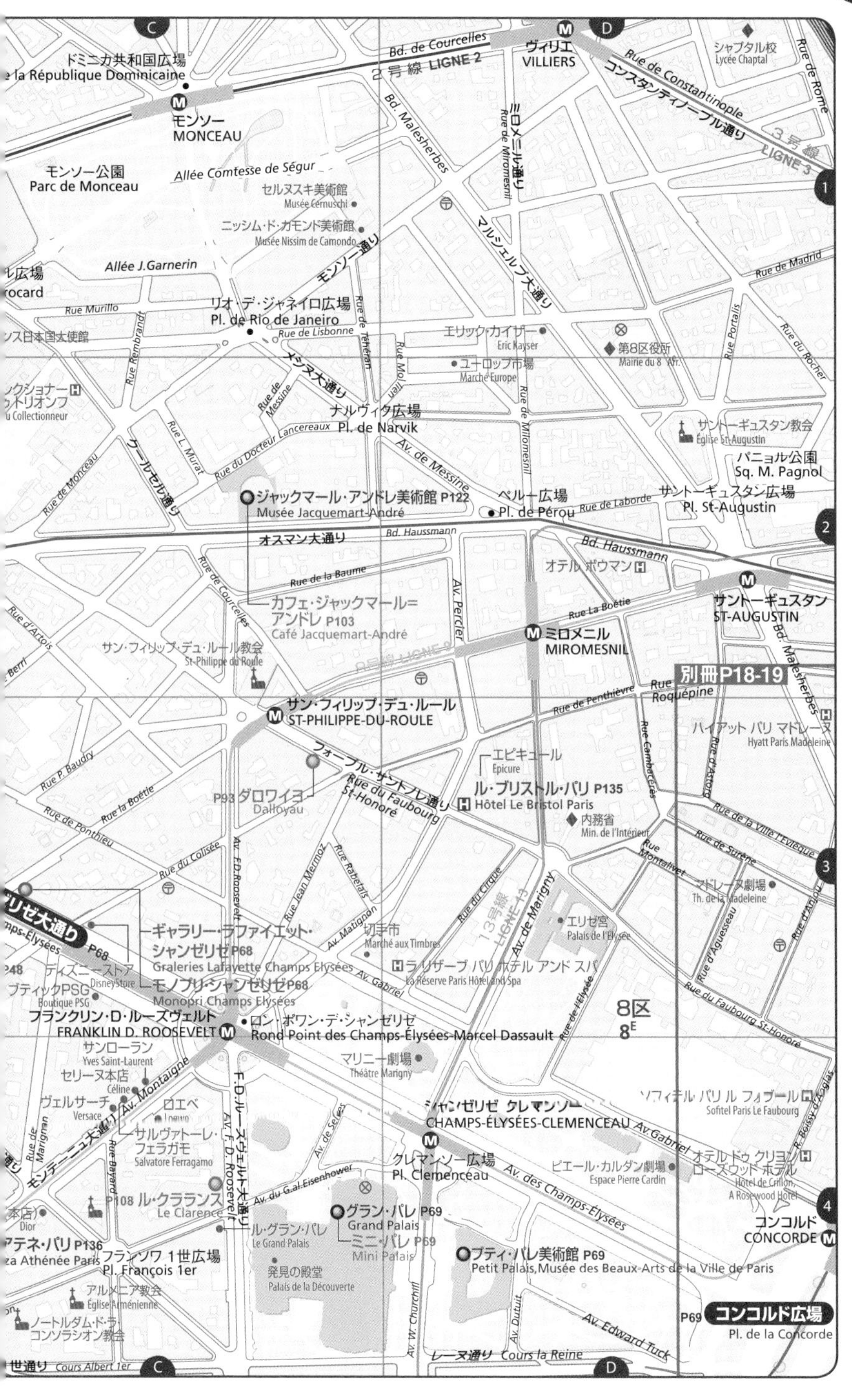
ヴィリエ
VILLIERS
モンソー
MONCEAU
モンソー公園
Parc de Monceau
セルヌスキ美術館
Musée Cernuschi
ニッシム・ド・カモンド美術館
Musée Nissim de Camondo
リオ・デ・ジャネイロ広場
Pl. de Rio de Janeiro
エリック・カイザー
Eric Kayser
ユーロップ市場
Marché Europe
第8区役所
Mairie du 8e Arr.
サントーギュスタン教会
Église St-Augustin
ナルヴィク広場
Pl. de Narvik
ジャックマール・アンドレ美術館 P122
Musée Jacquemart-André
ペルー広場
Pl. de Pérou
サントーギュスタン広場
Pl. St-Augustin
オテル ボウマン
カフェ・ジャックマール＝アンドレ P103
Café Jacquemart-André
サントーギュスタン
ST-AUGUSTIN
ミロメニル
MIROMESNIL
サン・フィリップ・デュ・ルール教会
St-Philippe du Roule
サン・フィリップ・デュ・ルール
ST-PHILIPPE-DU-ROULE
別冊P18-19
ハイアット パリ マドレーヌ
Hyatt Paris Madeleine
エピキュール
Epicure
ル・ブリストル・パリ P135
Hôtel Le Bristol Paris
内務省
Min. de l'Intérieur
P93 ダロワイヨ
Dalloyau
マドレーヌ劇場
Th. de la Madeleine
エリゼ宮
Palais de l'Élysée
切手市
Marché aux Timbres
ギャラリー・ラファイエット・シャンゼリゼ P68
Graleries Lafayette Champs Elysées
ラ リザーブ パリ ホテル アンド スパ
La Réserve Paris Hôtel and Spa
ディズニーストア
Disney Store
ブティックPSG
Boutique PSG
モノプリ・シャンゼリゼ P68
Monopri Champs Elysées
フランクリン・D・ルーズヴェルト
FRANKLIN D. ROOSEVELT
ロン・ポワン・デ・シャンゼリゼ
Rond Point des Champs-Élysées-Marcel Dassault
8区
8E
サンローラン
Yves Saint-Laurent
セリーヌ本店
Céline
ヴェルサーチ
Versace
ロエベ
Loewe
マリニー劇場
Théâtre Marigny
シャンゼリゼ クレマンソー
CHAMPS-ÉLYSÉES-CLEMENCEAU
ソフィテル パリ ル フォブール
Sofitel Paris Le Faubourg
サルヴァトーレ・フェラガモ
Salvatore Ferragamo
クレマンソー広場
Pl. Clemenceau
ピエール・カルダン劇場
Espace Pierre Cardin
オテル ドゥ クリヨン ローズウッド ホテル
Hôtel de Crillon, A Rosewood Hotel
P108 ル・クラランス
Le Clarence
グラン・パレ P69
Grand Palais
ル・グラン・パレ
Le Grand Palais
ミニ・パレ P69
Mini Palais
コンコルド
CONCORDE
プラザ・アテネ・パリ P136
Plaza Athénée Paris
フランソワ1世広場
Pl. François 1er
プティ・パレ美術館 P69
Petit Palais, Musée des Beaux-Arts de la Ville de Paris
発見の殿堂
Palais de la Découverte
アルメニア教会
Église Arménienne
ノートルダム・ド・ラ・コンソラシオン教会
P69 コンコルド広場
Pl. de la Concorde
2号線 LIGNE 2
3号線 LIGNE 3
13号線 LIGNE 13
オスマン大通り
マルシェルブ大通り
コンスタンティノープル通り
モンソー通り
メシーヌ大通り
クールセル通り
フォーブル・サントノレ通り
シャンゼリゼ大通り
モンテーニュ大通り
F.D.ルーズヴェルト大通り
レーヌ通り Cours la Reine

オペラ周辺

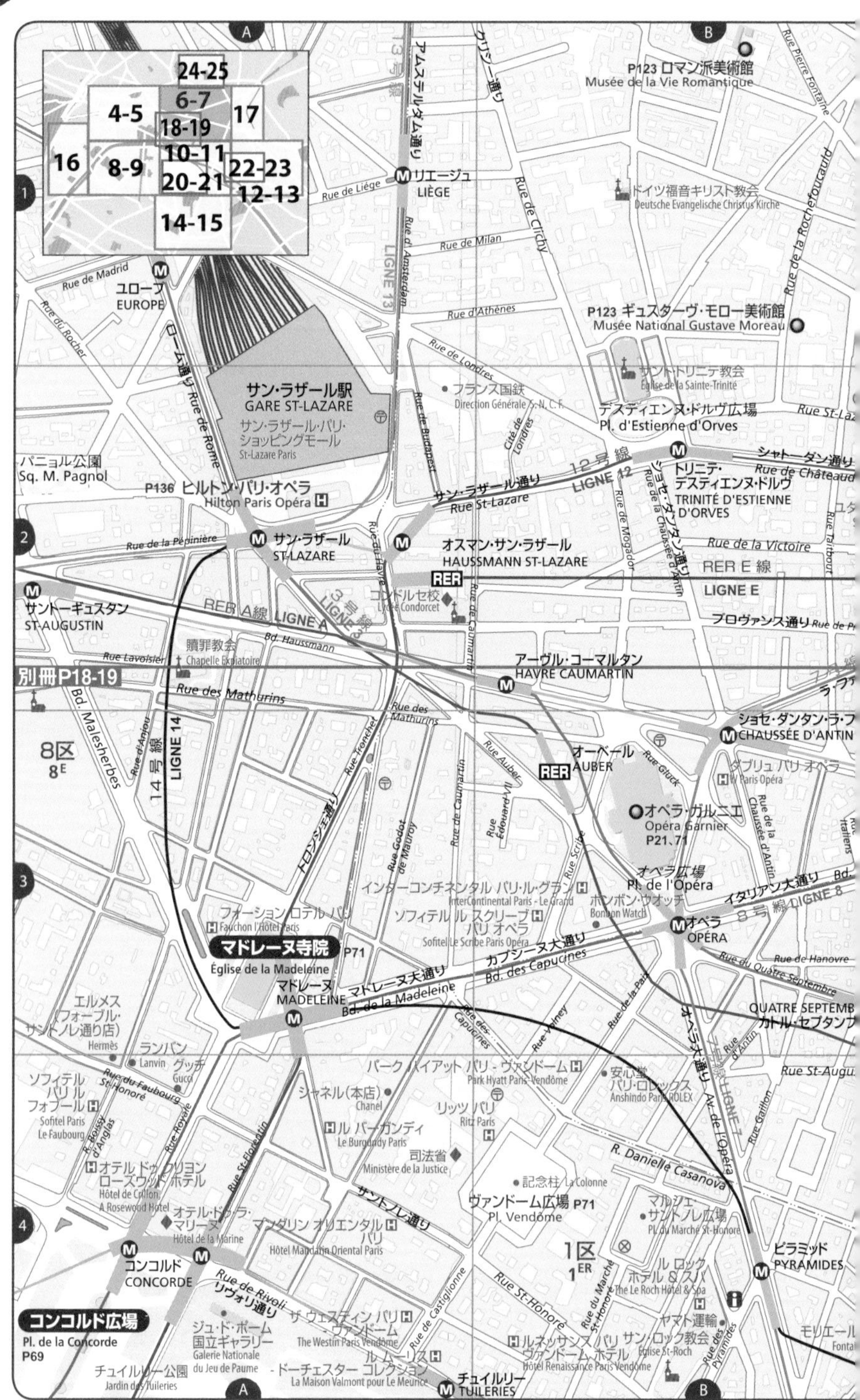

エリアNavi　オペラ大通り（B3）からヴィクトワール広場（C4）まで延びるRue des Petits Champs（B4）沿いには、パッ－ジュ（本誌→P56～57）があり、今でも昔ながらのパリの面影を残す必見スポットとなっている。

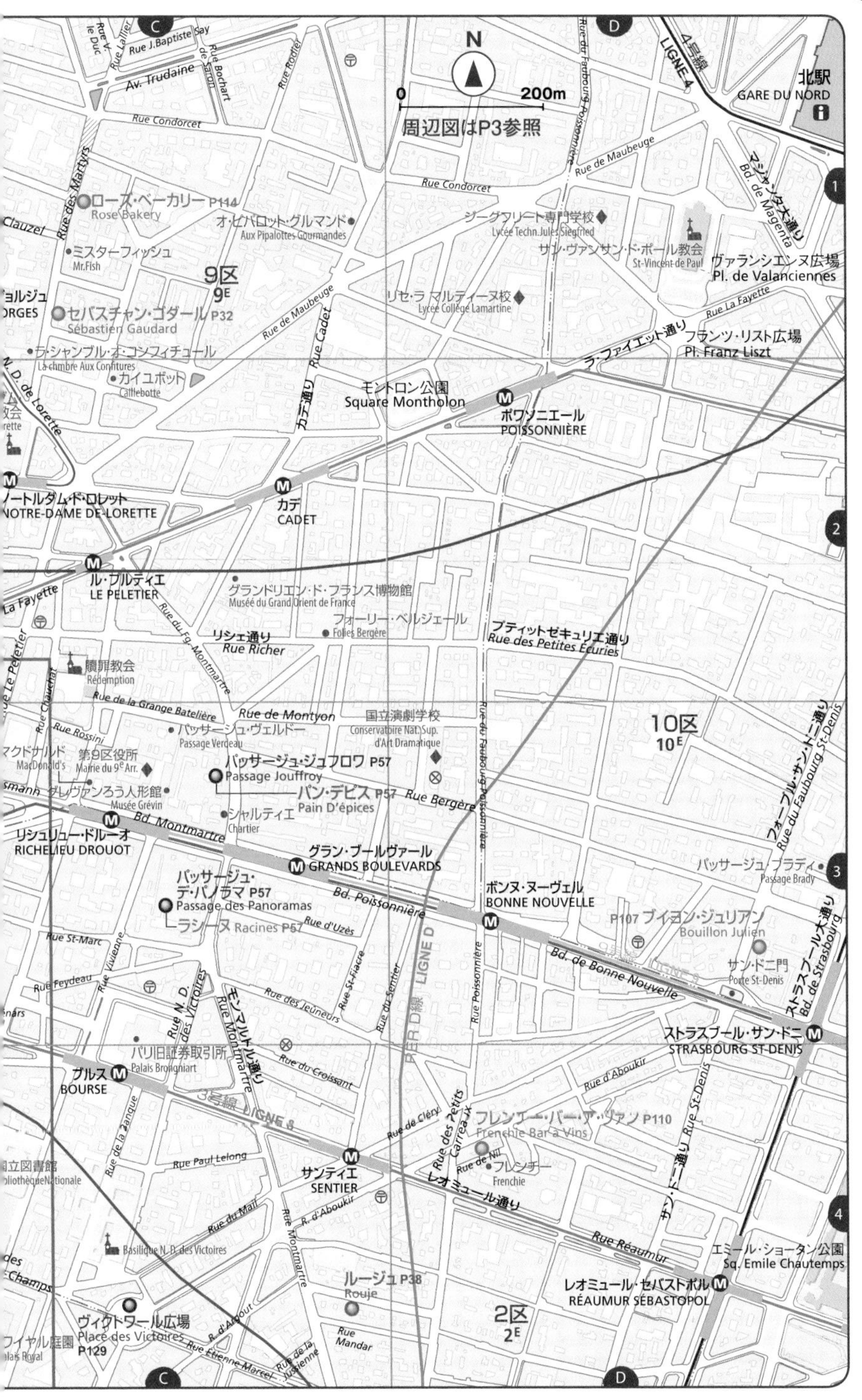

周辺図はP3参照
ローズ・ベーカリー P114
Rose Bakery
オ・ピパロット・グルマンド
Aux Pipalottes Gourmandes
ミスターフィッシュ
Mr.Fish
9区
9E
セバスチャン・ゴダール P32
Sébastien Gaudard
ラ・シャンブル・オ・コンフィチュール
La chmbre Aux Confitures
カイユボット
Caillebotte
ジーグフリート専門学校
Lycée Techn. Jules Siegfried
サン・ヴァンサン・ド・ポール教会
St-Vincent de Paul
ヴァランシエンヌ広場
Pl. de Valanciennes
リセ・ラ マルティーヌ校
Lycée Collège Lamartine
フランツ・リスト広場
Pl. Franz Liszt
ラ・ファイエット通り
北駅
GARE DU NORD
マジャンタ大通り
Bd. de Magenta
モントロン公園
Square Montholon
ポワソニエール
POISSONNIÈRE
カデ
CADET
カデ通り
Rue Cadet
ノートルダム・ド・ロレット
NOTRE-DAME DE-LORETTE
ル・プルティエ
LE PELETIER
グランドリエン・ド・フランス博物館
Musée du Grand Orient de France
フォーリー・ベルジェール
Folies Bergère
リシェ通り
Rue Richer
プティットゼキュリエ通り
Rue des Petites Ecuries
贖罪教会
Rédemption
国立演劇学校
Conservatoire Nat. Sup. d'Art Dramatique
パッサージュ・ヴェルドー
Passage Verdeau
パッサージュ・ジュフロワ P57
Passage Jouffroy
パン・デピス P57
Pain D'épices
シャルティエ
Chartier
第9区役所
Mairie du 9e Arr.
グレヴァンろう人形館
Musée Grévin
10区
10E
リシュリュー・ドルーオ
RICHELIEU DROUOT
グラン・ブールヴァール
GRANDS BOULEVARDS
ボンヌ・ヌーヴェル
BONNE NOUVELLE
パッサージュ・デ・パノラマ P57
Passage des Panoramas
ラシーヌ Racines P57
フォーブル・サン・ドニ通り
Rue du Faubourg St-Denis
パッサージュ・ブラディ
Passage Brady
P107 ブイヨン・ジュリアン
Bouillon Julien
サン・ドニ門
Porte St-Denis
ストラスブール大通り
Bd. de Strasbourg
ストラスブール・サン・ドニ
STRASBOURG ST-DENIS
パリ旧証券取引所
Palais Brongniart
ブルス
BOURSE
モンマルトル通り
Rue Montmartre
フレンチー・バー・ア・ヴァン P110
Frenchie Bar à Vins
フレンチー
Frenchie
サンティエ
SENTIER
レオミュール通り
サン・ドニ通り
Rue St-Denis
国立図書館
Basilique N.-D. des Victoires
エミール・ショータン公園
Sq. Emile Chautemps
レオミュール・セバストポル
RÉAUMUR SÉBASTOPOL
ルージュ P38
Rouje
2区
2E
ヴィクトワール広場
Place des Victoires
P129

エッフェル塔周辺

A
B
1
2
3
4

ロワ
Roy
クレベール大通り
Av. Kléber
6号線
LIGNE 6
カレット
Carette
プレジダン・ウィルソン大通り
イエナ
IÉNA
Av. du Président Wilson
P122 パリ市立近代美術館
Musée d'Art Moderne de la Ville de Paris
Rue Debrousse
Rue des Frères Périer
アルマ・マルソー
ALMA MARCEAU
パレ・ド・トーキョー
Palais de Tokyo
Rue de la Manutention
P66 バトー・ムーシュ乗り場
Bateaux Mouches
Av. de New York
イエナ大通り
Av. d'Iéna
シャングリ・ラ ホテル パリ P134
Shangri-La Hôtel Paris
アルマ橋
Pont de l'Alma
トロカデロ
TROCADÉRO
Av. Albert de Mun
16区
16E
ドゥビリー歩道橋
Passerelle Debilly
シャイヨー宮 P19
Palais de Chaillot
RER
ポン・ド・ラルマ
PONT DE L'ALMA
トロカデロ庭園
Jardins du Trocadéro
LIGNE C
ケ・ブランリー・ジャック・シラク美術館 P131
Musée du quai Branly-Jacques Chirac
レ・ゾンブル
ボスケ大通り
P66 バトビュス乗り場
Batobus
P66 バトー・パリジャン乗り場
Bateaux Parisiens
RER C線
Rue de l'Université
ル・サンセール
Le Sancerre
Av. Rapp
オー・ボン・アクイユ
Au Bon Accueil
イエナ橋
Pont d'Iéna
Quai Branly
ラップ大通り
ラ・フォンテーヌ・ドゥ・マルス P104
La Fontaine de Mars
ニューヨーク大通り
ラ・ブルトネ大通り
P19 ギュスターヴ・エッフェルの胸像
エッフェル塔
La Tour Eiffel P19、66
Av. Élisée Reclus
カカオ・エ・マカロン
Cacao et Macaron
ル・ヴィオロン・ダングル
Le Violon
P19 エッフェル塔公式ブティック
Tour Eiffel Boutique Officielle
7区
7E
Av. E. Pouvillon
Gal Ferrié
P35 レ・ココット
Les Cocottes
シャン・ド・マルス・トゥール・エッフェル RER
CHAMP DE MARS TOUR EIFFEL
ビッグバス乗り場
Av. du
エミール・アントワーヌ・スタジアム
Stade Émile Anthoine
ジャック・リュエフ広場
Pl. Jacques Rueff
Av. Émile Deschanel
Av. de La Bourdonnais
ビル・アケム橋 P130
Pont de Bir-Hakeim
シュフラン大通り
Av. J. Bouvard
Rue Jean Rey
プルマン・パリ・トゥール・エッフェル P136
Pullman Paris Tour Eiffel
Av. Dr. Brouardel
シャン・ド・マルス公園 P19
Parc du Champ de Mars
キョート広場
Pl. de Kyoto
Av. Charles Risler
Quai de Grenelle
ビル・アケム
BIR-HAKEIM
Rue de la Fédération
Av. de Suffren
Av. Charles Floquet
官報局
Direction Journaux Officiels
Pl. Joffre
Rue du Docteur Finlay
N
グルネル大通り
15区
15E
ラ・モット・ピケ大通り
Av. de La Motte Picquet
0
200m
ラ・カンティーヌ・デュ・トロケ・デュプレクス P105
La Cantine du Troquet Dupleix
周辺図はP2参照
デュプレクス公園
Pl. Dupleix
デュプレクス
DUPLEIX
24-25
6-7
4-5
17
18-19
16
8-9
10-11
20-21
22-23
12-13
14-15
サン・レオン教会
Église St-Léon
Av. de Suffren
6号線
LIGNE 6
Bd. de Grenelle
ラ・モット・ピケ・グルネル
LA MOTTE PICQUET GRENELLE
Rue Violet
モノプリ
Monoprix
グルネル大通り
Bd. de Grenelle

エッフェル塔のおすすめビュースポットがⓂ6号線PASSY駅方面からBIR-HAKEIM駅へ向かうビル・アケム橋（A／本誌→P130）。地下鉄でもその区間は地上を走るため、車内からでもセーヌ河を絡めた美しい姿を楽しめる。

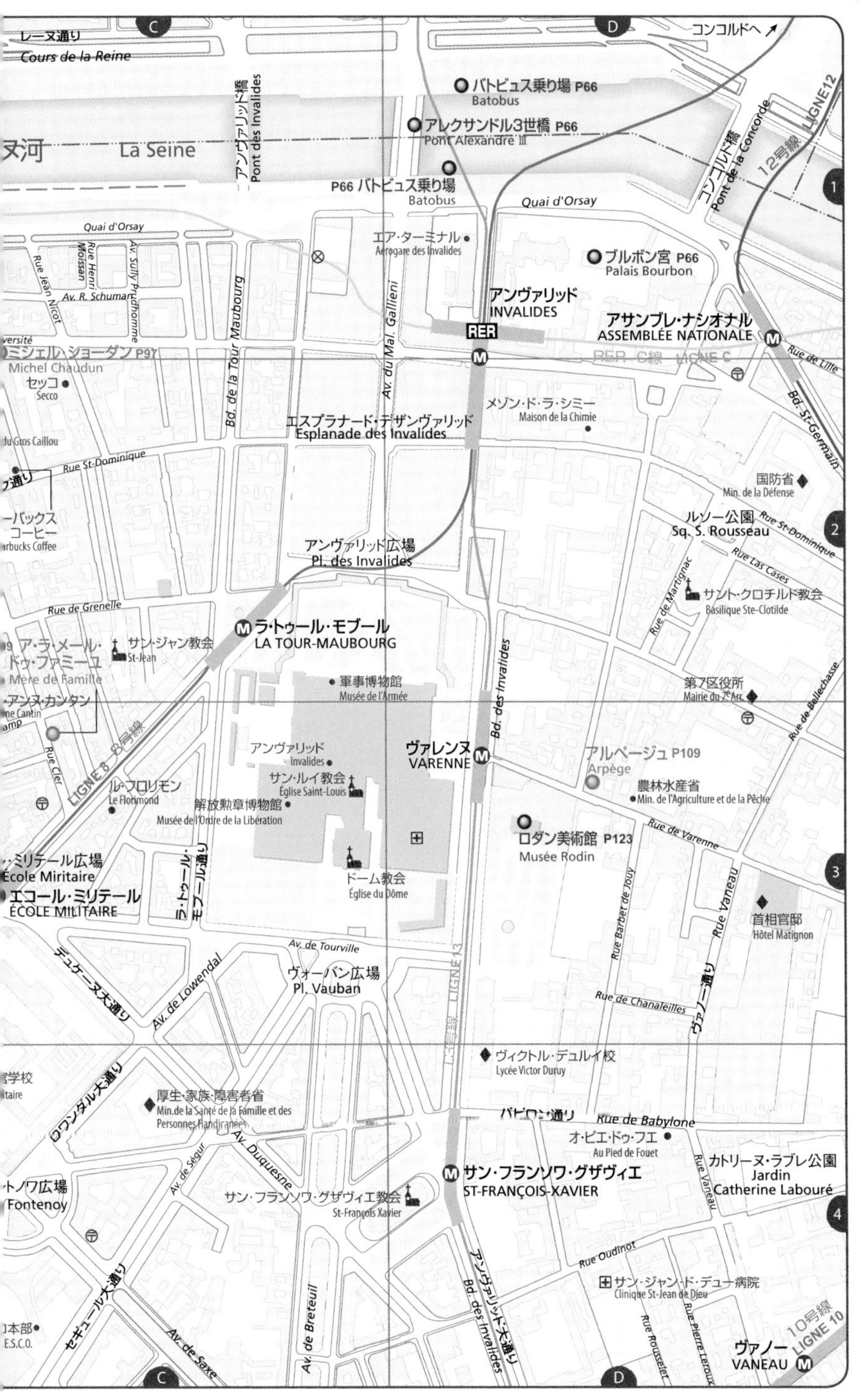

コンコルドへ
バトビュス乗り場 P66
Batobus
アレクサンドル3世橋 P66
Pont Alexandre III
P66 バトビュス乗り場
Batobus
La Seine
レーヌ通り
Cours de la Reine
アンヴァリッド橋
Pont des Invalides
コンコルド橋
Pont de la Concorde
12号線 LIGNE12
Quai d'Orsay
エア・ターミナル
Aérogare des Invalides
ブルボン宮 P66
Palais Bourbon
アンヴァリッド
INVALIDES
RER
アサンブレ・ナシオナル
ASSEMBLÉE NATIONALE
RER C線 LIGNE C
Rue de Lille
Bd. St-Germain
ミシェル・ショーダン P97
Michel Chaudun
セッコ
Secco
Rue Jean Nicot
Rue Henri Moissan
Av. R. Schuman
Av. Sully Prudhomme
Bd. de la Tour Maubourg
Av. du Mal. Gallieni
メゾン・ド・ラ・シミー
Maison de la Chimie
エスプラナード・デザンヴァリッド
Esplanade des Invalides
Rue St-Dominique
国防省
Min. de la Défense
ルソー公園
Sq. S. Rousseau
Rue St-Dominique
Rue Las Cases
アンヴァリッド広場
Pl. des Invalides
Rue de Grenelle
Rue de Martignac
サント・クロチルド教会
Basilique Ste-Clotilde
ラ・トゥール・モブール
LA TOUR-MAUBOURG
サン・ジャン教会
St-Jean
Mère de Famille
軍事博物館
Musée de l'Armée
第7区役所
Mairie du 7e Arr.
Rue de Bellechasse
Bd. des Invalides
8号線 LIGNE 8
Rue Cler
アンヴァリッド
Invalides
ヴァレンヌ
VARENNE
アルページュ P109
Arpège
サン・ルイ教会
Église Saint-Louis
農林水産省
Min. de l'Agriculture et de la Pêche
ル・フロリモン
Le Florimond
解放勲章博物館
Musée de l'Ordre de la Libération
ロダン美術館 P123
Musée Rodin
Rue de Varenne
École Miritaire
エコール・ミリテール
ÉCOLE MILITAIRE
ラ・トゥール・モブール通り
ドーム教会
Église du Dôme
Rue Barbet de Jouy
Rue Vaneau
首相官邸
Hôtel Matignon
Av. de Tourville
デュケーヌ大通り
Av. de Lowendal
ヴォーバン広場
Pl. Vauban
LIGNE 13
Rue de Chanaleilles
ヴァノー通り
ヴィクトル・デュルイ校
Lycée Victor Duruy
ロワンダル大通り
厚生・家族・障害者省
Min.de la Santé de la Famille et des Personnes Handicapées
バビロン通り
Rue de Babylone
オ・ピエ・ドゥ・フエ
Au Pied de Fouet
Av. de Ségur
Av. Duquesne
サン・フランソワ・グザヴィエ
ST-FRANÇOIS-XAVIER
Rue Vaneau
カトリーヌ・ラブレ公園
Jardin Catherine Labouré
Fontenoy
サン・フランソワ・グザヴィエ教会
St-François Xavier
Rue Oudinot
サン・ジャン・ド・デュー病院
Clinique St-Jean de Dieu
セギュール大通り
Av. de Saxe
Av. de Breteuil
アンヴァリッド大通り
Bd. des Invalides
Rue Rousselet
Rue Pierre Leroux
10号線 LIGNE 10
ヴァノー
VANEAU

サン・ジェルマン・デ・プレ周辺

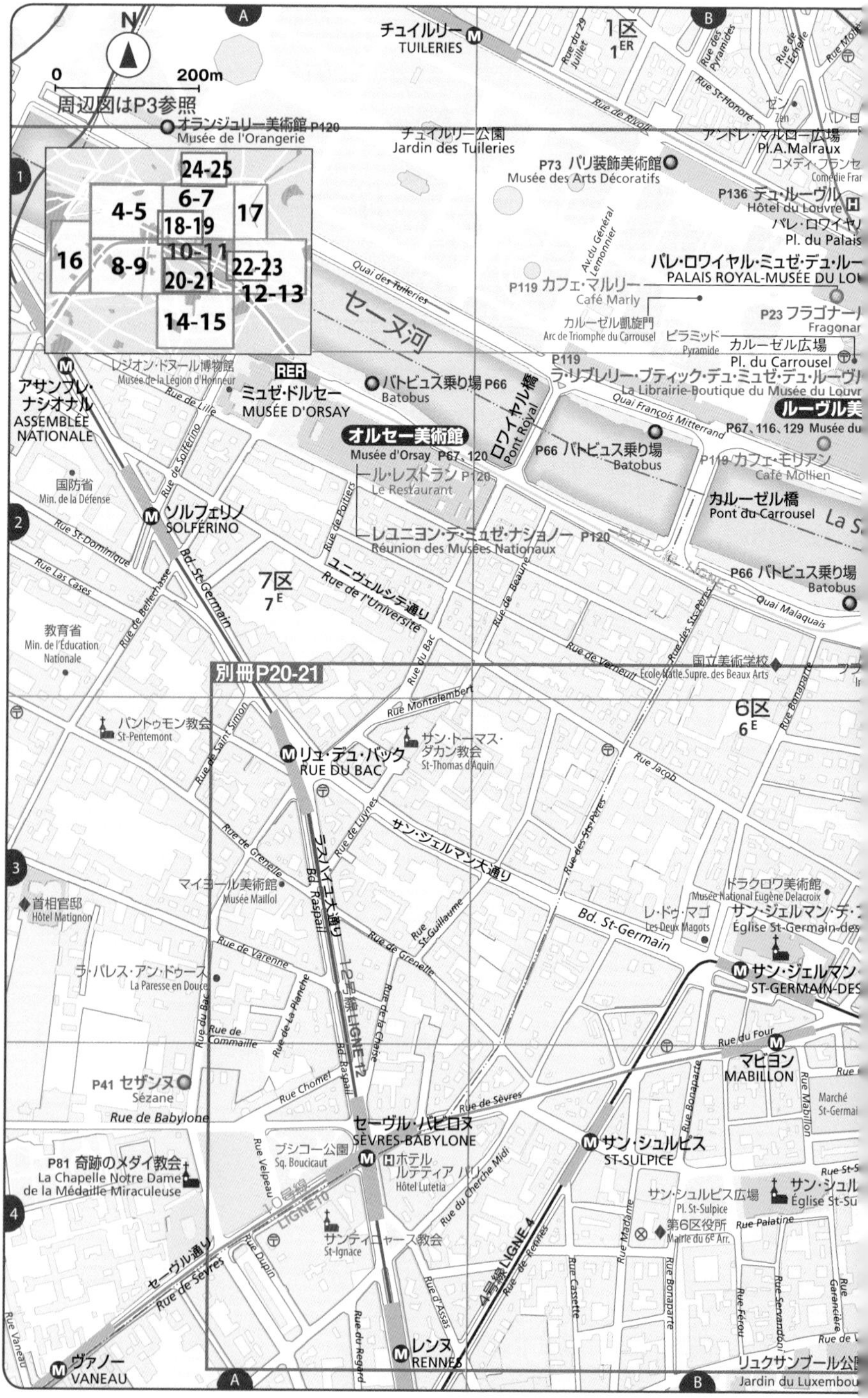

N
0 200m
周辺図はP3参照

A
B
1
2
3
4

チュイルリー TUILERIES
1区 1ER
Rue du 29 Juillet
Rue des Pyramides
Rue de l'Echelle
Rue Molière
Rue St-Honoré
Rue de Rivoli
ゼン Zen
オランジュリー美術館 P120 Musée de l'Orangerie
チュイルリー公園 Jardin des Tuileries
アンドレ・マルロー広場 Pl.A.Malraux
コメディ・フランセ Comédie Fran
P73 パリ装飾美術館 Musée des Arts Décoratifs
P136 デュ・ルーヴル Hôtel du Louvre
パレ・ロワイヤ Pl. du Palais
Av. du Général Lemonnier
パレ・ロワイヤル・ミュゼ・デュ・ルー PALAIS ROYAL-MUSÉE DU LOU
Quai des Tuileries
P119 カフェ・マルリー Café Marly
P23 フラゴナール Fragonar
セーヌ河
カルーゼル凱旋門 Arc de Triomphe du Carrousel
ピラミッド Pyramide
カルーゼル広場 Pl. du Carrousel
24-25
6-7
4-5
17
18-19
16
8-9
10-11
20-21
22-23
12-13
14-15
レジオン・ドヌール博物館 Musée de la Légion d'Honneur
RER
P119 ラ・リブレリー・ブティック・デュ・ミュゼ・デュ・ルーヴ La Librairie-Boutique du Musée du Louvr
アサンブレ・ナシオナル ASSEMBLÉE NATIONALE
ミュゼ・ドルセー MUSÉE D'ORSAY
バトビュス乗り場 P66 Batobus
ロワイヤル橋 Pont Royal
Quai François Mitterrand
ルーヴル美
P67、116、129 Musée du
Rue de Lille
オルセー美術館 Musée d'Orsay P67、120
P66 バトビュス乗り場 Batobus
ル・レストラン P120 Le Restaurant
P119 カフェ・モリアン Café Mollien
Rue de Solférino
国防省 Min. de la Défense
Rue de Poitiers
カルーゼル橋 Pont du Carrousel
ソルフェリノ SOLFÉRINO
レユニヨン・デ・ミュゼ・ナショノー P120 Réunion des Musées Nationaux
La S
Rue St-Dominique
RER C線 LIGNE C
Rue Las Cases
Bd. St-Germain
7区 7E
ユニヴェルシテ通り Rue de l'Université
Rue de Beaune
P66 バトビュス乗り場 Batobus
Quai Malaquais
Rue de Bellechasse
教育省 Min. de l'Éducation Nationale
Rue du Bac
Rue des Sts-Pères
Rue de Verneuil
国立美術学校 Ecole Natle.Supre. des Beaux Arts
別冊P20-21
Rue Montalembert
6区 6E
Rue Bonaparte
パントゥモン教会 St-Pentemont
Rue de Saint Simon
サン・トーマス・ダカン教会 St-Thomas d'Aquin
リュ・デュ・バック RUE DU BAC
Rue Jacob
Rue de Luynes
サン・ジェルマン大通り
Rue des Sts-Pères
Rue de Grenelle
ラスパイユ大通り Bd. Raspail
マイヨール美術館 Musée Maillol
ドラクロワ美術館 Musée National Eugène Delacroix
首相官邸 Hôtel Matignon
Rue St-Guillaume
レ・ドゥ・マゴ Les Deux Magots
サン・ジェルマン・デ・ Église St-Germain-des
Bd. St-Germain
Rue de Varenne
Rue de Grenelle
12号線 LIGNE 12
ラ・パレス・アン・ドゥース La Paresse en Douce
サン・ジェルマン・ ST-GERMAIN-DES
Rue du Bac
Rue de Commaille
Rue de La Planche
Rue de la Chaise
Rue du Four
マビヨン MABILLON
Rue
P41 セザンヌ Sézane
Rue Chomel
Bd. Raspail
Rue Mabillon
Marché St-Germai
Rue de Babylone
Rue de Sèvres
セーヴル・バビロヌ SÈVRES-BABYLONE
Rue Bonaparte
サン・シュルピス ST-SULPICE
ブシコー公園 Sq. Boucicaut
ホテル・ルテティア パリ Hôtel Lutetia
Rue St-S
Rue Velpeau
P81 奇跡のメダイ教会 La Chapelle Notre Dame de la Médaille Miraculeuse
Rue du Cherche Midi
サン・シュルピス広場 Pl. St-Sulpice
サン・シュル Église St-Su
10号線 LIGNE10
第6区役所 Mairie du 6e Arr.
Rue Palatine
サンティニャース教会 St-Ignace
Rue Madame
セーヴル通り Rue de Sèvres
Rue Dupin
4号線 LIGNE 4
Rue de Rennes
Rue Cassette
Rue Bonaparte
Rue Férou
Rue Servandoni
Rue Garancière
Rue d'Assas
Rue du Regard
Rue Vaneau
ヴァノー VANEAU
レンヌ RENNES
リュクサンブール公 Jardin du Luxembou
A
B

オペラ地区からサン・ジェルマン・デ・プレへの移動はバスが便利。85番バスなら乗り換えナシで到着できる
道中でルーヴル美術館の広場も通り、ガラスのピラミッドを眺められるので観光気分も盛り上がる。

ア・シモン A. Simon P53
ストレール Stohrer P93
ジー・デトゥ G.Detou
パッサージュ・デ・グラン・セーフ Passage du Grand Cerf P129
パリ貯蓄銀行 Caisse d'Epargne de Paris
P133 ル・クレヨン Hôtel Le Crayon
ジュール通り P74
P106 オ・ピエ・ドゥ・コション Au Pied de Cochon
P51 ラ・ドログリー La Droguerie
アニエス b. Agnès b.
ブルス・ドゥ・コメルス-ピノー・コレクション Bourse du Commerce Pinault Collection
サントゥスタッシュ教会 P75 Église St-Eustache
P75 コントワール・ドゥ・ラ・ガストロノミー Comptoir de la Gastronomie
ギャルリー・ヴェロ・ドダ Galerie Véro-Dodat
ラ・レガラード・サントノレ P105 La Régalade Saint-Honoré
ラ・ダム・ドゥ・ピック La Dame de Pic
ルーヴル・リヴォリ LOUVRE-RIVOLI
第1区役所 Mairie du 1er Arr.
サンジェルマン・ロクセロワ教会 St-Germain l'Auxerrois
サマリテーヌ P59 Samaritaine
フランプリ Franprix
ポン・ヌフ PONT NEUF
ザール Arts
デュ・ポン・ヌフ乗り場 dettes du Pont-Neuf P66
ル・ギャラン公園 du Vert Galant
ポン・ヌフ Pont-Neuf
ドフィーヌ広場 Pl. Dauphine
P67、88 コンシェルジュリー Conciergerie
P88 サント・シャペル Ste-Chapelle
サン・ミッシェル橋 Pont St-Michel
サン・ミッシェル ST-MICHEL
サン・ミッシェル広場 Pl. St-Michel
オデオン ODÉON
P128 シェークスピア&カンパニー Shakespeare and Company
パトリック・ロジェ Patrick Roger
サン・セヴラン教会 St-Séverin
パリ第5大学 Université Paris V
クリュニー・ラ・ソルボンヌ CLUNY-LA SORBONNE
クリュニー中世美術館 P122 Musée de Cluny
タバ・ドゥ・ラ・ソルボンヌ P83 Tabac de la Sorbonne
ジベール・ジョゼフ P82 Gibert Joseph
P82 ソルボンヌ(パリ大学) L'Université Paris-Sorbonne
パリ第3・第4大学 Universités Paris III et Paris IV
P113 ラ・メゾン・カイザー La Maison Kayser
エティエンヌ・マルセル ÉTIENNE MARCEL
2区 2E
レ・ネレイド P44 Les Néréides
別冊P22-23
ジャック・ゴム P75 Jack Gomme
レ・アル LES HALLES
シャトレ・レ・アル CHÂTELET/LES HALLES
ウェストフィールド・フォーラム・デ・アル Westfield Forum des Halles P75
3区 3E
ランビュトー RAMBUTEAU
P74 ポンピドゥー・センター Le Centre Pompidou
シャトレ CHÂTELET
サン・ジャック塔 Tour St-Jacques
シャトレ劇場 Théâtre du Châtelet
パリ市立劇場 Théâtre de la Ville
オテル・ド・ヴィル HÔTEL DE VILLE
救済院 Assistance Publique
パリ・ランデヴー P23 Paris Rendez-Vous
パリ観光局
パリ市庁舎 P67、75 Hôtel de Ville de Paris
4区 4E
花市・小鳥市 P88 Marché aux fleurs et aux oiseaux
シテ CITÉ
P66 バトビュス乗り場 Batobus
シテ島 Île de la Cité
P107 ラ・ブラッスリー・ドゥ・リル・サン・ルイ La Brasserie de l'Isle Saint-Louis
ノートルダムの地下 Crypte Archéologique
P67、89 サン・ルイ島 Île St-Louis
サン・ミッシェル・ノートル・ダム ST-MICHEL NOTRE-DAME
ノートルダム大聖堂 Cathédrale Notre-Dame de Paris P22・88
サン・ルイ橋 Pont St-Louis
ルイ・フィリップ橋 Pont Louis Philippe
セーヌ河左岸の古本市 Bouquiniste
サン・ジュリアン・ル・ポーヴル教会 St-Julien le Pauvre
カヴォー・デ・ズブリエット Caveau des Oubliettes
バトビュス乗り場 P66 Batobus
P89 ラフィット Lafitte
シティ・ロッカー City Locker
モベール・ミュテュアリテ MAUBERT-MUTUALITÉ
5区 5E
モベールの朝市 Marché Maubet
ディプティック P49 Diptyque
サン・ニコラ・デュ・シャルドネ教会 St-Nicolas du Chardonnet
Rue de Turbigo
Rue Etienne Marcel
Rue du Louvre
Rue Montmartre
Rue du Jour
Rue Croix des Petits Champs
Rue du Bouloi
Rue du Cel Driant
Rue de l'Am. de Coligny
Rue du Pont Neuf
Bd. de Sébastopol
Rue St-Martin
Rue du Renard
Rue de Rivoli
Quai de l'Horloge
Quai des Orfèvres
Pont au Change
Quai de la Corse
Bd. du Palais
Pont Notre Dame
Pont d'Arcole
Quai des Grands Augustins
Rue de la Cité
Quai St-Michel
Rue de la Huchette
Rue Danton
Rue de la Harpe
Rue de la Parcheminerie
Rue St-Jacques
Quai de Montebello
Quai de la Tournelle
Rue de l'Ecole de Médecine
Rue Monsieur le Prince
Bd. St-Michel
Rue de Vaugirard
Rue des Ecoles
Bd. St-Germain
Rue St-Louis en l'Ile
LIGNE 1
LIGNE 4
LIGNE 7
LIGNE 11
LIGNE 14
RER A
RER B
RER D
C
D
1
2
3
4

マレ～バスティーユ周辺

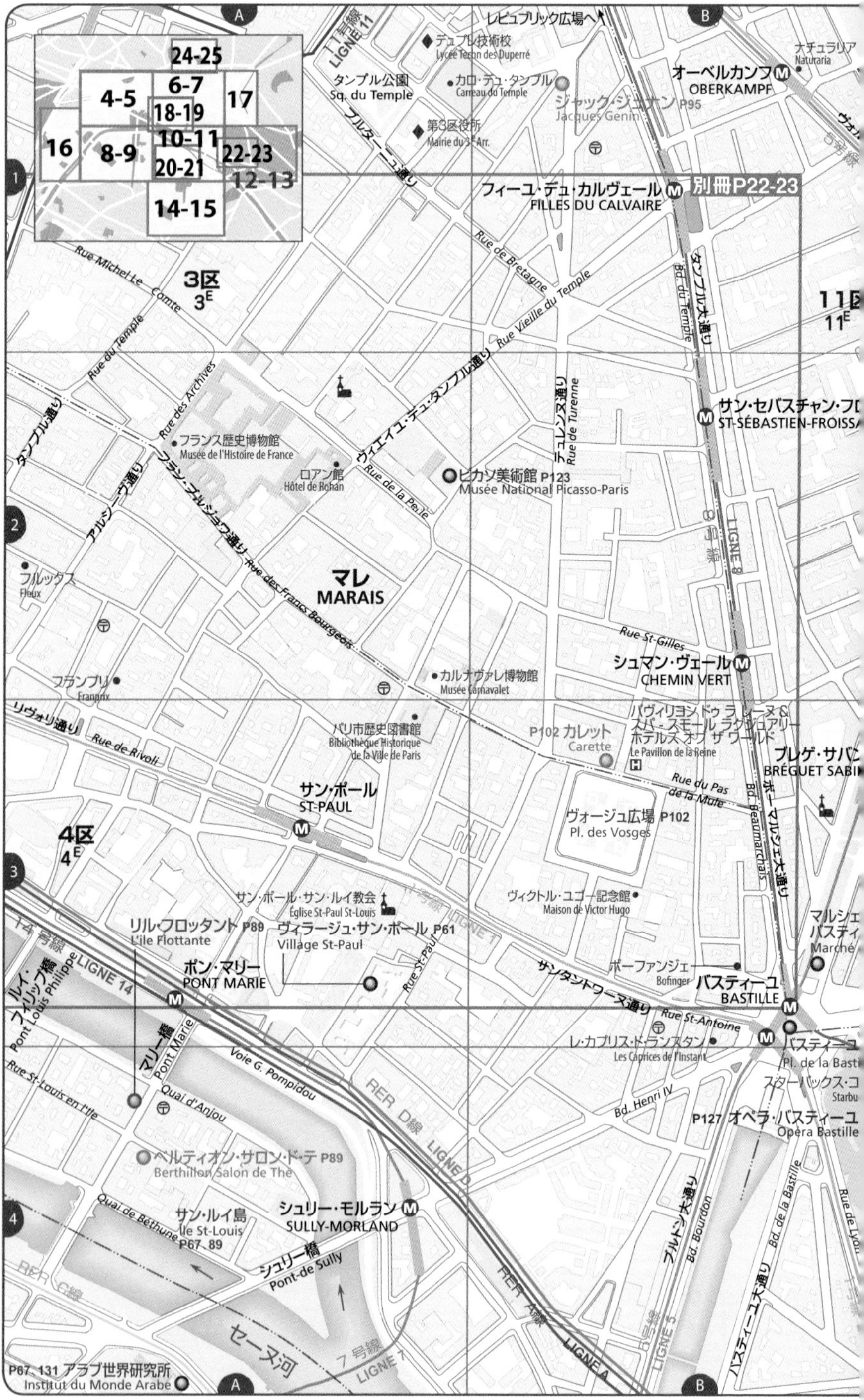

A
B
1
2
3
4
24-25
6-7
4-5
18-19
17
16
8-9
10-11
22-23
20-21
12-13
14-15
レピュブリック広場へ
11号線
LIGNE 11
デュプレ技術校
Lycée Tecnn des Duperré
ナチュラリア
Naturaria
タンプル公園
Sq. du Temple
カロ・デュ・タンプル
Carreau du Temple
ジャック・ジュナン P95
Jacques Genin
オーベルカンフ
OBERKAMPF
第3区役所
Mairie du 3e Arr.
ブルターニュ通り
フィーユ・デュ・カルヴェール
FILLES DU CALVAIRE
別冊P22-23
Rue de Bretagne
Rue Vieille du Temple
Bd. du Temple
タンプル大通り
Rue Michel Le Comte
3区
3E
11区
11E
Rue du Temple
Rue des Archives
ヴィエイユ・デュ・タンプル通り
テュレンヌ通り
Rue de Turenne
サン・セバスチャン・フロ
ST-SÉBASTIEN-FROISSA
タンプル通り
フランス歴史博物館
Musée de l'Histoire de France
アルシーヴ通り
ロアン館
Hôtel de Rohan
Rue de la Perle
ピカソ美術館 P123
Musée National Picasso-Paris
フラン・ブルジョワ通り
Rue des Francs Bourgeois
8号線
LIGNE 8
フルックス
Fleux
マレ
MARAIS
Rue St-Gilles
シュマン・ヴェール
CHEMIN VERT
フランプリ
Franprix
カルナヴァレ博物館
Musée Carnavalet
リヴォリ通り
Rue de Rivoli
パリ市歴史図書館
Bibliothèque Historique de la Ville de Paris
P102 カレット
Carette
パヴィリヨン ドゥ ラ レーヌ & スパ - スモール ラグジュアリー ホテルズ オブ ザ ワールド
Le Pavillon de la Reine
ブレゲ・サバン
BRÉGUET SABIN
Rue du Pas de la Mule
Bd. Beaumarchais
ボーマルシェ大通り
サン・ポール
ST-PAUL
ヴォージュ広場 P102
Pl. des Vosges
4区
4E
サン・ポール・サン・ルイ教会
Église St-Paul St-Louis
1号線
LIGNE 1
ヴィクトル・ユゴー記念館
Maison de Victor Hugo
14号線
LIGNE 14
リル・フロッタント P89
L'ile Flottante
ヴィラージュ・サン・ポール P61
Village St-Paul
Rue St-Paul
マルシェ・バスティーユ
Marché
ルイ・フィリップ橋
Pont Louis Philippe
ポン・マリー
PONT MARIE
サンタントワーヌ通り
ボーファンジェ
Bofinger
バスティーユ
BASTILLE
Rue St-Antoine
マリー橋
Pont Marie
レ・カプリス・ド・ランスタン
Les Caprices de l'Instant
バスティーユ広場
Pl. de la Bastille
Rue St-Louis en l'Ile
Voie G. Pompidou
Quai d'Anjou
スターバックス・コーヒー
Starbu
RER D線
LIGNE D
Bd. Henri IV
P127 オペラ・バスティーユ
Opéra Bastille
ベルティオン・サロン・ド・テ P89
Berthillon Salon de Thé
ブルドン大通り
Bd. Bourdon
Bd. de la Bastille
Rue de Lyon
Quai de Béthune
サン・ルイ島
Ile St-Louis
P67, 89
シュリー・モルラン
SULLY-MORLAND
シュリー橋
Pont de Sully
RER C線
RER A線
LIGNE A
5号線
LIGNE 5
バスティーユ大通り
セーヌ河
7号線
LIGNE 7
P67, 131 アラブ世界研究所
Institut du Monde Arabe

バスティーユ広場（B3）からセーヌ河方面にパリの運河が続く。河岸にはヨットやクルーザーがたくさん停泊ているので、ちょっとしたリゾート気分で運河沿いを散歩できる。

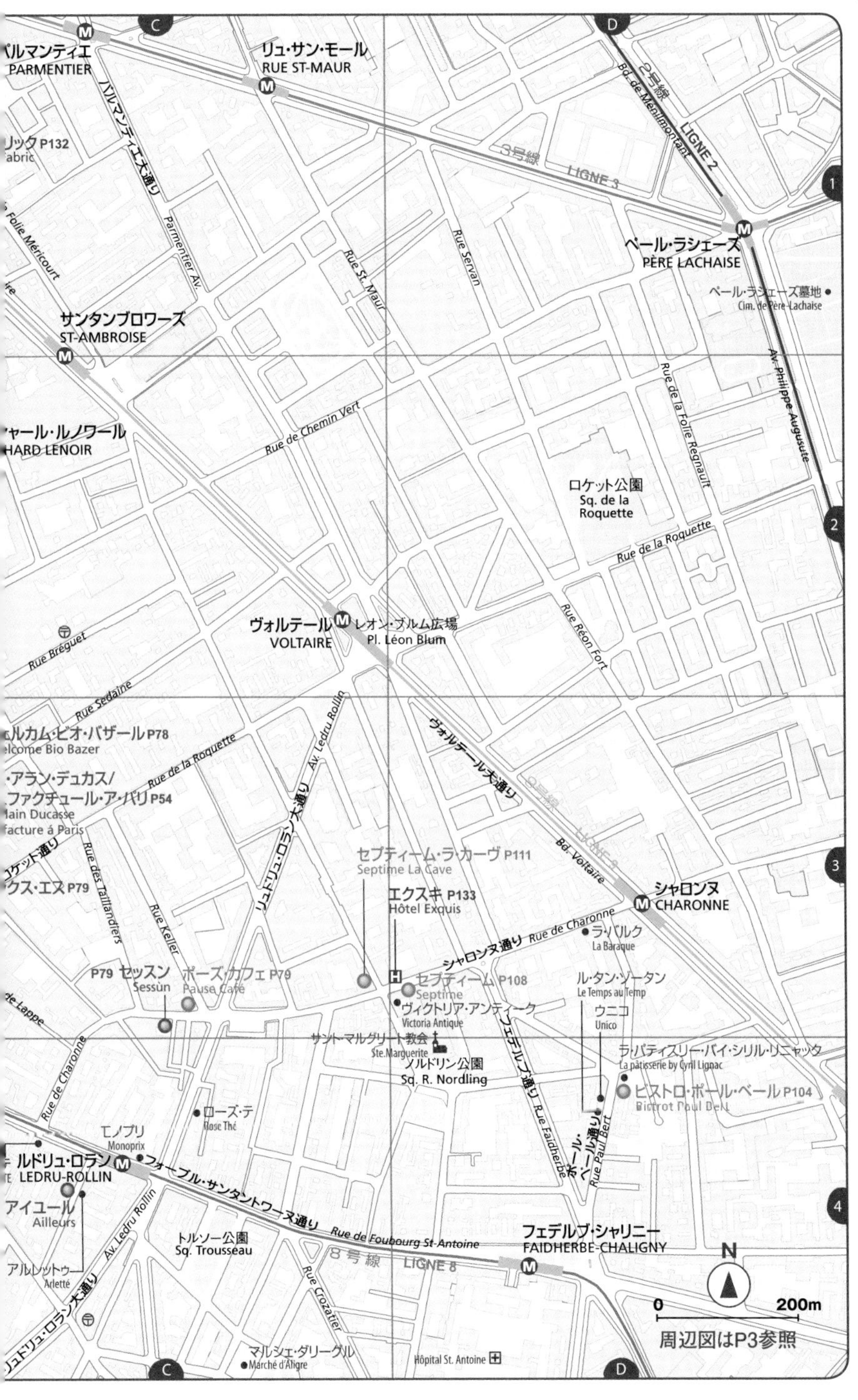
パルマンティエ
PARMENTIER
リュ・サン・モール
RUE ST-MAUR
ペール・ラシェーズ
PÈRE LACHAISE
ペール・ラシェーズ墓地
Cim. de Père-Lachaise
サンタンブロワーズ
ST-AMBROISE
ロケット公園
Sq. de la Roquette
ヴォルテール
VOLTAIRE
レオン・ブルム広場
Pl. Léon Blum
セプティーム・ラ・カーヴ P111
Septime La Cave
エクスキ P133
Hôtel Exquis
シャロンヌ
CHARONNE
ラ・バルク
La Baraque
P79 セッスン
Sessùn
ポーズ・カフェ P79
Pause Café
セプティーム P108
Septime
ヴィクトリア・アンティーク
Victoria Antique
ル・タン・ゾータン
Le Temps au Temp
ウニコ
Unico
サント・マルグリート教会
Ste.Marguerite
ノルドリン公園
Sq. R. Nordling
ラ・パティスリー・バイ・シリル・リニャック
La pâtisserie by Cyril Lignac
ビストロ・ポール・ベール P104
Bistrot Paul Bert
ローズ・テ
Rose Thé
モノプリ
Monoprix
ルドリュ・ロラン
LEDRU-ROLLIN
アイユール
Ailleurs
アルレットゥー
Arlette
トルソー公園
Sq. Trousseau
フェデルブ・シャリニー
FAIDHERBE-CHALIGNY
マルシェ・ダリーグル
Marché d'Aligre
Hôpital St. Antoine
ヴォルテール大通り
Bd. Voltaire
シャロンヌ通り
Rue de Charonne
フェデルブ通り
Rue Faidherbe
ポール・ベール通り
Rue Paul Bert
フォーブル・サンタントワーヌ通り
Rue de Foubourg St-Antoine
リュドリュ・ロラン大通り
Av. Ledru Rollin
パルマンティエ大通り
Parmentier Av.
Rue St. Maur
Rue Servan
Rue de Chemin Vert
Rue de la Roquette
Rue Réon Fort
Rue de la Folie Regnault
Av. Philippe Auguste
Bd. de Ménilmontant
Rue Bréguet
Rue Sedaine
Rue Keller
Rue des Taillandiers
Rue Crozatier
2号線 LIGNE 2
3号線 LIGNE 3
9号線 LIGNE 9
8号線 LIGNE 8
N
0 200m
周辺図はP3参照

モンパルナス〜カルチェ・ラタン

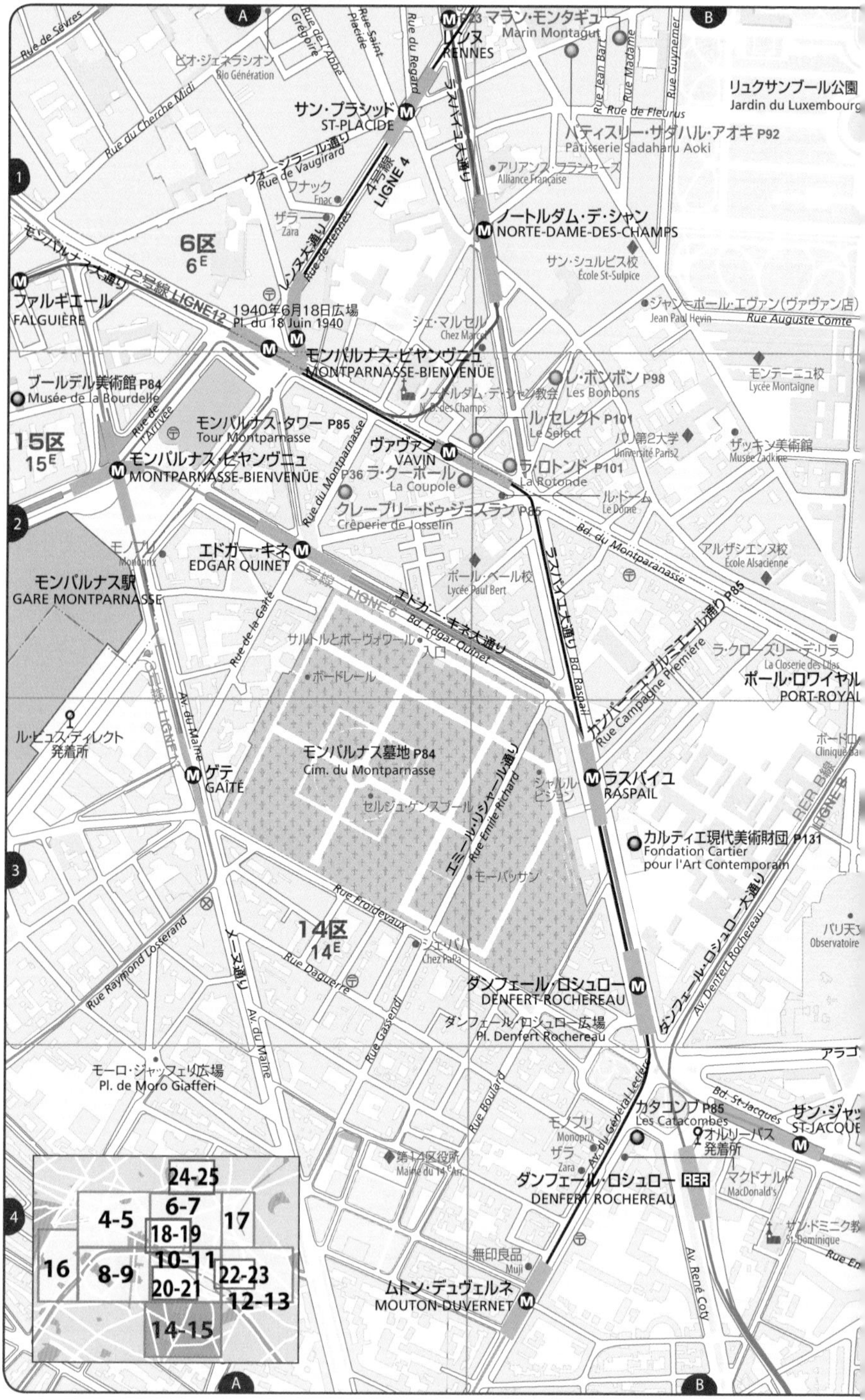

A
B
Rue de Sèvres
Rue du Cherche Midi
ビオ・ジェネラシオン
Bio Génération
Rue Grégoire
Rue de l'Abbé
Rue Saint Placide
Rue du Regard
P23 マラン・モンタギュ
Marin Montagut
レンヌ
RENNES
Rue Jean Bart
Rue Madame
Rue Guynemer
リュクサンブール公園
Jardin du Luxembourg
Rue de Fleurus
サン・プラシッド
ST-PLACIDE
ラスパイユ大通り
パティスリー・サダハル・アオキ P92
Pâtisserie Sadaharu Aoki
1
ヴォージラール通り
Rue de Vaugirard
4号線
LIGNE 4
アリアンス・フランセーズ
Alliance Française
フナック
Fnac
ザラ
Zara
ノートルダム・デ・シャン
NORTE-DAME-DES-CHAMPS
6区
6ᴱ
レンヌ大通り
Rue de Rennes
サン・シュルピス校
École St-Sulpice
モンパルナス大通り
12号線 LIGNE12
ファルギエール
FALGUIÈRE
1940年6月18日広場
Pl. du 18 Juin 1940
シェ・マルセル
Chez Marcel
ジャン＝ポール・エヴァン（ヴァヴァン店）
Jean Paul Hevin
Rue Auguste Comte
モンパルナス・ビヤンヴニュ
MONTPARNASSE-BIENVENÜE
モンテーニュ校
Lycée Montaigne
ブールデル美術館 P84
Musée de la Bourdelle
レ・ボンボン P98
Les Bonbons
ノートルダム・デ・シャン教会
N.-D. des Champs
Rue de l'Arrivée
モンパルナス・タワー P85
Tour Montparnasse
ル・セレクト P101
Le Select
パリ第2大学
Université Paris2
ザッキン美術館
Musée Zadkine
15区
15ᴱ
ヴァヴァン
VAVIN
モンパルナス・ビヤンヴニュ
MONTPARNASSE-BIENVENÜE
Rue du Montparnasse
P36 ラ・クーポール
La Coupole
ラ・ロトンド P101
La Rotonde
ル・ドーム
Le Dôme
2
クレープリー・ドゥ・ジョスラン P85
Crêperie de Josselin
Bd. du Montparnasse
モノプリ
Monoprix
エドガー・キネ
EDGAR QUINET
ポール・ベール校
Lycée Paul Bert
アルザシエンヌ校
École Alsacienne
モンパルナス駅
GARE MONTPARNASSE
6号線 LIGNE 6
エドガー・キネ大通り
Bd. Edgar Quinet
Rue de la Gaîté
サルトルとボーヴォワール
入口
ラスパイユ大通り
Bd. Raspail
カンパーニュ・プルミエール通り P85
Rue Campagne Première
ラ・クローズリー・デ・リラ
La Closerie des Lilas
ポール・ロワイヤル
PORT-ROYAL
ボードレール
ル・ビュス・ディレクト
発着所
Av. du Maine
LIGNE 13
モンパルナス墓地 P84
Cim. du Montparnasse
エミール・リシャール通り
Rue Emile Richard
シャルル・ピジョン
ゲテ
GAÎTÉ
ラスパイユ
RASPAIL
RER B線
LIGNE B
セルジュ・ゲンスブール
カルティエ現代美術財団 P131
Fondation Cartier
pour l'Art Contemporain
3
モーパッサン
Rue Froidevaux
14区
14ᴱ
Rue Raymond Losserand
メーヌ通り
Rue Daguerre
シェ・パパ
Chez PaPa
ダンフェール・ロシュロー大通り
Av. Denfert Rochereau
パリ天文台
Observatoire
ダンフェール・ロシュロー
DENFERT-ROCHEREAU
ダンフェール・ロシュロー広場
Pl. Denfert Rochereau
Av. du Maine
Rue Gassendi
アラゴ
モーロ・ジャッフェリ広場
Pl. de Moro Giafferi
Rue Boulard
Av. du Général Leclerc
カタコンブ P85
Les Catacombes
Bd. St-Jacques
サン・ジャック
ST-JACQUES
モノプリ
Monoprix
オルリーバス
発着所
ザラ
Zara
第14区役所
Mairie du 14ᴱ Arr.
マクドナルド
MacDonald's
ダンフェール・ロシュロー RER
DENFERT ROCHEREAU
4
サン・ドミニク教会
St-Dominique
無印良品
Muji
Rue d'Alésia
Av. René Coty
ムトン・デュヴェルネ
MOUTON-DUVERNET

24-25
4-5
6-7
17
18-19
16
8-9
10-11
22-23
20-21
12-13
14-15

サン・ジェルマン・デ・プレから続くレンヌ大通り（A1）沿いにはショップが軒を連ね、モンパルナスに近いほど庶民派系のお店が多い。モンパルナス駅（A2）は巨大なので迷子にならないよう注意。

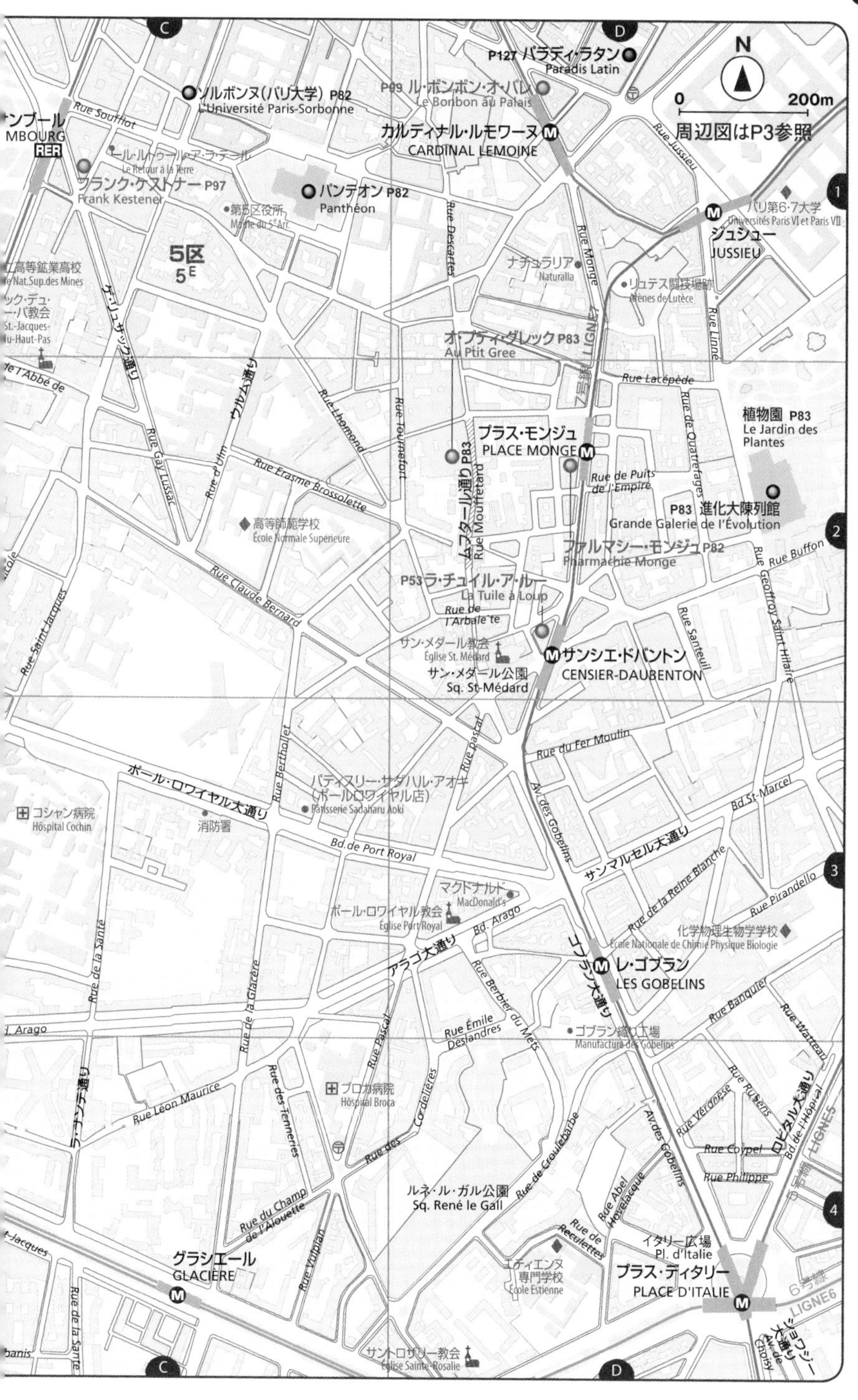

P127 パラディ・ラタン
Paradis Latin
P99 ル・ボンボン・オ・パレ
Le Bonbon au Palais
ソルボンヌ(パリ大学) P82
L'Université Paris-Sorbonne
カルディナル・ルモワーヌ
CARDINAL LEMOINE
N
0
200m
周辺図はP3参照
Rue Soufflot
MBOURG
RER
ル・ルトゥール・ア・ラ・テール
Le Retour à la Terre
フランク・ケストナー P97
Frank Kestener
パンテオン P82
Panthéon
第5区役所
Mairie du 5e Arr.
5区
5E
Rue Jussieu
パリ第6・7大学
Universités Paris VI et Paris VII
ジュシュー
JUSSIEU
Rue Descartes
Rue Monge
ナチュラリア
Naturalia
リュテス闘技場跡
Arènes de Lutèce
Rue Linné
ゲ・リュサック通り
オ・プティ・グレック P83
Au P'tit Grec
ウルム通り
Rue Lacépède
Rue Lhomond
Rue Tournefort
プラス・モンジュ
PLACE MONGE
植物園 P83
Le Jardin des Plantes
Rue Gay Lussac
Rue d'Ulm
Rue Erasme Brossolette
ムフタール通り P83
Rue Mouffetard
Rue de Puits de l'Empire
Rue de Quatrefages
P83 進化大陳列館
Grande Galerie de l'Évolution
高等師範学校
École Normale Supérieure
ファルマシー・モンジュ P82
Pharmachie Monge
Rue Buffon
Rue Claude Bernard
P53 ラ・チュイル・ア・ルー
La Tuile à Loup
Rue de l'Arbalète
Rue Geoffroy Saint Hilaire
Rue Saint Jacques
サン・メダール教会
Église St. Médard
サンシエ・ドバントン
CENSIER-DAUBENTON
Rue Santeuil
サン・メダール公園
Sq. St-Médard
Rue du Fer Moulin
Rue Berthollet
Rue Pascal
ポール・ロワイヤル大通り
パティスリー・サダハル・アオキ
(ポールロワイヤル店)
Patisserie Sadaharu Aoki
コシャン病院
Hôspital Cochin
消防署
Av. des Gobelins
Bd. St-Marcel
Bd. de Port Royal
サンマルセル大通り
マクドナルド
MacDonald's
Rue de la Reine Blanche
Rue Pirandello
ポール・ロワイヤル教会
Église Port Royal
Bd. Arago
化学物理生物学学校
École Nationale de Chimie Physique Biologie
アラゴ大通り
ゴブラン大通り
レ・ゴブラン
LES GOBELINS
Rue de la Santé
Rue de la Glacière
Rue Berbier du Mets
Rue Émile Deslandres
Rue Banquier
Rue Watteau
Bd. Arago
ゴブラン織り工場
Manufacture des Gobelins
Rue Pascal
Rue des Tanneries
ラ・サンテ通り
ブロカ病院
Hôspital Broca
Rue Léon Maurice
Rue des Cordelières
Rue Rubens
Rue Véronèse
ロピタル大通り
Bd. de l'Hôpital
LIGNE5
Rue de Croulebarbe
Av. des Gobelins
Rue Coypel
Rue Philippe
ルネ・ル・ガル公園
Sq. René le Gall
Rue du Champ de l'Alouette
Rue Abel Hovelacque
Rue de Reculettes
Rue Vulpian
イタリー広場
Pl. d'Italie
エティエンヌ専門学校
École Estienne
グラシエール
GLACIÈRE
プラス・ディタリー
PLACE D'ITALIE
6号線
LIGNE6
Rue de la Santé
サントロザリー教会
Église Sainte-Rosalie
ショワジー大通り
Av. de Choisy
C
D
1
2
3
4

A
B
1
2
3
4

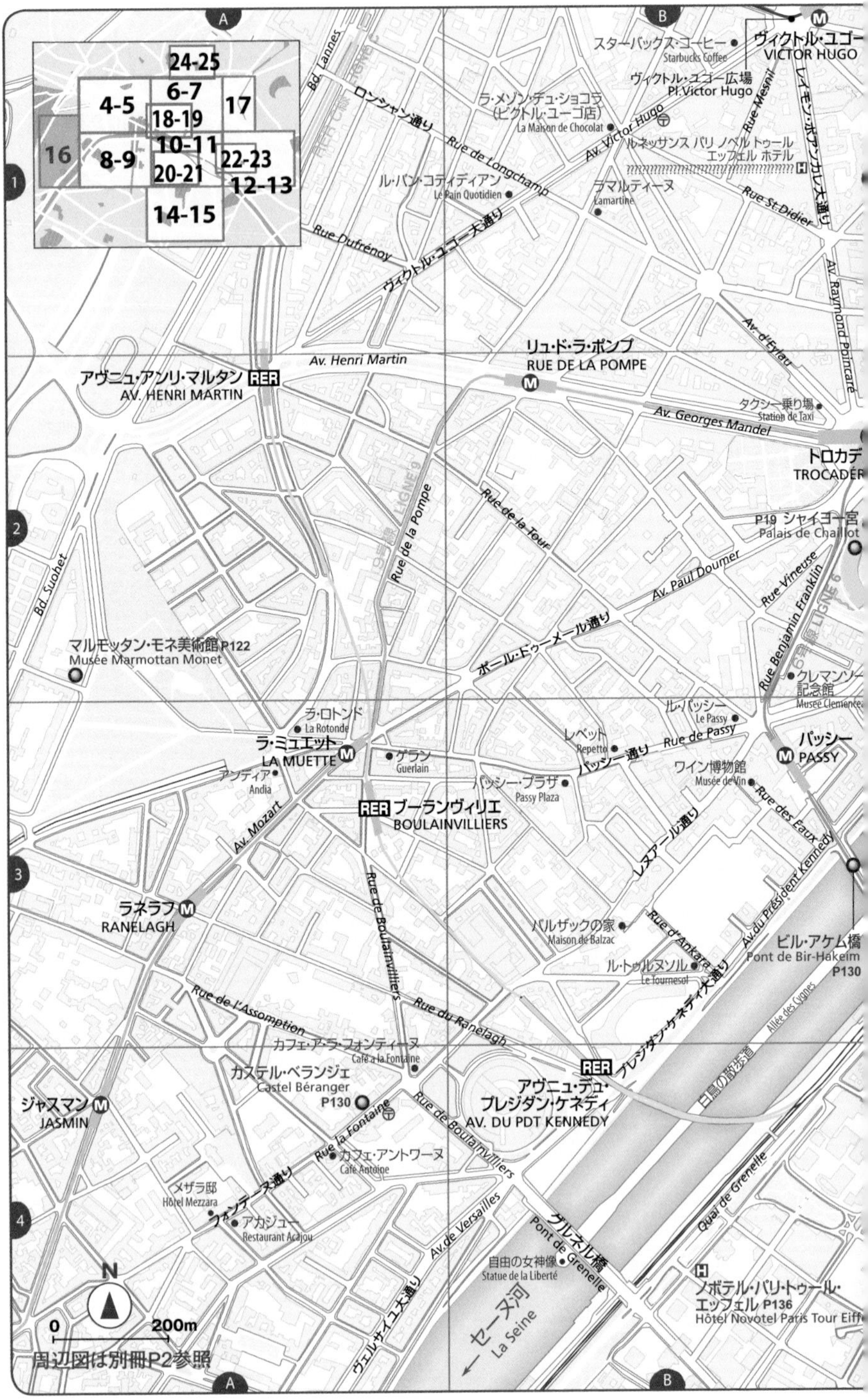

24-25
4-5
6-7
17
18-19
16
8-9
10-11
22-23
20-21
12-13
14-15

Bd. Lannes
ロンシャン通り
Rue de Longchamp
スターバックス・コーヒー
Starbucks Coffee
ヴィクトル・ユゴー
VICTOR HUGO
ヴィクトル・ユゴー広場
Pl. Victor Hugo
ラ・メゾン・デュ・ショコラ（ビクトル・ユーゴ店）
La Maison de Chocolat
Av. Victor Hugo
ルネッサンス パリ ノベルトゥール エッフェル ホテル
Rue Mesnil
レイモン・ポアンカレ大通り
ル・パン・コティディアン
Le Pain Quotidien
ラマルティーヌ
Lamartine
Rue St.Didier
Rue Dufrénoy
ヴィクトル・ユゴー大通り
Av. Raymond Poincaré
Av. d'Eylau
リュ・ド・ラ・ポンプ
RUE DE LA POMPE
Av. Henri Martin
アヴニュ・アンリ・マルタン RER
AV. HENRI MARTIN
タクシー乗り場
Station de Taxi
Av. Georges Mandel
トロカデ
TROCADÉR
Rue de la Tour
LIGNE 9
Rue de la Pompe
P19 シャイヨー宮
Palais de Chaillot
Bd. Suchet
Av. Paul Doumer
Rue Vineuse
Rue Benjamin Franklin
LIGNE 6
ポール・ドゥーメール通り
マルモッタン・モネ美術館 P122
Musée Marmottan Monet
クレマンソー記念館
Musée Clemenceau
ラ・ロトンド
La Rotonde
ル・パッシー
Le Passy
ラ・ミュエット
LA MUETTE
ゲラン
Guerlain
レペット
Repetto
パッシー通り
Rue de Passy
パッシー
PASSY
アンディア
Andia
パッシー・プラザ
Passy Plaza
ワイン博物館
Musée de Vin
Rue des Eaux
RER ブーランヴィリエ
BOULAINVILLIERS
Av. Mozart
レスアール通り
Av. du Président Kennedy
ラネラフ
RANELAGH
Rue de Boulainvilliers
バルザックの家
Maison de Balzac
Rue d'Ankara
ビル・アケム橋
Pont de Bir-Hakeim
P130
ル・トゥルヌソル
Le Tournesol
Rue de l'Assomption
Rue du Ranelagh
プレジダン・ケネディ大通り
Allée des Cygnes
白鳥の散歩道
カフェ・ア・ラ・フォンティーヌ
Café a la Fontaine
カステル・ベランジェ
Castel Béranger
P130
アヴニュ・デュ・プレジダン・ケネディ
AV. DU PDT KENNEDY
RER
ジャスマン
JASMIN
Rue la Fontaine
Rue de Boulainvilliers
カフェ・アントワーヌ
Café Antoine
Quai de Grenelle
メザラ邸
Hôtel Mezzara
フォンテーヌ通り
アカジュー
Restaurant Acajou
Av. de Versailles
Pont de Grenelle
グルネル橋
自由の女神像
Statue de la Liberté
ノボテル・パリ・トゥール・エッフェル P136
Hôtel Novotel Paris Tour Eiff
N
0
200m
ヴェルサイユ大通り
← セーヌ河
La Seine
周辺図は別冊P2参照

Ⓜ9号線LA MUETTE駅（P16A3）の近くにあるレストラン「アンディア」は、かつての国鉄駅を改装したレストランで趣がある。夏はプラットホームのテラス席がおすすめ。

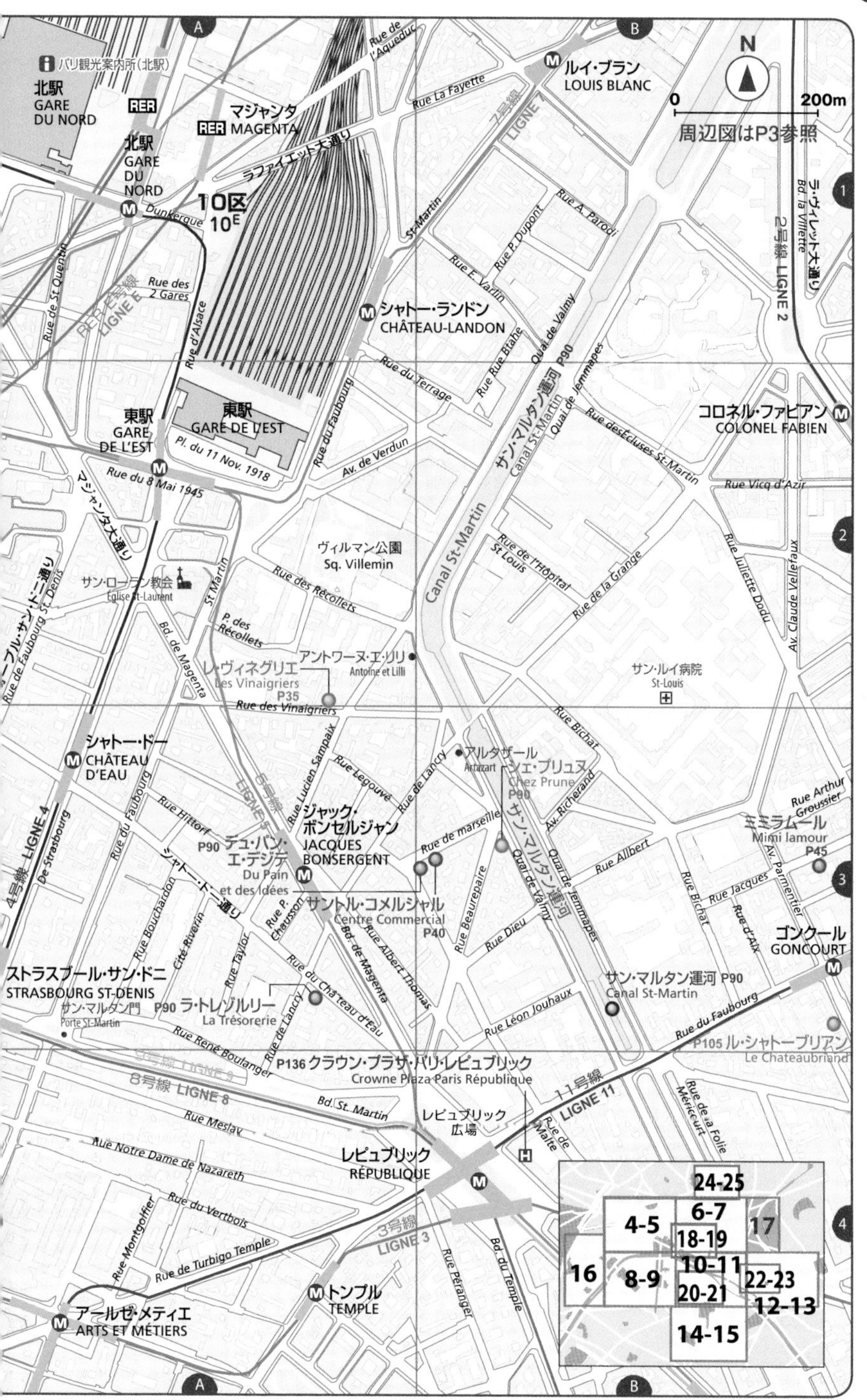
パリ観光案内所(北駅)
北駅
GARE DU NORD
マジャンタ
MAGENTA
ラファイエット大通り
ルイ・ブラン
LOUIS BLANC
周辺図はP3参照
10区
10E
シャトー・ランドン
CHÂTEAU-LANDON
東駅
GARE DE L'EST
Pl. du 11 Nov. 1918
サン・マルタン運河 P90
Canal St-Martin
コロネル・ファビアン
COLONEL FABIEN
ヴィルマン公園
Sq. Villemin
サン・ローラン教会
Eglise St-Laurent
アントワーヌ・エ・リリ
Antoine et Lilli
レ・ヴィネグリエ
Les Vinaigriers
P35
サン・ルイ病院
St-Louis
シャトー・ドー
CHÂTEAU D'EAU
アルタザール
Artazart
シェ・プリュヌ
Chez Prune
P90
ジャック・ボンセルジャン
JACQUES BONSERGENT
ミミラムール
Mimi lamour
P45
P90 デュ・パン・エ・デジデ
Du Pain et des Idées
サントル・コメルシャル
Centre Commercial
P40
ゴンクール
GONCOURT
ストラスブール・サン・ドニ
STRASBOURG ST-DENIS
サン・マルタン門
Porte St-Martin
P90 ラ・トレゾルリー
La Trésorerie
P105 ル・シャトーブリアン
Le Chateaubriand
P136 クラウン・プラザ・パリ・レピュブリック
Crowne Plaza Paris République
レピュブリック広場
レピュブリック
RÉPUBLIQUE
トンプル
TEMPLE
アール・ゼ・メティエ
ARTS ET MÉTIERS

コンコルド〜オペラ

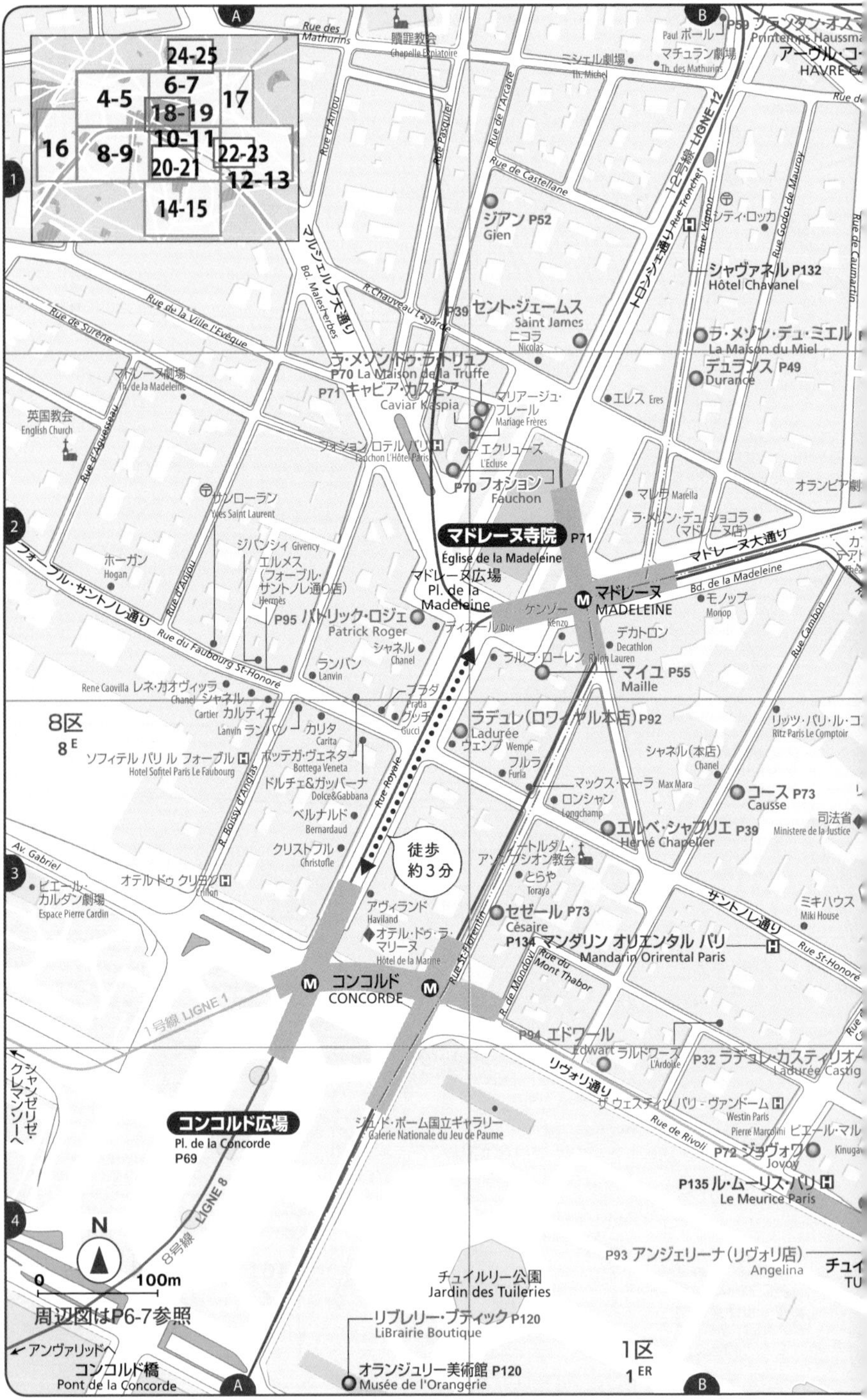

A
B
Rue des Mathurins
贖罪教会
Chapelle Expiatoire
Paul ポール
P59 プランタン・オスマン
Printemps Haussmann
アーヴル・コーマルタン
HAVRE CAUMARTIN
ミシェル劇場
Th. Michel
マチュラン劇場
Th. des Mathurins
24-25
6-7
4-5
17
18-19
10-11
16
8-9
22-23
20-21
12-13
14-15
Rue d'Anjou
Rue Pasquier
Rue de l'Arcade
Rue de Castellane
12号線 LIGNE 12
ジアン P52
Gien
シティ・ロッカ
Rue Tronchet
トロンシェ通り
Rue Vignon
Rue Godot de Mauroy
Rue de Caumartin
シャヴァネル P132
Hôtel Chavanel
マルシェルブ大通り
Bd. Malesherbes
R. Chauveau Lagarde
Rue de la Ville l'Évêque
Rue de Suréne
P39 セント・ジェームス
Saint James
ニコラ
Nicolas
ラ・メゾン・デュ・ミエル
La Maison du Miel
デュランス P49
Durance
ラ・メゾン・ドゥ・ラ・トリュフ
P70 La Maison de la Truffe
P71 キャビア・カスピア
Caviar Kaspia
マリアージュ・フレール
Mariage Frères
エレス Eres
マドレーヌ劇場
Th. de la Madeleine
英国教会
English Church
Rue d'Aguesseau
フォション ロテル パリ
Fauchon L'Hôtel Paris
エクリューズ
L'Ecluse
P70 フォション
Fauchon
マレラ Marella
オランピア劇場
サンローラン
Yves Saint Laurent
ラ・メゾン・デュ・ショコラ（マドレーヌ店）
マドレーヌ寺院 P71
Église de la Madeleine
マドレーヌ大通り
Bd. de la Madeleine
ホーガン
Hogan
ジバンシィ Givency
エルメス（フォーブル・サントノレ通り店）
Hermès
マドレーヌ広場
Pl. de la Madeleine
マドレーヌ
MADELEINE
ケンゾー
Kenzo
モノップ
Monop
フォーブル・サントノレ通り
Rue d'Anjou
P95 パトリック・ロジェ
Patrick Roger
ディオール Dior
デカトロン
Decathlon
Rue du Faubourg St-Honoré
シャネル
Chanel
ランバン
Lanvin
ラルフ・ローレン Ralph Lauren
マイユ P55
Maille
Rue Cambon
Rene Caovilla レネ・カオヴィッラ
シャネル
Chanel
カルティエ
Cartier
ランバン
Lanvin
カリタ
Carita
プラダ
Prada
グッチ
Gucci
ラデュレ（ロワイヤル本店）P92
Ladurée
ウェンプ Wempe
リッツ・パリ・ル・コントワール
Ritz Paris Le Comptoir
8区
8 E
ソフィテル パリ ル フォーブル
Hotel Sofitel Paris Le Faubourg
ボッテガ・ヴェネタ
Bottega Veneta
ドルチェ&ガッバーナ
Dolce&Gabbana
R. Boissy d'Anglas
Rue Royale
シャネル（本店）
Chanel
フルラ
Furla
マックス・マーラ Max Mara
ロンシャン
Longchamp
コース P73
Causse
司法省
Ministere de la Justice
ベルナルド
Bernardaud
クリストフル
Christofle
エルベ・シャプリエ P39
Hervé Chapelier
ノートルダム・ド・ラソンプシオン教会
とらや
Toraya
徒歩 約3分
Av. Gabriel
ピエール・カルダン劇場
Espace Pierre Cardin
オテル ドゥ クリヨン
Crillon
アヴィランド
Haviland
オテル・ドゥ・ラ・マリーヌ
Hôtel de la Marine
セゼール P73
Césaire
ミキハウス
Miki House
サントノレ通り
Rue St-Honoré
P134 マンダリン オリエンタル パリ
Mandarin Orirental Paris
Rue St-Florentin
R. de Mondovi
Rue du Mont Thabor
コンコルド
CONCORDE
1号線 LIGNE 1
P94 エドワール
Edwart
ラルドワーズ
L'Ardoise
P32 ラデュレ・カスティリオーネ
Ladurée Castiglione
リヴォリ通り
ザ ウェスティン パリ - ヴァンドーム
Westin Paris
Rue de Rivoli
シャンゼリゼ・クレマンソーへ
コンコルド広場
Pl. de la Concorde
P69
ジュ・ド・ポーム国立ギャラリー
Galerie Nationale du Jeu de Paume
ピエール・マルコリーニ
Pierre Marcolini
Kinugawa
P72 ジョヴォワ
Jovoy
P135 ル・ムーリス・パリ
Le Meurice Paris
8号線 LIGNE 8
N
0
100m
周辺図はP6-7参照
P93 アンジェリーナ（リヴォリ店）
Angelina
チュイルリー
TU
チュイルリー公園
Jardin des Tuileries
リブレリー・ブティック P120
LiBrairie Boutique
アンヴァリッドへ
コンコルド橋
Pont de la Concorde
1区
1 ER
オランジュリー美術館 P120
Musée de l'Orangerie

西はシャンゼリゼ大通り、東はチュイルリー公園に突き当たるコンコルド広場（A4）は、映画『プラダを着た悪魔』のラストシーンにも登場。主人公が上司との連絡用に支給された携帯電話を投げ入れた噴水も実在。

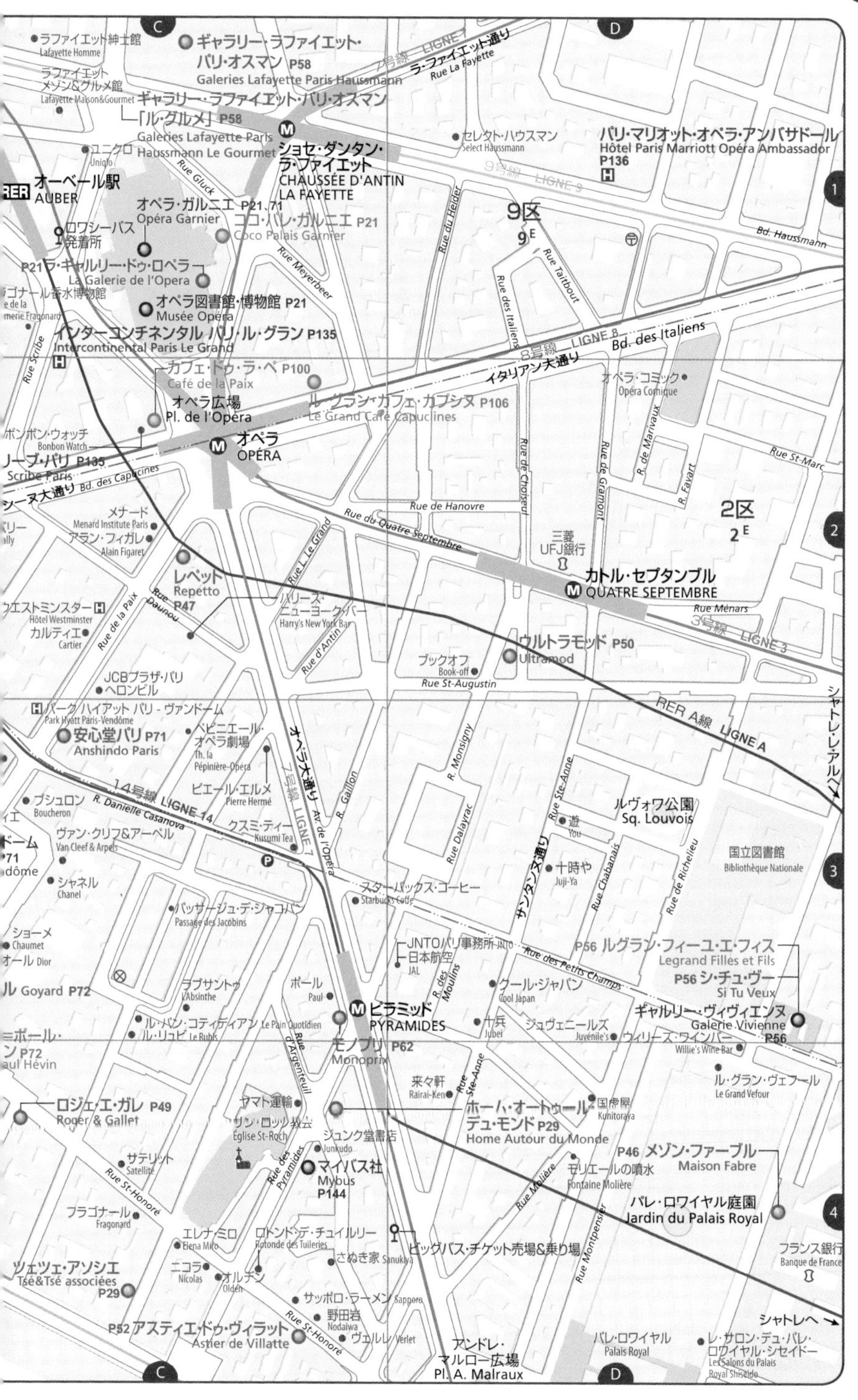
C
D
ラファイエット紳士館
Lafayette Homme
ギャラリー・ラファイエット・パリ・オスマン P58
Galeries Lafayette Paris Haussmann
ラファイエット メゾン&グルメ館
Lafayette Maison&Gourmet
ギャラリー・ラファイエット・パリ・オスマン「ル・グルメ」 P58
Galeries Lafayette Paris Haussmann Le Gourmet
7号線 LIGNE 7
ラ・ファイエット通り
Rue La Fayette
ユニクロ
Uniqlo
ショセ・ダンタン・ラ・ファイエット
CHAUSSÉE D'ANTIN LA FAYETTE
セレクト・ハウスマン
Select Haussmann
パリ・マリオット・オペラ・アンバサドール
Hôtel Paris Marriott Opéra Ambassador
P136
9号線 LIGNE 9
オーベール駅
AUBER
Rue Gluck
オペラ・ガルニエ P21、71
Opéra Garnier
ココ・パレ・ガルニエ P21
Coco Palais Garnier
9区
9E
Rue du Helder
Bd. Haussmann
ロワシーバス発着所
P21 ラ・ギャルリー・ドゥ・ロペラ
La Galerie de l'Opera
フラゴナール香水博物館
Rue Meyerbeer
Rue Taitbout
Rue des Italiens
オペラ図書館・博物館 P21
Musée Opéra
インターコンチネンタル パリ・ル・グラン P135
Intercontinental Paris Le Grand
8号線 LIGNE 8
Bd. des Italiens
イタリアン大通り
Rue Scribe
カフェ・ドゥ・ラ・ペ P100
Café de la Paix
オペラ・コミック
Opéra Comique
オペラ広場
Pl. de l'Opéra
ル・グラン・カフェ・カプシヌ P106
Le Grand Café Capucines
ボンボン・ウォッチ
Bonbon Watch
オペラ
OPÉRA
Rue de Choiseul
Rue de Gramont
R. de Marivaux
Rue St-Marc
スクリーブ・パリ P135
Scribe Paris
Bd. des Capucines
カプシーヌ大通り
R. Favart
メナード
Menard Institute Paris
アラン・フィガレ
Alain Figaret
Rue de Hanovre
Rue du Quatre Septembre
2区
2E
三菱UFJ銀行
レペット
Repetto
P47
Rue L. Le Grand
カトル・セプタンブル
QUATRE SEPTEMBRE
ウエストミンスター
Hôtel Westminster
カルティエ
Cartier
Rue de la Paix
Rue Daunou
ハリーズ・ニューヨーク・バー
Harry's New York Bar
Rue Ménars
3号線 LIGNE 3
Rue d'Antin
ウルトラモッド P50
Ultramod
ブックオフ
Book-off
Rue St-Augustin
JCBプラザ・パリ
ヘロンビル
パーク ハイアット パリ・ヴァンドーム
Park Hyatt Paris-Vendôme
RER A線 LIGNE A
シャトレ・レ・アルへ
安心堂パリ P71
Anshindo Paris
ペピニエール・オペラ劇場
Th. la Pépinière-Opéra
R. Monsigny
オペラ大通り
Av. de l'Opéra
ピエール・エルメ
Pierre Hermé
7号線 LIGNE 7
R. Gaillon
ルヴォワ公園
Sq. Louvois
14号線 LIGNE 14
R. Danielle Casanova
ブシュロン
Boucheron
Rue Ste-Anne
遊
You
クスミ・ティー
Kusumi Tea
Rue Dalayrac
ヴァン・クリフ&アーペル
Van Cleef & Arpels
国立図書館
Bibliothèque Nationale
十時や
Juji-Ya
シャネル
Chanel
サンタンヌ通り
Rue Chabanais
Rue de Richelieu
スターバックス・コーヒー
Starbucks Coffee
パッサージュ・デ・ジャコバン
Passage des Jacobins
ショーメ
Chaumet
JNTOパリ事務所
日本航空
JAL
P56 ルグラン・フィーユ・エ・フィス
Legrand Filles et Fils
Rue des Petits Champs
P56 シ・チュ・ヴー
Si Tu Veux
ディオール Dior
ラブサントゥ
L'Absinthe
ポール
Paul
R. des Moulins
クール・ジャパン
Cool Japan
ギャルリー・ヴィヴィエンヌ
Galerie Vivienne
P56
ゴヤール Goyard P72
ピラミッド
PYRAMIDES
ル・パン・コティディアン
Le Pain Quotidien
ル・リュビ
Le Rubis
十兵
Jubei
ジュヴェニールズ
Juvénile's
ウィリーズ・ワインバー
Willie's Wine Bar
ジャン=ポール・エヴァン P72
モノプリ P62
Monoprix
Rue d'Argenteuil
来々軒
Rairai-Ken
Rue Ste-Anne
ル・グラン・ヴェフール
Le Grand Vefour
ロジェ・エ・ガレ P49
Roger & Gallet
ヤマト運輸
サン・ロック教会
Eglise St-Roch
ホーム・オートゥール・デュ・モンド P29
Home Autour du Monde
国虎屋
Kunitoraya
ジュンク堂書店
Junkudo
P46 メゾン・ファーブル
Maison Fabre
サテリット
Satellite
Rue des Pyramides
マイバス社
Mybus
P144
モリエールの噴水
Fontaine Molière
Rue Molière
Rue St-Honoré
パレ・ロワイヤル庭園
Jardin du Palais Royal
フラゴナール
Fragonard
エレナ・ミロ
Elena Miro
ロトンド・デ・チュイルリー
Rotonde des Tuileries
ビッグバス・チケット売場&乗り場
Rue Montpensier
フランス銀行
Banque de France
ツェツェ・アソシエ
Tsé&Tsé associées
P29
ニコラ
Nicolas
オルデン
Olden
さぬき家
Sanukiya
サッポロ・ラーメン
Sapporo
野田岩
Nodaiwa
シャトレへ
P52 アスティエ・ドゥ・ヴィラット
Astier de Villatte
Rue St-Honoré
ヴェルレ
Verlet
アンドレ・マルロー広場
Pl. A. Malraux
パレ・ロワイヤル
Palais Royal
レ・サロン・デュ・パレ・ロワイヤル・シセイドー
Les Salons du Palais Royal Shiseido
1
2
3
4

サン・ジェルマン・デ・プレ

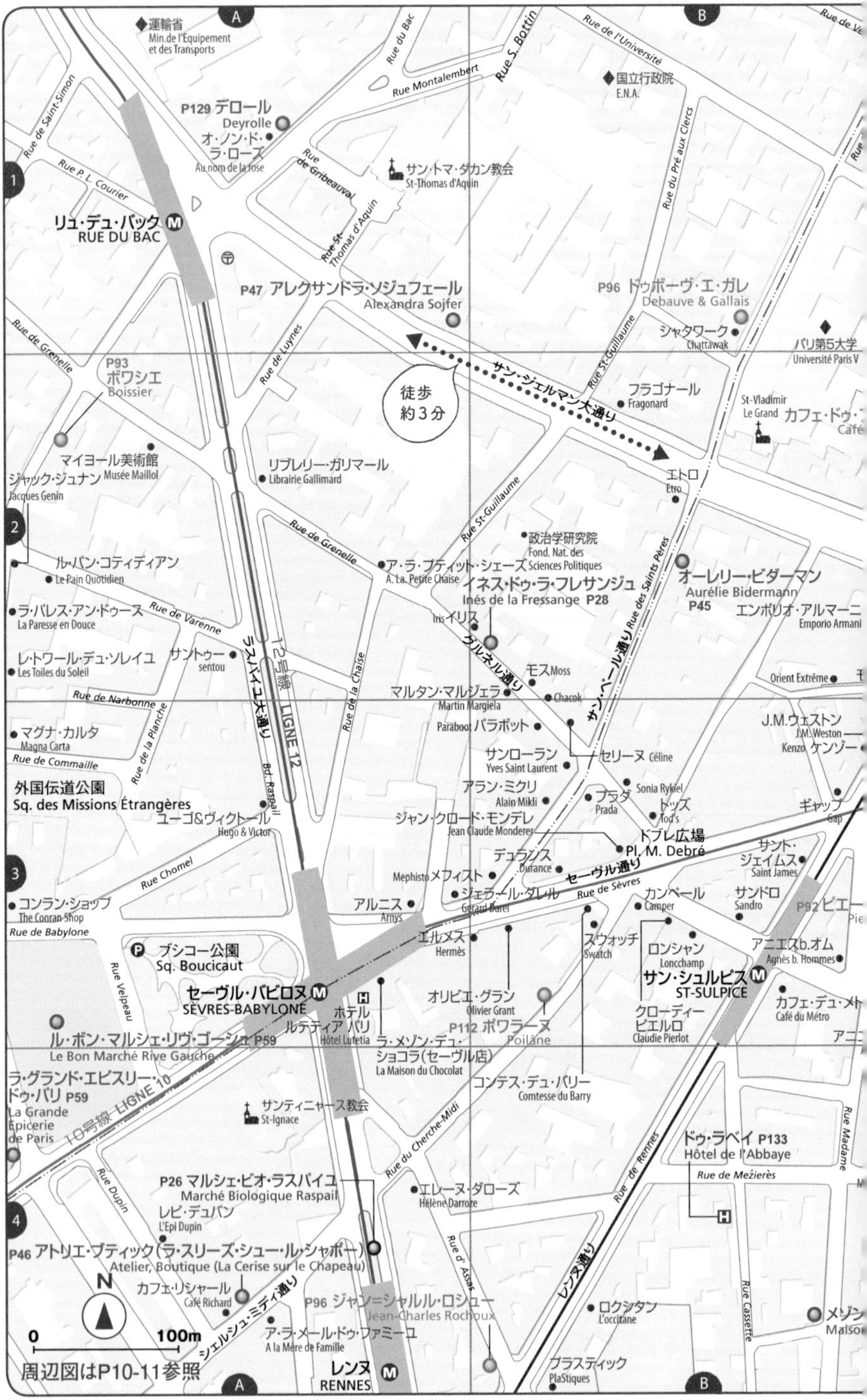

運輸省
Min.de l'Equipement et des Transports

Rue du Bac
Rue Montalembert
Rue S. Bottin
Rue de l'Université
Rue de Ve
国立行政院
E.N.A.
Rue de Saint-Simon
P129 デロール
Deyrolle
オ・ノン・ド・ラ・ローズ
Au nom de la rose
Rue de Gribeauval
サン・トマ・ダカン教会
St-Thomas d'Aquin
Rue du Pré aux Clercs
Rue P. L. Courier
リュ・デュ・バック
RUE DU BAC
Rue St-Thomas d'Aquin
P47 アレクサンドラ・ソジュフェール
Alexandra Sojfer
P96 ドゥボーヴ・エ・ガレ
Debauve & Gallais
シャタワーク
Chattawak
パリ第5大学
Université Paris V
Rue de Grenelle
Rue de Luynes
Rue St-Guillaume
P93 ボワシエ
Boissier
徒歩約3分
サン・ジェルマン大通り
フラゴナール
Fragonard
St-Vladimir Le Grand
カフェ・ドゥ・
Café
マイヨール美術館
Musée Maillol
ジャック・ジュナン
Jacques Genin
リブレリー・ガリマール
Librairie Gallimard
エトロ
Etro
Rue de Grenelle
Rue St-Guillaume
政治学研究院
Fond. Nat. des Sciences Politiques
ル・パン・コティディアン
Le Pain Quotidien
ア・ラ・プティット・シェーズ
A. La Petite Chaise
イネス・ドゥ・ラ・フレサンジュ
Inés de la Fressange P28
Rue des Saints Pères
オーレリー・ビダーマン
Aurélie Biderman
P45
エンポリオ・アルマーニ
Emporio Armani
ラ・パレス・アン・ドゥース
La Paresse en Douce
Rue de Varenne
Iris イリス
グルネル通り
レ・トワール・デュ・ソレイユ
Les Toiles du Soleil
サントゥー
sentou
ラスパイユ大通り
12号線 LIGNE 12
Rue de la Chaise
モス Moss
サン・ペール通り
Orient Extrême
Rue de Narbonne
マルタン・マルジェラ
Martin Margiela
Chacok
マグナ・カルタ
Magna Carta
Rue de la Planche
Paraboot パラボット
J.M.ウェストン
J.M.Weston
Kenzo ケンゾー
Rue de Commaille
Bd. Raspail
サンローラン
Yves Saint Laurent
セリーヌ Céline
外国伝道公園
Sq. des Missions Étrangères
アラン・ミクリ
Alain Mikli
プラダ
Prada
Sonia Rykiel
トッズ
Tod's
ギャップ
Gap
ユーゴ&ヴィクトール
Hugo & Victor
ジャン・クロード・モンデレ
Jean Claude Monderer
ドブレ広場
Pl. M. Debré
サント・ジェイムス
Saint James
Rue Chomel
デュランス
Durance
セーヴル通り
Mephisto メフィスト
ジェラール・ダレル
Gerard Darel
Rue de Sèvres
カンペール
Camper
サンドロ
Sandro
P92 ピエー
Pie
コンラン・ショップ
The Conran Shop
アルニス
Arnys
Rue de Babylone
ブシコー公園
Sq. Boucicaut
エルメス
Hermès
スウォッチ
Swatch
ロンシャン
Loncchamp
アニエスb.オム
Agnès b. Hommes
Rue Velpeau
セーヴル・バビロヌ
SÈVRES-BABYLONE
ホテル ルテティア パリ
Hôtel Lutetia
オリビエ・グラン
Olivier Grant
サン・シュルピス
ST-SULPICE
カフェ・デュ・メト
Café du Métro
クローディー ピエルロ
Claudie Pierlot
ル・ボン・マルシェ・リヴ・ゴーシュ P59
Le Bon Marché Rive Gauche
P112 ポワラーヌ
Poilâne
ラ・メゾン・デュ・ショコラ(セーヴル店)
La Maison du Chocolat
アニ
ラ・グランド・エピスリー・ドゥ・パリ P59
La Grande Epicerie de Paris
コンテス・デュ・バリー
Comtesse du Barry
10号線 LIGNE 10
サンティニャース教会
St-Ignace
Rue du Cherche-Midi
Rue de Rennes
Rue Madame
ドゥ・ラベイ P133
Hôtel de l'Abbaye
Rue de Mezières
Rue Dupin
P26 マルシェ・ビオ・ラスパイユ
Marché Biologique Raspail
エレーヌ・ダローズ
Hélène Darroze
レピ・デュパン
L'Epi Dupin
P46 アトリエ・ブティック(ラ・スリーズ・シュール・シャポー)
Atelier, Boutique (La Cerise sur le Chapeau)
Rue d' Assas
レンヌ通り
Rue Cassette
カフェ・リシャール
Café Richard
P96 ジャン=シャルル・ロシュー
Jean-Charles Rochoux
ロクシタン
L'occitane
メゾン
Maiso
シェルシュ・ミディ通り
ア・ラ・メール・ドゥ・ファミーユ
A la Mère de Famille
プラスティック
PlaStiques
レンヌ
RENNES

0 100m

周辺図はP10-11参照

エリア Navi Ⓜ12号線RUE DU BAC駅（A1）からサン・ジェルマン・デ・プレ教会（C2）までのサン・ジェルマン大通り キッチンやヨーロッパの有名インテリア家具のショールームが並ぶ。インテリアに興味のある人は見逃せない。

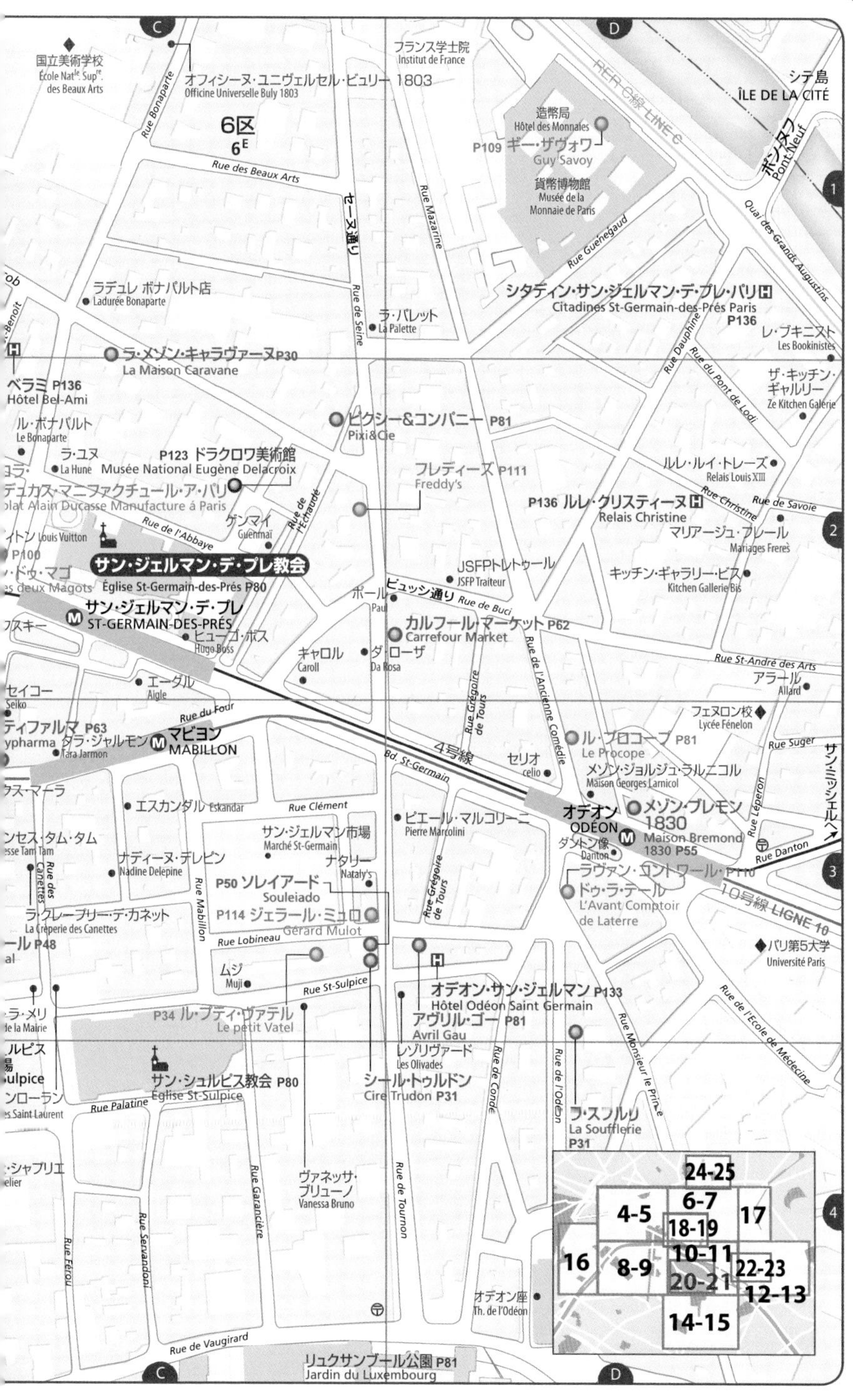

観光スポット　ショップ　レストラン・カフェ・スイーツ・パン　ナイトスポット　ホテル

3区 3E
4区 4E
RER シャトレ・レ・アル CHÂTELET/LES HALLES
シャトレ CHÂTELET
ランビュトー RAMBUTEAU
オテル・ド・ヴィル HÔTEL DE VILLE
ポン・マリー PONT MARIE
パッサージュ・モリエール Passge Molière
レクリトワール P30 L'Écritoire
P97 フランソワ・プラリュ François Pralus
P74 ポンピドゥー・センター Centre Pompidou
パン・ドゥ・スュクル Pain de Sucre
アントワーヌ・エ・リリ Antoine et Lili
フラゴナール Fragonard
フルックス P43 Fleux
P64 マドモワゼル・ビオ Mademoiselle Bio
ナチュラリア Naturalia
オイショー Oysho
ロクシタン L'Occitane
サン・ジャック塔 Tour St-Jacques
パリ市立劇場 Théâtre de la Ville
ル・ベー・アッシュ・ヴェー・マレ Le BHV Marais
ジャジャ Jaja
フランプリ Franprix
マリアージュ・フレール Mariage Frères
パリ・ランデヴー Paris Rendez-Vous
P23 パリ観光局
パリ市庁舎 P67、75 Hôtel de Ville de Paris
徒歩約3分
サン・ジェルヴェ教会 St-Gervais
モナスティカ Monastica
メロディ・グラフィック P30 Mélodies Graphiques
P66 バトビュス乗り場 Batobus
シテ島 Île de la Cité
サン・ルイ島 P67、89 Île St-Louis
セーヌ河 La Seine
ノートルダム橋 Pont Notre Dame
アルコール橋 Pont d'Arcole
ルイ・フィリップ橋 Pont Louis Philippe
セバストポル大通り Bd. de Sébastopol
サン・マルタン通り Rue St-Martin
ルナール通り Rue du Renard
タンプル通り Rue du Temple
アルシーヴ通り
フラン・ブルジョワ通り Rue des Blancs Manteaux
ヴェルリ通り Rue de la Verrerie
リヴォリ通り Rue de Rivoli
Rue Beaubourg
Rue Michel Le Comte
Rue Rambuteau
Rue St-Croix de la Bretonnerie
Rue Aubriot
Rue des Guillemites
Rue Moussy
Rue Vieille du Temple
Rue de Lobau
Rue des Barres
Rue de Pont Louis Philippe
11号線 LIGNE11
14号線 LIGNE 14
7号線 LIGNE 7
RER D線 LIGNE D
RER B線 LIGNE B
24-25 6-7 4-5 18-19 17 16 8-9 10-11 22-23 20-21 12-13 14-15
N 0 100m
周辺図はP12-13参照

フラン・ブルジョワ通り（B2〜C3）には日曜も開いている店が多い。Ⓜ1号線ST-PAUL駅（C4）からサン・ルイ島（B4）方面へ行く際には、古き良きパリの雰囲気が漂う通りRue des Barres（B4）へも立ち寄ろう。

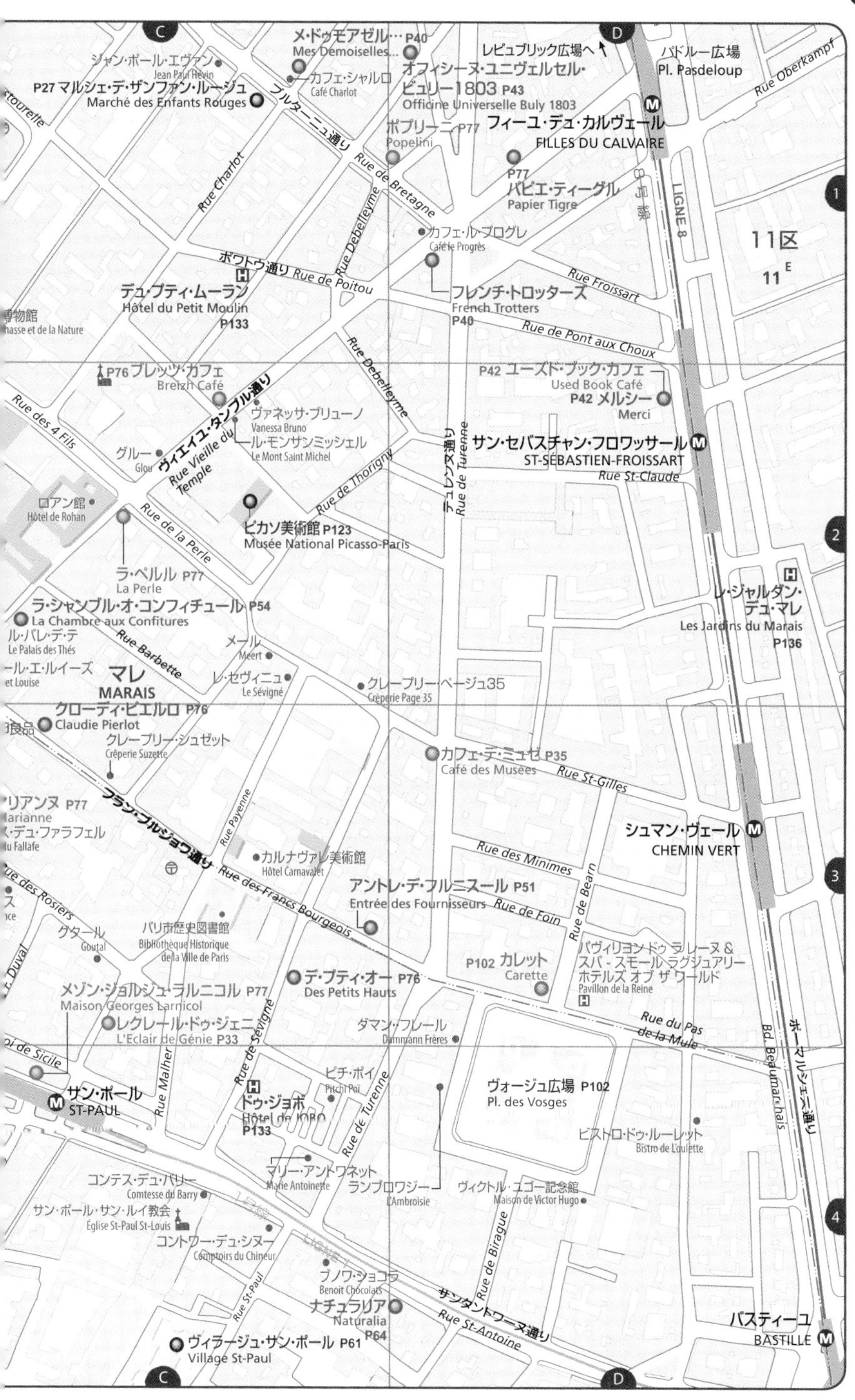

メ・ドゥモアゼル… P40
Mes Demoiselles…
レピュブリック広場へ
パドルー広場
Pl. Pasdeloup
ジャン・ポール・エヴァン
Jean Paul Hévin
カフェ・シャルロ
Café Charlot
オフィシーヌ・ユニヴェルセル・ビュリー1803 P43
Officine Universelle Buly 1803
P27 マルシェ・デ・ザンファン・ルージュ
Marché des Enfants Rouges
ブルターニュ通り
Rue de Bretagne
ポプリーニ P77
Popelini
フィーユ・デュ・カルヴェール
FILLES DU CALVAIRE
Rue Oberkampf
P77
パピエ・ティーグル
Papier Tigre
Rue Charlot
Rue Debelleyme
カフェ・ル・プログレ
Café le Progrès
LIGNE 8
8号線
11区
11E
ボワトゥ通り
Rue de Poitou
デュ・プティ・ムーラン
Hôtel du Petit Moulin
P133
フレンチ・トロッターズ
French Trotters
P40
Rue Froissart
Rue de Pont aux Choux
P76 ブレッツ・カフェ
Breizh Café
P42 ユーズド・ブック・カフェ
Used Book Café
P42 メルシー
Merci
ヴァネッサ・ブリューノ
Vanessa Bruno
ル・モンサンミッシェル
Le Mont Saint Michel
Rue des 4 Fils
ヴィエイユ・タンプル通り
Rue Vieille du Temple
グルー
Glou
テュレンヌ通り
Rue de Turenne
サン・セバスチャン・フロワッサール
ST-SÉBASTIEN-FROISSART
Rue St-Claude
Rue de Thorigny
ロアン館
Hôtel de Rohan
Rue de la Perle
ピカソ美術館 P123
Musée National Picasso-Paris
ラ・ペルル P77
La Perle
レ・ジャルダン・デュ・マレ
Les Jardins du Marais
P136
ラ・シャンブル・オ・コンフィチュール P54
La Chambre aux Confitures
ル・パレ・デ・テ
Le Palais des Thés
Rue Barbette
メール
Meert
レ・セヴィニュ
Le Sévigné
マレ
MARAIS
クレープリー・ページュ35
Crêperie Page 35
クローディ・ピエルロ P76
Claudie Pierlot
クレープリー・シュゼット
Crêperie Suzette
カフェ・デ・ミュゼ P35
Café des Musées
Rue St-Gilles
マリアンヌ P77
ラス・デュ・ファラフェル
Rue Payenne
フラン・ブルジョワ通り
Rue des Francs Bourgeois
シュマン・ヴェール
CHEMIN VERT
カルナヴァレ美術館
Hôtel Carnavalet
Rue des Minimes
Rue des Rosiers
アントレ・デ・フルニスール P51
Entrée des Fournisseurs
Rue de Foin
Rue de Béarn
パリ市歴史図書館
Bibliothèque Historique de la Ville de Paris
グタール
Goutal
パヴィリヨン ドゥ ラ レーヌ & スパ - スモール ラグジュアリー ホテルズ オブ ザ ワールド
Pavillon de la Reine
P102 カレット
Carette
デ・プティ・オー P76
Des Petits Hauts
メゾン・ジョルジュ・ラルニコル P77
Maison Georges Larnicol
レクレール・ドゥ・ジェニ
L'Eclair de Génie P33
Rue du Pas de la Mule
ダマン・フレール
Dammann Frères
Rue de Sicile
Rue de Sévigné
Rue Malher
ボーマルシェ大通り
Bd. Beaumarchais
ピチ・ポイ
Pitchi Poï
ヴォージュ広場 P102
Pl. des Vosges
サン・ポール
ST-PAUL
ドゥ・ジョボ
Hôtel de JOBO
P133
Rue de Turenne
ビストロ・ドゥ・ルーレット
Bistro de L'oulette
マリー・アントワネット
Marie Antoinette
コンテス・デュ・バリー
Comtesse du Barry
ランブロワジー
L'Ambroisie
ヴィクトル・ユゴー記念館
Maison de Victor Hugo
サン・ポール・サン・ルイ教会
Église St-Paul St-Louis
コントワー・デュ・シヌー
Comptoirs du Chineur
LIGNE 1
Rue de Birague
ブノワ・ショコラ
Benoit Chocolats
Rue St-Paul
ナチュラリア
Naturalia
P64
サンタントワーヌ通り
Rue St-Antoine
バスティーユ
BASTILLE
ヴィラージュ・サン・ポール P61
Village St-Paul

モンマルトル

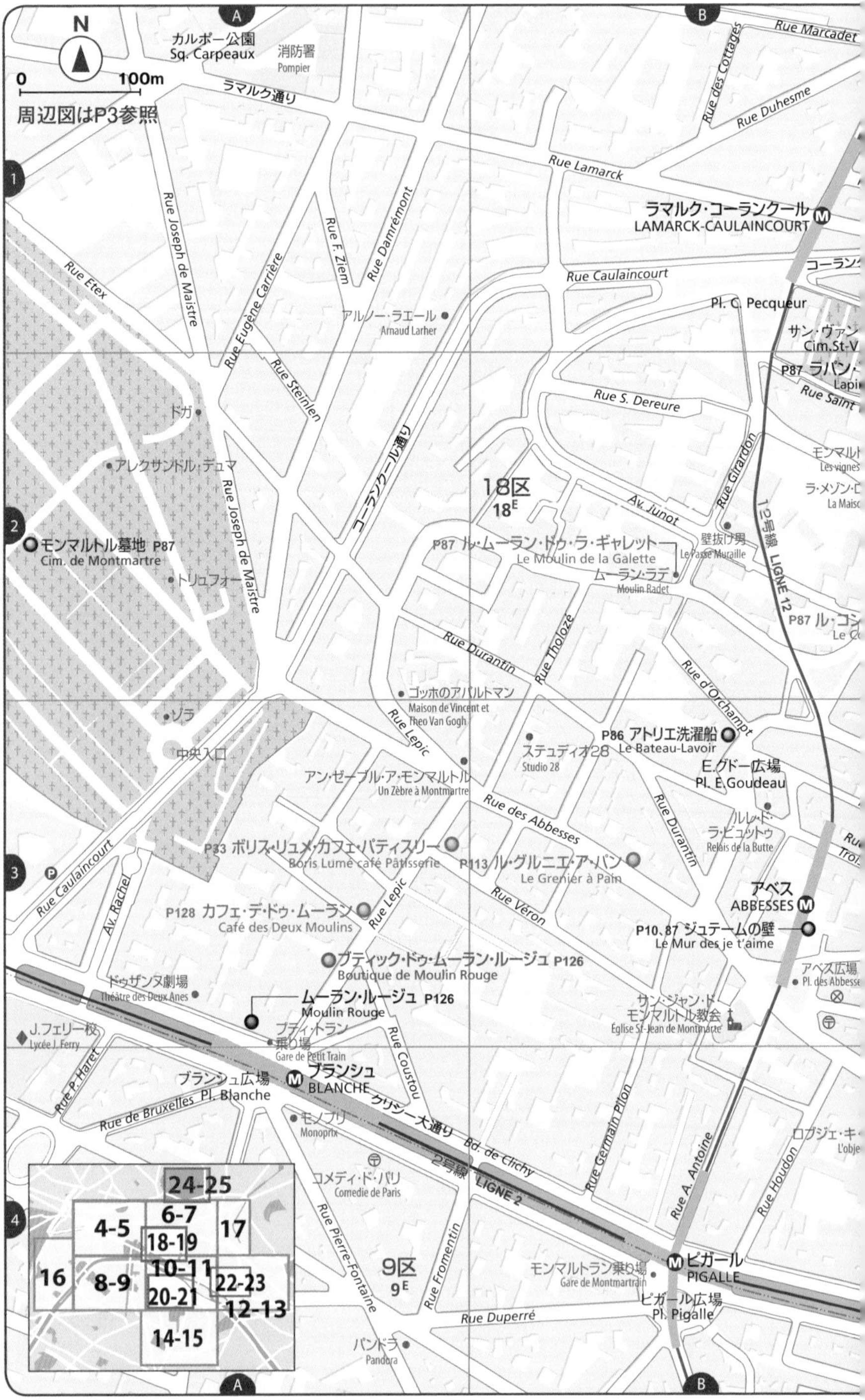

N
0 100m
周辺図はP3参照

A
B
1
2
3
4

カルポー公園
Sq. Carpeaux
消防署
Pompier
ラマルク通り
Rue Marcadet
Rue des Cottages
Rue Duhesme
Rue Lamarck
ラマルク・コーランクール
LAMARCK-CAULAINCOURT
Rue Joseph de Maistre
Rue F. Ziem
Rue Damrémont
Rue Etex
Rue Eugène Carrière
Rue Caulaincourt
コーランク
Pl. C. Pecqueur
アルノー・ラエール
Arnaud Larher
サン・ヴァン
Cim.St-V
P87 ラパン・
Lapi
Rue Saint
Rue Steinlen
Rue S. Dereure
ドガ
コーランクール通り
モンマルト
Les vignes
アレクサンドル・デュマ
Rue Joseph de Maistre
18区
18[E]
Av. Junot
Rue Girardon
ラ・メゾン・
La Maiso
モンマルトル墓地 P87
Cim. de Montmartre
P87 ル・ムーラン・ドゥ・ラ・ギャレット
Le Moulin de la Galette
壁抜け男
Le Passe-Muraille
12号線 LIGNE 12
トリュフォー
ムーラン・ラデ
Moulin Radet
P87 ル・コ
Le C
Rue Durantin
Rue Tholozé
Rue d'Orchampt
ゴッホのアパルトマン
Maison de Vincent et Theo Van Gogh
Rue Lepic
ゾラ
中央入口
P86 アトリエ洗濯船
Le Bateau-Lavoir
ステュディオ28
Studio 28
E.グドー広場
Pl. E.Goudeau
アン・ゼーブル・ア・モンマルトル
Un Zèbre à Montmartre
Rue des Abbesses
Rue Durantin
ルレ・ド・ラ・ビュット
Relais de la Butte
P33 ボリス・リュメ・カフェ・パティスリー
Boris Lumé café Pâtisserie
P113 ル・グルニエ・ア・パン
Le Grenier à Pain
Rue Caulaincourt
Av. Rachel
Rue Véron
アベス
ABBESSES
P128 カフェ・デ・ドゥ・ムーラン
Café des Deux Moulins
Rue Lepic
P10、87 ジュテームの壁
Le Mur des je t'aime
ブティック・ドゥ・ムーラン・ルージュ P126
Boutique de Moulin Rouge
アベス広場
Pl. des Abbesses
ドゥザンヌ劇場
Théâtre des Deux Anes
ムーラン・ルージュ P126
Moulin Rouge
サン・ジャン・ド・モンマルトル教会
Église St-Jean de Montmartre
J.フェリー校
Lycée J. Ferry
プティ・トラン乗り場
Gare de Petit Train
Rue Coustou
Rue P. Haret
ブランシュ広場
Pl. Blanche
ブランシュ
BLANCHE
クリシー大通り
Bd. de Clichy
Rue de Bruxelles
モノプリ
Monoprix
Rue Germain Pilon
Rue A. Antoine
ロブジェ・キ
L'obje
Rue Houdon
コメディ・ド・パリ
Comedie de Paris
2号線 LIGNE 2
24-25
6-7
4-5
18-19
17
16
8-9
10-11
20-21
22-23
12-13
14-15
Rue Pierre-Fontaine
Rue Fromentin
9区
9[E]
モンマルトラン乗り場
Gare de Montmartrain
ピガール
PIGALLE
ピガール広場
Pl. Pigalle
Rue Duperré
パンドラ
Pandora

Ⓜ12号線ABBESSES駅（B3）を出てすぐの広場にジュテームの壁（B3）が登場し、地元カップルの人気スポットになっている。“Le Mur des je t'aime”がフランス語名。

マルカデ通り
マルカデ・ポワソニエ
MARCADET POISSONNIERS
Rue F. Flocon
Rue Eugène Sue
ラ・マニュファクチュール・パリジェンヌ P31
La Manufacture Parisienne
Rue du Mont Cenis
Rue Hermel
Rue Marcadet
Rue Francœur
Rue du Baigner
Rue Ramey
クリニャンクール通り
Rue Caulaincourt
キュスティヌ通り
Rue de l'Abbé Patureau
ラマルク通り
Rue Custine
Rue Labat
Rue Bachelet
Rue Becquerel
Rue de la Bonne
Rue Lamarck
Rue Saint Vincent
バルベス大通り
Bd. Barbès
Rue Doudeauville
Rue Nicolet
詩人ヴェルレーヌの家跡
モンマルトル博物館 P86
Musée de Montmartre
テュルリュール公園
Parc de la Turlure
Rue du Chevalier
Rue Paul Albert
Rue Poulet
Rue Feutrier
サクレ・クール寺院 P22、86
Basilique du Sacré-Cœur
プティ・トラン乗り場
Gare de Petit Train
サン・ピエール教会
Eglise St-Pierre de Montmartre
シャトー・ルージュ
CHÂTEAU ROUGE
Rue Muller
Rue Myrha
レテ・アン・パント・ドゥース
L'Été en Pente Douce
モンマルトラン乗り場
Gare de Montmartrain
Rue Christiani
Rue des Poissonniers
4号線 LIGNE 4
Rue A. del Sarte
Rue de Clignancourt
Rue Gabrielle
ウィレット公園
Sq. Willette
Rue Ronsard
Rue Ch. Nodier
Rue de la Goutte d'Or
Rue Foyatier
Rue Chappe
アル・サン・ピエール素朴派美術館
Halle St-Pierre Musée d'Art Naïf
Rue de Sofia
ドレフュス
Dreyfus
Rue P. Picard
フニキュレール
Funiculaire
Rue Livingstone
サンタンヌ教会
Ste-Anne
Rue Belhomme
レーヌ
Reine
Rue d'Orsel
ピローヌ
Pylônes
Rue Seveste
Rue de Steinkerque
Rue Briquet
Bd. de Rochechouart
バルベス・ロシュシュアール
BARBÈS-ROCHECHOUART
アトリエ劇場
Th. de l'Atelier
ロシュシュアール大通り
2号線 LIGNE 2
10区
10E
エリゼ・モンマルトル劇場
Élysée Montmartre
歩 3分
アンヴェール
ANVERS
Rue du Dunkerque
Rue Gérando
Rue de Rochechouart
Rue du Faubourg Poissonnière
フォブール・ポワソニエール通り
マジャンタ大通り
Bd. de Magenta
Rue de Delta
アンヴェール公園
Sq. d'Anvers
J. ドクール校
Lycée J. Decour
Rue Cretet
Rue Lallier

メトロ・RER路線図

※ ---------- は乗り換え可能な連絡通路
T1～T9トラム路線

地下鉄の路線図は駅の窓口でもらえる。「Plan des Lignes（プラン・デ・リーニュ）」または「Plan de Metro（プラン・ドゥ・メトロ）」と伝えるだけでOK。

メトロ・RER路線図

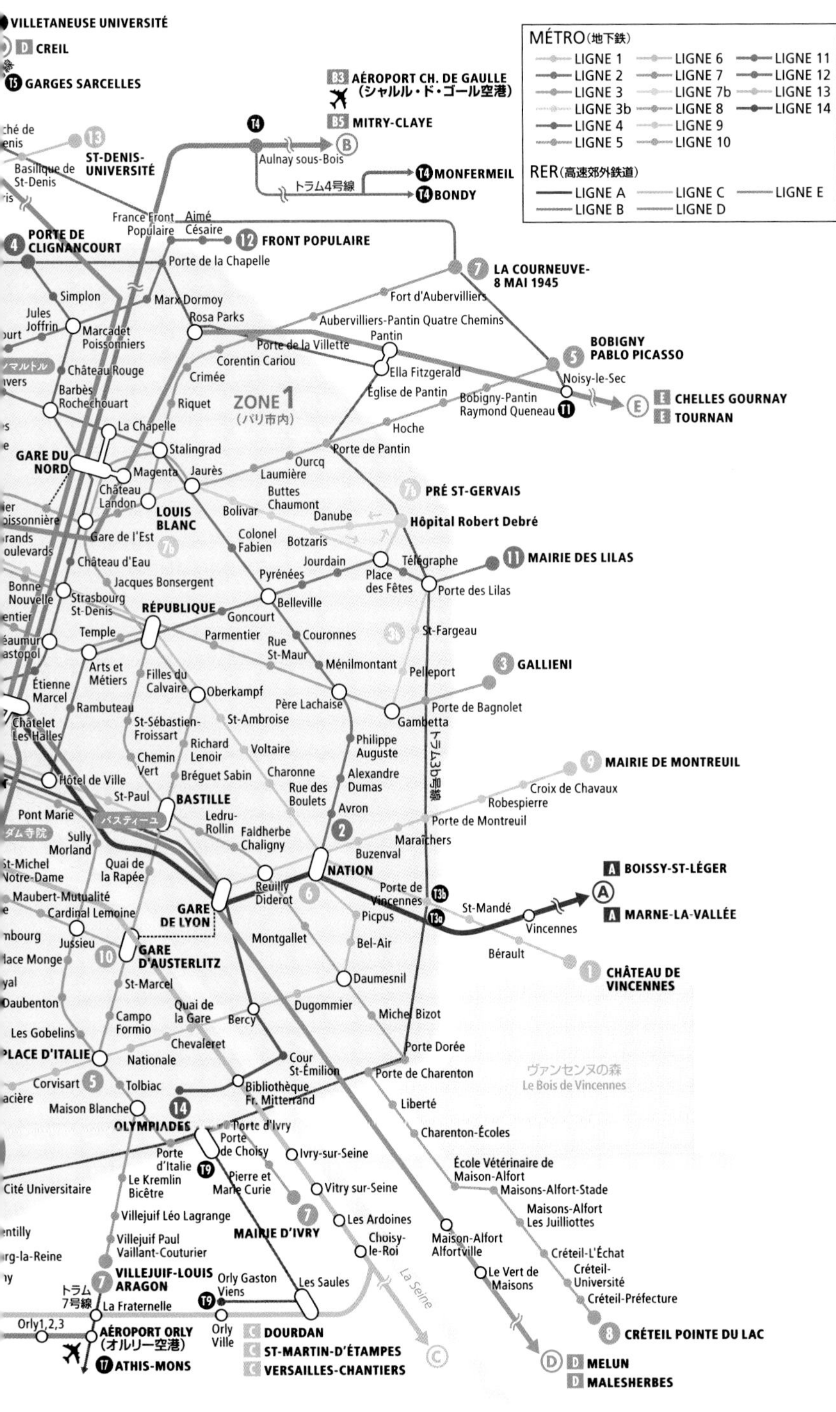

MÉTRO(地下鉄)
LIGNE 1
LIGNE 2
LIGNE 3
LIGNE 3b
LIGNE 4
LIGNE 5
LIGNE 6
LIGNE 7
LIGNE 7b
LIGNE 8
LIGNE 9
LIGNE 10
LIGNE 11
LIGNE 12
LIGNE 13
LIGNE 14
RER(高速郊外鉄道)
LIGNE A
LIGNE B
LIGNE C
LIGNE D
LIGNE E
VILLETANEUSE UNIVERSITÉ
D CREIL
15 GARGES SARCELLES
B3 AÉROPORT CH. DE GAULLE (シャルル・ド・ゴール空港)
B5 MITRY-CLAYE
14
13
ST-DENIS-UNIVERSITÉ
Basilique de St-Denis
Aulnay sous-Bois
トラム4号線
14 MONFERMEIL
14 BONDY
France Front Populaire
Aimé Césaire
12 FRONT POPULAIRE
4 PORTE DE CLIGNANCOURT
Porte de la Chapelle
7 LA COURNEUVE-8 MAI 1945
Simplon
Marx Dormoy
Fort d'Aubervilliers
Jules Joffrin
Marcadet Poissonniers
Rosa Parks
Aubervilliers-Pantin Quatre Chemins
Pantin
Porte de la Villette
5 BOBIGNY PABLO PICASSO
Château Rouge
Corentin Cariou
Ella Fitzgerald
Crimée
Église de Pantin
Noisy-le-Sec
Barbès Rochechouart
Riquet
ZONE 1 (パリ市内)
Bobigny-Pantin Raymond Queneau 11
E CHELLES GOURNAY
E TOURNAN
La Chapelle
Hoche
Stalingrad
Porte de Pantin
GARE DU NORD
Magenta
Jaurès
Ourcq
Laumière
Château Landon
Buttes Chaumont
7b PRÉ ST-GERVAIS
LOUIS BLANC
Bolivar
Danube
Hôpital Robert Debré
Gare de l'Est
Colonel Fabien
Botzaris
7b
11 MAIRIE DES LILAS
Château d'Eau
Jourdain
Télégraphe
Pyrénées
Place des Fêtes
Porte des Lilas
Jacques Bonsergent
Strasbourg St-Denis
Belleville
RÉPUBLIQUE
Goncourt
Temple
Parmentier
Rue St-Maur
Couronnes
3b
St-Fargeau
Arts et Métiers
Ménilmontant
Pelleport
3 GALLIENI
Filles du Calvaire
Oberkampf
Étienne Marcel
Père Lachaise
Gambetta
Porte de Bagnolet
Rambuteau
St-Ambroise
Châtelet Les Halles
St-Sébastien-Froissart
Richard Lenoir
Voltaire
Philippe Auguste
トラム3b号線
9 MAIRIE DE MONTREUIL
Chemin Vert
Bréguet Sabin
Charonne
Alexandre Dumas
Croix de Chavaux
Hôtel de Ville
Rue des Boulets
Robespierre
St-Paul
BASTILLE
Avron
Porte de Montreuil
Pont Marie
バスティーユ
Ledru-Rollin
Faidherbe Chaligny
2
Maraîchers
Sully Morland
Buzenval
Quai de la Rapée
NATION
A BOISSY-ST-LÉGER
St-Michel Notre-Dame
Reuilly Diderot
Porte de Vincennes
13b
Maubert-Mutualité
6
St-Mandé
Cardinal Lemoine
GARE DE LYON
Picpus
13a
Vincennes
A MARNE-LA-VALLÉE
Jussieu
Montgallet
Bel-Air
GARE D'AUSTERLITZ
10
Bérault
Place Monge
1 CHÂTEAU DE VINCENNES
St-Marcel
Daumesnil
Daubenton
Quai de la Gare
Dugommier
Campo Formio
Bercy
Michel Bizot
Les Gobelins
Chevaleret
Porte Dorée
PLACE D'ITALIE
Nationale
Cour St-Émilion
Porte de Charenton
ヴァンセンヌの森
Le Bois de Vincennes
Corvisart
5
Tolbiac
Bibliothèque Fr. Mitterrand
Maison Blanche
14
Liberté
OLYMPIADES
Porte d'Ivry
Porte de Choisy
Charenton-Écoles
Porte d'Italie
Ivry-sur-Seine
19
École Vétérinaire de Maison-Alfort
Cité Universitaire
Le Kremlin Bicêtre
Pierre et Marie Curie
Vitry sur-Seine
Maisons-Alfort-Stade
Maisons-Alfort Les Juilliottes
Villejuif Léo Lagrange
7
Les Ardoines
MAIRIE D'IVRY
Villejuif Paul Vaillant-Couturier
Choisy-le-Roi
Maison-Alfort Alfortville
Créteil-L'Échat
7 VILLEJUIF-LOUIS ARAGON
Orly Gaston Viens
Le Vert de Maisons
Créteil-Université
トラム7号線
Les Saules
La Seine
Créteil-Préfecture
La Fraternelle
19
Orly1,2,3
AÉROPORT ORLY (オルリー空港)
Orly Ville
C DOURDAN
C ST-MARTIN-D'ÉTAMPES
C VERSAILLES-CHANTIERS
8 CRÉTEIL POINTE DU LAC
D MELUN
D MALESHERBES
17 ATHIS-MONS

シーン別 カンタン会話

Scene 1 あいさつ	こんにちは Bonjour! ボンジュール	ありがとう Merci. メルスィ
Scene 2 意思を伝える	はい、そうです Oui, c'est ça. ウイ セ サ	いいえ、違います Non, ce n'est pas ça. ノン ス ネ パ サ
	わかりました J'ai compris. ジェ コンプリ	わかりません Je ne comprends pas. ジュヌ コンプラン パ
	いいえ、結構です Non, merci. ノン メルスィ	嫌です Je n'aime pas ça. ジュネム パ サ
Scene 3 レストランで	窓側の席をお願いします Je voudrais être près de la fenêtre. ジュ ヴードレ エートル プレ ドゥ ラ フネートル	メニューをください La carte, s'il vous plaît. ラ カルトゥ スィルヴ プレ
	注文をお願いします S'il vous plait, nous avons choisi. スィルヴ プレ ヌ ザ ヴォンショワジ	おすすめの料理はどれですか？ Que me recommandez-vous? ク ム ルコマンデ ヴ
	おいしかったです C'était tres bien. セテ トレ ビアン	お勘定をお願いします L'addition, s'il vous plaît. ラディスィオン スィルヴ プレ
Scene 4 ショップで	いくらですか？ Combien je vous doit? コンビヤン ジュ ヴ ドワ	試着してもいいですか？ Puis-je l'essayer? ピュイ ジュ レセイエ
	○○はありますか？ Avez-vous ○○? アヴェ ヴ ○○	これをください J'ai choisi ceci. ジェ ショワジ ススィ
Scene 5 タクシーで	この住所へ行ってください(メモを見せて) J'aimerais me rende a cette adresse. ジェムレ ム ランドル ア セット タドレス	ここで止めてください Puis je descendre ici? ピュイ ジュ デサンドル イスィ

よく使うからまとめました♪

メニュー読みとき単語

牛肉 bœuf ブフ
若鶏肉 poulet プーレ
仔牛肉 veau ヴォー
仔羊肉 agneau アニョー
豚肉 porc ポール
鴨 canard カナール
ホロホロ鶏 pintade パンタードゥ
ウズラ caille カイユ
玉子 œuf ウフ
スズキ bar バール
舌ビラメ sole ソール
カキ huître ユイットル
エビ crevette クルヴェットゥ
伊勢エビ langouste ラングストゥ
ホタテ貝 coquille Saint-Jacques コキーユ サンジャック
タマネギ oignon オニョン
ジャガイモ pomme de terre ポム ドゥ テール
インゲン豆 haricot アリコ
キャベツ chou シュー
ナス aubergine オーベルジーヌ
ニンニク ail アイユ
ピーマン poivron ポワヴロン
ホウレンソウ épinard エピナール
マッシュルーム champignon シャンピニョン
トウモロコシ maïs マイス
パイナップル ananas アナナス
レモン citron スィトロン
イチゴ fraise フレーズ
ラズベリー framboise フランボワーズ
リンゴ pomme ポム
洋ナシ poire ポワール
桃 pêche ペッシュ
ミネラルウォーター(炭酸入り) eau minérale gazeuse オー ミネラル ガズーズ
ミネラルウォーター(炭酸なし) eau minérale plate オー ミネラル プラットゥ

レート

€1 ≒ 141円
(2023年2月現在)

書いておこう♪
両替時のレート
€1 ≒ ＿＿ 円

←←←ここからはがせます

別冊②

ララチッタ パリ

パリからおでかけ BOOK

Paris
•Reims
Mont Saint Michel
•Versailles
•Chartres
FRANCE

Contents

不動の人気を誇る世界遺産

海に浮かぶ奇跡の孤島 モン・サン・ミッシェル

Mont-Saint-Michel

約1300年間、聖なる巡礼地として、そして要塞や牢獄として、数奇な運命をたどった修道院。幻想的な姿に魅せられ訪れる人が絶えないフランス国内屈指の人気スポットへ。

1.2.3. 対岸のホテル、ルレ・サン・ミッシェル(→P7)からの風景

別冊② MAP P5

モン・サン・ミッシェル

Mont-Saint-Michel

世界遺産

波乱の歴史を辿った奇跡の島

パリから約360km、ノルマンディとブルターニュ地方の狭間に浮かぶ島。聖ロベール司教が大天使ミカエルから聖堂建築の告知を受けたのは708年。10世紀にはベネディクト会の修道院を建築、13世紀初頭に現在のような姿となった。14世紀の英仏百年戦争の間には不落の要塞として国を守り、18世紀のフランス革命後には王党派1万2000人を収監する牢獄に。19世紀終わりごろから修復が始まり、1979年に世界遺産に登録された。

INFORMATION

対岸エリアから島へのル・パッスール(→P3)始発停留所そばと、島の入口近くに観光案内所がある。営業時間は変わりやすいので下記サイトで確認を。

DATA ㊟Grande Rue-50170 Le Mont Sant Michel ☎02 33 60 14 30 ㊡なし URL www.ot-montsaintmichel.com/

パリからのアクセス

●自力で行く！ 所要約4時間

①モンパルナス駅からTGVに乗る

パリ・モンパルナス駅からフランス国鉄SNCFのTGV(高速列車)でレンヌRENNES駅まで1時間30分〜。条件により料金が細かく設定されており、片道€19〜95。

②バスに乗り換える

レンヌ駅北口SORTIE NORDを出て右のバスターミナルGARE ROUTIEREからKEOLIS ARMOR社のバスに乗車。所要1時間10分。バスのみのチケットはレンヌから€15。

③シャトルバスに乗る

終点LE VERGER(駐車場)で下車、バス後方にまっすぐ歩き島行きの無料シャトルバス乗り場へ。

④モン・サン・ミッシェル到着

所要時間約12分で到着。遊歩道を5分ほど歩くと島の入口に到着する。

●現地発着ツアーで行く！

→本誌P144

フライトアドベンチャーや乗馬などのツアーからフォトウェディングも扱うコンシェルジュ・ツアーデスク「アクサン・テギュ・ドゥ・クール」は、モン・サン・ミッシェルで唯一日本人スタッフが常駐。URL www.accent-aigu.com

モン・サン・ミッシェルの

島はこうなっている！

周囲800mほどの島の入口は南側の1カ所のみ。店が軒を連ねる参道、グランド・リュの細い坂道を上ると、徒歩10〜15分ほどで修道院の入口に到着する。

① 修道院 → P4

歴史に応じ姿を変えた修道院。さまざまな様式が混在する建築芸術は必見。

② 城壁 Ramparts

島の周辺を取り囲む堅牢な城壁は15世紀に造られた。上部の巡視路を歩ける場所もあり、湾の眺めを楽しむこともできる。

←入口

③ グランド・リュ Grande Rue

全長200mの参道。両側にみやげもの店、ホテル、レストランがぎっしりと並ぶ。いつも観光客で賑わっている。

⑥ ガブリエルの塔 Tour de Gabrielle

入口の西側にそびえる円形の門。16世紀に国王代理官のガブリエル・デュプイが設置した。壁の内部には大砲を備え、全方角からの攻撃に対応した。

④ 王の門 Porte du Roi

街の入口で、グランド・リュはここから始まる。濠や跳ね橋、堕格子で守られ、両側の塔の上には警備兵の巡回通路がある。

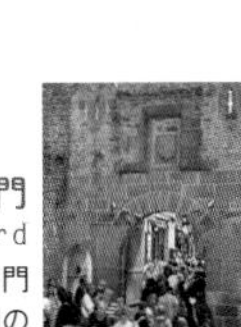

⑤ 大通り門 Porte du Boulevard

島の入口、ラヴァンセ門と王の門の間にある。15世紀に王の門の警備を強化するため造られた。

●パリ〜モン・サン・ミッシェル間の時刻表

モン・サン・ミッシェルへ

運行日		毎日	毎日	毎日	毎日
TGV	パリ・モンパルナス駅発	6:56	7:32	8:40	10:53
	レンヌ着	8:25	9:25	11:25	12:25
バス	レンヌ発	8:45	–	–	12:45
	モン・サンミッシェル着	9:55	–	–	13:55

モン・サン・ミッシェルから

運行日		毎日	毎日	毎日	毎日
バス	モン・サンミッシェル発	10:00	–	–	17:00
	レンヌ着	11:10	–	–	18:10
TGV	レンヌ発	11:35	13:35	15:35	18:35
	パリ・モンパルナス駅着	13:19	15:06	17:08	20:20

上記は2022年12月11日〜2023年3月31日の時刻表(夏期は増便予定)。最新のデータは以下のサイトで確認を。

● SNCF(フランス国鉄) URL www.sncf.com/

● Keolis Armor URL keolis-armor.com

景観保護のための新ルート

120年前に完成した島をつなぐ道路。安全に島へアクセスできるようになったが、湾周辺は急速に陸地化し、海に浮かぶ神秘的な島の姿が損なわれた。そこで本来の姿を取り戻そうと2009年から道路を取り壊し、新しい橋をかける工事がスタート。2012年に駐車場と島を結ぶ新ルートが開通、旅行者は島から約2.5km離れた駐車場を起点に島を訪問する流れになった。2015年には対岸から島までの遊歩道が開通。駐車場から島までは徒歩で45分かかるため、以下の交通機関の利用がおすすめだ。

●ル・パッスール

シャトルバス。島まで12分。無料。ハイシーズンは5〜20分間隔。7時30分〜24時の運行。

●ラ・マランゴット

馬車型シャトルバス。島まで約25分。片道€6.70。ハイシーズンは5分間隔。悪天時は運休。

修道院 別冊② MAP P5

モン・サン・ミッシェル修道院

Abbaye du Mont-Saint-Michel

「西洋の驚異」と評される偉大な建築

数世紀にわたり増改築が繰り返された修道院。さまざまな様式がみられ、10～11世紀はロマネスク、13世紀にゴシック様式の傑作で教会の北側部分を占める「ラ・メルヴェイユ」が登場。シンボルの鐘楼と尖塔は1897年に完成した。

DATA ㊮島の入口から徒歩8分 ☎02 33 89 80 00 ㊕9時30分～18時(5～8月は9～19時、入場は閉館1時間前まで) ㊡なし ㊔€11 日本語オーディオガイド€3

「ラ・メルヴェイユ」最上部にある中庭。奥は僧侶の食堂

修道院内部の見学ルート

1 哨兵の門

Salle des Gardes

修道院の入口にある門。2つの塔に見守られ、訪問者はここで厳しくチェックされる。階段先には警備兵の部屋があり、現在はここがチケット売り場。

14世紀に建てられた門

2 大階段

Grand Degré

聖堂へつながる唯一の通路。高い壁に挟まれた通路上部の2つの橋から、敵を攻撃することができた。90段の階段の上に南の展望台がある。

長い階段をゆっくり上がろう

3 西のテラス

Terrasse de l'Ouest

教会正面にあるテラス。海抜80mの高さにあり、絶好の眺めを楽しめる。床の石畳には、教会建設に携わった中世の職人のサインが刻まれている。

1.切り立った壁の上にある 2.東にグルワン岬、北にはトンブレーヌ小島が見える

4 修道院付属の教会

Église Abbatiable

11世紀に完成し、何度か崩壊し修復された。本堂の北側は12世紀のロマネスク様式。内陣と後陣は後期ゴシックの見事なフランボワイヤン様式になっている。

1.祭壇は聖地エルサレムの方向を向いている 2.塔最上部に聖ミカエルの像が置かれている

5 列柱廊

Cloître

ラ・メルヴェイユの最上階にある僧の憩いと瞑想の場。円柱をわずかにずらすことで変化のある視覚効果が生まれ、周囲を歩くと柱が無限に続くような錯覚を得る。

かつては美しく彩色されていたという、列柱上部の白亜の彫刻

6 食堂

Réféctoire

船底のような丸型天井の食堂。59の小窓から美しい光が差し込むが、入口から見ると側面の窓が見えず、ダイナミックな印象だ。

僧たちが食事をした簡素な部屋

プチ情報 夏は日没後も修道院内に入場することができるので、時間が許すならぜひ訪れたい。ライティングと音楽で演出され、昼間とは異なる幻想的な雰囲気。開催は7月中旬～8月下旬の19時30分～24時、入場は閉館1時間前まで。入場料 €14。

7 迎賓の間
Salle des Hôtes

修道院長が王や貴族など身分のある訪問者を迎えた場所。大きな2つの暖炉はイノシシや鹿を焼くのに使われた。中世における、最も優雅な建築のひとつとされる。

2列の身廊を持つゴシック最盛期の建築

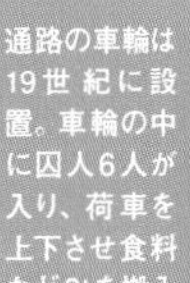

通路の車輪は19世紀に設置。車輪の中に囚人6人が入り、荷車を上下させ食料など2tを搬入

8 聖エティエンヌ礼拝堂
Chapelle St-Etienne

死者のために造られたチャペル。祭壇の下にはAZ=「生と死、永遠」をあらわすアルファベットが書かれる。19世紀にはハンセン病患者が収容された。

西のテラスの真下に位置

9 修道僧の遊歩道
Promenoir de Moines

僧侶が散歩をし疲れを癒したといわれる空間。天井の交差したアーチがロマネスクからゴシック様式の転換期を示している。

多目的ホールのような場所

10 騎士の間
Salle des Chevaliers

僧侶が写本や彩色を行った仕事部屋。天井まで届く大きな暖炉が2つ設置されていた。

ここで見学終了。先にショップがある

島内の宿泊SPOT

オーベルジュ・サン・ピエール
Auberge Saint-Pierre

別冊② MAP ● P5

5世代続く家族経営の宿で、国の文化財に指定。グランド・リュに面した本館と湾を眺める別館がある。本館1階のレストランも美味。

DATA ㊋島の入口から徒歩5分 ☎02 33 60 14 03 ㊕オーベルジュ・ルーム€260～ 23室 URL www.auberge-saint-pierre.fr/ja/

ノルマンディらしい装飾の105号室

レ・テラス・プラール
Les Terrasses Poulard

別冊② MAP ● P5

島内の数棟の建物からなる。坂上の棟にある客室の眺めは最高で、サン・マロ湾を一望。2食つきのお得なプランもある。

DATA ㊋島の入口から徒歩3分 ☎02 33 89 02 02 ㊕コンフィアンス・ルーム€175～ 27室 URL www.terrasses-poulard.fr/

2023年2月28日に改装オープン

ラ・メール・プラール
La Mère Poulard

別冊② MAP ● P5

1888年創業の老舗ホテル。ロマンティックな雰囲気。セレブも多数宿泊した。島内で一番人気があるので予約は早めに。

DATA ㊋島の入口から徒歩1分 ☎02 33 89 68 68 ㊕オーベルジュ・ルーム€240～ 27室 URL www.merepoulard.com/

フレンチカントリー風のスイートルーム31号室は眺めも抜群

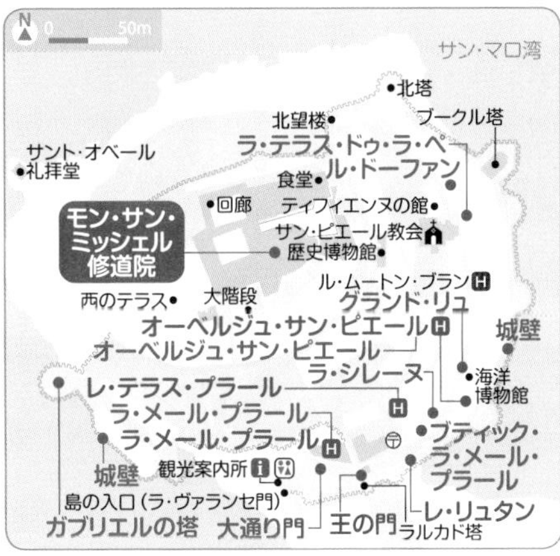

グランド・リュでごはん＆おかいもの

島随一の目抜き通りで味わいたいひと皿＆買うべきおみやげはコレ！

ラ・メール・プラール
La Mère Poulard

別冊② MAP ● P5

ふんわりオムレツ発祥の地

19世紀に巡礼者のために宿屋を開業した、プラール夫人がオムレツを考案。卵をじっくり泡立て、たっぷりのバターで焼き上げる。スフレのように軽く、ふっくらサクサクだ。

1.伝統オムレツ€32。メインにオムレツが選べるコース3皿€49～　2.ホテル内のレストラン。予約がおすすめ

DATA　㊂島の入口から徒歩1分　☎02 33 89 68 68
㊐11時30分～14時、18時30分～20時30分
㊡なし　E J

オーベルジュ・サン・ピエール
Auberge Saint-Pierre

別冊② MAP ● P5

地方の名物をラインナップ

塩分を含んだ湿地帯の草を食べ育った仔羊(プレ・サレ)、新鮮なシーフード、オムレツ、クレープなど、地方の名産料理を網羅する。昼夜共通のコース3皿€25.80～。

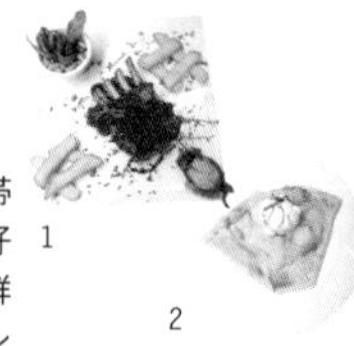

1.スペシャリティは仔羊のロースト€29　2.リンゴとキャラメルのクレープ、青リンゴのソルベ添え€9　3.3つ星ホテルオーベルジュ・サン・ピエール(→P5)の1階にある

DATA　㊂島の入口から徒歩5分　☎02 33 60 14 03
㊐11時30分～21時　㊡なし　J J

ラ・テラス・ドゥ・ラ・ベ
Les Terrasses de la Baie

別冊② MAP ● P5

地元産の新鮮ムール貝

シーフードや仔羊料理をはじめ、手ごろな値段で地元のお名物料理が味わえる。壁一面の大きな窓からは湾の景色を一望。コースは3品€32。

人気のムール貝のフライドポテト添えは€18.90

DATA　㊂島の入口から徒歩5分　☎02 33 89 02 02
㊐11時30分～14時、18時～20時30分　㊡なし　E

ブティック・ラ・メール・プラール
Boutique Mère Poulard

別冊② MAP ● P5

オリジナル商品が豊富に揃う

オムレツの老舗店、ラ・メール・プラールの系列店。名産菓子「ガレット」各種、この地方名物の塩バターキャラメルやリンゴのお酒カルヴァドスなど、オリジナル商品を揃えている。

1.入店するとガレット2～3枚入りの小袋をもらえることも　2.クッキー€7.80　3.店の正面にガレット専門店もある

DATA　㊂島の入口から徒歩3分　☎02 33 89 02 03
㊐9～19時(9～3月は9時30分～18時30分)　㊡なし

ル・ドーファン
Le Dauphin

別冊② MAP ● P5

バラマキみやげが充実

センスのよいポストカードやキーホルダーなどバラマキみやげにちょうどいいお手ごろ価格のアイテムから、上質なジアン焼きの陶器まで幅広く扱う。

1.ポストカード1枚€0.50～。写真は国鉄のポスターデザインを元にしたもの　2.グランド・リュの出口近くにある

DATA　㊂島の入口から徒歩5分　☎02 33 60 14 11
㊐10～18時　㊡なし

レ・リュタン
Les Lutins

別冊② MAP ● P5

ノルマンディ名物ボーダー専門店

ボーダーグッズ専門店。代表的ブランドは1889年創設、ロゴにモン・サン・ミッシェルのモチーフを入れるセント・ジェームス。工場が至近で、パリより早く新コレクションを入荷。

1.ピカソも愛用した長袖Tシャツ€79　2.おみやげに人気のボーダーマフラー€24～(参考商品)　3.お店は大通り門から至近

DATA　㊂島の入口から徒歩3分　☎02 33 60 21 17
㊐10～19時　㊡1月

まめちしき　名物のオムレツは、命からがら島へたどりついた巡礼者を、豪華な食事で元気づけようと宿屋のプラールおばさんが考案。島内では肉や魚の入手が難しいので、手近な卵を泡立て大きさを出し、巡礼者たちを喜ばせた。

対岸のおすすめスポット

対岸のホテルなら、島の全景をゆっくり鑑賞できる。食事&買物スポットもある。

ルレ・サン・ミッシェル
Relais Saint-Michel

別冊② MAP ● P7

客室から島を眺められる

モン・サン・ミッシェルで唯一の4つ星ホテル。内装はモダンで、島の全景が眺められる客室を用意。ノルマンディとブルターニュのスペシャリティを供する併設のレストランで、夕陽を眺めながらの食事もおすすめ。

DATA　㊋観光案内所から徒歩9分　☎02 33 89 32 00　㊊サン・ミッシェルルーム€250～　39室　URL lemontsaintmichel.info/rooms/hotel-le-relai-saint-michel

1. スイートルーム201号室。窓の外に島を望む　2. レストランのコースは昼3皿€24.80、夜3皿€48.80　3. レストランのテラス。島を眺めながらアペリティフを楽しみたい

レ・ギャラリー・デュ・モン・サン・ミッシェル
Les Galeries du Mont Sant-Michel

別冊② MAP ● P7

おみやげが買えるスーパー

広い店内におみやげ用の記念品や名産菓子、食材、調味料、お酒などをコーナー別に並べる。名物のカマンベールチーズやパン、ワインを買ってホテルで楽しんでも◎。

1. 素朴な木箱入りの塩バターキャラメル€4.10～　2. おみやげのチョイスが豊富

DATA　㊋観光案内所から徒歩7分　☎02 33 60 25 16　㊐9時～18時30分　㊡なし

ル・プレ・サレ
Le Pré Salé

別冊② MAP ● P7

プレ・サレの仔羊がイチオシ

郷土の食材を生かし洗練された料理を作る。店名にもなっているプレ・サレの仔羊がおすすめで、もも肉、あばら肉など7種類から選べる。生ガキやムール貝など海鮮もおいしい。

1. ホテル・メルキュールの隣にある。コースは3品€42。席数が多くサービスも早い　2. プレ・サレ仔羊のロースト、ニンニク添え€34～は肉が柔らかくジューシー(メニューの一例)

DATA　㊋観光案内所から徒歩7分　☎02 33 60 24 17　㊐19～21時　㊡なし　Ⓔ Ⓙ

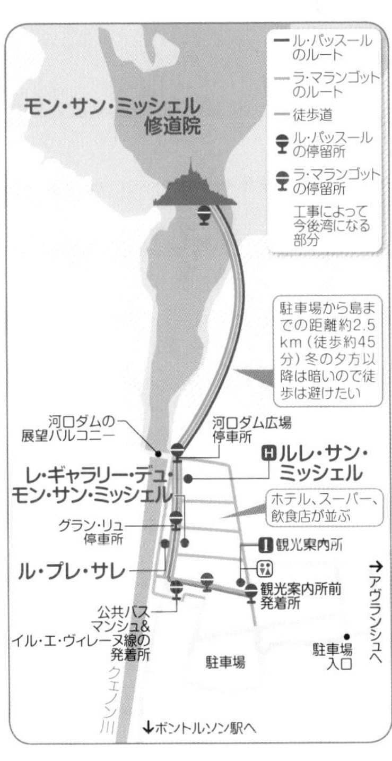

豪華絢爛な歴史舞台

ルイ王朝の栄華の跡 ヴェルサイユ宮殿

Versailles

17世紀後半にルイ王朝の栄華の象徴として誕生した宮殿。フランス革命までの100年間にわたって豪華な宮廷文化が開花し、その壮麗な姿は今も多くの人を惹きつけている。

40年の月日をかけ完成した庭園もみどころのひとつ

別冊② MAP P12B2

ヴェルサイユ宮殿

Château de Versailles

世界遺産

豊かな王政時代を表す壮麗な宮殿

太陽王ルイ14世が富と権力の象徴として宮殿建設を発令。当時一流の芸術家たちが建築に携わった。1661年の工事開始から1710年の王室礼拝堂完成まで約50年の歳月をかけて完成。のちにルイ15世が手を加え、現在の姿に。1682年から革命勃発の1789年まで絶対王政の中心地であり、華やかな宮廷文化が生まれた。2007年の鏡の回廊や正面ファサードの改修で、当時の姿を忠実に再現。

DATA ㊋RER C線VERSAILLES CHÂTEAU RIVE GAUCHE駅から徒歩15分 ☎01 30 83 78 00 ㊡9時～18時30分（11～3月は～17時30分）※入場は閉館30分前まで ㊍月曜、公式行事開催日 ㊕€19.50（11～3月の第1日曜は無料）※宮殿、グラン・トリアノン、マリー・アントワネットの離宮などの共通パスポートは1日券€21.50（噴水ショーまたは庭園音楽祭開催日の共通パスポートは€28.50） パリ・ミュージアム・パスPMP（→P153）も利用可

パリからのアクセス

●自力で行く！ 所要50分

①パリ市内からRERに乗る

RERのC線INVALIDES駅などからVERSAILLES CHÂTEAU RIVE GAUCHE行に乗車40分。€4.05。終点駅で下車。運行は約15分おき。

②終着駅に到着

約40分で終点のVERSAILLES CHÂTEAU RIVE GAUCHE駅に到着。

③右へ直進

駅を出て大通りを右方向におよそ250m進む。右手に市役所がある。

④ここを左折

最初の交差点を左折。Av.de Parisの先に宮殿が見える。徒歩10分。

●現地発着ツアーで行く！

→本誌P142

4月～10月下旬の土・日曜の11～12時、15時30分～17時（5～6月の火曜など11～12時、14時30分～16時も）は、庭園内の噴水が、宮廷音楽とともに次々と水を噴き上げる大噴水ショーが行われる。料金は€10.50。

ヴェルサイユの
敷地内はこうなっている!

本館西側に広がる庭園の奥には大水路があり、その北側にグラン・トリアノンとマリー・アントワネットの離宮の2つが立つ。

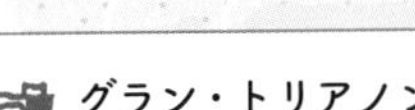

グラン・トリアノン
Grand Trianon

別冊② MAP ● P12A1

ルイ14世が親しい者と過ごした離宮。1687年にマンサールの設計でバラ色の大理石を用いた館に改築、「大理石のトリアノン」ともよばれる。

DATA ㊋12時～18時30分(11～3月は～17時30分)※入場は閉館30分前まで ㊡月曜 ㊪€12(マリー・アントワネットの離宮と共通)

マリー・アントワネットの離宮
Domaine de Marie-Antoinette

別冊② MAP ● P12A1

ルイ16世の王妃マリー・アントワネットの別邸、プティ・トリアノン。庭園に村里を建造し、田園生活を楽しんだ。館内には当時の調度品などを展示。

DATA ㊋12時～18時30分(11～3月は～17時30分)※入場は閉館30分前まで ㊡月曜 ㊪€12(グラン・トリアノンと共通)

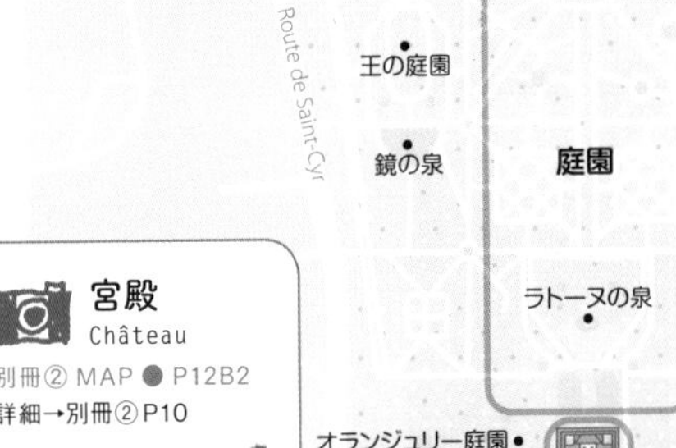

宮殿
Château

別冊② MAP ● P12B2
詳細→別冊②P10

噴水『アポロンの戦車』。ブロンズ彫刻群も必見

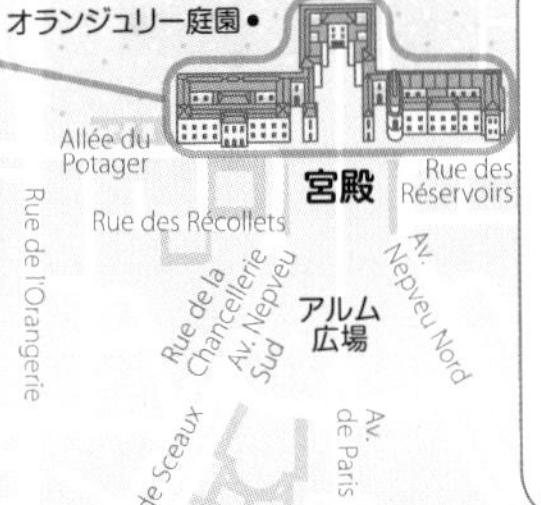

庭園
Jardins

別冊② MAP ● P12B2

天才造園家ル・ノートルが手がけ、のちにフランス式庭園のモデルとなった傑作。左右対称の散歩道を設け、宮殿から水平方向に視線を誘う眺望が広がる。

DATA ㊋8時～20時30分ごろ(11～3月は8～18時ごろ) ㊡なし ㊪無料(噴水ショー開催日は€10.50、庭園音楽祭開催日は€10)

移動に便利な乗り物

宮殿からマリー・アントワネットの離宮を往復すると約4㎞と、広大な敷地を徒歩で回るには時間が必要。プティ・トラン(ミニトレイン)など園内の乗り物を利用して、効率よく周遊しよう。

●プティ・トラン

庭園内を約40分で周遊。一周€8.50で、半券の提示で乗り降り自由。音声ガイド付き。

●レンタサイクル

30分€7、1時間€9。貸出時にパスポートなど身分証明書、または€100のデポジット。

●ミニカー

4人まで乗車可能で1時間€38。運転者は24歳以上が条件。貸出時に運転免許証を預ける。

宮殿内の見学ルート

3階建ての宮殿のみどころは2階に集中。王室礼拝堂から順路に沿って見学しよう。

1 王室礼拝堂
Chapelle de Royale

1689年にマンサールが設計し、1710年に完成。毎朝10時にミサが行われ、王族は上階の特別席に参列した。1770年5月16日には15歳のルイ16世と14歳のマリー・アントワネットが婚礼の式を挙げた。

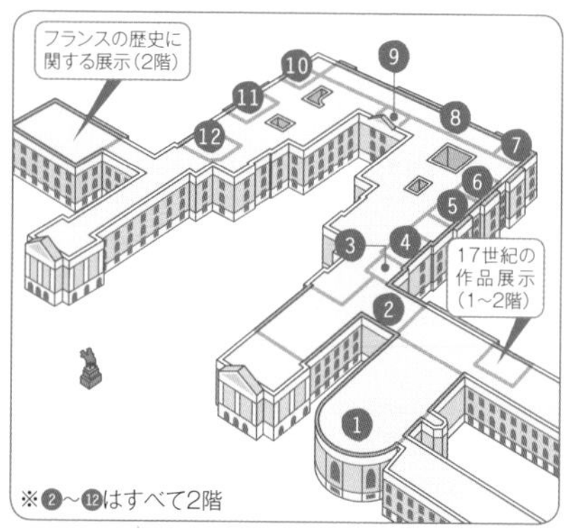

2 ヘラクレスの間
Saalon d'Hercule

ルイ14世の治世の一番最後に作られた部屋。絵画『シモン家の宴』はヴェネチアのセルヴィテス修道院の食堂にあったもの。ルモワンヌによる天井のフレスコ画『ヘラクレスの栄光』は142人の人物が描かれた傑作。

3 豊穣の間
Salon de l'Abondance

ワインやコーヒーなどの飲み物や軽食を楽しんだ部屋。奥にルイ14世の宝物コレクションがあり、賓客に金銀細工の壺や宝石を見せたという。天井画も宝物収集がテーマ。後にルイ16世の娯楽の間になった。

入場前にCHECK!

並ばずに入場する方法
チケットは宮殿の公式サイトURLchateauversailles.fr/、ヴェルサイユの観光案内所でも購入できる。観光ハイシーズンはチケット持参でも入場に並ぶため、朝一番の訪問がおすすめ、パリ・ミュージアム・パスPMP（→本誌P153）利用可。

見学ツール
日本語オーディオガイドは、各部屋の番号を押すと解説が流れる。料金は入場料に含まれる。借りる際にパスポートなど身分証明書を預ける。スマートフォンアプリ「Palace of Versailles」はオーディオガイドを無料でダウンロードできる。

ヴェルサイユの歴史
前身はルイ13世が建てた狩猟の館。ルイ14世が宮殿建設を発令した。大理石の内庭前部分がルイ13世時代の建物で、ここを中心に3棟を増築。設計は建築家ル・ヴォーとドルベイ。バロック・ロマンのヴィラ様式は当時流行の最先端だった。王室付画家のル・ブランが室内装飾、造園はル・ノートルと一流のスタッフが携わった。

4 ヴィーナスの間
Salon de Vénus

1670年代に作られた、バロック様式の色濃い空間。太陽王とよばれたルイ14世を讃え、太陽の装飾、神話や英雄の天井画が描かれる。中央に金星にした愛の女神、ヴィーナスの絵を見ることができる。

5 マルスの間
Salon de Mars

天井中央部には火星と戦いを司る軍神マルスの絵が2枚飾られる。儀式のある期間は衛兵の間として使われたが、後に夜会のレセプションや音楽とダンスを楽しむ部屋に変わり、「舞踏会の間」とよばれ、宮廷バレエのリハーサルもここで行われた。

プチ情報 普段入れない庭園エリアを開放するイベント「音楽の庭園」。優雅な音楽とともに、アンドレ・ル・ノートルが設計したフランス式庭園の新たな一面を発見しよう。料金は€10。開催日は毎年変更するので公式サイトで確認を。

6 メルクリウスの間
Salon de Mercure

もとは儀式用の寝室で豪華な銀製品の細工で飾られたが、戦争の財政支援のためにルイ14世が細工を造幣局へ送ってしまった。ルイ14世が逝去した1715年8日間礼拝堂となり、遺体が安置された。裏部屋に続く隠し扉がある。

7 戦争の間
Salon de la Guerre

マンサールとルブランが手がけた大理石とブロンズの間。軍事勝利がテーマで、ルブランが神話と戦いをテーマに描いた天井画や、コワズボックス作のレリーフ『敵を踏みしだく馬上のルイ14世』が素晴らしい。

8 鏡の回廊
Galerie des Glaces

1866年に完成した長さ73mの回廊。ルイ14世治世の偉業を描いた、30枚の天井画はルブラン作。窓と対をなす壁のアーケードには357枚の鏡がはめ込まれる豪華さだ。王太子の婚礼舞踏会が行われ、ヴェルサイユ条約が締結された場所としても知られている。

©Christian Millet

9 王の寝室
Chambre du Roi

1701年に宮殿の中心に置かれたこの寝室は、王たちが朝の引見と就寝前の接見式を行った場所。カラヴァッジョ作「洗礼者ヨハネ」をはじめ王室収集品の傑作が置かれた。バルコニーから「大理石の内庭」を見られる。

10 王妃の寝室
Chambre de la Reine

3人の王妃がこの部屋を利用し、19人の王の子がここで誕生。出産は一般公開された。現在ある家具や装飾は、マリー・アントワネット時代のもので1980年に復元。オリジナルは革命後に競売にかけられ散逸した。

©Christian Millet

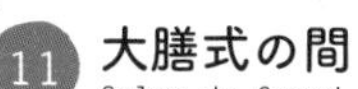

11 大膳式の間
Salon du Grand Couvert

王と王妃が公式の晩餐を催した間。毎晩豪華な食事が供されたが、テーブルに着席できたのは王族だけだった。壁には『マリー・アントワネットとその子どもたち』をはじめ、著名な肖像画が飾られている。

12 戴冠の間
Salle du Sacre

19世紀に全面改装され、ナポレオンの武勲に関する絵画を集めた。ダヴィッドが1808年から1822年にかけ描いた『ナポレオン1世の戴冠式』が飾られる。この絵の初版はルーヴル美術館にある(本誌→P118)。

宮殿内のごはん&おかいものSPOT

敷地内の飲食店は観光途中の休憩に便利。庭園内のショップでおみやげもチェック。

アンジェリーナ
Angelina

別冊② MAP ● P13B2

王妃のサロンで優雅にティータイム

パリの老舗が宮殿の南翼に出店。ルイ15世の妃、マリー・レクザンスカのサロンをはじめ、貴族が使った部屋に客席を設ける。軽食のみのスナックコーナーも併設。

DATA ㊋宮殿建物内 ☎01 39 20 08 32 ㊕10時～17時30分(土・日曜は～18時30分、11～3月は9時30分～17時) ㊡月曜 Ⓔ Ⓔ

1.18世紀の王妃の居室をサロン・ド・テに改装 2.バニラたっぷりのクリームが薫り高いミルフィーユ€9.70 3.モンブラン€9.70は創業時から人気。ココ・シャネルも大ファンだった

ラ・フロッティーユ
La Flottille

別冊② MAP ● P13A2

王が宴を催した美しい館

ルイ14世が宴を開いた庭園の館を1895年にレストランに改装。緑に囲まれたテラス席が心地よく、小鳥のさえずりを聞きながらゆっくり時間を過ごせる。

DATA ㊋宮殿から徒歩15分 ☎01 39 51 41 58 ㊕8～19時ごろ(11～3月は～18時ごろ) ㊡なし Ⓔ Ⓔ

1.ジューシーな肉のパテが評判の自家製ハンバーガー€16.50 2.大水路のすぐそばにある一軒家のカジュアル店

オール
ore

別冊② MAP ● P13B2

アラン・デュカスの豪奢なカフェ

デュフール棟の改装に伴い、アラン・デュカスのカフェレストランが登場。唯一無二の空間で優雅なティータイムを楽しもう。

DATA ㊋宮殿内デュフール棟2階 ☎01 30 84 12 96 ㊕9時～17時30分 ㊡月曜 Ⓔ Ⓔ ※要予約

©Pierre Monetta

©Pierre Monetta / Dominique Perrault Architecture / Adagp - Gaëlle Lauriot-Prévost Design / Adagp

1.チョコレートスフレのアイスクリーム添え€12
2.朝食からアフタヌーンティーまでノンストップ営業

ラ・ブティック・デュ・パヴィヨン・デュフール
La Boutique du Pavillon Dufour

別冊② MAP ● P13B2

ヴェルサイユ・グッズをチェック

宮殿の地下に位置する、建築家ドミニク・ペロー設計のブティック。ヴェルサイユの歴史にちなんだアイテムがいっぱい。

DATA ㊋宮殿内デュフール棟出口 ☎なし ㊕10時15分～18時(11月～3月は9時30分～17時15分) ㊡月曜

1.宮殿に佇む王妃のスノードーム€14.90 2.折りたたみミラー€10.90 3.ドーム壁天井でギャラリーのような店内

ラ・ブティック・デ・ジャルダン
La Boutique des Jardins

別冊② MAP ● P13A2

アントワネット妃のグッズが豊富

マリー・アントワネットや宮殿をテーマにしたおみやげやガーデニンググッズなどを販売する庭園内のショップ。「王の菜園」で作るジャムやシロップ類はブティックの限定販売。

DATA ㊋宮殿から徒歩10分 ☎なし ㊕10時30分～12時30分、13時15分～18時(11～3月の火～金曜は13～18時) ㊡月曜

マリー・アントワネットのグッズ

1.店内は広く品揃えが豊富 2.バラの香りの石けん€7.80 3.チョコレート€8 4.妃のマグネット€3.90(すべて参考商品)

プチ情報 「夜の大噴水ショー」は毎年6月中旬～9月中旬の土曜夜に開催。20時30分～23時05分。光で演出された噴水を鑑賞しながら庭の散策が楽しめる。22時50分から大水路前で花火を打ち上げる。料金は€31。

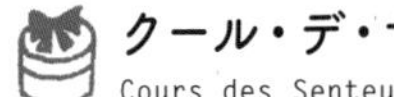

宮殿周辺には感じのよいレストランやショップがいっぱい。瀟洒な街並みも散策。

クール・デ・サントゥール
Cours des Senteurs

別冊② MAP ● P12B2

宮殿の近くにある“香りの庭”

クール・デ・サントゥールとは香りの庭という意味。芳しい植物を集めた庭園に、食品やインテリア雑貨の店“アトリエ・サヴール”やカフェ、レストラン、サロン・ド・テなど複数の店舗が集まる。

DATA ㊋観光案内所から徒歩10分 ㊟8 Rue de la Chancellerie ☎なし ㊕アトリエ・サヴール:11～19時(日曜は～18時) 香りの庭:8時30分～21時 ㊡月曜(香りの庭は無休) ㊔入場無料

1.ヴェルサイユ市の開発プロジェクトで2013年にオープン 2.アトリエ・サヴールの石けん「Savon Versailles」€7.90

ノートルダム市場
Marché Notre-Dame

別冊② MAP ● P12B1

市民の生活を支える市場

19世紀に設立された市場。ヴェルサイユの胃袋ともいえる賑わいを見せる。屋内常設市のほか屋外にも市が立つ。火・金・日曜が食料品、水・木・土曜は生活雑貨を販売。

DATA ㊋観光案内所から徒歩8分 ☎01 30 97 84 89 ㊕7時～19時30分(日曜は～14時)。屋外は火・金・日曜7～14時 ㊡月曜

1.季節の野菜や果物を見て回るのも楽しい 2.右からスモモのジャム€4.50、オレンジの花のハチミツ€7.26(参考商品)

オ・ロワ・ソレイユ
Au Roi Soleil

別冊② MAP ● P12B1

1950年創業 3代続くショコラティエ

店名の「Au Roi Soleil」は太陽王＝ルイ14世のことで、ヴェルサイユのアンティーク街近くに店を構える、60年以上の歴史をもつ店。濃厚な味わいのプラリネは地元の人々から愛される名品。

DATA ㊋観光案内所から徒歩8分 ㊟46, Rue de la Paroisse ☎01 39 50 24 94 ㊕9時30分～19時(日曜は10～13時) ㊡月曜

1.スペシャリテのプラリネ「ル・パヴェ・デュ・ロワ」220g €23.50 2.アーモンドのボンボンなど「ロワ・ソレイユ・ヴェルサイユ」250g €32.50

パリから国鉄で1時間

美しい大聖堂がある中世の街シャルトル Chartres

1

パリから電車で1時間のシャルトルは、中世の趣を残す静かな街。世界遺産の大聖堂や、13世紀のステンドグラスは息を飲む美しさ！ 幻想的な光の世界を体験しに出かけよう。

パリからのアクセス

①モンパルナス駅

フランス国鉄SNCFのモンパルナス駅からTER(→P19)のシャルトルまたはル・マン行きに乗車。1日約33本、2等車の運賃€19。

②TER乗車

出発20分前、掲示板に乗車ホームが表示される。指定ホームから乗車。2等車は座席の指定がない。好きな席に座ろう。

③シャルトル駅

約1時間でシャルトルCHARTRES駅に到着。駅を出て左手奥にノートルダム大聖堂の尖塔が見える。大聖堂まで徒歩約7分。

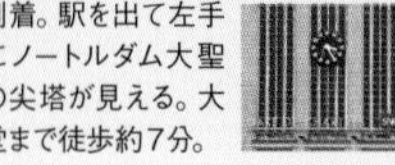

2

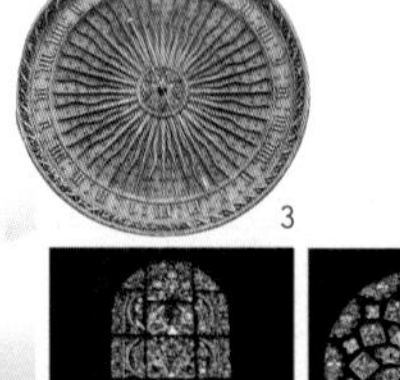
3

4 5

6

1. 大聖堂でいちばん美しい北のバラ窓 2. 南の尖塔（右）は12世紀に火災を免れた、高さ106mのロマネスク様式。北の尖塔は16世紀初頭に完成したゴシック様式 3. フランス最古の太陽時計 4. キリストの家系図を表した『エッサイの樹』 5. 12世紀の傑作『美しいガラス窓の聖母』 6. 内陣に大理石の聖母被昇天像が置かれる

INFORMATION

中世の最も美しい家屋の一つが観光案内所に！ 16世紀の元魚屋で別名サーモン・ハウス内にある。

DATA ㊋シャルトル駅から徒歩12分 ㊟8 Rue de la Poissonnerie ☎02 37 18 26 26 ㊍10〜13時、14〜18時（日曜・祝日は10〜17時） ㊡なし

軒先に鮭の彫刻があることからサーモン・ハウスと命名

大聖堂 別冊② MAP P15B1

ノートルダム大聖堂 Cathédral Notre-Dame de Chartres

世界遺産

「石の聖書」とよばれる13世紀の大聖堂

ヨーロッパ最大級のゴシック様式の大聖堂。1194年の火災で大半が焼失、ロマネスク様式の南塔以外は再建、1230年頃に完成した。172ある窓のステンドグラスは大戦中、外してドルドーニュの洞窟で保管され戦災を免れた。ほぼ完璧に13世紀の姿を残し、「石でできた聖書」とも評される。

DATA ㊋シャルトル駅から徒歩7分 ㊟16 Cloître Notre-Dame ☎02 37 21 75 02 ㊍8時30分〜19時30分（7〜8月の火・金・日曜は〜22時） ㊡なし ㊊無料（オーディオガイド付き€8） ●塔㊍10時〜12時45分、14〜17時（5〜9月は10時〜12時45分、14〜18時） ㊡日曜の午前 ㊊€8 ●地下聖堂㊍ガイド付見学のみ（14時） ㊡なし ㊊€7

プチ情報

毎年、毎晩日没後に歴史的建造物やユール川沿いなどをライトアップし、音楽と光で演出する「光のシャルトル」を開催。大聖堂、美術館、劇場などで実施される。開催期間は要確認。

ユール川と旧市街の街並み

L'Eure et les Quartiers Historiques

中世の趣を残す歴史的保護地域

大聖堂からユール川周辺地域は歴史的保護地域。川周辺ではアーチ形の石橋、洗濯場、水車、木組みの家や石畳の道など、中世の古きよき姿を垣間見ることができる。

DATA ㊋シャルトル駅から徒歩10分

石造りの橋や古い建物が郷愁を誘う街並み

ごはん&おかいもの SPOT

大聖堂周辺には感じのよいビストロや小さなショップがたくさん集まっている。プライスも手ごろで大満足！

ラ・ショコラトリー

La Chocolaterie

別冊② MAP ● P15B2

オリジナルマカロンが絶品

チョコレート&スイーツ店。マカロンが有名で、焼き菓子も美味。生チョコをメレンゲで包むシャルトルの名物菓子「メンチコフ」もある。

DATA ㊋シャルトル駅から徒歩10分 ㊟14 Pl. Marceau ☎02 37 21 86 92 ㊡8時～19時30分（日・月曜は10時～） ㊡なし Ⓔ

1. 2階にサロン・ド・テあり
2. 焼き菓子€6.10/100g

チュヴァッシュ・エ・フィス

Tuvache & Fils

別冊② MAP ● P15B2

懐かしさあふれるグッズ

ヨーロッパで愛された昔ながらのオブジェやおもちゃのレプリカ、アンティークを集める。ミニチュアグッズなどフランスらしいものがたくさん。

DATA ㊋シャルトル駅から徒歩10分 ㊟34 Rue des Changes ☎02 37 21 60 43 ㊡9時～19時30分（月曜は14時～） ㊡なし Ⓔ

1. 掘り出し物を探そう 2. レトロでかわいいグッズの宝庫

ひと足のばして

ピカシェットの家

Maison Picassiette

別冊② MAP ● P15B1

墓守のレイモン・イジドールが墓地で拾った皿やビンを用い、30年を費やして自宅をモザイクで装飾。

DATA ㊋シャルトル駅から4番バスLa Madeleine行きに乗りPicassiette下車。約10分乗車。バスは15～30分おき ㊟22 Rue du Repos ☎02 37 34 10 78 ㊡10時～12時30分、14～18時（日曜は14～18時のみ） ㊡火曜、日曜の午前、11月中旬～3月中旬 ㊮€6.50

外壁もすべてモザイク

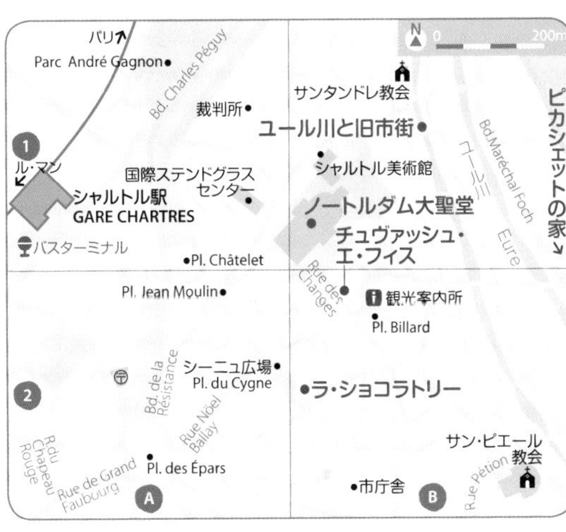

ブドウ畑に囲まれた世界遺産の町

国王の戴冠式が行われたシャンパンの町ランス

Reims

シャンパーニュ地方の中心にあり、中世より国王の戴冠式が行われてきたランス。大聖堂をはじめユネスコ世界遺産を4つ擁し、シャンパンの有名メゾンが点在するなどみどころいっぱいの街だ。

パリからのアクセス

①東駅

フランス国鉄SNCFのGARE DE L'EST(東) 駅からREIMS行きTGVに乗車。1日約12本。

②TGV乗車

TGVの料金は時間帯やシーズンによって変動し片道で直前予約だと€44～、SNCFの公式サイト(→P19)予約でeチケット発券も可能。

③ランス駅

パリからの所要時間は直行約45分、シャンパーニュ・アルデンヌ乗り換え約1時間15分。市街中心や大聖堂には駅から徒歩でアクセスできる。

1. ゴシック大聖堂の最高傑作　2. 正面部分は改装工事中だが、内部は見学可能　3. シャルル7世を戴冠式に導いたジャンヌ・ダルク像。大聖堂の正面に立つ　4. 正面入口にある「微笑みの天使」像

別冊②MAP P16A2

ノートルダム大聖堂

世界遺産

Cathédrale de Notre Dame de Reims

フランスの歴史を物語る壮大なゴシック建築

13世紀に建造が始まり1460年に完成したゴシック様式の大聖堂。ルイ1世からシャルル10世まで25人の歴代国王が戴冠を受ける聖別式が行われた。聖堂内の奥にある1974年制作のシャガールのステンドグラスは必見。

DATA　㉀ランス駅から徒歩13分　㊟Pl. du Cardinal Luçon ☎03 26 47 55 34　㊋7時30分～19時30分(日曜の午前はミサのため見学不可)　㊡なし

こちらも一緒にCheck!

トー宮殿

Palais de Tau

©F.canon

トー宮殿の王冠

16世紀初めに完成した大司教の館で大聖堂に隣接、戴冠式の際には国王が滞在した。現在は大聖堂と戴冠式ゆかりの品々を陳列する国立博物館に。

DATA　☎03 26 47 81 79　㊋9時45分～12時30分、14時～17時15分(5月6日～9月8日は9時30分～18時30分)　㊡月曜　㊕€8　別冊②MAP●P16A2

プチ情報　日本語表記は同じランス(Reims)だが、ルーヴル美術館別館がオープンしたランス(Lens)とは地方も異なる別の街。切符を購入する際は綴りに気を付けて、行き先を間違えないようにしよう。

聖堂 別冊② MAP P16A2 サン・ルミ・バジリカ聖堂
Basilique Saint-Remi

ロマネスク・ゴシックの傑作

11世紀の建造でロマネスクとゴシック様式が共存する。初代国王クロヴィスの洗礼を行った聖レミに由来する。

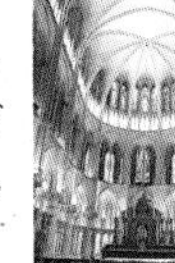
内部は第一次大戦中に破壊されたが1919年再建

DATA ㊋バス4・6・11号線ST-REMI下車、徒歩5分 ㊟Pl. du Chanoine Ladame ☎03 26 85 31 20 ㊓9～12時、14～19時 ㊡日曜の午前 ㊕無料

礼拝堂 別冊② MAP P16A1 フジタ礼拝堂
Chapelle Foujita

伝説の画家によるチャペル

1913年にパリに渡った画家、藤田嗣治が晩年の1965年、シャンパンメゾン「G.H.マム」の隣に作った礼拝堂。

サン・ルミ・バジリカ聖堂への訪問を機に藤田は改宗

DATA ㊋バス11号線JUSTICE、7号線FOUJITA下車、徒歩5分 ㊟33 Rue du Champ de Mars ☎03 26 35 36 00 ㊓10～12時、14～18時 ㊡火曜、10月～5月1日、7月14日 ㊕€5

ごはん＆おかいもの SPOT

ラランビック
L'Alambic

別冊② MAP ● P16A1

地元で人気の店

フランス各地の一流店でキャリアを積んだシェフのファブリス氏が2008年に開いた評判のビストロ。

1.地下はカーヴ 2.メインは€20前後～、グラスシャンパン€7

DATA ㊋ランス駅から徒歩8分 ㊟63 bis Rue de Chativesle ☎03 26 35 64 93 ㊓19時～20時45分（金曜は18時45分～、土曜は18時30分～、木～土曜は12～14時も営業） ㊡日曜、月・火・水曜の昼

フォシエ
Fossier

別冊② MAP ● P16A1

ランス名物はここで

1756年創業、ピンク色が愛らしいビスケットの老舗メゾン。大聖堂近くの直営店ではマカロンやジャムなどのオリジナル商品も揃う。

ビスキュイ・ローズ100g入り€2.95

DATA ㊋ランス駅から徒歩10分 ㊟25 Cours Jean-Baptiste Langlet ☎03 26 47 59 84 ㊓10～19時（月曜14時～） ㊡日曜

INFORMATION

観光案内所はノートルダム大聖堂前のほか、TGV駅前にも出張所があり、シャンパンメゾン見学の予約も可能。

DATA ●ノートルダム大聖堂前 ㊋ランス駅から徒歩12分 ㊟6 Rue Rockefeller ☎03 26 77 45 00 ㊓10～18時（日曜・祝日は10時～12時30分、13時30分～17時） ㊡なし

シャンパンメゾンを訪問

メゾン見学は試飲付きで1時間前後かかるため1日2～3件が限界。公式サイトでの予約が基本で、大きなメゾンなら英語ガイドも。地下のカーヴは冷えるので、暖かい服装で。

ヴーヴ・クリコ
Veuve Clicquot

別冊②MAP● P16A2

1772年創業後、メゾンを引き継いだ未亡人（ヴーヴ）のクリコ夫人がその名を広めた。

DATA ㊋バス6号線DROITS DE L'HOMME下車、徒歩1分 ㊟1 Rue Albert Thomas ☎03 26 89 53 90 ㊓試飲見学：10時、14時、16時（ウェブで予約） ㊡日・月曜、1～3月 ㊕€30 Ⓔ

G.H.マム
G.H.Mumm

別冊② MAP ● P16A1

ドイツ出身のマム一族が1827年に創業。赤いリボンのロゴが目印。カーヴは1年中公開しており、事前予約が好ましい。

DATA ㊋バス11号線JUSTICE下車、徒歩6分 ㊟34 Rue du Champ de Mars ☎03 26 49 59 70 ㊓試飲見学：11時30分～17時15分 ㊡火曜、不定休 ㊕€26 Ⓔ

ポメリー
Pommery

別冊②MAP● P16A2

1836年創業で現在主流の辛口「ブリュット」を造り出した先駆者的存在。電話か観光局を通じて予約を。

DATA ㊋バス11号線GOURAUD下車、徒歩5分 ㊟5 Pl. du Général Gouraud ☎03 26 61 62 56 ㊓10～17時、（金・土曜は～17時30分） ㊡12月25日、1月1～3日 ㊕自由見学€24、ガイド付€29（ウェブ予約） Ⓔ

フランス国内交通

国内移動の方法は鉄道、飛行機、バス、レンタカーなど。予算や目的に合わせて手段を選ぼう。

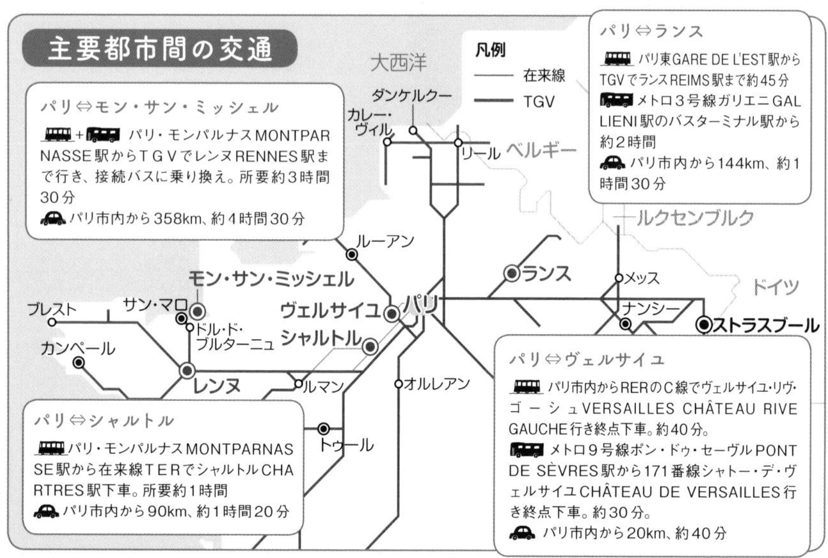

交通手段

●バス Bus

地方へ安く移動するなら長距離バス。近年、格安バスが多く、国鉄SNCFの子会社「Bla Bla Car Bus」もそのひとつ。ランスやリヨン、ボルドーなど30都市以上を結ぶ。パリからリヨンまでは運賃€13(時期により異なる)、所要時間6時間30分。

【問合先】ブラブラカー・バスBla Bla Car Bus URL www.blablacar.fr

●鉄道→P19

●レンタカー Location de Voiture

現地の空港や主要国鉄内にカウンターがある。利用は21歳以上で2年以上の運転歴が条件。(25歳以下は1日あたりプラス€30～40)パスポートとクレジットカード、国際運転免許証、日本の免許証を用意。オートマ車は少ないので事前の予約を。

【問合先】ハーツレンタカーHertzs URL hertz-japan.com/

エイビスレンタカーAvis URL one.avisworld.com/ja_JP/AvisJapan

パリの主な鉄道駅

パリ市内には7つの国鉄駅が点在。
行き先によって乗車駅が異なるので注意しよう。

❶サン・ラザール駅
Gare Saint-Lazare
別冊① MAP ● P6A2
ルーアン、ドーヴィルなどノルマンディ地方への電車が発着

❷モンパルナス駅
Gare Montparnasse
別冊① MAP ● P14A2
シャルトル、ロワール地方、レンヌなどブルターニュ地方、ボルドーなどフランス西部への列車が発着

❸オステルリッツ駅
Gare d'Austerlitz
別冊① MAP ● P3C3
オルレアン、リモージュなどフランス中南部への列車、国内への夜行列車も発着

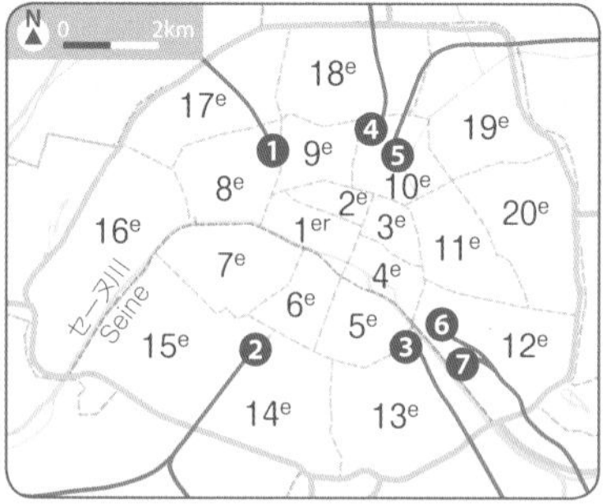

❹北駅 Gare du Nord 別冊①MAP●P17A1
リールなどノール・ピカルディ地方への列車、ベルギー、オランダ、ドイツ北部への国際列車、パリとロンドンを結ぶユーロスターも発着

❺東駅
Gare de l'Est
別冊① MAP ● P17A2
ランスなどシャンパーニュ地方、ストラスブールなどアルザス、ロレーヌ地方など東部への列車が発着

❻リヨン駅
Gare de Lyon
別冊① MAP ● P3D3
リヨンなどローヌ・アルプ地方、プロヴァンス、コート・ダ・ジュール地方など南方面の列車が発着

❼ベルシー駅
Gare de Bercy
別冊① MAP ● P3D4
ブルゴーニュ地方への列車が発着

プチ情報 TGVの食事メニューは、環境に配慮して生産されたフランス産の食材で、フランス人シェフが監修。また、プラスティック容器の使用が廃止され、ミネラルウォーターはバイオ由来で100%リサイクル可能な容器を使った「L' Eau Neuve」を採用している。

鉄道

日本の1.5倍の国土を持つフランスは、地方それぞれ景観に特徴があり、車窓からの眺めも格別だ。電車を駆使して旅情あふれる鉄道旅行を堪能しよう。

フランスが世界に誇る超高速列車TGV

●列車の種類

フランス国鉄SNCFの種類は、時速320kmで走る超高速列車TGVのほか、在来線として地方都市間を結ぶ長距離列車Intercités、地方の快速、普通列車TER、パリ近郊路線Transilienなどがある。ストによる運休や遅れも多いので余裕をもったスケジューリングを。

○TGV(テー・ジェー・ヴェー)

国内主要区間で運行する高速列車。1等車、2等車と食堂車の編成。2階建て車両もある。全席指定制。日本の新幹線と最高速度を競っている。

○Intercités(アンテルシテ)

TGVの運行がない都市間を結ぶ長距離列車。夜行列車もこのカテゴリー。一部区間と夜行以外は任意予約制。かつてのCorail、Teoz、LuneaもIntercitésに統合された。

○TER(テー・ウー・エール)

地方都市間の中短距離間を結ぶ快速、普通列車。高速列車や長距離列車を補完する形で運行。2等車のみの編成が多数で、座席は自由席(1等車除く)。

○Transilien(トランシリアン)

パリ近郊のイル=ド=フランス地域圏で運行。15本の主要路線があり、通勤や郊外への行楽に利用される。

●チケットの種類

日付・座席指定など予約を伴う乗車券(長距離列車)は、その列車に限り有効で、刻印機で刻印が必要、途中下車不可。日付・座席指定のない乗車券(近郊列車のみ)は刻印機で刻印後に使用できる。途中下車は可能だが、推奨はしていない。フランス国鉄のサイトから購入したeチケットは刻印不要。

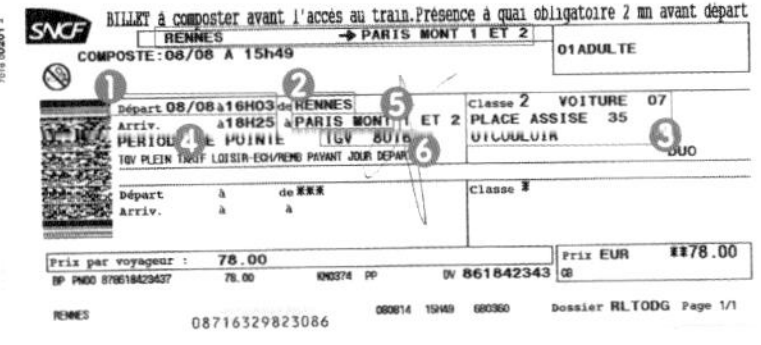

❶出発日時　❷出発駅
❸車両のクラス、車両(VOITURE)番号、席の場所(COULOIR=通路側、FENETRE=窓側)
❹到着時刻　❺到着駅　❻列車の種類

●チケットを買う

○窓口で

駅内で「切符Billets」と書かれた表示に従って進むと窓口がある。行き先、出発日、希望時間、1等か2等か、人数を伝えるとコンピューターで空席を調べすぐに発行をしてくれる。たいてい長蛇の列で待ち時間が長いことが多いので、券売機での購入に挑戦しよう。

○自動券売機で

1 メニューを選択
スタート画面で英語、フランス語など言語を選択。

2 チケットの種類を選ぶ
すぐに出発する列車は「Partie maintenant」、そのほかは「Partir à un autre moment」を選ぶ。

3 目的地を選ぶ
アルファベットで行き先を打ち込み、乗車日、乗車時間を選択。

4 片道か往復か選ぶ
片道なら「ALLER SIMPLE」、往復は「ALLER RETOUR」をタッチ。

5 希望の列車、座席を選ぶ
1等か2等車、「窓Fenêtre」「通路Couloir」、1等車なら1人がけ「Isolé」から選択。

6 支払い
右下の「Terminer la commande」をタッチ。カード支払いが済むとチケットが出てくる。

○SNCFのサイトで

下記URLにアクセスして申込を。
URL www.sncf-connect.com/

●主要都市間の運賃

※時期などにより価格は異なる

	1等	2等
パリ～モン・サン・ミッシェル(TGV)	€107	€90
パリ～ヴェルサイユ	—	€3.65
パリ～シャルトル(TER)	—	€18.40
パリ～ランス	€33	€31

注意ポイント

○乗車前に切符の刻印を忘れずに。駅のホーム入口に黄色の刻印機がある。忘れると車内検札時に罰金が課せられる。
○列車の出発ホームや出発時刻はホームの入口頭上にある時刻案内板で確認を。出発ホームは「Voie」の項をチェック。およそ20分前に番号が表示される。